Guía del I Ching

Carol K. Anthony

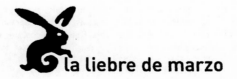

la liebre de marzo

Título original
A Guide to the I Ching

Primera edición
Mayo 1997

Décima reimpresión
Diciembre 2013

Undécima edición
Marzo 2017

© 1997
Carol K. Anthony

© 1997 para la edición en castellano
La Liebre de Marzo, S.L.

© de la traducción
Rosalía Baldwin

Diseño gráfico y maquetación
Born Design Grup, S.A.

Caligrafía portada
K. R. Adams

Impresión y encuadernación
Service Point, F.M.I., S.A.

Depósito legal
B-25138-97

ISBN
978-84-87403-28-6

La Liebre de Marzo, S.L.
Apartado de correos 2215 E-08080 Barcelona
Fax: 934 317 195
espejo@liebremarzo.com
www.liebremarzo.com

Índice

El tiempo no es esencial, es la esencia

Prefacio a la edición castellana

He tenido el privilegio de traducir este libro que considero la más grande aportación en los últimos tiempos a este mundo misterioso y fascinante del *I Ching*.

Después de muchos años de dedicarme a intentar comprender el *I Ching*, finalmente un día me harté y decidí que desde ese momento haría exactamente lo que quisiera, así que guardé los libros (tengo 10 versiones, incluyendo las ediciones en inglés y español de Richard Wilhelm). Durante tres meses todo me salió mal, tuvieron lugar muchos incidentes aparentemente no relacionados entre sí que me hicieron pensar acerca de mi decisión; era como si los libros tuvieran vida propia y exigieran volver. Sucedió entonces que cierta amiga, que sabía de mi interés por el *I Ching*, me llamó para comentarme que un experto norteamericano daba una conferencia sobre el *I Ching*: fui a regañadientes.

Tenía que decidir de una vez por todas si iba a continuar bajo la guía del *I Ching*. Después de la conferencia sólo tenía una pregunta en mente, me acerqué al experto y le interrogué acerca de algún *I Ching* que no utilizase la historia y la jerarquía chinas para explicar el sentido de los hexagramas, y el experto me recomendó la obra de Carol Anthony. Aquel día realmente empecé a comprender el *I Ching*. Para probarlo le pregunté: "¿Qué es lo que sucede?". Me salió el hexagrama 51, La conmoción, que afirma que un propósito de la conmoción es forzarnos a que nos demos cuenta de que debemos encontrar una forma nueva, más correcta, de llevar las circunstancias. Debemos encontrar una solución que armonice con el bien de todos. Me vino esa sensación, que todos intuimos o tememos, de que no estamos solos, de que existe una presencia omnisciente.

Para mí, como para la mayor parte de los occidentales, la barrera del lenguaje resultaba demasiado obvia. Por lo que yo sé, la mayoría de los *I Ching* en español han sido traducciones del chino al español, o del chino a una segunda lengua y después al español. La guía de Carol Anthony podría decirse que está compuesta de unas imágenes universales escritas originalmente en inglés, un idioma occidental, con muchas relaciones cercanas en cuanto a las categorías gramaticales con el español, y en el marco de una tradición cultural relativamente cercana a la nuestra. Las imágenes inspiradas por el *I Ching* han sido reinterpretadas en inglés, de una forma que nos resultan más familiares, eliminando así la posible confusión que presenta la lengua china, y salvando el período de la historia en que fue escrito.

No es una visión enmarcada dentro del pensamiento chino; tampoco se trata de otra tentativa de interpretación de una forma filosófica, algo que iría en contra de la naturaleza práctica del *I Ching*, por cuanto está basado en un viaje interior, resultado de las experiencias de su autora durante la meditación.

Gracias a su impagable sentido de lo que se esconde trás las imágenes, Carol Anthony nos da la oportunidad de obtener una información que nos parecía inaccesible, y a su vez permite que aflore nuestra propia comprensión intuitiva. Por otra parte, su entendimiento acerca de las partes plurales del yo –el hombre superior (nuestro yo esencial), y los inferiores (el yo corporal o emocional)–, nos facilita la introspección de las facetas ocultas del yo, enriqueciendo y fortaleciendo nuestro subconsciente con la sabiduría del *I Ching*, hasta lograr lo que el *I Ching* llamaría conocimiento del corazón.

El objetivo de Carol Anthony no es la adivinación, sino el iluminar más la situación dada a fin de ayudarnos a tomar una mejor decisión. Su obra nos ofrece imágenes con las cuales estamos familiarizados y que somos capaces de comprender.

Por otra parte hizo que aflorase en mí la necesidad de traducirlo; mientras lo hacía, me di cuenta de lo que el traductor de Richard Wilhelm al español, D. J. Vogelmann, llama pequeñas peculiaridades en su traducción, y que en mi opinión hacían su entendimiento aún más difícil.

Richard Wilhelm fue el primer occidental que tradujo el *I Ching*, y su estudio sirve de punto de partida para su conocimiento hasta la actualidad; tanto Carol Anthony como muchos otros autores basan sus estudios en la versión de Wilhelm. Hemos decidido no tomar como referencia la traducción ya hecha de la obra de Richard Wilhelm, y hemos preferido volver a traducir las líneas de cada hexagrama tomando como fuente la obra en alemán de Richard Wilhelm.

Rosalía Baldwin

Prefacio de la autora

Esta guía para la interpretación de la obra clásica de Richard Wilhelm del *I Ching* es el resultado de las comprensiones que experimenté en meditación a lo largo de un periodo de veinte años. La mayoría tuvieron lugar durante unos ejercicios de meditación que aprendí del *I Ching*, aunque otras se presentaron espontáneamente. En cierta ocasión, al no poder recordar una idea que me ayudó a entender uno de los hexagramas, empecé a tomar notas sobre estas experiencias. En los siete años siguientes desarrollé una colección de notas que cubría todos los hexagramas y las líneas del *I Ching*. Tales notas formaron la base de esta guía, aunque hicieron falta otros ocho años para producir la tercera edición aquí traducida.

Aun cuando muchas veces está claro a qué se refiere el *I Ching* cuando recibimos un hexagrama o una línea, en ocasiones no resulta tan fácil. Esta falta de claridad aparece cuando el *I Ching* se refiere a una pregunta interna, incluso sin que la hayamos verbalizado, de la que aun no somos concientes por completo; otras veces se refiere a cierta persona que nos concierne, y sólo más tarde nos damos cuenta de qué se trataba. La falta de claridad también tiene lugar cuando se necesita otro tipo de información antes de que el *I Ching* pueda responder a nuestra pregunta. Este libro debe usarse particularmente en tales circunstancias.

Durante los veintiséis años que he estudiado el *I Ching*, he analizado muchas versiones y traducciones, incluyendo un número de ellas que no son realmente traducciones, sino sólo adaptaciones o versiones libres del *I Ching* que incluyen añadidos del propio autor. A través de los siglos algunos grupos interesados han modificado el material original, de acuerdo a sus ideas particulares. Así, hoy tenemos un *I Ching* taoísta, versiones cristianizadas, un *I Ching* feminista, y en fin, hasta la versión de Richard Wilhelm, que es la más famosa, está plagada de interpretaciones patriarcales introducidas primero por la dinastía Chou, y más tarde por Confucio. A pesar de esta patriarcalización, el sistema de adivinación, que se originó en una cultura matriarcal china, no se ha perdido, ni es una versión demasiado lejana a la original. Mantiene casi intactas las más antiguas raíces místicas así como culturales y los proverbios. Incluso los comentarios de los hexagramas del rey Wen y los comentarios de su hijo, el duque de Chou, trasmiten la precedente visión filosófica matriarcal.

Antes de la traducción de Wilhelm, hubo otras ocho tentativas que pasaron al olvido. El interés de Occidente por el *I Ching* siguió siendo nulo hasta que apareció la versión de Richard Wilhelm en 1924. Desde entonces, las editoriales han vuelto a publicar tanto las antiguas como las nuevas traducciones. Hoy, en 1997, es posible encontrarlo en cualquier lugar y bajo cualquier formato o con cubiertas completamente distintas, sin que exístan límites acerca de la propiedad del texto. Esta avalancha de versiones ha convertido en casi invisible la auténtica, digna de crédito, y sumamente espiritual traducción de Wilhelm, y que desde mi punto de vista es la única cualificada para llamarse el *I Ching*.

En mi opinión, el elemento que ha ennoblecido el trabajo de Wilhelm y lo ha hecho irremplazable, ha sido su dedicación desinteresada hacia el *I Ching*. La pureza de intención, a pesar de todas las añadiduras y dificultades del texto, ha dotado a su trabajo de esa capacidad mística para actuar como un verdadero oráculo, capaz de ser un espejo de nuestros pensamientos ocultos y de reflejar con gran precisión nuestra verdad interior. Estas cualidades sólo pueden proceder de la entidad que hable a través del oráculo, pues sólo ella puede elegir su medio de expresión.

También quisiera mencionar que este libro–guía no pretende reemplazar el *I Ching* de Wilhelm. Lo mejor es usar los dos libros, el uno al lado del otro. Tampoco las interpretaciones dadas aquí se tienen que tomar como interpretaciones finales do los hexagramas y de las líneas; más bien presentan muchos de los típicos consejos que el *I Ching* brinda a sus estudiantes acerca de las actitudes que considera que están o no en armonía con la forma en que funciona el cosmos. Nada, en un hexagrama o en una línea, debe suponerse estático o fijo como precepto o regla, sino que, más bien, después de proporcionarnos un conjunto de principios intrínsecos a toda experiencia humana, las lecturas del *I Ching* nos dan ánimo para mantenernos alerta al tratar de poner en práctica estos principios. Un día se hará de "una forma", otro de "otra". Cada día se nos anima a pensar en nuevos términos, para reorientarnos de acuerdo a las circunstancias. Lo cual requiere que mantengamos nuestras reacciones "sin programar", siempre dispuestos a escuchar nuestros sentimientos profundos, haciendo el esfuerzo posible por reaccionar de forma sincera con respecto a ellos.

Con el tiempo nos damos cuenta de que el único propósito del *I Ching* es servir como medio entre nosotros y el "Gran sabio", quien habla a través del oráculo. Este libro guía habrá satisfecho su propósito, cuando el lector haya reconocido y llegado a honrar esta relación, cuando haya llegado a comprender completamente los principios básicos que operan en su vida, y consiga experimentar y llegar a confiar en sus sentimientos interiores al aplicar sus principios.

El estudiante y el sabio

Una de las primeras tareas de quien consulta el *I Ching* como oráculo es aprender acerca de su relación con el sabio, quien enseña a través del *I Ching*. Varias líneas y hexagramas del *I Ching* describen al sabio, mientras que otras describen la actitud necesaria para que la relación tenga éxito. Una cierta buena disposición previa es necesaria antes de que la comunicación pueda comenzar.

El *I Ching* está dividido en 64 capítulos llamados "hexagramas". Al tirar a suerte las monedas, un hexagrama u otro se designa, al mismo tiempo que una o más "líneas mutantes" dentro del hexagrama. Cada hexagrama tiene un nombre y un tema, y el consejo que da gira alrededor del tema. El tema del hexagrama 48, El pozo, por ejemplo, trata de nuestra relación con el oráculo, o el sabio, y la actitud que debemos tener hacia él. La imagen del pozo simboliza al mismo *I Ching*: un pozo viejo pero bueno, con una interminable provisión de agua clara y refrescante (sabiduría), que está a disposición de cada persona o de todo el que venga a él. Es necesario, sin embargo, que cada persona deje caer la cuerda hasta abajo "completamente", lo que implica una mente verdaderamente abierta. Es importante, también, no atascarse en trivialidades, como puedan ser las objeciones insignificantes acerca de la forma de arrojar las monedas, o la de rechazar su lenguaje patriarcal. Se llama a sí mismo "un pozo viejo pero bueno", y a estas objeciones meramente triviales las llama "el lodo del pozo". La persona que lo aborda recibirá el beneficio si el "cántaro para contener el agua no se rompe con la duda o el ánimo y deja que se derrame toda el agua recogida". Finalmente, no sólo se necesita extraer el agua, sino beberla, si realmente se quiere que el pozo llegue a ser beneficioso, confiando en el consejo lo suficiente para ponerlo en práctica.

En el hexagrama 4, *La necedad juvenil*, se aconseja a la persona que se acerca al *I Ching* a no esperar alcanzar su sabiduría antigua por adelantado, y se le informa que la naturaleza de su necedad es simplemente falta de educación. Si la persona quiere aprender realmente, debe reconocer su ignorancia y abordar al sabio con cierta humildad y con una mente abierta como la de un niño. Esta mente abierta a la que se refiere el hexagrama, de alguna forma, no es nada más que una suspensión momentánea de la incredulidad.

En el hexagrama 20, *La contemplación*, se compara al sabio con un invitado entre nosotros, que conoce los secretos con los que el reino puede llegar a funcionar. Si tratamos a este invitado con hospitalidad y con respeto, él (ella o aquello) nos brindará su pericia. En el hexagrama 37, *La familia*, se revela al sabio como a un padre cósmico que enseña y disciplina a sus hijos con amor (por su propio interés). En el hexagrama 47, *La opresión*, se habla del sabio como de un príncipe en busca de ayudantes capaces para llevar a cabo el trabajo de ayudar a otros.

Estos y muchos otros hexagramas y líneas nos revelan que el *I Ching* es un medio entre nosotros y un mundo invisible que acompaña nuestra existencia cotidiana. Consultándolo, nuestra experiencia nos hace conscientes de que no podemos darnos el lujo de ignorar este mundo oculto, pues discurre paralelamente a nuestra existencia externa de la forma en que un espacio vacío está emparejado con las partículas de cada átomo. El *I Ching* es nuestra linterna, el sabio nuestro guía a través de este mundo interno.

De modo sorprendente, lo único esencial para obtener la guía y la ayuda del sabio es tirar las monedas o las ramas del milenrama. Aquí radica su modestia y su simplicidad, las virtudes que más venera.

El *I Ching* como oráculo

Aunque el *I Ching* puede ser leído como un libro, obtiene vida sólo cuando lo consultamos por medio del azar. Si no deseamos ponernos a su disposición—como hacemos, en cambio, al tirar las monedas—permanece como una colección de frases sabias. No llegamos a dejar nuestra cuerda lo suficiente dentro del pozo, por lo tanto no extraemos el agua más pura.

Se usan varios métodos para consultar el *I Ching*. Yo siempre he utilizado los manuales para consultarlo. Al comienzo de mi experiencia con el *I Ching* alguien dijo con tono de reprobación: "Se debe usar sólo el método de las ramas de milenrama". Por lo tanto, decidí aprender este método. Mi primera pregunta fue: "¿Cuál es la diferencia entre usar las monedas y las ramas de milenrama?" La respuesta que recibí me hizo pensar que mi pregunta parecía completamente irrelevante. Después de pensarlo bien, hice la misma pregunta usando las monedas; recibí exactamente la misma respuesta. Aunque ésta no tenía un claro sentido verbal, respondió mi pregunta y demostró que el sabio no sólo puede responder verbalmente, sino a través del sentido interno de la verdad.

El *I Ching* premia la simplicidad y rechaza la magnificencia. Para responder a nuestras preguntas el sabio requiere sólo una actitud sincera. Si hacemos preguntas sin sentido y superficiales, responde con respuestas sin sentido y superficiales. De todas formas, es paciente cuando no sabemos que estamos siendo superficiales y necios; pero si tenemos una actitud inamovible y nos reafirmamos en nuestro egoísmo, podemos estar seguros de recibir un desaire.

Los temas y los consejos de los hexagramas que recibimos se refieren a las dudas internas, relacionadas con nuestras circunstancias más inmediatas. Este consejo nos ayuda a discernir qué actitudes están en armonía con las demandas del mundo invisible (el tao), o son contrarias a éste; lo cual equivale a estar en armonía con nuestra verdad interior. Una actitud contraria no puede continuar por mucho tiempo sin que nos lleve al agotamiento y a la derrota. Las palabras "éxito" y "desgracia" en el *I Ching* se refieren a esta armonía o falta de ella. Algunas veces el consejo nos advierte de acontecimientos venideros que amenazarán nuestro equilibrio interior. Así, el consejo del *I Ching* nos ayuda a mantener el equilibrio. Cuando estamos fuera de equilibrio, nos guía para volver a nuestra verdadera dirección. Los hexagramas reflejan el camino verdadero para nosotros.

Al aconsejarnos, el *I Ching* no toma el mando de nuestra dirección, sólo nos da alternativas, dependiendo de nosotros mismos el seguir el camino que determina nuestro destino. Una elección que nos aleja de nuestro sentido interior de la verdad se dice que produce "arrepentimiento" y "culpa", mientras que volver a la verdad interior de cada uno nos libra de estos sentimientos negativos. El *I Ching* sirve para dar conciencia completa a nuestro privado y muchas veces reprimido sentido de lo verdadero y lo bueno, y nos alienta a seguirlo.

El efecto de consultar el *I Ching* es alimentado mental, física y espiritualmente. A quien consulta el libro, se le ayuda a alinearse interiormente, de la misma forma en que un imán alinea limaduras de hierro; centrándolo y afirmándolo en sí mismo. Sin siquiera tener conciencia de ello, gradualmente, mediante la corrección de actitudes que fracturan y dispersan la integridad interior, se llega a obtener completo poder sobre la propia vida. A su vez, esta armonía mental nos libera de los efectos físicos y emocionales que conllevan hallarse sin equilibrio. El moralizar, un principio negativo, no es nunca parte del estilo del *I Ching*. Aunque aconseja hacer lo correcto o volver al camino, depende de quien consulta el *I Ching* el buscar en su corazón para sentir lo que es correcto y lo que está en armonía consigo mismo. Si tiene lugar alguna autodecepción, el *I Ching* insistirá indicando que todavía no se ha encontrado el camino correcto, lo cual puede ser frustrante a veces, pero si el trabajo del estudiante va a ser verdaderamente suyo, va a tener que hacerlo por sí mismo, por su propia iniciativa. Entonces la recompensa es también verdaderamente suya.

El idioma antiguo del *I Ching*

Las antiguedad del *I Ching* lo sitúa al principio del uso de la palabra escrita. Está traducido de un idioma pictórico en el cual la palabra "tao", por ejemplo, era la imagen de una cabeza y un pie. El pie, supuestamente, siguió a la cabeza, y así vino la palabra "sendero", o "camino". Muchos de los títulos de los hexagramas en el *I Ching* chino original son gerundios: "esperando", "manteniéndose unido", "siguiendo", etc... La actividad de estas ideas contenida en dichos títulos no se comunica fácilmente a través de términos tales como "La solidaridad", lo que implica una condición ya existente. Por esta razón, los títulos de estos hexagramas particulares han sido modificados con respecto a los que aparecen en la edición española de la traducción Wilhelm.

Hay también conceptos en el *I Ching* que no son comunes en la mayor parte de los idiomas occidentales. Por ejemplo, en el *I Ching* está el principio de la reticencia. La manera usual de traducir esta palabra sería "reserva", pero éste no es el sentido indicado. Reticencia es similar al consejo que nos damos al contar hasta diez antes de actuar. Significa vacilar antes de actuar, crear un espacio dentro de uno mismo que nos ayuda a ponernos en contacto con nuestra integridad y dignidad, para que no perdamos a nuestro ego. El hombre sabio mantiene contacto consigo mismo, así tiene una cierta reticencia. Otra palabra es "armonía", que se utiliza de forma alternativa con "la alineación". Aunque da a entender que existe un estado interno de armonía, la armonía va un paso más adelante para permanecer consciente internamente, armonizada (como en el acto de sintonizar una estación de la radio) a la voz del ego verdadero más elevado. Cuando se permanece en este estado, uno está "alineado" con el Tao. Así que hay cierto vocabulario que caracteriza el *I Ching* que no es un "lenguaje de todos los días". Incluye palabras tales como el sabio, lo creativo, el poder supremo, el maestro, Dios, lo desconocido, todo lo cual es uno y lo mismo. El idioma del *I Ching* le deja claro al usuario –por lo intercambiable de los términos– que lo que hemos considerado a menudo cosas separadas son realmente una y lo mismo.

Otra palabra que es particular al *I Ching* es el "ego". No se trata del ego de Freud ni de Jung, sino de la imagen de nosotros mismos que hemos creado en el proceso de adaptarnos a las exigencias del mundo. No se considera como una parte intrínseca de uno mismo, sino una parte creada para satisfacer necesidades percibidas. Como tal, el *I Ching* lo considera como el "hombre inferior", un "sí mismo falso" que al crearse, domina y nos descarría la personalidad. Este ego se llama aquí "auto-imagen/ego". En el Glosario aparece una lista completa de este vocabulario especial.

Uso del *I Ching*

El *I Ching* puede ser abordado con una pregunta directa, o simplemente ser consultado sin mediar pregunta alguna. Una pregunta específica es útil algunas veces, pero la respuesta puede resultar ininteligible si intentamos que encaje en nuestra pregunta, puesto que la respuesta puede estar enfocando otra pregunta realmente más importante en nuestra mente. A veces la respuesta puede estar relacionada con la actitud de otra persona con la que nos vemos envueltos en un problema; pero el sabio sabe qué pregunta interna tenemos realmente en mente. Yo tengo la tendencia de consultarlo sin ninguna pregunta específica, pues su respuesta se dirige a lo que necesito saber de todas formas.

El primer hexagrama que nos toca cuando tiramos las monedas puede ser una respuesta definitiva o puede tratarse de un asunto que será clarificado en los siguientes hexagramas. Todas los hexagramas de una sesión llegan a formar un diálogo entre el sabio y nuestra intuición acerca del mismo asunto, hasta que entendemos plenamente el mensaje.

En los últimos años, he desarrollado un método para asegurarme de que he entendido el mensaje correctamente: con la pregunta en la mente, y pensando: "¿Entiendo esto correctamente?", tiro tres monedas; si aparecen tres caras lo tomo como "sí, positivamente"; dos caras quiere decir básicamente "sí"; mientras que dos cruces quiere decir básicamente "no", y tres cruces "enteramente no", o "estás despistada". También utilizo este método para saber si se refiere a mí o a otra persona. Si dudo acerca del significado de la respuesta y vuelvo a preguntar, seguramente dará una respuesta contradictoria, algo típico en un oráculo.

No tengo palabras suficientes para expresar mi agradecimiento hacia Rosalía Baldwin por su dedicación y la labor realizada en esta traducción al español. También doy las gracias a Carlos Baldwin y a Victor Castellini, por redactar la traducción, y a Carmen Chacón y Luz Anthony por sus comentarios sobre partes del manuscrito. También quiero agradecerle a mi hija, Leslie Carlson, el diseño y producción del libro, y a Ray Rue por su pintura de la cubierta en su edición original en lengua inglesa.

I

Chi'en

Lo creativo, el cielo

Chi'en ≣
Chi'en ≣

Chi'en: Lo creativo, el cielo

Lo creativo está en acción; el cambio está en marcha de una forma dinámica.
En este hexagrama se trata de obtener el punto de vista cósmico.

Chi'en representa el principio de lo etéreo, el cielo, lo iniciador, llamado *yang*, como opuesto al de lo material, la tierra, lo nutritivo, llamado *yin*. Representa lo masculino en su sentido cosmológico, es decir, tal como los atributos puramente masculinos se presentan en la naturaleza. Está identificado con el sol, la fuerza que da luz, que actúa sobre la oscuridad, la fuerza de la tierra que absorbe la luz. La fuerza *yang* se expande, la fuerza *yin* se contrae. Como sucede en la energía eléctrica, *yang* es positiva, *yin* es negativa. Como iniciador, el padre de la familia es identificado con *chi'en*, mientras la madre es identificada con *k'un*.

Ch'ien, como el poder del cielo, es identificado con el gobernante, o el sabio. El sabio gobierna a través del poder de la claridad, y lo que el *I Ching* llama "la verdad interior". Al tener un punto de vista cósmico más amplio que el de las dualidades amor/odio, gusto/disgusto, comodidad/incomodidad, no necesita producir resultados por medio de la manipulación o la fuerza. Como padre cósmico busca lo mejor para todos. Por su desapasionado interés en el desarrollo y en la obtención de nuestro potencial más elevado, lo encontramos estricto en sus principios, pero también suave, generoso y devoto.

En la cosmología del *I Ching* el ser humano está en equilibrio entre la tierra y el cielo, diríamos, como con un pie en cada uno. Este hexagrama aparece cuando empezamos a pensar que los asuntos externos son la única realidad. Nos olvidamos de que todo en el mundo externo es activado y depende de una realidad más elevada (el principio del cielo). La imagen de tener un pie en cada mundo quiere decir que no podemos descuidar el Cielo: está presente y es central en todo asunto.

Cada individuo posee una naturaleza elevada y otra más inferior. Es nuestro destino y nuestro *tao* personal, cultivar y desarrollar nuestro "potencial celestial" (llamado "hombre superior", a lo largo de todo el *I Ching*). Este potencial existe como imagen celestial, o esquema, guardado en la mente de la deidad. El rechazo de este destino es contrario a nuestras motivaciones fundamentales; seguir a nuestro "hombre inferior" crea un sino hostil que sólo puede ser invertido al regresar a una humilde aceptación de nuestro destino de desarrollarnos a nosotros mismos.

Cuando un individuo desarrolla su naturaleza celestial, brilla como el sol. Tal persona se mantiene consciente y se adhiere a lo que es bueno y grande dentro de sí. No está dispuesta a sacrificar su sinceridad, su sentido de la verdad, su bondad, o su sentido de lo que es humano y justo, por otras consideraciones. Aunque adquiera firmeza de carácter, recuerda lo difícil que fue corregirse a sí misma; por lo tanto, puede ser tolerante con aquellos que no se han desarrollado a sí mismos. Siempre está alerta, buscando descubrir la verdad interior de cada situación y actuando desde tal entendimiento. Evita perder su independencia interior y el desapego, resistiendo las quejas de su corazón infantil. Busca constantemente responder al silencioso, pero interiormente audible, deseo del cielo. Al ser reticente, crea respeto por la reticencia; al ser tolerante, crea tolerancia; con su sinceridad crea respeto activamente y amor por la verdad en los demás. Como el sol, brilla sobre todos con ecuanimidad, despertando algo de vida más elevada dentro de ellos.

Ch'ien también representa la idea creadora (imagen cósmica) antes de que se transforme en realidad. Todo lo que existe ahora existió primero como una imagen, por consiguiente, *ch'ien* también representa el potencial creador escondido en cada situación. Al decir potencial creador nos referimos al camino; cuando lo tomamos, mejora la situación para todos y para todo en cada caso. Este potencial creador es la respuesta apropiada al problema en cuestión. Hay una respuesta particularmente apropiada, y se puede encontrar sólo si nos mantenemos receptivos a ella (dejándola emerger al mantener la mente abierta). Otras respuestas pueden estar cerca de servir a todas las necesidades, pero requieren de ciertos ajustes antes de ser capaces de resolver el problema con certeza, si es que lo consiguen en alguna ocasión.

Uno de los principales significados de "*I*" en "*I Ching*" es "lo fácil". Lo cual también quiere decir que la forma más fácil de lograr algo es invocar la ayuda de lo creativo, por lo cual, la respuesta apropiada emerge (esta respuesta muchas veces emerge como si ella fuese el sorprendente desenlace del último acto de un drama). Cuando luchamos de otra forma para lograr algo a través del intelecto (con la brillantez de la estrategia y el ingenio), o cuando nos afanamos por lograr el éxito (a través del apremio) sólo para justificar la necesidad emocional de crear una situación más cómoda, estamos interminablemente forzados a corregir la confusión producida por nuestro pensamiento imperfecto. Además, debemos soportar muchas veces el venenoso resultado de haber interferido en la correcta resolución diseñada por el poder supremo, una resolución que se hubiera desarrollado si no hubiésemos interferido. El camino de lo Creativo, de todas formas, consiste en usar nuestros errores de forma creativa, una vez que los reconocemos, y regresar a una correcta actitud.

Propiciando mediante la perseverancia. Lo propicio se refiere a la naturaleza inherentemente beneficiosa de lo creativo, que nutre y protege a todos los seres. Esto conlleva un proceso que implica completar ciertos estados de desarrollo, el tiempo es el vehículo por el cual actúa el poder de lo creativo. Así como brota la semilla y sale la nueva planta, lo creativo toma la imagen cósmica y le da forma. De esta manera gradual, la luz del entendimiento surge (la imagen cósmica emerge), permitiéndonos responder correctamente a las situaciones. Sólo de esta forma lenta, orgánica, sucede todo como debería ser. Puesto que el tiempo es el medio, la perseverancia es necesaria.

Para que el potencial propicio se vuelva real, lo creativo debe ser activado por lo receptivo. Así como la energía masculina es activada por la energía femenina, *ch'ien* es activada por *k'un*. Al perseverar en la receptividad, despertamos el poder de lo creativo y lo llamamos a la acción.

Perseverancia quiere decir que esperamos con una actitud de docilidad y aceptación, libre de ilusiones y de dudas, con una mente alerta y abierta. Lo cual también quiere decir que el ego, nuestro corazón infantil, debe ser sojuzgado o mantenido a raya. Esto significa que resistimos la presencia diabólica del miedo, las exigencias egoístas de la vanidad, y las exclamaciones de nuestro gran embustero, el intelecto. Si es necesario, ascéticamente, privamos a nuestro cuerpo del poder del instinto y del empuje emocional.

La naturaleza de lo creativo es ser irónico, hacer lo imposible y obtener el éxito "un día demasiado tarde". Se nos puede pedir esperar pasivamente hasta que la falta de acción parezca irrazonable (por lo menos a nuestro ego). Esta aparente terquedad del destino (lo creativo) tiene lugar porque lo Creativo no responde a las presunciones y exigencias de nuestro hombre inferior (ego): hacer las cosas de mala gana o abandonarse a una indolente rendición. Mientras nos atenemos a los ritmos marcados por nuestras esperanzas y miedos, encontraremos obstáculos. Mientras escuchemos la voz de la duda en nuestro interior, que nos urge a hacernos cargo de los asuntos e intentar forzar conclusiones cómodas a nuestros problemas, continuaremos compitiendo con lo creativo. Si, de alguna forma, humildemente nos adherimos a lo creativo, buscando ayuda, y aceptamos el no-actuar como parte integral del proceso creador, entonces nuestra actitud será armoniosa y sincera y lograremos el resultado correcto. El camino de lo creativo es como el del maestro dramaturgo, que mantiene todo en suspenso, en un estado de incomprensión, hasta el último momento. Cuando lo aceptamos de una forma verdaderamente humilde, cuando reconocemos que necesitamos la ayuda del poder supremo y cuando pedimos ayuda, el desenlace llega y con él la iluminación y el éxito desde una fuente más elevada. La respuesta es tan correcta y apropiada que no hay forma de que la hubiésemos comprendido sólo con el intelecto, ni de que hubiésemos obtenido los mismos sublimes resultados con una solución diseñada conscientemente.

Cuando entendemos la forma en que lo creativo y lo receptivo interaccionan en nosotros, entendemos la forma en que el cosmos obra y por qué el juicio de este hexagrama dice, *lo creativo actúa promoviendo un éxito sublime por medio de la perseverancia.*

Primera línea: *Dragón oculto. No actúes.* Hay algo oculto en la situación, lo cual no podemos percibir, debido a las limitaciones de nuestro entendimiento actual. Actuar ahora sería como atravesar un paraje peligroso sin ninguna luz y en lo más oscuro de la noche. Debemos esperar hasta que el elemento oculto se torne visible y hasta que alcancemos un entendimiento claro de la situación. Esperando en actitud de no-acción, el período peligroso será sobrepasado sin riesgo.

Segunda línea: *Dragón que aparece en el campo. Es propicio ver al gran hombre.* El "gran hombre" es el que se entrega a la voluntad del poder supremo. Obedece los mandatos del sabio y confía en que su consejo se confirmará por sí mismo; resiste su ego y anima a sus inferiores a seguir las aspiraciones de su ser más elevado.

"Vemos al gran hombre" cuando nos situamos por encima de las dualidades de amor y odio, esperanza y miedo. Al desarrollar el punto de vista cósmico, obtenemos la fortaleza necesaria para disciplinar a nuestros inferiores. De esta forma, establecemos la dirección correcta e influimos en los demás sin ningún esfuerzo consciente. Cuando influimos a los demás con una actitud correcta se dice que el "dragón aparece sobre el campo". No obstante, seguimos en periodo de formación y hasta que esta forma de relacionarse llegue a ser establecida, perderemos nuestra actitud correcta muchas veces.

Tercera línea: *El hombre superior es creativamente activo todo el día. Incluso de noche lo embarga la preocupación interior. Peligro. Ninguna culpa.* La acción creativa en los términos del *I Ching* es una acción espontánea que emana de una actitud desestructurada. Aquí, al empezar a planear y proyectar se pierde la espontaneidad. El ego, siempre ambicioso, propone con prontitud cómo progresar más rápidamente. Debemos permanecer alerta cuando de repente veamos el papel que vamos a representar, o cuando pensamos con entusiasmo: "¡Ah, éste es el camino de actuación!" Tales pensamientos son caballos de Troya. Debemos mantenernos al margen de cualquier estructura, sin asumir ningún papel, dejando que los acontecimientos prosigan su propio curso, sin perder la calma.

El comentario dice que "la ambición destruye la integridad". La ambición está actuando cuando decimos lo que otra persona quiere oír, o cuando no decimos lo que nos parece esencial porque tenemos miedo de perder nuestra influencia. De esta manera nuestra integridad es sacrificada por la ambición. Si atendemos a la gente cuando deberíamos ser reservados con ellos, sacrificamos nuestros principios. El camino de lo creativo consiste en ganarse los corazones de los demás al seguir la verdad dentro de nosotros. Respondemos simple y naturalmente a cada situación, manteniendo una actitud humilde y la mente abierta. Entonces lo que decimos penetra en la esencia de la cuestión y todo el mundo se siente de acuerdo. Podemos dejar con seguridad que la verdad nos muestre el camino del éxito.

Al abandonar la ambición adquirimos la libertad de acción. Sin embargo, ello no significa que alcancemos la libertad de demostrar poder, o de decir lo que nos plazca. La libertad de acción no es nunca una invitación al libertinaje.

Cuarta línea: *Vuelo vacilante sobre el precipicio. Ninguna culpa.* Hay dos significados para esta línea. El primero es similar a vernos sobrevolando el océano: a mitad de camino nos preguntamos si hicimos bien al empezar. Ahora no es el mejor momento para cambiar de dirección. Nuestra voluntad para seguir hacia adelante, a pesar de cualquier dificultad que podamos anticipar, debe mantenerse firme. Debemos evitar pensar demasiado en las dificultades y mantener nuestros pensamientos claros y despiertos.

El segundo sentido tiene que ver con los pactos internos que hemos hecho alguna vez en el pasado. Estos pactos, por los cuales hemos predeterminado lo que haremos, o dejaremos de hacer, obstruye nuestra libertad interior para actuar espontánea e inocentemente, como el momento lo requiere. Se supone que no debemos memorizar un camino y luego seguirlo servilmente. Para seguir el camino de lo creativo necesitamos reconocer las áreas exhaustas en nuestro interior, las que de repente pueden provocar que rechacemos lo que está sucediendo. Esta línea, en parte, puede estarnos diciendo que inspeccionemos nuestros pensamientos y desprogramemos las ideas fijas que podamos tener acerca de "cómo tienen que proceder las cosas" o "cuál es la situación".

Para mantener la mente abierta, nos resistimos a decidir si la situación es mala o buena. Tales decisiones están basadas en dudas escondidas acerca del poder de lo creativo para corregir lo incorrecto; ellas nos impiden que veamos la puerta escondida de la oportunidad, la cual contiene la forma correcta de alcanzar el cambio o el progreso.

Quinta línea: *Dragón que vuela en los cielos. Es propicio ver al gran hombre.* La influencia de lo creativo se deja sentir: la imagen correcta llega a la mente y ya entendemos. Al encontrarnos en un estado de claridad y corrección interior, nuestra influencia se extiende sin ninguna intención hacia afuera, hacia todos.

Sexta línea: *El Dragón arrogante tendrá motivos para arrepentirse.* Es de arrogantes ignorar las advertencias en contra de emprender la acción y seguir adelante. Es de arrogantes implicarse en conflictos confiadamente, o contemplar el comportamiento de la gente, o decirles cómo se están equivocando, o de alguna forma interferir en sus asuntos. Lo creativo es activado sólo perseverando en la humildad y con devoción para descubrir la verdad interior de cada situación, manteniéndose firmemente en ella. Si no observamos los límites que definen la acción creativa, actuamos contrariamente a las correctas interacciones del *yang* y el *yin*, y también damos pábulo a las fuerzas hostiles que frustran nuestros propósitos. Sólo "la suavidad en el modo de actuar, unida a la fuerza de decisión, trae buena fortuna", porque éste es el camino de lo creativo.

Necesitamos darnos cuenta de que el elemento que vemos en nosotros como "el caballero en caballo blanco con armadura reluciente peleando contra el caballero negro", sólo es nuestro puritano y obstinado hombre inferior (auto-imagen/ego). Bajo el disfraz de hacer lo correcto, nuestro hombre inferior se metamorfosea en otra imagen, con la cual usurpa el control de nuestra personalidad. Esto sucede particularmente después de haber obtenido algún progreso y las presiones del momento empiezan a suavizarse, bajando la guardia sobre nuestro hombre inferior.

Las fuerzas hostiles que activamos con la arrogancia no son perniciosas. La naturaleza (el gran *tao* del *yin* y el *yang*) actúa de una forma equilibrada, armoniosa y complementaria. En el momento en que actuamos en oposición a la forma en que la naturaleza se manifiesta, estando desequilibrados dentro de nosotros mismos, activamos las fuerzas que nos ayudan a volver al equilibrio. En efecto, el mal actúa arrogantemente en oposición al desarrollo de la naturaleza. El acontecimiento que nosotros vemos muchas veces como hostil es la forma mediante la cual la naturaleza restablece el equilibrio. Una maniobra equivoca que nos parece insignificante puede crear una trayectoria de desequilibrio y así convertirse en una fuerza del mal que contradice el desarrollo de la naturaleza; las fuerzas de lo creativo y lo receptivo son activadas para detener esa trayectoria con cualquier medio que sea necesario.

2

K'un

Lo receptivo, La tierra

K'un	
K'un	

K'un: Lo receptivo, la tierra

Sopórtalo todo como la tierra soporta todo lo que vive en ella.

En este hexagrama el trigrama *k'un*, al ser doble, representa la esencia de lo material, la tierra, el principio nutriente, así como *ch'ien*, cuando es doble, representa la esencia del principio creativo.

K'un representa lo femenino en su sentido cosmológico, tal y como los atributos puramente femeninos se presentan en la naturaleza. Al ser lo receptivo, lo absorbente, lo que tiene capacidad de adaptación, lo oscuro y el poder nutriente de la tierra, es lo opuesto a *ch'ien*, lo luminoso, la fuente de difusión de luz, el sol. Al dejar actuar el poder de la luz del sol, el poder receptivo de la tierra da nacimiento, nutre y "lleva a conclusión" el principio de la vida generado cuando dos van al encuentro. (Ver *Ir al encuentro*, hexagrama 44.)

Propiciado mediante la perseverancia de una yegua. Una buena yegua se deja guiar. Soporta el jinete sobre ella y soporta a la gente y a las cosas. Cuando se le muestra el camino que ha de seguir, va sin vacilar, alerta y lista para ser controlada según el deseo de su amo. Esta imagen especifica una forma de receptividad con respecto al poder supremo (el sabio o nuestro yo supremo), que va más allá de una sumisión de mala gana. Se refiere a un espíritu deseoso de seguir el bien.

El hombre superior, de amplias miras, sostiene al mundo externo. Esto quiere decir que no nos dejamos perturbar por lo que sucede. Cuando la gente es infiel, indiferente o insensible, evitamos vigilar, desear y tener expectativas, dejamos que el mundo continúe su marcha sin ser duros, vengativos, o sin actuar motivados por el miedo, evitando caer en la autocompasión. Nos volvemos rígidos al hacer pactos defensivos o al actuar o reaccionar de forma particular. No decidimos que los demás son "imposibles" porque nos hayan herido en el amor propio o porque nos agoten. Tampoco convertimos a los otros en adversarios, ni los encerramos en una prisión mental, ni los ejecutamos mentalmente. Mantenemos nuestros pensamientos puros, nuestras mentes claras y nuestros corazones abiertos. Al mantener la mente abierta, damos a los otros el margen adecuado para corregirse por sí mismos.

Una parte de nuestra receptividad consiste en dejar que las cosas sucedan cuando nos dejamos guiar por el momento. Nos mantenemos conscientes (en armonía con) las "aberturas", los momentos de luz, cuando la gente es receptiva y nos alejamos en los momentos de oscuridad, cuando nos empiezan a malentender y se cierran a nosotros. Con las aberturas avanzamos; cuando se cierran, nos retiramos. Al retirarnos somos desapegados y libres. Proseguimos nuestro camino, dejándo partir a los otros. Pues sí, recibir este hexagrama es un reto para perfeccionar nuestra receptividad, humildad y paciencia.

Primera Línea: *Escarcha bajo los pies.* La escarcha hace referencia al hecho de dudar acerca de la forma en que están ocurriendo los acontecimientos. Cuando dudamos del proceso de la vida, nos afanamos en invertir el torrente de acontecimientos para convertirlo en algo que nos guste más. Debemos dejar de resistir el devenir de los acontecimientos y volver al camino de la aceptación humilde y de la dependencia de lo desconocido. La duda es la escarcha que precede al hielo del abandono.

La escarcha también se refiere a volver a caer en defensas tradicionales como el miedo, la duda, la ira, la envidia, el deseo, la negación, las evasiones y la enajenación. Nos aferramos a tales defensas porque aún abrigamos la desconfianza de que seguir la verdad y lo bueno nos traerá la armonía y la justicia. Debemos deshacernos agresivamente de los inferiores endemoniados, quienes claman por el gobierno calumniando la verdad, y que a través de la presunción de creer que "¡nadie nos va ha ayudar, sino nosotros mismos, debemos tomar una enérgica iniciativa con toda fuerza!" Tales pensamientos pueden no ser tan conscientes, pero acaso existan en forma de semilla, como un sentimiento intranquilizador, como si estuviésemos a punto de ponernos de mal humor. Tales sentimientos son la escarcha que precede al hielo (en *el Entusiasmo*, hexagrama 16, segunda línea, se nos aconseja reconocer los gérmenes y retirarnos a tiempo.)

A través de la contemplación empezamos a ver que nuestros mimados inferiores sólo están interesados en conseguir su propia comodidad. Cuando escuchamos o consideramos sus quejas y propuestas, los demás desconfían de nosotros porque sienten intuitivamente que estamos albergando pensamientos egoístas. Cuando seguimos desinteresadamente el bien por sí mismo, su desconfianza se desvanece. Si deseamos tener un buen influjo sobre los demás, debemos examinar y controlar detenidamente nuestros pensamientos más profundos.

Segunda línea: *Correcto, rectangular grande. Sin propósito, y sin embargo nada queda sin fomentar.* Al igual que sucede en geometría, donde las líneas rectas pueden ser unidas para formar rectángulos, y los planos rectangulares pueden ser unidos para formar poliedros, también en toda situación existen los ingredientes en bruto que pueden utilizarse para dar forma a una idea creadora; nada necesita ser añadido, nada ser extraído. Al mantenernos abiertos, percibimos las respuestas apropiadas y lo que hacemos colma los requisitos necesarios para ser correctos (honestos), rectangulares y grandes (con una mente abierta, nunca excediendo una justa y moderada opinión de los errores y fechorías de la gente). Tal es la esencia de la acción que podemos tomar y que está en armonía con el cosmos. Nuestras acciones deben estar en armonía con la forma en que la naturaleza trabaja, completamente natural y de acuerdo al contexto de las circunstancias. Sin premeditación, partiendo de la inocencia de decir o de hacer lo que la justicia y la moderación requieren. La reticencia y la moderación nos protegen de ir demasiado lejos y de perder el desapego, la razón por la que nuestro ego se afana en luchar.

Podemos contar con la acción beneficiosa de lo creativo para que complete lo que empezamos. Las cosas salen mal cuando buscamos hacer demasiado, y cuando buscamos hacerlo por nosotros mismos, avanzamos cuando tendríamos que retirarnos, y viceversa. Debemos dar a los demás el margen que necesitan para percibir y responder a la verdad. Sólo así podemos crear un progreso tangible para resolver nuestros problemas y corregir nuestras relaciones.

Tercera línea: *Líneas ocultas; se es capaz de permanecer perseverante. Si acaso sigues al servicio de un rey, no busques obras, sino llévalas a cabo.* No debemos preocuparnos de si a alguien le gusta o no lo que decimos, o si nos reconocerán o no lo que logramos, sino de que lo que digamos sea sincero, modesto y esencial. La vanida—la preocupación por cómo nos ven los demás—interfiere con el seguir lo que es esencial y correcto, al forzar en nosotros consideraciones egoístas. Por ejemplo, al dar una charla nos preocupamos por lo que la audiencia quiere oír, en lugar de concentrarnos en lo esencial de nuestro tema. Si somos modestos y sinceros, si nos concentramos en lo esencial de la cuestión (lo que ayudará más a entender a la gente), lo que digamos será útil. Al servir a un maestro mayor es importante servirlo con toda nuestra capacidad, sin pensar en cómo se refleja en nosotros o si será reconocido. Atendemos sólo a nuestra sinceridad y humildad.

Esta línea tiene que ver con perder real o potencialmente nuestra reticencia. La reticencia es un ingrediente esencial de la receptividad y la modestia. Perdemos la reticencia cuando nos dejamos atrapar por el entusiasmo egoísta de ejercer influencia. Nos encanta ser reconocidos por los demás como "el que sabe la verdad" y nos olvidamos de darles el margen que necesitan para percibirla por sí mismos. Al cometer este error pronto nos vemos aislados y nuestra influencia se reduce. Entonces nuestro orgullo se siente herido por el esfuerzo empleado sin conseguir nada a cambio. Debemos abandonar sentimientos tales como el de la vanidad herida, lo que provoca que no tengamos consideración alguna hacia los demás y sus problemas.

Al cometer estos errores necesitamos darnos cuenta de que todo el mundo los comete. Que no sirve de nada autocastigarse. Es suficiente con volver al camino de la humildad y la aceptación. Esto nos libra de culpa.

Si podemos contentarnos con realizar nuestro trabajo sin destacar, adhiriéndonos al poder de la verdad, entonces daremos a la gente el margen que necesitan para descubrir la verdad por sí mismos.

Esta línea tiene que ver también con las ocasiones en que se desarrolla un eclipse en nuestro influjo sobre los demás (ver *Abundancia*, hexagrama 55). Cuando esto sucede, no debemos ofendernos o alarmarnos, sino aceptar que es parte de nuestro proceso de aprendizaje (o enseñanza). Así como el sabio deja que el discípulo vaya poniendo en práctica durante su vida lo que ha aprendido en la prueba de la experiencia (ver *La necedad Juvenil*, hexagrama 4, primera línea), debemos dejar que los demás se equivoquen, aun a riesgo de poner en peligro todo lo que han aprendido; esto es esencial si han de desarrollar una perspectiva verdadera por sí mismos. El mal entendimiento está entrelazado con el entendimiento. Aprender implica inevitablemente cometer errores y retirarse de ellos, por lo tanto, debemos confiar en que los demás pueden aprender por sí mismos, de otra forma, la desconfianza los atrapa en el error. Si pensamos que tenemos que intervenir personalmente, entonces es que implicamos a nuestra vanidad. Tal como aconseja la línea, "no busques obras", es decir, no busques ser considerado como el promotor o como el que posee infaliblemente la verdad.

Cuarta línea: *Una bolsa atada. Sin culpa, ningún elogio.* Nuestras acciones han despertado las fuerzas oscuras en otra persona a través de nuestros errores (como en la línea previa), o al ser mal entendidos sin falta propia. Estar aislado y ser mal comprendido es estar en una "bolsa atada". El falso dragón (lo irracional y lo compulsivo empujado por el miedo) está comprometido. Debemos evitar desafiar esta fuerza con un ataque directo al problema, lo cual sólo ocasionaría odio y venganza. También debemos evitar dar la impresión de habernos rendido. Sólo necesitamos mantener la reserva. Nuestra actitud debe ser neutral, sin abrigar emociones negativas o positivas.

Quinta línea: *Ropa interior amarilla trae elevada ventura* El comentario a esta línea menciona "adornos que no llaman la atención". Esto simboliza la virtud que no se muestra (seguimos y hacemos el bien sin pensar si los demás lo notarán). El color amarillo simboliza discreción y aquello que es fiable y genuino. Esto quiere decir que nos relacionamos con la gente sólo cuando ellos son receptivos con nosotros y nos retiramos cuando no lo son. Algunas veces, al responder de esta forma, la gente nos mal interpreta y nos juzga como imposibles de comprender. Si nuestra virtud no está ahí para ser vista, no tenemos que preocuparnos por sus reacciones. Con el tiempo empezarán a respetarnos (quizás a regañadientes al principio) por nuestra forma de vida. Nuestra determinación los hará darse cuenta gradualmente, a través de lo que el *I Ching* llama "suave penetración". Estar preparado para trabajar sin destacar es ser de verdadera ayuda para el sabio, quien también hace su labor de forma invisible, a través de la maduración de la situación.

Sexta línea: *Dragones luchan en la pradera. Su sangre es negra y amarilla.* Cuando escuchamos nuestras dudas y nuestros temores la tensión del conflicto interno debilita nuestra determinación de perseverar receptivamente y con aceptación. Cuando ya no dependemos de lo desconocido, nos sentimos presionados para actuar. Es peligroso y destructivo seguir este camino.

3

Chûn

La dificultad inicial

K'an: Lo abismal, el agua
Chên: La comunión, el trueno

Si perseveramos, todo saldrá bien.

Este hexagrama esta compuesto por *k'an* (lluvia) y *chên* (trueno), dos de los trigramas más activos. Su interacción describe una "densa y caótica plenitud" que crea múltiples posibilidades al inicio de nuevas situaciones, de ahí que no sepamos cómo continuar. No debemos dejarnos intimidar por la tormenta (los cambios y la ambigüedad de tales épocas), y llegar a la rápida conclusión de que el destino está en contra nuestra, quedándonos sin ayuda para resolver la situación. La acción agitada interfiere con el proceso creativo que se despliega. Si podemos perseverar en la no-acción y el desapego, lo creativo resolverá la situación correctamente.

Solemos recibir este hexagrama cuando hemos dejado que la tensión de la situación impida que lleguemos a alcanzar una perspectiva real. Al sentirnos incapaces de esperar a que la perspectiva se aclare, nos lanzamos a cualquier solución que se nos presente, o volvemos a las viejas formas de hacer las cosas y abandonamos el camino del sabio (lento y paso a paso), impidiendo que el camino correcto aparezca por sí mismo. Sólo es posible alcanzar una perspectiva real cuando dispersamos las presiones que nos urgen a actuar y cuando rehusamos ver la situación como un problema que requiere nuestra intervención. También es importante pedir la ayuda del poder supremo para conseguir una comprensión que haga posible el progreso.

En tiempos de dificultad inicial necesitamos darnos cuenta de que cada cosa que sucede tiene un propósito positivo que se entenderá más tarde. Estamos en un momento muy dinámico en el cual un cambio en nuestro mundo interior empieza a traducirse en un cambio en el mundo exterior. Que el cambio sea llevado a cabo depende de que no intervengamos y de que busquemos el consejo del sabio y lo sigamos.

Primera línea: *Vacilación e impedimentos. Es propicio permanecer perseverante. Es propicio designar ayudantes.* Cuando nos enfrentamos a dificultades al inicio de las situaciones, debemos resistir a darnos por vencidos. Puede ser que estemos en el camino correcto, o muy cerca de él. La ayuda llega al tener cuidado de no forzar la situación. Con frecuencia, la ayuda llega como una intuición liberadora.

Segunda línea: *La doncella es casta, no se compromete.* Diez años, luego se compromete. El "cambio que se produce", mencionado en el comentario, se refiere a la idea que se presenta como solución a la dificultad, la que, de alguna forma, está equivocada. Aunque esperemos con entusiasmo suavizar la situación, actuar basándonos en esta idea nos comprometería en obligaciones embarazosas. Debemos permanecer "castos", sin comprometernos, evitando desatascar la Rueda del Destino a través de soluciones artificiales.

Tercera línea: *El que caza ciervo sin guardabosques, lo único que logra es extraviarse en el monte. El hombre superior percibe los signos del tiempo y prefiere desistir. Continuar acarrea humillación.* Esto quiere decir que nuestras dificultades son tales que no podemos superarlas sin la ayuda del poder supremo, sólo se puede obtener su ayuda cultivando una mente humilde y abierta.

Recibimos esta línea cuando deseamos salir de la situación con tanto empeño, que consideramos emprender la acción. Se nos aconseja esperar hasta que un "influjo real" se manifieste. Esto quiere decir que debemos esperar hasta que obtengamos la ayuda de lo creativo para entender lo que debemos hacer. Mientras tanto hemos de continuar en la situación, libres de resistencias. Es como si estuviésemos representando un papel en el primer acto de un drama—o incluso en el segundo acto —y todavía no fuese la hora para el desenlace del tercer acto.

Cuarta línea: *Caballo y el carro se separan. Luchar por conseguir la unión. Acudir trae buena fortuna. Todo es propicio.* En nuestro entusiasmo por resolver el problema, lo aparcamos; dejamos de confiar en lo desconocido y nos conformamos con soluciones globales, o bien lo abandonamos por completo. Es nuestro deber recoger la carga y continuar, independientemente de lo humillante que sea. Esto significa someterse a ser guiado, sin conocer las respuestas anticipadamente; dejar que el camino correcto se presente por sí mismo como si estuviésemos mirando las escenas sucesivas de una película. Al confiar en lo desconocido para indicarnos el camino correcto, volvemos a él.

Esta línea puede referirse a nuestra relación con otra persona, o a nuestra relación con el sabio. Si hemos dejado atrás el camino del sabio, debido a la desconfianza, entonces necesitamos pedir ayuda para "alzar" nuestro carro otra vez. Si hemos perdido las esperanzas puestas en los otros, entonces necesitamos darnos cuenta de que las dificultades que nos presionan para hacernos sentir que la tarea es imposible sólo son parte de las dificultades que se presentan al principio de una nueva situación.

Cuando la "Rueda del Destino" se atasca en el barro, para seguir girando en su propio círculo vicioso, una actitud desesperada únicamente perpetuará el percance. Sólo cuando dejemos de dudar del poder de la verdad, el poder de lo creativo podrá desatascar la Rueda del Destino, que empezará a girar hacia un progreso real. Mientras nuestro ego insista en un progreso visible, mientras condicionemos nuestro esfuerzo para hacer lo correcto diciendo a Dios: "yo haré mi parte sólo si veo que tú estás haciendo la tuya", el cosmos no podrá acudir a nuestro auxilio.

No podemos exigir nada al poder supremo. Las cosas sólo pueden funcionar cuando seguimos la verdad incondicionalmente y hacemos lo correcto. Desde luego, darse por vencido asegura la derrota. Debemos aceptar que las personas pueden, y encontrarán el camino si les dejamos descubrirlo por ellos mismos.

Quinta línea: *Dificultades al bendecir. Pequeña perseverancia trae buena fortuna. Gran perseverancia trae desventura.* Aquí, el poder oscuro prevalece y todo lo que hacemos es considerado con sospecha. Debemos permanecer centrados en el interior. Esto trae consigo la confianza necesaria para el éxito. Para recobrar la objetividad, debemos perseverar sosegadamente, dejándonos guiar fuera del peligro de la duda.

A veces esta línea se relaciona con la línea quinta de *La paz*, hexagrama 11. Ambas líneas se refieren a la necesidad de ser pacientes con la gente que tiene un sentimiento de inferioridad; la envidia y los sentimientos de inferioridad crean tensión. Lo que más ayuda es ser constante, independiente y desprendido.

Sexta línea: *Caballo y carro se separan. Se derraman lágrimas de sangre.* El deseo y la duda prevalecen. El niño reina dentro de nosotros. Al perder la esperanza de que el sabio llegue en nuestro auxilio, o de que las cosas puedan funcionar, abandonamos el camino. *No debemos persistir en esta actitud.*

4
Mêng
La necedad juvenil

Kên: El aquietamiento, la montaña
K'an: Lo abismal, el agua

Una lección nueva: estás aprendiendo algo que antes no sabías.

No soy yo quien busca al joven necio; el joven necio me busca a mí. Este hexagrama explica la relación entre el sabio que habla a través del *I Ching* y el seguidor que lo consulta.

El sabio nos hablará por medio del oráculo y vendrá en nuestra ayuda sólo si tenemos una actitud correcta, esto es, si voluntariamente hemos suspendido nuestra incredulidad y nuestra desconfianza en lo desconocido. Si somos escépticos, cínicos, hostiles, volvemos a preguntar o preguntamos severamente, las respuestas serán ininteligibles, pues el sabio permanecerá en retiro. En la medida en que no suspendemos nuestra incredulidad, bloqueamos la ayuda del sabio, porque está en contra de sus principios responder a menos que sea a la humildad de una mente abierta, pues está firmemente comprometido con el bien y no va a rebajarse buscando nuestra aprobación, ni intentará persuadirnos para vencer nuestras opiniones predeterminadas sobre cómo funciona el cosmos, o acerca de lo que es bueno y malo, o de la naturaleza de Dios o del destino, cuando nuestras opiniones sean erróneas.

En el estudio con el sabio del *I Ching* se nos permite ver la vida desde un punto de vista cósmico. Al concluir cada lección ganamos una penetración cósmica. Ya sea que consultemos el *I Ching* diaria u ocasionalmente, su respuesta tiene que ver con el siguiente paso en nuestro entendimiento. Cada lección supone un nuevo comienzo, con sus dificultades características. Estas dificultades proporcionan el material para la lección que el *I Ching* trata de enseñar. La lección se termina cuando entendemos el problema desde el punto de vista cósmico. Al obtener esta penetración, el problema queda resuelto, o, de otra forma, progresa un paso más hacia la solución definitiva.

Si consultamos el *I Ching* diariamente, entonces cada lección puede concluir en un período cercano a una semana; si lo consultamos una vez al año, cada lección puede requerir mucho más tiempo para perfeccionarse. Tales lecciones, por supuesto, no tienen lugar sólo con el *I Ching*. El sabio es el profesor invisible de la vida, y nuestras experiencias en la vida diaria son nuestra lección. Tales lecciones pueden ser aprendidas sin consultar el *I Ching*. De todas formas, el *I Ching* nos proporciona una linterna con la cual podemos cruzar por los escollos que existen en el campo del progreso espiritual. Sin su ayuda, el proceso de aprendizaje puede requerir que caigamos en ellos una y otra vez.

Al recibir *La necedad juvenil* como segundo hexagrama es como si nos dijese que no tenemos por qué saber las lecciones cósmicas por adelantado. El asunto en cuestión es simplemente ignorancia juvenil. La necedad, por lo tanto, significa falta de entendimiento espiritual, y en consecuencia, que se está aprendiendo algo nuevo. Algunas veces, el hexagrama nos pide poner las cosas en perspectiva: equivocarse es natural; así pues, si hemos errado, nuestro error es el foso que impide el avance; reconocer estos errores rellena los fosos. Una vez pasado el peligro podemos olvidarnos de nuestros errores y continuar nuestro aprendizaje.

Otro significado de *La necedad juvenil* tiene que ver con la de los demás. Así como es necesario tener una mente abierta para atraer al sabio de su retiro, es necesario abordar a los demás con una mente abierta, para atraer el "gran hombre" escondido dentro de ellos. Si continúan sin ser receptivos o desinteresados, entonces adoptamos el punto de vista del sabio: los soltamos, no competimos ni tratamos de convencerlos. Los dejamos ir, aun hacia el peligro y la dificultad, porque solamente cuando se exponen a los peligros y a las consecuencias de su necedad, aprenden las lecciones cósmicas. También les permitimos volver, porque el soltarlos no quiere decir que los abandonemos como incorregibles, lo que en términos del *I Ching* es "ejecutarlos". Al dejarlos ir no llegamos al extremo de odiarlos, sino que dispersamos nuestras reacciones emocionales y cortamos nuestros lazos internos, para adquirir una actitud neutral. El desapego significa que no vigilamos, con nuestro ojo interno, lo que hacen o dejan de hacer; el desapego es una forma de confianza que fortalece su naturaleza superior. El dar espacio a los demás es una forma de amor universal que les posibilita volver, a su paso, a su yo verdadero. Es así como el sabio nos enseña, y esta es la forma en que se supone que debemos enseñar a los demás.

Algunas veces este hexagrama nos recuerda nuestra tendencia, cuando afrontamos obstáculos peligrosos (aquí descritos como un abismo que el joven contempla), a creer que no hay manera de superarlos. El hexagrama nos dice que la forma correcta de salir o de rodear las dificultades es mediante la perseverancia: adherirnos a lo que ya sabemos que es correcto y mantenernos receptivos al poder supremo para poder recibir una mayor claridad.

El sabio no nos da respuestas globales, sino que despliega ante nosotros cada paso que hay que tomar; es sólo nuestro ego el que quiere respuestas globales y resultados instantáneos, porque tiene miedo y porque sus propósitos son egoístas.

Primera línea: *Deben apartarse las trabas. Continuar así aporta humillación.* Una cosa es aprender acerca de la vida siendo aconsejado, pero en última instancia debemos poner en práctica lo que sabemos. A menudo sucede a través de experiencias directas, en ocasiones desagradables, pero lo que aprendemos nos hace más fuertes y la lección queda integrada, no sólo en el intelecto, sino en el corazón, como una verdad interior.

Segunda línea: *Saber soportar a los necios con benevolencia trae buena fortuna. El hijo es capaz de administrar la casa.* Esta imagen se refiere al hijo que toma el lugar del padre sólo cuando ha aprendido a gobernar con la verdad interior. Al ser consciente de la dificultad de corregir sus debilidades, es capaz de ver los errores y debilidades de los demás con caballerosidad. Es importante ser modesto y bondadoso, no orgulloso y vengativo. Hasta que adquirimos tal modestia y bondad, a pesar de los desafíos, no somos capaces de atraer a los demás al camino correcto con nuestro ejemplo.

Soportar a los necios con benevolencia también puede significar soportar cosas que nuestros inferiores odian, así como soportar los momentos de mala suerte, las situaciones desafortunadas y lo que se presente, por incómodo que sea. La auténtica modestia radica en no desanimarse a causa de la mala suerte. Como al jugar al tenis, deberíamos olvidar los malos golpes inmediatamente, los errores, y concentrarnos en estar preparados para el próximo punto, manteniéndonos desapegados de los diálogos interiores. Incluso marcar un punto bueno o malo tiene un efecto negativo, pues perturba nuestro equilibrio. En la elevada opinión cósmica, todo lo bueno o lo malo es realmente lo necesario para nuestro desarrollo.

Tercera línea: *No tomes a una muchacha que cuando ve a un hombre de bronce deja de ser dueña de sí misma. Nada es propicio.* Esta línea se refiere a la actitud servil del aprendizaje. Si le decimos a la gente lo que tienen que hacer, entonces seguirán la forma y no el contenido de las cosas, concentrarán su atención en adaptarse a las apariencias y no a lo que es correcto y esencial. Debemos dejar que la gente se equivoque hasta que agote el entusiasmo que los llevó a extraviarse. Sólo cuando realmente necesiten ayuda, buscarán la instrucción con la actitud de un niño sin pretensiones, lo cual también es cierto con relación a la forma en que aprendemos nosotros mismos: el sabio no aceptaría que seamos servilmente buenos, sino que aprendamos la alegría de seguir lo bueno por sí mismo. De igual forma, no debemos pretender que la gente aprenda servilmente, o exigir de ellos más de lo que es correcto, por orgullo, o por nuestro deseo de justificarnos.

Cuarta línea: *Necedad enmarañada trae humillación.* Esta línea muchas veces se refiere a la asunción egoísta de que podemos guiarnos en la vida simplemente con el poder del intelecto. Esta arrogante confianza en nosotros mismos nos aisla de la ayuda que necesitamos del mundo interno y garantiza que no tengamos una mente suficientemente abierta para entender tal ayuda cuando es ofrecida. El sabio nos deja seguir nuestro camino hasta que adquirimos la humildad necesaria para terminar con el círculo vicioso de no progresar.

Quinta línea: *Necedad infantil aporta buena fortuna.* Cuando adquirimos una mente abierta como la de un niño, con seguridad obtenemos ayuda para entender los secretos del mundo interno, a través del cual el sabio podrá guiarnos.

Al enseñar a los demás, sólo necesitamos fiarnos de que el poder de la verdad se muestre. En lugar de luchar para que se nos entienda, debemos seguir con inocencia la verdad de las cosas, sin preocuparnos de lo que los demás puedan pensar.

Sexta línea: *Al castigar la necedad no es propicio cometer transgresiones. Sólo es propicio prevenir las transgresiones.* El destino nos castiga cuando no consideramos las leyes cósmicas, pero sólo lo hace de una forma desapasionada, como la necesidad lo requiere y en la medida en que es necesario para quebrar la obstinación en nuestra actitud.

Esta línea también implica que el que se mete en un callejón hallará desilusión. Sólo aquello que se fundamenta en principios correctos puede tener éxito al final. Los acontecimientos desagradables sirven para sacudir nuestras mentes, indicándonos que estamos en el camino equivocado.

Debemos recordar estos principios cuando tratamos con la obstinada indiferencia de los demás. Involuntaria y automáticamente castigamos a los demás cuando reconocemos sus errores y transgresiones. Este castigo involuntario se registra en sus psique. Cuando habitamos en sus mentes, en forma de problema, los castigamos con exceso. Dejamos de castigarlos cuando llegamos a una justa y moderada opinión de sus transgresiones. El castigo no significa una "ejecución", por la cual los descartamos como imposibles; ni quiere decir que los sometamos a más de un período temporal de prisión en nuestra mente. Como se dice en la imagen en *El andariego*, hexagrama 56, "El hombre superior se aplica con claridad y cautela a las penalidades y no arrastra pendencias". Ir demasiado lejos afectará a su vuelta. "Las penalidades y las pendencias deben ser muy fugaces y no debieran arrastrarnos a otros lugares". El castigo correcto es buscar la ayuda del sabio (lo creativo), a quien entonces entregamos completamente el asunto. Es "necedad enmarañada" pensar que es completamente nuestra responsabilidad corregir los asuntos con el castigo. Debemos encontrar la ayuda retirándonos y desligándonos, dejando el trabajo de corrección al sabio, de otra forma incurriremos en una transgresión.

Hay que tener en cuenta que esta línea, igual que la cuarta, al referirse a las transgresiones, puede estar hablando de ser muy negligentes al tolerar el mal. Es como dar la mano y coger el brazo. Hasta cierto punto, por lo tanto, la transgresión es culpa nuestra; cuando la castigamos, debemos recordar que parte de la culpa es nuestra.

5

Hsü

La espera (La alimentación)

K'an
Ch'ien

K'an: Lo abismal, el agua
Ch'ien: Lo creativo, el cielo

Esperar en una actitud correcta fortalece lo creativo.

La imagen de este hexagrama es la del vapor —el aliento de lo creativo— elevándose hacia el cielo desde las nubes. Antes de que caiga la lluvia, es preciso que se formen las nubes. Como en el caso del progreso generado por lo creativo, el progreso resulta de lo acumulado en diferentes etapas de desarrollo. El vapor que se acumula en las nubes simboliza la energía creadora generada cuando llegamos a una correcta "actitud de espera". El progreso resulta de mantenernos de manera perseverante en esta actitud creadora. Con una actitud correcta de espera evitamos la duda y la impaciencia que disipa la energía; también evitamos la indolencia que se origina al enredarnos en diversiones y en formas de disipacion, que nos hacen perder la concentración en nuestro trabajo y nos apartan del contacto con nuestra voz interna. Cultivamos los atributos que acumulan energía, tales como la modestia, cooperamos pacientemente con el tiempo como vehículo de cambio dándonos cuenta de que, cuando el tiempo entre en acción, lo creativo indicará la forma correcta de responder.

Una actitud correcta de espera es modesta, sin presunciones, independiente. Al adherirnos a un punto de vista modesto evitamos compararnos con los demás y de esta forma somos capaces de disipar la duda, lo cual nos ayuda a mantenernos libres de las esperanzas y de los deseos que destruyen nuestra independencia interior. Cuanto más mantenemos nuestra independencia interior y cuanto más sintonizamos con las necesidades esenciales del momento, el poder de lo creativo llega a ser más fuerte y más profundo.

El hombre superior come y bebe, permanece sereno y de buen humor. Si mantenemos una actitud alegre y desapegada de forma perseverante, mientras nos adherimos a nuestros principios (ver *La verdad interior*, hexagrama 61), la fuerza de la verdad operará sobre la situación en su totalidad. La fuerza de la verdad interior penetra gradualmente, influenciando todo lo que necesita ser influenciado. Presionar para que otro se desarrolle o intentar forzar los cambios con impaciencia, sólo genera el efecto opuesto. Con suerte ganamos reformas superficiales, pero no cambios que perduren, porque no están basados en un consentimiento interno. La firme espera nos lleva a un cambio lento por el que conseguimos lo que es correcto para todos los afectados.

Recibimos este hexagrama cuando nuestra actitud de espera es incorrecta, entonces el progreso se detiene. Quizás nosotros (nuestro ego o nuestros inferiores) dudamos de que al esperar en la actitud de no-acción, o dejándonos guiar por el sabio, lograremos algo. Quizá sospechamos que al final sólo hallaremos decepciones en lo que se refiere a la felicidad. Tales dudas despiertan temores, haciendo que nuestros inferiores se impacienten, reclamen que nos demos prisa en solucionar las cosas, o clamen el "ya verás", y exijan que terminemos con el problema de una vez.

Todo esfuerzo es alimentado por sutiles invasiones de la duda que nos presenta nuestro hombre inferior (nuestra auto-imagen/ego). El esfuerzo siempre indica una pérdida de independencia. Tales dudas (y nuestra pérdida de independencia interior) son siempre percibidas intuitivamente por quienes esperamos influir, despertando su desconfianza. El esfuerzo implica que dudamos de su habilidad para poder encontrar su propio camino; implica también que dudamos de las verdades que supuestamente seguimos; implica que dudamos del poder oculto de lo creativo. Todavía nos aferramos a la idea de que el progresar depende del esfuerzo externo. El ego siempre busca la línea recta hacia el éxito y desconfía del progreso lento que se adquiere siguiendo el camino en zig-zag de la naturaleza. La criatura de nuestros miedos, el hombre inferior (ego), busca dominar y manejar nuestros asuntos, al hacerlo invade el espacio de los demás e interfiere en la dirección que llevan.

Cada línea mutante de este hexagrama indica defectos potenciales en la actitud que debemos evitar mientras esperamos. Debemos encontrar las influencias negativas y con decisión terminar con ellas.

Por ejemplo, la duda nos influye mientras escuchamos sus argumentos. La duda no es sosegada, sino activamente destructiva. Aunque parezca que no tenemos poder contra su presión negativa y aunque creamos que somos incapaces de erradicarla, podemos sobreponernos a su poder manteniéndonos firmes. Existe lo que parece ser la regla de los tres minutos: si podemos soportar la presión del ego por sólo tres minutos, el asalto de las fuerzas negativas fracasará. La fuerza de la duda es impotente frente a una fuerte resolución y a la firmeza de adherirse al bien. Al igual que sucede al hacer frente al oleaje, la primera ola es fuerte y grande, pero la que le sigue tiene la mitad de fortaleza y la tercera es sólo un mero eco. Estas olas se renuevan sólo si reconsideramos los pensamientos que las originaron.

Primera línea: *Esperar en la pradera. Es propicio permanecer en lo duradero. No hay culpa.* Esta línea nos advierte que existe un desafío inminente. La respuesta correcta consiste en prepararse, no con una anticipación ansiosa, sino buscando el sosiego interno. Rehusamos escuchar las quejas de nuestros inferiores y sus argumentos. Debemos estar preparados, pero sin debilitarnos con el temor. Si estamos preparándonos para ir a una batalla, para pronunciar un discurso o para encontrarnos con alguien bajo condiciones adversas, no debemos predisponernos rígidamente en relación con lo que haremos o diremos; no debemos considerar lo bueno o lo malo que puede resultar como consecuencia, pues el hacerlo alimenta el miedo de nuestros inferiores. Sólo necesitamos mantenernos firmes en lo que es bueno, esencial y correcto, porque es lo que hace que las cosas perduren; al margen de esto, debemos mantener la mente abierta y lista para lo que está por venir.

Segunda línea: *Esperar en la arena...el final aporta buena fortuna.* La arena es un lugar incierto para la espera, y esperar en la arena significa que esperamos con una actitud de duda e incertidumbre, temerosos de confiar en lo desconocido para que nos ayude a salvar el inminente desafío. Como consecuencia de la duda no es momento de actuar; debemos retirarnos, mantenernos tranquilos interiormente y dejar que los acontecimientos tomen su propio curso. Actuamos según se presente la situación, sin predeterminar lo que haremos o diremos. La duda interna invita al ataque; por lo tanto, debemos evitar ser llevados por discusiones o presiones para adoptar planes de acción. Hasta que descubramos y nos deshagamos de lo que tememos, debemos dejar de escuchar inmediatamente todo argumento interno.

Tercera línea: *La espera en el fango da lugar a la llegada del enemigo.* El fango representa una actitud descuidada e inmoderada; la presunción y el descuido son formas de desequilibrio que invitan a una corrección cósmica en forma de desafío o conmoción. Nunca podemos permitirnos el lujo de abandonar una actitud firme, resuelta y correcta. Siempre debemos permanecer alerta, ser cuidadosos y perseverantes.

"Esperar en el fango" simboliza esperar en el miedo y la duda. Dudamos de lograr algo aunque sigamos el camino con perseverancia. "No lograremos nada", dice la voz interna de la desesperación: "Esto nos llevará toda la vida" dice la persistente voz del deseo frustrado. Si no resistimos estos temores, las acciones que llevemos a cabo perjudicarán la situación general. "Esperar en el fango" simboliza la sinceridad de escuchar ideas peligrosas presentadas por nuestro hombre inferior bajo la forma de deseo, pasión, comodidad, presunción, odio, enajenación, orgullo, duda y los pequeños gustos y disgustos. Si rehusamos firmemente escuchar estas sugerencias, entonces negamos el alimento al hombre inferior. Al negarle el alimento se debilita y desaparece, como los roedores de las despensas. El fango también simboliza la indecisión, cuando estamos tentados de seguir un patrón desfavorable de acción.

Cuarta línea: *Esperar en la sangre. ¡Sal del hoyo!* Aquí contemplamos la posibilidad de tomar una decisión inflexible para forzar los resultados; ello se debe a que hemos descartado a la gente como imposible y los hemos sentenciado mentalmente en nuestros corazones. En términos del *I Ching*, esto es ejecutarlos, de ahí la imagen de la sangre. También la sangre simboliza que hemos llegado a un juicio negativo de la gente.

"Esperamos en la sangre" cuando sospechamos con amargura interna que el destino se ha empeñado en arruinarnos. La imagen se refiere a un estado de ánimo, de protección o de venganza contra los demás, contra el destino o en contra de nuestro trabajo. Debemos disipar tales ánimos y dejar que el destino siga su curso. Otras formas de sangre implican una actitud de "si no hacéis esto, ya veréis" o una actitud de "haced algo para cambiar la situación". Al descubrir tales tiburones en nuestra actitud interna, es sabiduría volver al camino de la humildad y dejar de desafiar al destino que al igual que el tigre del hexagrama 10, puede morder.

Quinta línea: *Esperar junto al vino y la comida. La perseverancia aporta buena fortuna.* Aunque algunos momentos de respiro tienen lugar en medio de las dificultades, no debemos asumir que nuestros problemas están resueltos; debemos darnos cuenta de que sólo hemos alcanzado el ojo del huracán y que habremos de prepararnos para nuevos desafíos. Al mantener una actitud correcta y disciplinada evitamos desperdiciar el progreso alcanzado, y nos mantenemos preparados frente a cualquier desafío a nuestro equilibrio interior.

Sexta línea: *Uno cae en el hoyo. Llegan tres huéspedes no invitados. Agasájalos y al final llegará la buena fortuna.* A pesar de haber esperado correctamente, parece que no hemos logrado nada. El progreso muchas veces trae consigo movimientos retrógrados. Para poder tener un buen comienzo debemos terminar con las formas decadentes de relacionarnos. Esperar correctamente es parte de este necesario y lento proceso regenerativo. Si mantenemos la mente abierta, veremos que "Incluso los cambios favorables de la fortuna suelen llegar de un modo que en principio puede resultarnos un tanto extraño".

6

Sung
El conflicto

Ch'ien	☰
K'an	☵

Ch'ien: Lo creativo, el cielo
K'an: Lo abismal, el agua

Deja de preguntarte "¿Por qué?"

Nos preguntamos por qué las cosas son como son, o qué hacer con ellas, lo cual está en conflicto con lo creativo porque, al intentar obtener respuestas globales o al buscar seguridad en lo conocido, no confiamos en que lo creativo va a mostrarnos el camino y va a desmadejar la ambigüedad de la situación en el momento justo.

El trigrama *ch'ien*, el cielo, que representa la paz, el orden, el equilibrio interior y la independencia, se ve socavado por *k'an*, el trigrama de las aguas bravas y activas. El conjunto simboliza el conflicto. Al hexagrama le conciernen ambas formas de conflicto interior, cuando preguntamos por qué la vida es así, o cuando debatimos acerca de las situaciones. De todas formas, el conflicto interior es la causa fundamental de todas las formas de conflicto.

El conflicto interior se origina cuando vemos a Dios, al Sabio, al destino (el esquema de las cosas), a otra gente, o nos vemos a nosotros mismos como un adversario. Estos conflictos se originan porque malentendemos la forma en que funciona el cosmos, y nuestro lugar en el esquema de las cosas. Las ideas que están en contra de nuestra naturaleza pura y de nuestro sentido profundo de la verdad siempre crean conflictos internos. Mientras seguimos reprimiendo nuestro sentido profundo de la verdad el debate subliminal interno continúa.

Al recibir este hexagrama se nos confirma que estamos en estado de conflicto interior. Por su propia naturaleza, el conflicto es un vórtice creado en nuestro ego, en el que deseamos ser liberados de las presiones creadas por la duda y el temor. En esta búsqueda, perseguimos respuestas que satisfagan nuestros anhelos: todas las razones sirven para ese propósito. Aunque dichas razones parezcan sensatas, y no son la creación de una mente objetiva, pues no son capaces de resolver nuestros problemas, aparecen fisuras en nuestro pensamiento y experimentamos una sucesión de conflictos. Atrapados en este vórtice, no podremos reconocer o comprender la respuesta correcta aunque la veamos; por lo tanto, este hexagrama aconseja dejar de hacernos preguntas, dejar de observar lo que nos perturba y dejar todo sin resolver. Esto significa "detenerse a mitad de camino". Cuando adoptamos una postura simplemente para terminar con la ambigüedad, o para liberarnos de su desagradable presión, "vamos hasta el final". Esta acción necesariamente trae desventura. Necesitamos alcanzar una perspectiva real. Esto es posible si nos desligamos emocionalmente del problema.

Cuando perdemos la esperanza en los demás, los vemos como adversarios. Nosotros mismos nos vemos como adversarios cuando equívocadamente asumimos que todo lo hemos logrado solos. Algunas veces cometemos el error de pensar que tenemos que aprobar la insensibilidad o las acciones erróneas de los demás, una equivocación que da origen al conflicto interior. Aunque no tenemos que aprobar acciones equívocas tampoco debemos dejarnos alienar. La enajenación es otra forma de enredo emocional que nubla todos los asuntos.

Atrapados en el vórtice del conflicto interior, no podemos ver que el sabio y el destino trabajan juntos para llevar a cabo todas las cosas. El sabio conduce y guía, mientras que el destino determina las vueltas y revueltas de los acontecimientos. El destino nos enfrenta con la adversidad cuando estamos en el camino erróneo, o cuando ésta presenta el único contraste por el cual podemos aprender lecciones importantes.

Otros tipos de conflicto giran en torno al punto en el que se cruzan distintas vías. Paralizados, sin saber qué camino tomar, reconsideramos continuamente el problema. Necesitamos terminar con el conflicto interior y desligarnos del problema; entonces la solución llegará por sí misma en el momento justo. Si ya hemos tomado la decisión y hemos salvado la encrucijada, evitaremos mirar atrás para ver si hemos tomado la ruta apropiada. Trataremos de ir hacia adelante. Si hemos cometido un error, nuestra sinceridad al intentar comportarnos correctamente corregirá la situación o neutralizará los malos efectos.

A veces recibimos este hexagrama como preparación para una situación que puede originar conflicto. Tenemos que prepararnos no predeterminando nuestra respuesta, sino estando alerta a los indicios que presentan los acontecimientos, mientras nos revelan la respuesta apropiada. Sólo tenemos que responder a lo esencial de la situación y evitar cuidadosamente ser atraidos por el conflicto. Si nos salimos del curso, tenemos que retirarnos; si nos encontramos involucrados en el conflicto, hemos de apartarnos rápidamente.

En todas las situaciones sólo es necesario actuar hasta donde la verdad y la necesidad lo exijan, aunque esto algunas veces requiera estar aislados de los demás. El destino no nos exige ser leales a lo incorrecto llevando a cabo actos que causan conflictos interiores. Aunque parezca difícil hacer lo que es correcto, hemos de recordar que el cielo ayuda a aquellos que se aferran a la balsa-salvavidas de la verdad interior. *Detenerse a mitad de camino* también se refiere a las situaciones en las cuales hemos llegado demasiado lejos. Por ejemplo, si después de habernos apartado, como la necesidad lo exigía, condenamos a los que se equivocan. Evitamos el conflicto cuando nos abstenemos de tomar juicios radicales en relación a la situación, como cuando decidimos que nos hemos apartado para "siempre". Es importante dejar el futuro al poder supremo.

El hombre superior reflexiona cuidadosamente sobre el comienzo de las transacciones que realiza. El conflicto con otros generalmente puede evitarse si al comienzo determinamos imparcial y justamente los términos del acuerdo. En las relaciones de negocios, el contrato escrito sirve a ese propósito, pero los contratos son dignos de crédito sólo cuando corresponden a lo que consideramos justo en nuestro corazón.

De la misma forma que los contratos demuestran ser de gran ayuda en los asuntos de negocios, también lo son en el matrimonio. Para poner cimientos sólidos a una relación de esa naturaleza hay que concederse el tiempo necesario para que puedan desarrollarse los principios de imparcialidad y justicia. De cualquier manera, antes de que podamos casarnos con otra persona, primero tenemos que casarnos nosotros mismos, porque ser fiel a uno mismo es la única base para ser leal con otros. Casarse con uno mismo no quiere decir que sigamos rígidamente ciertos dogmas o sistemas de creencias, sino cumplir con nuestra responsabilidad de ser fieles a nuestros sentimientos más profundos y a nuestras experiencias personales de la verdad. No nos permitiremos el ser impulsados por la lógica, la persuasión, la estrategia o la seducción, sino por la claridad que llega por sí misma. La persona que se ha casado consigo misma no está dispuesta a hacer nada que le haga perder su equilibrio interior y su integridad: no puede renunciar por nadie a su relación con el poder supremo, o comprometer su integridad o dignidad sólo para responder a las expectativas y a las demandas egoístas de los demás. Los otros deben darse cuenta desde el principio de que estamos comprometidos a semejante integridad personal, a fin de evitar malentendidos posteriores. Esto no es algo que tengamos que decirles, es algo que ellos entenderán si nos mostramos firmes e inquebrantables al seguir nuestros valores. Una vez que hayamos ganado el respeto de los otros, por nuestro amor a lo bueno, no tendremos razón alguna para perder su lealtad.

Si ahora o en el pasado hemos prometido participar en un acto que es fundamentalmente incorrecto, o que va en detrimento de nuestro desarrollo espiritual, la promesa o contrato no requiere ser cumplido. Si somos firmes en lo interior, al adherirnos a este principio, no tendremos que forzar nada; la solución se presentará por sí misma. Debemos ser firmes pero no personalmente ofensivos cuando tratamos el asunto, como nos aconseja la quinta línea de *La modestia*, hexagrama 15.

Si no somos firmes en nuestros valores, ni justos en nuestros requerimientos, todos los acuerdos, convenios o contratos serán evidentemente menospreciados debido a que la gente sentirá nuestra falta de disciplina. Si somos vacilantes nos pondrán pruebas, y entonces flaquearemos al no mantener nuestros principios y perderemos la confianza de los otros. Es casi como adiestrar a un caballo: si no lo dejamos comer a lo largo del camino, el caballo no cogerá el irritante hábito de pastar en su lugar preferido. Dejar que lo haga una sola vez creará un problema de cara a las próximas veces que pasemos por allí. Si queremos estar libres de conflicto, tenemos que ser firmes al mantener una actitud correcta.

Primera línea: *Si uno no perpetúa el asunto habrá un poco de murmuración. Al final llegará la buena ventura.* El momento más fácil para retirarse del conflicto es al principio, cuando empezamos a implicarnos en querer cambiar la situación. Si no podemos apartarnos o desligarnos, entonces es que necesitamos examinar nuestra actitud egoísta.

Segunda línea: *Uno no puede participar en el conflicto. La gente de su pueblo, tres-cientas casas, quedan libres de culpa.* El ego mira al exterior, pesa, mide, calcula, valo-ra y concluye en un esfuerzo por evadir la marcha natural de las cosas, como si su mayor función fuese resistir al destino. Tenemos que retirarnos de tal conflicto, man-teniéndonos quietos interiormente, hasta que los razonamientos verbales terminen, y la claridad pueda instaurarse. El hombre superior ve en su situación los ingredientes creativos para solventar los problemas que salen a su paso, y trabaja con dichos ingre-dientes a fin de producir un efecto beneficioso para todos. Si no encuentra la forma de tener un efecto beneficioso, se retira y espera a que la situación cambie.

Tercera línea: *Nutrirse de virtud antigua fomenta la perseverancia. Peligro. Si estás al servicio de un rey, no busques obras.* La virtud antigua requiere perseverancia: llevar las cosas a cabo sin destacar desde una posición marginal (a menudo invisible). Esto resulta difícil, porque nuestros inferiores (auto-imagen/ego), siempre buscan el reconocimiento por lo que han logrado y cuando no encuentran este reconocimiento, se resisten, y con una actitud de "ya verás", nos presionan para abandonarlo todo.

Buscamos prestigio —ser reconocidos por nuestro trabajo— muy seguros de nosotros mismos, tratamos de aumentar nuestra reputación, o discutimos para demostrar que tenemos razón, como cuando decimos "¿No te lo había advertido?", y también cuando buscamos ser el centro de influencia con la esperanza de lograr algo elocuente. Tal comportamiento provienen de nuestro ego, o el caballero blanco de bri-llante armadura que se afana agresivamente por salvar la situación. La virtud antigua nos haría tomar la senda estrecha de la paciente perseverancia y la reticencia y no la senda de la brillantez. No debemos esgrimir la luz, sino dejar que brille a través de nosotros, como si no estuviésemos ahí. El peligro también proviene del miedo y de la convicción de que los otros están irremediablemente comprometidos a hacer el mal, o que son incapaces de percibir la verdad y darse cuenta de sus errores. Este miedo nos hace intervenir. Esta línea nos asegura que no tenemos por qué tener miedo, que no podemos perder lo que hemos ganado a través del buen ejemplo. Mientras tanto, tenemos que apartar al caballo blanco, o a nuestro enmascarado hombre inferior.

Algunas veces, cuando nos damos cuenta de que debemos lograr resultados desde una posición invisible fuera de la escena, o desde una posición marginal, nuestro ego interpone que no es posible ganar desde esa posición. Es verdad, sin embargo, que se llevan a cabo grandes cosas de esta forma, al igual que en la oscuridad del seno mater-no se insufla vida a todas las cosas. Cuando podemos confiar en el proceso creativo y esperamos con la actitud apropiada, el proceso de crecimiento continúa y el naci-miento tiene lugar.

Cuarta línea: *Uno no puede participar en el conflicto, o se da la vuelta y acata el destino, cambia de actitud, y encuentra paz en la perseverancia. Buena fortuna.* El conflicto interior nos incita a esforzarnos por tener una influencia, a tratar de servir de punto de apoyo para la acción; lo hacemos porque nuestra actitud interior está infectada por la ambición de conseguir un progreso repentino. Evitamos el proceso lento, el paso a paso del sabio, que nos pondría cerca de nuestra meta. Así el deseo nos lleva a sacrificar el camino seguro para progresar. El deseo se presenta cuando dudamos del proceso creativo. Cuando dudamos, decimos: "El proceso creativo no sirve mis fines". Al dudar y al desear perdemos la independencia interior, lo que autoriza la verdad. Necesitamos orientarnos para proseguir el camino y ser pacientes, en lugar de aplicarnos en alcanzar la meta con precipitación. Movidos por el deseo, olvidamos que el siguiente paso —el de esperar pacientemente— es el único que nos conduce a nuestro fin. Esperar con paciencia es la ocupación más importante del momento. La paz llega al aceptar que sólo el progreso lento es perdurable.

Quinta línea: *Contender ante él aporta fortuna suprema.* Podemos entregar el asunto al albedrío sabio y al destino con seguridad, de esta manera el conflicto se resolverá de forma correcta.

Sexta línea: *Aunque por casualidad se le otorgue a alguien un cinturón de cuero, al terminar la mañana se le arrebatará tres veces.* Insistimos en continuar reconsiderando el asunto una y otra vez y así llegamos a enredarnos más y más en el conflicto interior y en la duda. El asunto no debe resolverse de esta forma. Podremos discutir todo lo que nos apetezca con el destino, pero nada cambiará.

7

Shih

El ejército

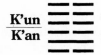

K'un
K'an

K'un: Lo receptivo, la tierra
K'an: Lo abismal, el agua

Prepárate para una "guerra"—se nos va a someter a prueba.

El ejército requiere perseverancia y un hombre fuerte. Recibimos este hexagrama cuando estamos a punto de ser desafiados por una situación difícil, por una "guerra", ya sea la prueba un problema objetivo o un conflicto con uno mismo, o una situación que amenaza nuestra independencia emocional. Sin tener en cuenta su naturaleza, como parte de este desafío, debemos subyugar firmemente nuestro corazón infantil (ego).

Alcanzar nuestros fines por el camino de lo creativo requiere esperar con una actitud correcta. Una actitud correcta es la de la independencia interior y el estado de alerta. Mantenemos el corazón firme, independientemente del tiempo requerido para lograr los cambios. Tal firmeza interior acumula un gran poder creador; este poder sólo puede ser mantenido con una estricta disciplina interior y al adherirnos firmemente a nuestros principios. El corazón que vacila nos traiciona, como cuando vacilamos acerca de haber tomado el camino del *I Ching*, o cuando al castigar a alguien alejándonos, lo hacemos con un sentimiento de venganza. Con tales pensamientos, abusamos del poder y creamos más obstáculos. El secreto de todo progreso se basa en controlar nuestro yo interior, simbolizado aquí en la imagen de poner orden en el ejército.

El ejército hace referencia a adquirir la relación correcta entre lo superior y lo inferior de nuestra personalidad. Nuestra personalidad (el ejército) requiere un conductor (el hombre superior) quien tiene una actitud fuerte y perseverante, porque la fortaleza es requerida en estas situaciones en las cuales el indisciplinado y consentido niño que llevamos dentro intenta implantar su voluntad. Cuando el niño mimado gobierna, es como si el sargento hubiese convencido a los soldados rasos de que él es el mejor para conducir el ejército. Al no tener una visión global, lleva al ejército a la derrota en tiempos de guerra. Al haber usurpado el lugar del conductor, el sargento llega a ser el "hombre inferior"; las tropas son los "inferiores". Cuando los inferiores son guiados por el hombre superior (la naturaleza superior de uno) el ejército avanza y se retira según lo requiere la situación. Al usar los medios correctos, sirve al bien y su personalidad permanece fuerte y superior.

El hombre superior prepara las tropas (inferiores) para las batallas venideras, explicándoles la necesidad de disciplina bajo el fragor del combate; tienen que actuar sólo cuando él lo ordene: les informa que la batalla se perderá si gobiernan las emociones.

Los inferiores parecen ser un cuerpo carente de inteligencia. Las células del cuerpo nos informan de sus necesidades; nosotros nos damos cuenta de una forma inconsciente de estos sentimientos no verbalizados, a pesar de que también son verbalizados como voces interiores. Si los ignoramos, se vuelven persistentes y vocales, y dicen, "tengo hambre" o "estoy cansado". También responden a la información dada por el yo superior, como cuando les aseguramos que la comida llegará pronto y aceptan ser pacientes. Los médicos y los dentistas usan estas técnicas para adquirir la cooperación de los inferiores para soportar el dolor y la incomodidad, algo que hacen cuando se dan cuenta de que es por su propio bien y si se les hace entender que su incomodidad es temporal y soportable.

La guerra, en este hexagrama, se refiere a los conflictos que subsisten mucho tiempo entre nosotros, y a otros que se originaron como "litigios" (ver *El andariego*, hexagrama 56). Un pleito que ha sido resuelto por la fuerza deviene en guerra. Aunque hayamos ganado el caso, como cuando llevamos nuestras penas a los juzgados y se falla a nuestro favor, el hecho de haber usado tales medios ocasiona una guerra que se prolonga, quizás durante años.

La guerra también se refiere a pequeñas batallas en las cuales somos desafiados por la gente que duda de nosotros o que está envidiosa de nuestra independencia. Nos prueban para ver si nuestros valores son firmes o reales. Alguna gente tiene egos que dan la impresión de ir de caza: atacan allí donde perciben áreas de debilidad. Parece como si quisieran probar que el bien desinteresado realmente no existe y así quedan exonerados de seguir el bien ellos mismos.

Las guerras también tienen lugar entre nosotros y nuestro hombre inferior. Nuestro ego intruso plantea dudas que algunas veces deben ser combatidas y ante las que en otras ocasiones debemos retirarnos. En todas las situaciones de guerra, la victoria llega cuando nos distanciamos de la situación. Esto es posible si volvemos a alcanzar la calma interior simbolizada por la serenidad de un lago luminoso; en este estado de claridad mental se recobran la fortaleza interna y la independencia emocional.

Siguiendo los principios de *I Ching*, todos los desafíos deben ser superados con medios modestos. Toda guerra, en conjunto, debe ser ganada con un incremento de beneficio que ha sido laboriosamente establecido.

Después de cada batalla consolidamos y protegemos nuestras ganancias retirándonos (recuperándonos) para reestablecer nuestra independencia y simplicidad. Esto requiere que sacrifiquemos todo sentido de poder alcanzado mediante la victoria. Nunca intentemos hacer cambios al por mayor, saltarnos pasos o detenernos a disfrutar de lo ganado sino que debemos dejarnos ser guiados hacia adelante interrumpidamente, conscientes de lo que ha sucedido, pero no prolongándolo. No dejamos a nuestro ego apoderarse de nada de ello.

Primera línea: *Un ejército ha de partir en perfecto orden. Cuando no hay orden, la desgracia amenaza.* "La obediencia y la estructuración de las tropas" significa estar decidido a ser modesto, adherirnos a lo justo y resistir a las presiones de nuestros inferiores que nos impulsan a precipitarnos y a actuar. Modestia quiere decir ser consciente de hacer lo correcto.

La obediencia de las tropas es más fácil de conseguir si recordamos que nuestros inferiores responden bien si les explicamos la necesidad de disciplinarse, de la misma forma en que un dentista explica la sensación de la perforación antes de empezar. El hombre inferior, por otro lado, es siempre un traidor dentro del rango y debe ser directamente controlado. Para poder llegar a resistir al hombre inferior debemos buscar y eliminar las exigencias basadas en el miedo, o las consideraciones egoístas o vanas. Si este esfuerzo fracasa, debemos prepararnos para resistir cualquier nuevo intento del ego de dirigirnos. Estar preparado nos da la fortaleza para mantener al ego bajo control.

Segunda línea: *En medio del ejército. Buena fortuna.* Esta línea reconoce la pesada carga que se ha puesto sobre nuestros inferiores. También aconseja que la misión del yo superior, como conductor del ejército y eje suyo, anime a las tropas (inferiores) a ser pacientes y a soportar las dificultades. Uno les dice con simpatía, "yo sé que es difícil, pero tu obediencia y lealtad son necesarias para que todo salga bien en el interés de todos". Eso proporciona seguridad a los inferiores y que nos den su consentimiento para seguir el camino correcto. Por su parte nuestro yo superior sirve a lo que es elevado y bueno y es obediente con el sabio. Se adapta a las necesidades del tiempo y se deja guiar durante los imponderables de la batalla; al "seguir la corriente" (*wu wei*), al mantenernos sin brillo y sin poner resistencia, encuentra guía y es asistido en su trabajo. Cuando nos ponemos rígidos y temerosos, el hombre inferior guía y no sirve a lo más alto, se dedica a su interés propio y a su comodidad.

Tercera línea: *Acaso el ejército conduzca cadáveres en el carruaje. Desgracia.* Elementos inocuos han usurpado el control, ya sea en la situación externa o dentro de nosotros. A veces esta línea es una advertencia para ponernos en alerta frente a elementos del ego que intentan forzar las cosas en su interés, ya sea mediante una resistencia interna o con acciones abiertas. No debemos tratar de superar al ego, pero sí prevenir que usurpe el mando a través de afirmarse como el "yo", por ejemplo, "¡Yo no aguanto más!". Con el simple truco de que él es nosotros, gana el dominio de nuestra personalidad. Si negamos su personalidad diciéndole, "tú no eres yo", el ego no tiene poder. La imagen propia, con sus pretensiones de quién es y sus gustos y disgustos, llega a ser real sólo si aceptamos sus demandas demoníacas y parasitarias de que es "nosotros". Si esta auto-imagen/ego asume el control durante una guerra, la guerra producirá "cadáveres". Siempre que nos afanamos por algo es que nuestro ego se halla involucrado. Nuestro verdadero yo no necesita afanarse o luchar.

Si nuestras acciones nos han llevado ya a la derrota, debemos modestamente aceptar la situación, sin dejar que elementos como la ira o el orgullo tomen posesión. Si disipamos todas estas actitudes negativas, el mal efecto de nuestros errores se disipará.

Cuando hacemos las cosas incorrectamente, un residuo de remordimiento permanece, aquí llamado cadáveres, los cuales tienen que ser puestos a descansar (en sus tumbas). Necesitamos perdonarnos nosotros mismos y sepultar nuestros errores, conjuntamente con nuestro orgullo herido, con la ira y la impaciencia que los acompaña, las cuales oscurecen nuestra luz interior.

Cuarta línea: *El ejército se retira. No hay culpa.* Al ser confrontados con lo inferior en otros, o con una situación que despierta nuestras emociones y nos presiona para actuar, debemos retirarnos. La retirada es un disciplinado desapego de toda respuesta emocional, y una neutralidad y aceptación de la situación tal como es. El desapego debe proceder paso a paso, de una forma determinada, para no cambiar de dirección o dejarnos involucrar más. Así, nuestro ejército se retira.

Quinta línea: *Hay caza en el campo. Es propicio apresarla. No hay culpa.* Un elemento pernicioso ha salido al aire libre a atacar, ya sea en otros o en nosotros. Castigamos a este elemento al retirarnos decididamente para continuar firmemente nuestro camino. Una vez que el elemento pernicioso ha cedido, debemos dejar el asunto y no castigarlo más. Empezar nuevos asuntos o seguir adelante nos llevaría a la derrota. De todas formas no debemos reconsiderar las injusticias más tiempo del necesario. Si lo hicieramos querría decir que ponemos a la persona en cuestión en una prisión mental. Como se dice en *El andariego*, hexagrama 56 "Penalidades... deberían ser asuntos pasajeros, y las prisiones deberían ser lugares donde se aloja a la gente de forma pasajera, como se hace con los huéspedes. No deben llegar a convertirse en su morada".

Sexta línea: *El gran príncipe da órdenes, funda estados, otorga feudos a familias. No deben utilizarse hombres inferiores.* La guerra se ha ganado. Si, de alguna forma, hemos usado otros medios que la modestia para lograr el éxito, debemos evitar asumir que tales medios son correctos. Con tal asunción los institucionalizamos. El camino de la reticencia, en donde el progreso lento trae consigo el cambio duradero, es lo mejor.

8

Pi

Mantenerse unido

K'an
K'un

K'an: Lo abismal, el agua
K'un: Lo receptivo, la tierra

Mantenemos todas las cosas unidas al adherirnos a lo correcto en nosotros.
Nuestra actitud interna lo determina todo.

En este hexagrama, *k'an*, el trigrama del agua, está situado encima de *k'un*, el trigrama de la tierra; el agua y la tierra se mantienen unidos por su afinidad natural. Esta afinidad está simbolizada por la fuerte línea *yang*, situada en el lugar del gobernador, que mantiene las líneas débiles unidas. Traducido al principio del comportamiento humano, la firme línea quinta representa la independencia interior. Si uno pone su integridad en el lugar preponderante de su escala de valores y nunca la sacrifica por el miedo o la compromete por el deseo, entonces es capaz de atraer la naturaleza superior de otros y unirse con ellos en un acuerdo moral común.

El mantenerse unido a otros empieza cuando nos mantenemos unidos a nosotros mismos, moral y espiritualmente. Al "casarnos" con nuestro sentido de la verdad, seguimos una forma de responder a las situaciones según el *Tao* de cada uno, el camino que está en armonía con nuestro yo esencial y con el cosmos.

Al principio no reconocemos lo que está de acuerdo con la verdad interior y nos es necesario pedir ayuda sinceramente al poder supremo. La frase "ver al gran hombre" que aparece muchas veces en el *I Ching* significa que debemos buscar las respuestas dentro de nosotros mismos, despertando y aprendiendo a seguir al gran hombre (o gran mujer) en nuestro interior. La disciplina de descubrir lo que es verdad y de ser genuino con uno mismo en todo momento es nuestro deber.

Se nos ofrece el *I Ching* como guía para encontrar la verdad interior (el *I Ching* no es una religión, sino una guía para descubrir las verdades ocultas profundas de la vida, y para ayudarnos a reflejarlas en los demás). Nuestra búsqueda se tranforma en un viaje espiritual que conduce a la armonización moral y espiritual. A través de las duras lecciones de la experiencia, a través de malentendidos y de cometer errores, descubrimos las pautas que deben seguirse en el campo de la acción. Al mantenernos unidos a estas pautas, que constituyen nuestro sentido profundo de la verdad, influimos en los demás sin esfuerzo. Sin ellas somos indecisos y poco claros y así invariablemente reflejamos nuestra incertidumbre a los demás.

Este hexagrama también afirma que el buscar la armonía con los demás es un impulso natural, y confirma que aquel que desarrolla su naturaleza más elevada, su firmeza de carácter y se fortalece a sí mismo, automáticamente se vuelve el centro de unificación para la gente. Tal persona es el centro de reunión; todos pueden confiar en él y seguirlo sin traicionar su naturaleza más elevada o hacerse daño. Sólo aquella persona que ha tenido este desarrollo puede mantener unidos a cuantos le rodean.

El hexagrama le pregunta al lector: *¿Eres hombre superior constante y perseverante?* Quiere decir que nos pregunta si somos capaces de mantener nuestra independencia interior y nuestros principios a pesar de los desafíos y las tentaciones. Si podemos mantenernos firmes cuando quisiéramos ser indulgentes, constantes cuando quisiéramos dejarlo todo y leales a pesar de las presiones del niño emocional que habita en nosotros, que endemoniadamente insiste en que forcemos las cosas para llegar a una conclusión. Poca gente, al empezar su búsqueda espiritual, posee tal capacidad. Aunque nacemos con ella, la perdemos a muy temprana edad con el proceso de asimilación de nuestra cultura y sólo al ser cuestionados una y otra vez la recuperamos.

Este hexagrama nos advierte que la situación está aquí, o que una situación se presentará pronto, en la que seremos desafiados y tendremos que adherirnos a nuestros principios. Si nos dejamos llevar por consideraciones que se originaron en el miedo, el deseo, el orgullo o el interés propio, nos debilitaremos. La debilidad es intuitivamente percibida por otros y provoca desconfianza, porque nadie puede seguirnos y estar en lo correcto, pues estamos en el origen de la debilidad. Si nos damos cuenta de que el miedo, la duda y las emociones que las asisten tienen su origen en nuestra tendencia al desear, preguntar y preocuparse, entonces mirar adelante, atrás, o de soslayo, da pie a esta tendencia. Nuestro camino es proceder hacia adelante inocentemente, manteniendo nuestra independencia interior a pesar de todos los desafíos, manteniéndonos alerta, firmes y serenos como el lago luminoso.

Primera línea: *Mantente unido con él leal y verdaderamente. No hay culpa en ello.* Aunque mostrarse amistoso puede atraer a la gente, ello no los une a nosotros. Lo que los mantiene unidos a nosotros es nuestra primordial lealtad a la verdad. A veces esta lealtad nos pide ser reservados y por esta razón podemos ser malentendidos, ser considerados distantes o indiferentes. Muchas veces tenemos que dejar a los demás pasar por malas experiencias. Esta puede que sea la única forma de que ellos vean que una actitud incorrecta los desvía de su objetivo. Mientras nos creamos salvaguardas de aquellos que nadan cerca de los tiburones, ellos se sentirán seguros. Dejarlos ir no quiere decir que los abandonemos; nos adherimos a la ayuda que el cosmos puede dar. Esta ayuda está ahí siempre, también para ellos. Todo lo que necesitan hacer es pedirla.

Segunda línea: *Mantente unido con él interiormente. La perseverancia aporta ven-*

tura. Es propio de nuestra naturaleza superior preservar y proteger nuestra personalidad. Evitamos derrocharnos inutilmente asociándonos con lo inferior, ya sea en nosotros o en los demás. Todos tenemos una naturaleza inferior y una superior. Cuando llegamos a sentirnos cómodos o íntimos con el egoísta yo infantil de otra persona, no sólo cultivamos al tirano que habita en él, sino que perdemos el amor propio y la dignidad. Si alguien está decidido a seguir su naturaleza inferior, nos podemos relacionar con él sólo de forma reservada. Cuando vuelve a la sinceridad y a la humildad, podemos relajarnos un poco y expresar nuestros pensamientos y nuestros sentimientos hacia él, pero no debemos llegar a ser simpáticos y cómodos. Debemos mantener nuestra dignidad, de lo contrario, su respeto degenerará en insolencia.

"El derrocharnos inutilmente" también se refiere a comprometer nuestros principios en caliente, a perder el sentido de nuestros límites. En lugar de esperar a encontrar el rumbo correcto para sobrepasar los obstáculos al ser desapegados, desahogamos nuestra ira y nuestra frustración y complicamos aún más las cosas. *Mantente unido con él interiormente*, significa calmar nuestros frustrados inferiores y animarlos a ser pacientes hasta que aparezca el camino para ir más allá de las dificultades.

Mantente unido con él interiormente también significa que no debemos perder la esperanza en el potencial superior de los demás. Al retirarnos o al dejarlos ir, no los abandonamos clasificándolos como imposibles. Mantenemos abierta la posibilidad de que maduren y entiendan, al igual que después de años de cometer errores, nuestra naturaleza superior ha despertado y estamos aprendiendo y madurando. No debemos decidir el futuro arrogantemente y olvidar que el sabio tiene sus formas de enseñar, y que la verdad tiene poder por ella misma para revertir lo que está mal y para vencer lo que es decadente. Con tales advertencias nos retraemos de usar el poder de una mala manera y volvemos a la simplicidad y a la humildad... el camino del sabio.

Tercera línea: *Te solidarizas con gente inadecuada*. Recibir esta línea quiere decir que no estamos en el camino, o que estamos tratando una situación en la cual estaremos tentados a adoptar una actitud equivocada.

"Gente no adecuada" muchas veces se refiere a elementos impropios en nuestra actitud, como él de abandonar una actitud firme con alguien que es indulgente.

También recibimos este hexagrama cuando pensamos mucho en lo que hay de malo en la vida (el esquema de las cosas), nosotros o los demás. Mantenernos unidos a lo que hay de malo en otros los aprisiona en nuestro negativismo e "iniciamos pleitos", como se puede ver en *El andariego*, hexagrama 56. Nos mantenemos solidarios con nuestros inferiores y los dejamos guiarnos cuando abrigamos ideas equivocadas, participamos en relaciones incorrectas o consentimos emociones tales como el orgullo, o la ira o el deseo. Cuando dejamos que nuestros inferiores nos guíen, perdemos la ayuda de lo creativo (el sabio).

Cuarta línea: *Mantente unido con él también exteriormente. La perseverancia aporta ventura*. Hemos estado aplicando los principios del *I Ching* sólo a las relaciones personales íntimas. Debemos, como alumnos del sabio, aplicarlos a todas las situaciones. Sólo necesitamos asumir el riesgo de ver lo efectivos que son.

Quinta línea: *Manifestación de unidad... Buena fortuna.* La cerca o delimitación descrita en esta línea simboliza los límites morales que se aplican a las relaciones. Los ojeadores que baten los ciervos de caza desde tres lados simboliza los acontecimientos presentados por el destino y nuestros esfuerzos para establecer límites morales. Si alguien que ha llegado a reconocer nuestros límites escoge no respetarlos, debemos dejarlo seguir su camino, porque en todo caso él se debe adherir a ellos voluntariamente, a través de su claridad. Atraemos a la gente a una relación correcta sólo con nuestra fortaleza interior y con nuestra firmeza y consistencia. Cuando perciban que somos firmes en nuestros valores, cesarán de probarnos o de intentar manipularnos y dominarnos, entonces empezarán a ser sinceros. De todas formas, no podemos suponer que serán sinceros; debemos aceptar que sólo pueden continuar siendo sinceros por voluntad propia.

La imagen del cazador que mataba sólo a las piezas que por así decirlo, se ofrecían a sí mismas, también se refiere a la forma en que la gente a veces nos confía sus errores. Debemos tratar sólo el problema así expuesto y no tomarlo como una excusa para discutir otros errores que hayamos percibido. Esto está de acuerdo con el progreso lento y la conducta digna de un rey. No "las mataba todas".

Sexta línea: *No encuentra cabeza para mantenerse unido. Desgracia.* Si empezamos algo sin firmeza, cautela y resolución, nuestra posición se verá constantemente socavada. Casi todos los comienzos difíciles en los que vamos abriéndonos camino poco a poco, acaban venturosamente. En cambio, son los comienzos demasiado fáciles los que generan problemas. Tales situaciones pueden ser resueltas, pero cada hebra enredada debe ser laboriosamente desenredada.

No tener "cabeza" se refiere a no haber establecido una relación sobre principios correctos. Si, por descuido, dejamos pasar el comportamiento insensible de alguien sólo para seguir, estamos preparando el terreno para futuras dificultades. Aquello que mantiene las cosas unidas es una firme jerarquía de valores. En el proceso de establecer relaciones no debemos saltarnos pasos; debemos esperar hasta que las condiciones para la unidad sean posibles debido a la sensibilidad y a la receptividad de los otros y al haber escogido independiente seguir el bien.

El recibir esta línea indica que hemos adelantado demasiado por nosotros mismos sin esperar a ser guiados, o que estamos a punto de hacerlo. El peligro resultante puede ser superado si corregimos nuestra actitud.

Esta línea se refiere a las veces que después de haber pasado una encrucijada nos preguntamos si hemos tomado la dirección correcta. No es importante si hemos tomado la dirección correcta, sino si hemos sido sinceros al buscar hacer lo correcto. Ni siquiera tomar el camino equivocado nos acarreará desgracia alguna si nos mantenemos sinceros, porque entonces la oportunidad para corregir el error se presentará por sí misma. Es importante seguir adelante y dejar la encrucijada atrás, o de otra forma no "tendremos cabeza" (ojos, o cognición) para seguir adelante, al estar ocupados mirando hacia atrás.

Otro significado es el que hace referencia a nuestra incapacidad para ver la posibilidad del gran hombre en otra persona. Al decidir que no tiene solución, no tenemos en cuenta la habilidad del sabio para despertar su naturaleza superior (como el sabio nos la despertó a nosotros); también infravaloramos el poder de la verdad para llevar a cabo sus milagros acostumbrados y privamos a la persona en cuestión del margen que necesita para descubrirse a sí misma, un margen que le otorgamos cuando nos mantenemos con la mente abierta. En todas estas situaciones no contamos con lo más importante, la poderosa "cabeza" del asunto, y así aseguramos el error.

Finalmente, hay límites a los que podemos llegar en un momento dado al luchar por la unión. Pasados estos límites debemos soltar a la gente y volver a nuestro camino. Irónicamente, para mantenerse unido a otros, debemos mantenernos desapegados de ellos. A veces es necesario dejarlos atrás. El amor expresado externamente, muchas veces, no es amor en absoluto. La verdadera unidad se logra mediante el amor expresado como paciencia y tolerancia y como decisión por nuestra parte para relacionarnos correctamente. Antes de poder amar a otro, debemos llegar a ser firmes devotos de la santidad de nuestro ser interno, porque hasta no sentir lo bueno dentro de nosotros mismos, no podemos evocarlo en otros. Cuando la voluntad de cada persona es independientemente dirigida hacia el bien dentro de sí mismo, la unión es el resultado natural e inevitable. Al atraer este potencial en otros, con nuestro ejemplo, creamos un movimiento hacia lo grande y lo bueno, y así traemos la paz y la justicia.

9

Hsiao Ch'u
El poder domesticador de lo pequeño

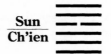

Sun: Lo suave, el viento
Ch'ien: Lo creativo, el cielo

Se ha dado un paso más en el proceso de corregir la situación.

La imagen central de este hexagrama es la del elemento fuerte (todas las líneas *yang*) "dominado, refrenado temporalmente" por la línea débil en la cuarta posición (el lugar del ministro). Al ministro, dada la naturaleza de su rango, le hace falta la autoridad (la completa confianza de los otros) y la fuerza para sojuzgar los elementos fuertes de una vez por todas, aunque puede continuar teniendo un influjo moderador, mediante "firme determinación interior, suavidad y adaptabilidad".

Este hexagrama nos indica que nuestra influencia está prácticamente limitada por las circunstancias. Otras personas están empezando a entender nuestra firmeza de carácter y a respetar nuestra forma de vida, pero no lo bastante como para corregir de forma permanente su relación con nosotros. Sólo hemos progresado hasta el punto en que la insolencia de la otra persona es refrenada, por lo que no podemos asumir que todos los problemas estén resueltos. Hasta que las relaciones sean firmes y estructuralmente corregidas, tenemos que mantener la discreción y la cautela, conservando el sentido de cuidadosa responsabilidad para hacer lo que es correcto. Siempre existe la tentación de abandonar la autodisciplina. Tras conseguir pequeñas victorias, nuestros inferiores preguntan: "¿Y ahora, me puedo relajar?" o "¿Tengo que seguir poniendo atención, ser circunspecto, responsable?" y "¿Cuándo voy a disfrutar?"

Hemos de evitar la ambición de querer progresar (la ambición al comienzo existe sólo mal definida, como disposición descontenta del ánimo). Una victoria final no sólo es imposible ahora, sino que la ambición ejercería una presión negativa. La presencia de la ambición indica que todavía no creemos en el camino de la no-acción, o en el poder de adherirse a la verdad para cambiar la situación. Esta duda, que es subconscientemente percibida por los demás, impide que transmitamos una buena impresión.

Debemos descansar tranquilos con lo poco logrado. Al aceptar modestamente la forma lenta en que la naturaleza funciona, se da el margen que necesitan los otros para descubrir cuál es su camino y su propio interés en seguirlo.

Primera Línea: *Vuelve al camino. Buena fortuna.* Nos implicamos negativamente en el problema cuando adoptamos una actitud intransigente para forzar un cambio en nuestro destino. Esto también sucede cuando recaemos en la negación y en la enajenación, a través de la impaciencia, porque no hay progreso visible. La impaciencia, que emana del deseo y de la duda, delata el esfuerzo de nuestro ego por dominar la situación, un intento condenado a fracasar. Hemos de volver conscientemente al camino de la humildad y de la aceptación y disipar la enajenación y la negación.

Segunda Línea: *Se deja arrastrar hacia el retorno. Buena fortuna.* Es posible que estemos empezando a vacilar (dudar) acerca de lo que interiormente sabemos que es verdad, de manera que nos sintamos tentados a abandonar la forma correcta de progresar. Algunas veces parece como si amenazásemos al sabio, diciéndole que si no nos ayuda a lograr nuestros objetivos no vamos a seguir su orientación. Esta amenaza inevitablemente no conduce a nada y, al hacerla, sólo comprometemos nuestra personalidad e invocamos al orgullo. A pesar de sentirnos humillados, tenemos que dejarnos arrastrar fuera de esta mentalidad y volver al camino de la perseverancia. Muchas veces recibimos esta línea y la anterior, justamente antes de que la situación provoque tales sentimientos en nosotros; esta preparación nos ayuda a darnos la fuerza que necesitamos para no ser dominados por nuestras emociones.

Tercera línea: *Saltan los radios de la rueda del carruaje. Marido y mujer tuercen los ojos.* Esta imagen simboliza nuestra actitud interior que ha sucumbido a la enajenación y a la impaciencia y, por lo tanto, ha perdido su integridad y su valor. Nuestra situación se deteriora cuando abandonamos la espera paciente, o cuando sacamos a relucir asuntos controvertidos, en lugar de dejar que aparezcan espontáneamente. Precipitamos las cosas cuando tememos que el momento justo tarde en llegar. Bajo la influencia del miedo, la negación y el deseo, somos incapaces de alcanzar la objetividad necesaria para encontrar la solución correcta. Sin la solución correcta, las cosas salen mal y nos provocan pesar.

Avanzar violentamente significa que bajo la influencia de los sentimientos negativos y del empecinamiento, intentamos forzar el progreso amenazando con abandonar nuestra tarea para rescatar a los demás. Este ardid de nuestro ego no funciona. No podemos hurtar felicidad desafiando al destino; el destino no responde a las amenazas.

Avanzar violentamente también se refiere a las veces que intentamos afirmar nuestro 'valor personal', aferrándonos a nuestro sentido profundo de la verdad. Al hacer este esfuerzo, nuestro ego ataja nuestro sentido de la verdad en su afán de dominar forzadamente la situación, en lugar de dejar que la gente perciba la verdad por sí misma. El hombre superior confía en su profunda percepción de la verdad interior para comunicar sus mensajes interiores. Si la injusticia es tal, que sabe que es necesaria cierta corrección, entonces confía en el cosmos para que sea corregida. Puesto que está libre de dudas, puede activar el poder de la verdad para subsanar el problema.

El poder está en lo débil. Al hacer frente al obstinado poder del ego o, de igual manera, con el destino, el auténtico poder radica en soltar, no en tratar de hacer méritos, o en enredarnos en discusiones, o en afanarnos en superar la situación. El verdadero poder radica en la flexibilidad, la tranquilidad y el desapego.

Cuarta línea: *Si eres sincero, la sangre desaparece y el miedo cede. No hay culpa.* Se dan tres interpretaciones. Primera: aunque no nos gusten algunas líneas del *I Ching*, éstas nos son proporcionadas con el espíritu sincero de ofrecer ayuda. El sabio ofrece su consejo, a pesar de que podamos despreciarlo por ello.

Segundo: estamos en una posición de responsabilidad, comunicando a otros el ejemplo del camino del sabio. Debemos hacer lo que es correcto, desligándonos de los retos provocados por los egos de otros, y soltarlos, aunque nuestra acción sea mal entendida. Al final, como somos fieles a nuestros principios, logramos el efecto correcto. Vivir correctamente consiste en "mediar" entre el mensaje de nuestro guía y los demás.

Tercero: si somos sinceros en nuestro camino, no recurriremos a métodos impropios. Al dejar los métodos impropios, "la sangre desaparece". Esto quiere decir que se evita la amenaza de la confusión y la prolongada amargura. La sangre simboliza las palabras y los actos que hieren emocionalmente, como cuando blandimos la luz blanca de la verdad cual si fuera un sable. Necesitamos darnos cuenta de que la verdad no es una luz blanca, dura, cortante, sino la luz amarilla de la moderación. Cuando nuestro entendimiento se aleja de la modestia y de la moderación, éste se aleja de la verdad. Hablar demasiado en caliente, debido a las emociones, nos recuerda al efecto de una explosión atómica —la radiactividad es venenosa y contamina la relación por mucho tiempo. Entonces, en lugar de tratar con la persona, tratamos con la radiactividad.

Quinta línea: *Si eres sincero y leal en la alianza, eres rico en tu prójimo.* El sabio es digno de confianza, estando totalmente orientado a lo que es verdadero y bueno, no puede responder a lo que es indigno en nosotros. Cuando somos sinceros intentando hacer lo que es correcto, el sabio comparte su gran riqueza con nosotros, con su amigable presencia, dándonos fuerzas si andamos con problemas, dándonos una sensación de protección y bienestar que está completamente ausente cuando perdemos el camino.

Cuando estamos sinceramente unidos (casados) a nuestros principios, atraemos lo mejor de otra gente. La verdad interior tiene el poder (por ella misma) de corregir todas las situaciones. Todas las comunicaciones son comunicaciones interiores que emanan de la fortaleza de aceptar las cosas exactamente como son, y de estar completamente en paz con uno mismo (teniendo un matrimonio feliz con uno mismo).

"Leal en la alianza" también quiere decir estar casado con una búsqueda consciente para seguir el camino recto y no entregar esta responsabilidad a otros. Tenemos que hacer nuestro trabajo y no dejar que otros lo hagan por nosotros. Si hemos trabajado duramente toda nuestra vida para ahorrar dinero, no podemos abandonar el barco, entregándoselo a otro para que lo gobierne, simplemente porque estamos cansados de la responsabilidad. "Leal en la alianza" quiere decir que seamos cuidadosos con las responsabilidades que se nos han confiado.

"Compartir nuestra riqueza y no guardarla para sí", quiere decir que recordemos cómo se nos ayudó. Si nos consideramos mejor que otros, la riqueza ganada es "acaparada", y la modestia perdida. Ser rico y conservar la modestia es ser devoto; sólo entonces somos ricos en nuestro prójimo, al no sentirnos eclipsados. Como nos enseña el sabio, hemos de ser más modestos y concienzudos, y no serlo menos. ¿Podremos eclipsar al sabio, que es invisible?, ¿vamos a oscurecer al sabio con nuestras acciones equivocadas?

Sexta línea: *Llega la lluvia, llega el sosiego. Esto se debe a la permanente acción del carácter... Si el hombre superior prosigue, llega la desgracia.* La victoria se ha conseguido al perseverar en una firme y correcta actitud. De todas formas se trata de una victoria parcial y no de una victoria fundada en la lenta y penetrante luz de la verdad interior, o a través de un entendimiento que nos dé la seguridad de que no habrá marcha atrás. Si podemos conservar la modestia y la humildad, sacrificando la sensación de poder que podamos albergar, nuestra ganancia quedará consolidada.

10
Li
El porte (la conducta)

Ch'ien
Tui

Ch'ien: Lo creativo, el cielo
Tui: La alegría, el lago

Acerca de intentar forzar el progreso.

Pisar la cola del tigre. Involucrarnos en lugar de permanecer inocentes es desafiar al destino, es decir, "pisar la cola del tigre".

El tigre simboliza el destino. Mientras seamos sinceros, concienzudos, simples e inocentes en nuestra conducta, el tigre no morderá. De alguna forma, si llenos de confianza en nosotros mismos y, obstinadamente, seguimos un camino equivocado, como hacemos cuando intentamos crear nuevas oportunidades para poder influenciar, en lugar de permitir que se desarrollen por sí mismas, el tigre nos morderá. Desafiamos al destino cuando pisamos la fina línea, a pesar del cuidado que ponemos al decirle a otro lo que tiene de malo (o su situación, o su conducta). Debemos ser cautelosos al suponer que porque tenemos una posición más correcta gozamos de estos derechos.

Las situaciones difíciles se crean con actitudes y tradiciones equívocas que se han acumulado a través del tiempo. Es nuestro destino resolver estas dificultades corrigiendo nuestros errores. El intentar cambiar la situación luchando contra ella, resistiéndola ciegamente o rechazándola, es desafiar al destino como un "ciego o un cojo". Debemos resignarnos al desarrollo lento, paciente, para invertir las tendencias que se han establecido. Intentar superarlas todas al mismo tiempo es temerario; la situación mejorará sólo en la medida en que mejoremos de una manera duradera.

El hombre superior discrimina entre lo alto y lo bajo. Esto significa que aceptamos la disciplina y la paciencia requerida para corregir nuestras pobres relaciones con los demás. En lugar de escuchar la voz de la autocompasión, las voces impacientes de nuestros inferiores, que miran las circunstancias exteriores como líneas de guía para actuar, debemos concentrarnos en encontrar los egoísmos y los errores que nos han conducido a las dificultades.

Las dificultades en cuestión se mencionan en otra parte del *I Ching* como "pleitos". Los pleitos son conflictos interiores con otros, que continúan como resultado de haber adoptado un actitud dura, vengativa o impaciente. Los pleitos siempre tienen lugar cuando sentenciamos a la gente como imposible. Iniciamos una disputa interna en la cual decimos: "Tú no existes"; a lo que ellos responden: "Sí, yo existo, y te lo voy a demostrar". A veces el argumento es: "Eres imposible", a lo que ellos responden: "Pagarás por tu arrogante juicio sobre mí". Los pleitos son evidentes en las acciones que implican el que nos fuercen a ser conscientes de ellos (o viceversa). Estos pleitos tienen lugar porque no soltamos a la gente, sino que, por el contrario, supervisamos su comportamiento o sus actitudes. Buscamos castigarlos por haber quebrantado nuestros principios, por haber herido nuestro orgullo o nuestra vanidad. Cuando nos desapegamos realmente empieza la cura, y los pleitos mueren, y se hace posible una relación creativa.

Cuando nos dejamos llevar por la negativa y el enajenamiento, "dejamos el carro atrás". El carro simboliza nuestro destino de rescatar a aquellos con los que tenemos lazos internos. Las actitudes negativas se resisten a este destino. Si ignoramos lo más alto, el sentido esencial y el propósito de la vida, rechazando nuestro deber de disciplinarnos, no encontraremos la verdadera felicidad. El mandato del destino es que sólo podemos encontrar la felicidad si seguimos el camino correcto y que éste no puede ser evitado.

Primera línea: *Conducta sencilla. Progreso sin culpa.* Mientras permanezcamos desligados y libres de consideraciones egoístas, deberemos permanecer en guardia frente al deseo de querer recobrar las comodidades perdidas. Tal deseo da lugar a la agitación y a la ambición de forzar el progreso, o de concluir los asuntos pendientes. Debemos contentarnos con el progreso lento y no permitir que el deseo de progresar, o el deseo de terminar con la situación, influya en nuestra actitud. La actitud correcta es la de aceptar con humildad la situación tal cual es, renunciando a cualquier sentimiento de ira, desasosiego o decepción que podamos sentir en relación al tiempo requerido para llevar a cabo las cosas.

Segunda línea: *Pisar una vía modesta y llana La perseverancia... acarrea buena fortuna.* Debemos evitar los conflictos internos como el preguntarnos: "¿Por qué tengo este destino?" o "Qué debo hacer". Debemos evitar el peligro de desafiar al destino atacándolo directamente, y luchando contra la forma en que están las cosas. Mantenerse circunspecto y desapegado es pisar sobre una vía modesta y llana.

Tercera línea: *Un tuerto que puede ver, un cojo que puede pisar. Desgracia.* Cuando confiadamente pensamos que podemos superar el destino con un esfuerzo agresivo, podemos estar seguros de experimentar un desaire. Actuar precipitadamente es buscar el fracaso. Aunque tengamos la razón no debemos asumir una posición de fuerza. Es necesario controlar una ambición ciega y no emplear medios de poder. En lugar de esto debemos confiar en la acción benéfica de la naturaleza para corregir las cosas. Cuanto más correcta sea nuestra posición, más modestos debemos ser.

Cuarta Línea: *Él pisa la cola del tigre. Cautela y circunspección conducen finalmente a la buena fortuna.* La "peligrosa empresa" es pensar que debemos interferir para impedir el desastre o las consecuencias indeseadas. Interferir quiere decir actuar precipitada y voluntariosamente. La invasión del ego es mejor combatirla continuando nuestros estudios, confiando en que una iluminación mayor nos ayudará a superar el peligro que se desprende de dudar de la correcta actitud.

Quinta Línea: *Conducta resuelta. Perseverancia, con conciencia del peligro.* Esto quiere decir que no debemos ser ni demasiado duros ni demasiado indulgentes. Las resoluciones no deben estar confundidas con la ira, los sentimientos de venganza o la dureza, de forma que perdamos la modestia. Caemos en el peligro cuando creemos que sabemos lo que la gente "debe hacer". Tal forma de pensar es una interferencia en su espacio espiritual. No sólo que sienten nuestros sentimientos de superioridad, sino que nuestra actitud supervisora impide que hagan lo que es correcto por su propia voluntad. Esto sucede porque está en contra de la dignidad interior de la persona responder servilmente a las exigencias de otra gente. Nuestro deber consiste en dejar decididamente que la gente encuentre su camino para hacer lo correcto.

Evitando la excesiva confianza en nosotros mismos debemos mantenernos firmes en relación a lo que es correcto y asociarnos sólo con lo mejor del yo de la gente. El complacer los deseos y las exigencias de los demás es desperdiciarnos. Pasar por alto el mal es pretender ser Dios. Mientras que no podemos decirle a la gente lo que puede o no puede hacer, nuestro deber consiste en marcar claramente los límites de lo que estamos preparados o no para hacer conjuntamente. Hasta que los demás se relacionen correctamente con nosotros, debemos mantenernos reservados en nuestra actitud interna.

Sexta Línea: *Contempla tu conducta y sopesa las indicaciones favorables. Cuando todo se haya realizado, vendrá la suprema fortuna.* Cuando nos hemos mantenido correctamente perseverantes, durante el desafío del tiempo, podemos estar seguros de la buena ventura.

Esta línea, con frecuencia, se refiere a salir del peligro, especialmente el peligro de la duda, la ambición, la agitación, o la inmodestia; peligros que resultan de preocuparse, desear o dejarnos llevar por el orgullo. Arrastrados por estas emociones luchamos con descuido para salir de las dificultades, sólo para empeorarlas y hacerlas más peligrosas para nuestro equilibrio interno. Para recobrar este equilibrio es necesario llegar a una aceptación humilde de la situación tal como es. La aceptación necesaria es incondicional, como la requerida por Catalina en la obra de Shakespeare *La Fierecilla Domada*. Aquí, el Destino es el factor que doma. Cuando tenemos que atraer las energías del Poder Supremo, somos guiados para salir de los problemas.

11

T'ai

La paz

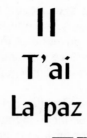

K'un
Ch'ien

K'un: Lo receptivo, la tierra
Ch'ien: Lo creativo, el cielo

Relacionándonos correctamente hemos obtenido la paz; mantener la paz, de alguna forma, requiere que mantengamos una firme disciplina interna.

Comparado con otros, este hexagrama está perfectamente equilibrado. Las fuerzas del cielo y de la tierra están en equilibrio. Esto simboliza que la persona ha equilibrado correctamente las cualidades del cielo y de la tierra dentro de sí; por lo tanto, está en armonía con el Universo.

La fuerza del cielo, en el trigrama inferior, simboliza que hemos conseguido una actitud correcta: perseveraremos en nuestros principios y seremos autosuficientes; aun cuando los acontecimientos procedan de aquí o de allá, no perderemos nuestro equilibrio interno. La fuerza de la tierra en el trigrama superior simboliza que hemos alcanzado una mente receptiva y abierta que se proyecta hacia los acontecimientos en el mundo externo; hemos dejado de edificar barreras defensivas, o de intentar manipular los acontecimientos, ya sea adoptando las actitudes que creamos apropiadas, o haciendo algo específico. Esta actitud equilibrada, neutral, reduce tensiones y resuelve los problemas en nuestras relaciones con los demás.

Debemos ser conscientes, de todas formas, de que los tiempos de paz nos invitan a olvidar que la buena suerte proviene de tener una actitud equilibrada; aún más, es dependiente de que mantengamos esta actitud. Cuando nos relajamos de las tensiones perdemos nuestra independencia con facilidad. Por ejemplo, perdemos nuestra independencia ya sea cuando buscamos formas de prolongar los buenos tiempos, o cuando, debido a la lasitud, olvidamos sostener nuestros principios. Al estar más relajados, nos podemos olvidar de rescatar a aquéllos con los que tenemos conexiones interiores, o podemos volvernos egocéntricos y demasiado confiados. Por lo tanto, el hexagrama nos recuerda mantenernos concienzudos y perseverantes.

Quizá el mayor peligro planteado al conseguir la paz en una situación externa sea que tengamos la tendencia a trabajar sobre nuestro desarrollo espiritual, solamente cuando estamos bajo la presión de la adversidad. Presumimos de que al estar en armonía con el cosmos, no hay nada que necesitemos aprender. Es necesario que continuemos con nuestro aprendizaje y nos mantengamos conscientes de nuestra dependencia del poder supremo.

Como segundo hexagrama, La paz implica que la paz será el resultado, o ha sido el resultado de hacer los cambios que piden la líneas del primer hexagrama; también nos advierte de la necesidad de recordar los peligros y de ser perseverantes.

Primera línea: *Cuando se arranca la hierba, las raíces adheridas a ella también salen. Las tareas traen fortuna.* Cuando la gente es abierta entre sí, está "conectada por sus raíces", por lo tanto, son posibles las buenas influencias. La franqueza y la receptividad son requisitos para tener influencia.

Igualmente, aunque estamos conectados con el sabio por medio de las raíces, esta conexión se entorpece cuando dudamos si obtendremos la ayuda que necesitamos. Cuando abandonamos el juicio negativo de los asuntos y volvemos a una humilde aceptación, el entorpecimiento se evapora. La imagen de arrancar las raíces interconectadas sugiere que al tratar con la raíz del problema –nuestra actitud interna— eliminamos los obstáculos existentes para la paz y el progreso que buscamos.

Segunda línea: *Soportar a los incultos con benevolencia, atravesar el río resueltamente, no descuidar lo lejano, no tomar en consideración a los compañeros: así tal vez se logre andar por el camino medio.* Cuando entramos en paz nos sentimos tentados a ser duros con aquellos que cometen errores, o alienarnos al tener que tratar con sus problemáticos egos. Siguiendo el camino de la modestia, no debemos alejarnos o actuar en contra de ellos, sino soportarlos y soportar la situación.

Atravesar el río resueltamente. Cuando nos sentimos en paz y se presentan situaciones que requieren retirarse y continuar hacia adelante solos, no debemos descuidar el hacerlo. Esto es: "Seguir nuestro camino y no abandonar lo lejano".

No tomar en consideración a los compañeros. Esto quiere decir que no condicionemos lo que hacemos según lo que hagan otros, sino que nos atengamos a nuestro camino. No debemos vigilar con nuestra visión interna lo que hacen ellos.

Andar por el camino medio quiere decir que servimos de intermediarios entre el sabio y los demás, gracias a que nos mantenemos cuidadosos y concienzudos. Especialmente en épocas tranquilas, debemos evitar que nos desvíe la indolencia, o, debilitados por la indulgencia, que nos aparten del camino las pequeñas vanidades o los halagos. A veces somos indulgentes en pequeñas, aparentemente inofensivas actitudes, porque asumimos que una vez que hemos obtenido la paz, se mantendrá sola. Debemos recordar, sin embargo, que no podemos asumir nada acerca del destino.

Uno de los peligros en las épocas tranquilas es nuestra tendencia a depender de que las cosas se mantengan sin tensión. Tal tendencia implica una pérdida de independencia interior; al luchar por mantener el status quo, nuestras reacciones quedan condicionadas: no podemos ya reaccionar espontáneamente, por medio de la inocencia. Tal dependencia es una invitación a que nos desafíen.

Un peligro similar aparece cuando la gente se presenta ella misma como interesada, atenta, sensible, aunque se trate de manipuladores sin mérito, muchas veces con la intención de mantener las cosas agradables. Otras veces son los halagos manipuladores, diseñados para tentarnos a exponernos descuidadamente. A menudo hay un cabecilla que nos quiere desconcertar, con un anzuelo que engancha nuestro ego. Entonces, cuando nos exponemos, somos recibidos con una artificial indiferencia, o con un ataque insolente. Tales tácticas son parte del juego del montón, y tienen la intención de desequilibrarnos para que así los que iniciaron los juegos puedan tomar el control. Debemos evitar dejarnos seducir por los halagos, para no participar en estos juegos. Al mismo tiempo, debemos mantener una mente abierta y ser pacientes con quienes emplean estas tácticas.

Tercera línea: *No hay llano al que no siga un declive... quien se mantiene perseverante ante el peligro no tiene culpa.* En las temporadas tranquilas, se tiene la tendencia a asumir que los buenos tiempos van a continuar indefinidamente. Con esta idea empezamos a depender emocionalmente de la gente, de Dios, del destino, y de los acontecimientos, creyendo que deben permanecer igual. Nos resistimos a permitir que la situación cambie; cuando los problemas vuelven, no estamos por ello preparados y volvemos a caer en dudas e ilusiones. Esta desintegración de la personalidad puede evitarse si no nos permitimos depender emocionalmente de la gente o de los acontecimientos. Podemos mantener mejor nuestra independencia si recordamos que cada acontecimiento es parte del camino del zigzagueante, por el que lo creativo resuelve los problemas. Esperando lo inesperado y manteniéndonos siempre preparados ante el regreso de las tensiones, evitamos hacer planes basados en que las cosas "vayan bien", o "que siempre vayan mal".

Cuarta línea: *Él desciende aleteando, sin jactarse de su riqueza, junto a su prójimo, sincero y sin malicia* El recibir esta línea muchas veces se refiere a recibir ayuda del sabio, para poder comprender la forma correcta de abordar el problema.

Puede también ser una simple confirmación de que nuestra forma de relacionarnos, sincera y sin malicia, ha tenido un resultado creativo.

Otras veces esta línea nos aconseja que permitamos que nuestros contactos con los demás sean sinceros y sin malicia. Esto quiere decir que nos abstengamos de la tentación de forzar o manipular lo que queremos que suceda.

Esta línea también nos aconseja en contra de "jactarnos de riqueza". Nos jactamos de riqueza si intentamos impresionar a la gente con nuestra sabiduría, ingenio, o encanto, o si de alguna forma tratamos de imponer nuestro punto de vista. Debemos hacer el máximo esfuerzo por mantenernos sinceros, simples y serenos.

Quinta línea: *El Emperador concede su hija en matrimonio. Esto aporta bendición y una fortuna suprema. Una unión realmente modesta.* Esto quiere decir que el sabio (*"Emperador"*) es quien decide cuando es la hora adecuada para que las cosas funcionen y cuando las condiciones para la unión serán posibles. Hasta entonces debemos esperar.

Esta línea también nos presenta la analogía de un matrimonio entre dos personas de un estatus diferente. La princesa debe adaptarse a estar casada con alguien de rango inferior. Esto quiere decir que cuando tenemos que tratar con alguien que por falta de desarrollo personal o por otras razones no está a nuestro nivel de entendimiento, no debemos de añadir a sus sentimientos la sensación de inferioridad. La imagen de la princesa se describe como colocándose por debajo de su marido. Esto no quiere decir que ella sea menos, sino que evita tener una actitud competitiva o dominante; así evita que la envidia destruya su relación. En situaciones de contacto personal íntimo, la persona de carácter más fuerte debe volverse más modesta, sacrificando su individualismo, poder o autoridad, de esta forma él disuelve las tensiones y luchas. Esto crea una "unión realmente modesta" que "aporta felicidad y bendiciones".

Sexta línea: *La muralla cae en el foso. No emplees ejércitos ahora.* Es hora de desmantelar las defensas y estrategias que componen nuestra resistencia al destino. Debemos dispersar todo esfuerzo y afán. Al someternos humildemente y aceptar la situación como es, sin resentimiento o resistencia, ganaremos la ayuda del poder supremo para corregir la situación.

12
P'i
El estancamiento

| **Ch'ien** | |
| **K'un** | |

Ch'ien: Lo creativo, el cielo
K'un: Lo receptivo, la tierra

No hay progreso.

Este hexagrama hace referencia al hecho de tratar con situaciones difíciles e inflexibles en las cuales parece no existir progreso. El hexagrama nos instruye acerca de cómo establecer la relación con tales tiempos oscuros y de dificultad.

Cuando percibimos que no hay progreso en nuestra situación en general, se despierta en nosotros la tensión y el conflicto interno. El remedio es dejar de observar la situación. No abandonamos nuestros principios ni nuestros objetivos. Cuando recobramos la calma, podemos alcanzar la claridad necesaria para poner las cosas en perspectiva, hasta entonces no se puede hacer nada.

El empuje del hexagrama nos inclina a adaptar nuestra actitud, pues el adaptarse al camino correcto puede hacer que la situación cambie. Si el estancamiento tiene sus raíces en nuestras deficientes ideas, siguiendo el consejo dado en el hexagrama, contrarrestaremos los malos efectos de tales ideas.

El "tiempo del estancamiento" se refiere a la época anterior a ser estudiante del *I Ching*, y todas las ideas que teníamos acerca de cómo funcionan las cosas. Recibir este hexagrama tiene el propósito de hacernos examinar las ideas y los valores que hemos dado por sentado que son correctos. Debemos darnos cuenta de que la "Rueda del Destino" está atascada en el fango y que el progreso se ha detenido porque nos adherimos a ideas que el *I Ching* considera decadentes.

Este hexagrama también hace referencia a aquellas circunstancias en las que nos detenemos en una encrucijada, vacilando acerca de la dirección o actitud que nos haría progresar. Es importante no permanecer indeciso en la encrucijada del conflicto interno al buscar la actitud correcta y precisa, porque ésta no es la forma de encontrar la solución. En toda lucha, el ego intenta encontrar alguna solución para que las cosas funcionen de modo que pueda seguir conservando el control. Es mejor dejar de buscar la solución y continuar nuestro camino, teniendo cuidado de no esperanzarnos o desesperanzarnos. Si aceptamos que debemos perseverar pacientemente, entonces, el destino por sí mismo nos indicará el camino.

Primera línea: *Cuando se arrancan las hojas de la hierba, también sale la raíz adherida a ellas... La perseverancia trae buena fortuna y éxito.* Se arranca la raíz del problema cuando nos desapegamos y dejamos de observar y de intentar influir en una situación negativa. El efecto de desligarse es el de privar a nuestro ego, o al ego de otra persona, de tener algo contra qué luchar. Con la raíz del problema eliminada, el problema deja de existir, de ahí la analogía: "Al arrancar las hojas de hierba, las raíces salen con ellas". Éste es también el camino de la mínima resistencia.

El ego obtiene su energía de percibir que es visto, oído, temido o amado, odiado o envidiado, o lo que se requiera para darle sentido de poder e importancia. Cuando aquellos a los que una persona está apegada no otorgan ningún reconocimiento al ego, o de alguna forma no lo alimentan, éste pierde su poder y cede. Por un tiempo el ego busca una forma alternativa de reconocimiento, pero este esfuerzo no ofrece satisfacción real; por último la persona encuentra motivación para crecer y cambiar.

Segunda línea: *Ellos soportan y tienen paciencia... buena fortuna para los inferiores.* Esto quiere decir soportar y tolerar aspectos inferiores del carácter humano, ya sea en nosotros mismos o en los demás. Al observar la manifestación de la naturaleza inferior de la gente, nuestros inferiores (nuestro yo infantil, con sus voces interiores), llega a desalentarse con el curso de los acontecimientos y se queja. Nuestros inferiores dejan de confiar en el poder de la verdad interior y del desapego; reconsideran viejas heridas y sentimientos de indignación para apoyar la idea de que la no-acción no funciona, aunque nunca antes hayan practicado la no-acción creadora. Por medio de los halagos (comparando nuestra condición con la de otros, que parece mejor que la nuestra), nos incitan a perseguir el interés personal, e insisten en que "hagamos algo". Nuestros inferiores discuten acerca de que los problemas son insuperables y exigen un respiro para ellos, de lo contrario los rechazan como imposibles. De todas formas el hombre superior (o el yo superior), no permite que se le influya: persevera a pesar del peligro y se adhiere a su objetivo para rescatar a los demás. Al ver su firmeza y su coraje, los inferiores una vez más toman conciencia y se adhieren a lo correcto. Este cambio termina con el conflicto interno y la lucha. Bajo el mando del hombre superior, se evitan la enajenación y la dureza, y uno deja de mirar el comportamiento negativo de la gente con su propia visión interna.

Tercera línea: *Ellos soportan la vergüenza.* Esta línea significa que puesto que nos hemos relacionado con el problema correctamente, alguien que nos ha malentendido o se ha equivocado con nosotros empieza a arrepentirse, aunque esto no es apreciable externamente. Las ideas que admitió para apoderarse del poder han probado ser inadecuadas y está dispuesto a rechazarlas.

Soportar a quienes están volviendo al camino quiere decir que somos tolerantes y que tenemos una mente abierta. De todas formas, no interferimos para hacer su vuelta fácil. El trabajo debe ser de ellos. Somos pacientes, pero mantenemos nuestra firmeza y nuestra voluntad de seguir solos si las circunstancias lo requieren. Debemos evitar especialmente una relación fácil, cómoda y descuidada, en la cual dejamos de seguir adelante o esperamos a que los demás nos alcancen. Debemos mantener siempre la integridad y la independencia de nuestro camino. Al observar el progreso de los demás, o la falta de él, sobrepasamos nuestros límites y perdemos nuestra independencia interior.

Soportar la vergüenza también se refiere a las ocasiones en que permitimos que nuestros inferior (el yo infantil), al no resistir el orgullo y la ira, obtenga poder sólo para descubrir que tiene un mal efecto. Como resultado de ver estos malos efectos, nuestros inferiores se sienten avergonzados. Hemos permitido que nuestros inferiores fijen su atención en una situación desagradable, y entonces exigen que hagamos cambios para corregir a aquellos que nos ofendieron, de modo que se muestren humildes ante nuestro ego. La gente no puede responder a ninguna forma de exigencia del ego, porque el hacerlo comprometería su integridad espiritual. Cada vez que nuestro ego se implica, aquéllos a los que quisiéramos cambiar se sienten impedidos de mejorar o cambiar. Cuando liberamos a la gente de nuestra prisión mental y cesamos de vigilarlos con nuestra visión interna, les damos el espacio que necesitan para corregirse.

Cuarta línea: *Quien actúa obedeciendo las órdenes del Altísimo permanece sin culpa.* Nuestro destino funciona con certeza matemática. Cuando somos correctos y equilibrados, todo en el cosmos llega en nuestra ayuda. Al jugar con los dados, algunas veces parece que cada tirada fuese mágica, y ganamos una y otra vez. Cuando somos interiormente correctos el progreso se manifiesta de esta forma; pero si no estamos en armonía con nosotros mismos, cada acción lleva de impedimento en impedimento. Sólo el desarrollo espiritual conduce al progreso que nace una y otra vez de sí mismo.

Cuando recibimos esta línea, se nos impele a examinar si nuestra actitud lleva al progreso, o si continúa estancada en el convencionalismo. Una actitud equilibrada y correcta es firme e independiente, no se doblega presuntuosamente como si fuéramos dioses ejercitando el poder de la beneficencia (llamada "magnificencia" en *La preponderancia de lo pequeño*, hexagrama 62), ni es demasiado dura.

Cuando nos concentramos en mantener nuestra actitud inocente, pura y alerta, permitimos al sabio ser el dramaturgo. Al tener una actitud correcta se nos llama a la acción a través de los acontecimientos. Avanzamos con la luz (cuando la gente se muestra abierta con nosotros) y nos retiramos con la oscuridad (cuando su sensibilidad disminuye). Cuando nos mantenemos libres de ambición, servimos al bien y a lo bueno.

Quinta línea: *Lo ata a un manojo de vástagos de morera.* Si hemos provocado un cambio para mejor por haber sido humildes y concienzudos, podemos asegurar el progreso tan sólo al mantener estas actitudes perseverantemente. Así pues, debemos continuar examinándonos nosotros mismos y corrigiendo nuestros errores.

Atar algo a un manojo de vástagos de morera significa que nos adherimos a lo que tiene raíces firmes y fuertes (a lo genuino y bueno); nos adherimos al poder supremo, y mantenemos la actitud de que pase lo que pase nos llevará en la dirección correcta. Esta perfecta aceptación de los acontecimientos, la estrategia de lo creativo, y la confianza en el poder de la verdad y lo bueno, vence los efectos negativos de la esperanza y el miedo, y garantiza el éxito.

Sexta línea: *El estancamiento cesa. Primero estancamiento, luego la buena fortuna.* Con el esfuerzo creador mencionado en las cinco primeras líneas de este hexagrama, podemos cambiar el destino y atraer mejores condiciones para el mundo.

El esfuerzo creador que se requiere es el de mantener nuestra actitud correcta. Los pensamientos que se originan en un corazón y en una mente puros, como las doradas flechas de Cupido, dejan automáticamente una marca en los corazones de los demás, influyéndolos hacia el bien, sin que los demás tengan conciencia de ello. Así, la simple tristeza y azoramiento que se producen cuando vemos malas acciones de los demás, son transmitidos con el gran poder de la verdad interior. Intentar producir tal resultado conscientemente, con pensamientos voluntariosos, es de alguna forma un abuso de poder que tiene resultados desfavorables. Sólo una mente inocente y un corazón puro son capaces de responder al mal de forma enteramente beneficiosa.

13

T'ung jên
Comunidad entre los hombres

Ch'ien
Li

Ch'ien: Lo creativo, el cielo
Li: Lo adherente, el fuego

La comunidad real está fundada en la comunidad con el sabio. Si excluimos al sabio, no puede haber una comunidad real o duradera.

El fuego llameando hacia arriba nos da la imagen de unos amigos que se reúnen en comunidad, alrededor del fuego de un campamento o de una chimenea. El logro de la paz y la armonía entre los compañeros de uno es un impulso natural del corazón humano. Este hexagrama indica la amabilidad, el refinamiento de espíritu y el sentido de humanidad, conocidos en el confucionismo como *jên*.

Comunidad libre entre los hombres quiere decir que sólo la libertad en la comunidad acarrea el éxito. La frase "comunidad libre" señala lo que hace posible una comunidad real. La idea es reiterada y elaborada en la primera línea, con la afirmación de que "los fundamentos de toda unión deben ser accesibles de igual modo a todos los participantes... las intensiones ocultas acarrean desgracia". Se nos recuerdan los tratados y los acuerdos en los que el miedo, las dudas y las expectativas de cada parte salen a la luz. Si todas las partes buscan tratar los asuntos sinceramente para llegar a un acuerdo basado en principios justos y en la confianza mutua, es posible alcanzar el éxito. Abrigar intenciones ocultas o poner barreras a causa de propósitos egoístas arruina toda posibilidad de crear acuerdos imparciales y justos. Al buscar los acuerdos con los demás, debemos tener cuidado de que no existan intenciones ocultas en la actitud de cada una de las partes; tales intenciones usualmente salen a la superficie si estamos atentos; cuando afloran, debemos posponer el acuerdo hasta que la actitud equivocada sea corregida.

Comunidad en el clan. Nos habla de mantener intenciones ocultas y partidistas, por las cuales la persona busca proteger sus intereses (o los de su grupo) a costa de los otros. Recibimos este hexagrama, muchas veces, cuando nos resistimos a seguir el camino del sabio debido a la desconfianza.

La tercera línea, *esconde armas en el matorral*, ilustra un tipo de intención oculta o partidista. Una de las partes esconde un "arma" porque desconfía de la situación. Por ejemplo, pide un encuentro con un pretexto inocente, cuando en realidad lo busca para intentar tender una emboscada a los otros con acusaciones y demandas.

El comentario del hexagrama enfoca la idea de que la unión que perdura, ya sea entre nosotros y Dios, entre el marido y la mujer, o entre otros más lejanos, debe fundarse sobre la base de un interés universal. Esto es aplicable a un punto de vista que cualquiera, al reflexionar sobre lo que es justo, aceptaría de manera imparcial y correcta. Las preferencias superfluas y los juicios basados en consideraciones triviales, se apartan en favor de lo esencial del asunto.

A menudo recibimos este hexagrama cuando se hace necesaria alguna rectificación o un cambio de actitud. Necesitamos revisar los principios básicos de "comunidad con los hombres," y así asegurarnos de que exigimos de otros lo que es correcto; o necesitamos mirar si tenemos intenciones ocultas, que nos aislan del sabio. Típico de estas intenciones ocultas son los planes que hacemos si el consejo del *I Ching* no nos conviene, o lo que haremos si los cambios que deseamos no se materializan dentro del plazo que fijamos como razonable.

A las intenciones ocultas se las considera partidistas. Cuando aprendemos acerca de las diferentes formas de partidismo, pronto nos damos cuenta de que al corregir nuestra actitud con el sabio, corregimos todas nuestras relaciones. En efecto, nuestra relación con el sabio es el modelo para todas las relaciones humanas.

Consultar el *I Ching* de forma frívola, sólo para ver qué dice, es una forma de partidismo en el que formamos una alianza con nuestro ego, que excluye al sabio; lo cual nos aisla de la ayuda que nos puede dar, porque el sabio no puede tomar parte de tal arrogancia. Los partidismos se presentan cuando acordamos, en nuestros corazones, aceptar algo que es incorrecto, y cuando sacrificamos el bien más alto para obtener un beneficio menor. Los partidismos tienen lugar cuando recibimos la asistencia del sabio sin aceptar la responsabilidad de sentar un buen ejemplo. Los partidismos se manifiestan cuando usamos el *I Ching* como una herramienta para conseguir fines egoístas. Muchos principiantes en el estudio del *I Ching* esconden dentro una necesidad de que el sabio se pruebe a sí mismo antes de abandonar la desconfianza. Se echan para atrás con un escepticismo que parece decir "muéstrame". El sabio, en semejantes circunstancias, mantiene una actitud de reserva. Como el sabio no exige que creamos en su existencia, no puede, con dignidad, atender a la arrogancia de la desconfianza. En vista de tales defectos en su actitud, el principiante muchas veces encuentra que su relación con el sabio varía. Cuando es sincero y tiene la mente abierta, entiende los hexagramas y es enriquecido por ellos. Cuando desconfía, el sabio permanece lejano y las líneas del *I Ching* incomprensibles. A menudo descubre que, mientras mantiene esta desconfianza secreta, permanece encerrado en un círculo vicioso en el que no progresa.

Seguir los principios de la comunidad no quiere decir que estemos obligados a que nos guste alguien cuando nuestros sentimientos interiores nos dicen lo contrario; ni quiere decir que consideremos a la gente como de fiar, antes de que nos hayan dado pruebas de ser dignos de confianza. En los negocios, no estamos obligados a dar crédito o confianza a nuestros clientes antes de que hayan dado evidencias de su credibilidad y honradez. Exactamente como el sabio sale a nuestro encuentro a mitad de camino, como respuesta a nuestra sinceridad y a nuestra actitud concienzuda (ver *Ir al encuentro*, hexagrama 44), de igual manera, deberíamos mantener nuestras reservas y ser reticentes cuando los otros no son sinceros y receptivos con nosotros. Todo "ir al encuentro" (unión en comunidad) debe ser abordado con seria atención para evitar así rendirnos a los halagos sutiles y a las seducciones implícitas en las formas sociales. Los halagos y las seducciones tienen poder cuando perdemos el contacto con nuestra voz interior y cuando nos extraviamos disfrutando de la comodidad del autoengaño.

Los partidismos siempre dan por resultado reacciones negativas. Cuando mantenemos intenciones ocultas, basadas en la desconfianza general hacia la gente, no sólo despertamos la desconfianza, sino que hacemos todo lo posible para que sea imposible una relación satisfactoria, simplemente debido al poder activo y debilitante de la duda. Sin advertirlo, cometemos una injusticia contra una persona íntegra y señalamos mentalmente a la persona no digna de confianza en su camino vil. La desconfianza atrapa al receloso en patrones de respuesta desfavorables.

Si queremos, podremos influir creativamente sobre la persona indigna de confianza, después de reconocer esta actitud, entregando el asunto al cosmos y volviendo a una actitud neutral. Después de esto ni creemos ni dejamos de creer en él, pero nos relacionamos con él con cautela y discreción, hasta que cambie sus costumbres. No medimos su progreso; en su lugar reaccionamos en consonancia con la forma en que se manifiesta, de acuerdo a los eclipses de su personalidad. Reaccionamos sincera y abiertamente cuando es sincero y abierto; y nos retiramos cuando vuelve a la sospecha, a la indiferencia y a la insensibilidad.

Las únicas reservas que podemos mantener justificadamente frente a cualquier relación son aquellas que estén de acuerdo con la moral natural y universal. Siempre reservamos nuestra dignidad y respeto, y actuamos solamente de acuerdo a nuestros límites morales. Si no hemos sido moralmente correctos en el pasado y descubrimos nuestro error, nos retiramos y nos corregimos. Ningún acuerdo inmoral tiene por qué cumplirse, y toda ley cósmica apoya nuestra decisión de dejar de hacer el mal.

Otras formas de partidismo tienen lugar cuando intentamos excluir a unos para formar alianzas con otros, cuando toleramos el mal comportamiento en algunos pero nos mostramos duros con aquellos que cometen transgresiones, cuando consentimos ideas que hacen sentirse inferiores a otros, cuando asumimos derechos sobre gente o cosas; nuestros hijos, compañeros o animales. No tenemos derecho a abusar, degradar o humillar nada. Entre las costumbres occidentales que el sabio considera más decadentes, están aquellas que nos hacen sentir como maestros del universo y que la tierra y sus habitantes fueron hechos solamente para nuestro uso y disfrute. Nuestro verdadero propósito es servir al poder supremo a poner orden en la miríada de cosas de la creación. En esta función somos responsables ante el poder supremo de todo lo que hacemos.

Primera línea: *Comunidad entre los hombres en el portal. No hay culpa*. El fundamento de toda unión que perdura es la franqueza. Recibir esta línea nos recuerda que debemos examinar nuestra actitud frente a las condiciones injustas que no han sido manifestadas; también nos recuerda permanecer alerta por los sentimientos y las expectativas que podemos despertar en los demás y que no han sido expresados. Si se tiene cuidado al fundar la comunidad, aunque el esfuerzo adicional parezca mezquino y dificultoso, los acuerdos y las asociaciones que haremos acabarán siendo más satisfactorios que aquellos en los que nos metemos rápidamente y sin precaución. Las relaciones fáciles siempre albergan sospechas y expectativas secretas.

Esta línea también se refiere a las intenciones ocultas que tenemos en nuestras relaciones. Las intenciones ocultas surgen cuando ponemos un límite de tiempo para lograr nuestras metas, cuando tenemos la tentación de abandonar el camino porque es más difícil de lo que esperábamos, cuando después de darnos cuenta del tiempo y del esfuerzo requeridos cuestionamos si vale la pena el esfuerzo y cuando dudamos si la meta puede o debe ser alcanzada. Estos pensamientos amenazan la perseverancia. Escondiéndose trás de una imagen grandiosa, el ego se siente superior mientras sopesa y juzga la dirección del sabio. Tal presunción está basada en un acuerdo secreto que hemos dejado que se desarrolle entre nosotros y nuestro ego, este partidismo descarta una relación abierta y sincera con el sabio.

Otra intención oculta se presenta cuando aguardamos emboscados para presionar sobre los demás con nuestros pensamientos. Si la gente no es receptiva, debemos mantenernos reservados.

Todavía no se han presentado aspiraciones divergentes. Si sólo ha salido esta línea, el hexagrama cambia a *La retirada*, hexagrama 33, lo que quiere decir que debemos olvidar los pensamientos acerca de abandonar nuestra meta de a fin de rescatar a los otros. Pensar en cambiar nuestra meta a medio camino constituye una "aspiración divergente".

Segunda línea: *Comunidad entre los hombres en el clan: humillación*. Esta línea nos indica que abrigamos pensamientos partidistas. Por ejemplo, criticamos a otros pero no nos corregimos nosotros mismos, nos parece que tenemos derechos y privilegios especiales sobre los otros: o bien rehusamos a esperar el tiempo establecido para lograr rescatar a aquellos con los cuales tenemos vínculos internos.

Si desconfiamos de poder llegar a la meta, de alcanzar la unión, rápidamente optamos por una de las facciones. Ignoramos nuestra obligación de hacer lo correcto y abrazamos lo que es cómodo y agradable, o, aunque estemos de acuerdo con los principios del *I Ching*, continuamos la cómoda costumbre de una tradición decadente. En todos estos casos escogemos el clan (lo cómodo) sobre lo que es universalmente genuino y bueno.

La comunidad en el clan también tiene relación con el establecimiento de una facción con otros que continúan equivocados: formamos una facción con el deseo y así excluimos al sabio.

Tercera línea: *Esconde armas en el matorral... Durante tres años no se levanta.* Esta línea puede referirse a alguien que oculta una falta de confianza o malas intenciones, o a nuestra propia desconfianza hacia él, o hacia la dirección básica del *I Ching*. La verdadera comunidad se vuelve más y más difícil porque la desconfianza se fortalece con el fracaso, y el fracaso está asegurado por la desconfianza.

Esta línea también se refiere a la desconfianza en uno mismo a sentirse incapaz de continuar hasta concluir, de corregirse a sí mismo, o de estar al servicio de lo más alto. Aquí nuestro ego hace uso de sus últimas reservas para vencer nuestra voluntad, para reasumir así el control. Crea la ilusión de que no tenemos poder contra él; esta ilusión se vuelve real, sólo si creemos en las demandas del ego. Para poder vencer el poder del ego, tenemos que pedir la ayuda del sabio y mientras tanto debemos permanecer perseverantes. La paciente aceptación de la situación nos hará adquirir la necesaria claridad para sobreponernos a las dudas presentadas por el ego.

Cuarta línea: *Él sube a la muralla, no puede atacar. Buena fortuna.* Esta línea afirma que los malentendidos dividen a la gente. Como sus problemas parecen insuperables, se dan por vencidos ("ya no atacan"). Si bien es incorrecto que ellos se abandonen mutuamente, es mejor que permanezcan separados a que continúen peleando.

Esta línea también se refiere al estar tentado de abandonar nuestra relación con otra persona. Nos asegura que a pesar de todas las dificultades y errores, vamos a tener éxito si perseveramos.

Quinta línea: *Los hombres ligados en comunidad... Después de grandes luchas logran encontrarse.* Dos personas separadas por el curso de la vida se tendrían que reunir en el momento en que sus problemas se resuelvan. La respuesta a la pregunta que nos hacemos interiormente: "¿Se supone que debo resolver mis problemas con esta persona?", es sí, con el tiempo, pero ahora hemos que tener paciencia.

Esta línea también significa que no deberíamos seguir considerando a nadie como un adversario. Si con nuestra mirada interna mantenemos a distancia a alguien, puede ser que temamos su intimidad. Podemos separarlo de nosotros de muchas formas defensivas, pero debemos abandonar nuestra actitud de resistencia (referida en *El poder de lo grande*, hexagrama 34, como el carnero) y adoptar una opinión justa y moderada acerca de sus errores y transgresiones.

Sexta línea: *Comunidad entre los hombres en la pradera: no hay arrepentimiento.* Aquí vemos que el camino del sabio es el único que hay que seguir. Sin embargo, como todavía tenemos dudas, no adquirimos la felicidad que el verdadero entendimiento iluminador trae consigo, con el cual vemos el gran poder que es activado cuando seguimos el camino del bien y la verdad. El camino del sabio parece más difícil de lo que es.

14

Ta yu
La Posesión en gran medida

Li
Ch'ien

Li: Lo adherente, el fuego
Ch'ien: Lo creativo, el cielo

Ahora entiendes.

La posesión en gran medida habla del dominio de uno mismo y de la independencia que hemos adquirido a través de la búsqueda del camino correcto, perseverante y sinceramente. En este estado, inconscientemente, manifestamos el poder supremo.

La posesión en gran medida también se refiere a alguna mejoría en nuestra actitud o en nuestras circunstancias. La independencia interior es una posesión que hemos adquirido al haber superado la autocompasión; el camino correcto es una posesión adquirida al volver tras realizar lo equivocado; el sentimiento de autoestima es una posesión adquirida a través de la disciplina y el desarrollo personal. Otras posesiones incluyen la liberación de los problemas de dinero y el volver a reunirse con alguien de quien habíamos estado alejados.

Este hexagrama afirma, inequívocamente, que si realmente poseemos algo es el progreso ganado trabajando duramente, puesto que no se puede perder, a pesar de los reveses temporales.

Las rupturas en las relaciones, nos proporcionan ocasiones para mejorar nuestras actitudes y para aprender lecciones cósmicas. Algunas veces la situación se parece al hecho de perder una tarjeta de crédito. No podemos saber cuándo nos la devolverán, pero este hexagrama nos asegura que el reanudar la relación no sólo depende de nuestro crédito de méritos, sino, también, del crédito del otro; en cualquier caso, la relación se restaurará cuando llegue la hora.

El fuego en el cielo alumbra a lo lejos... describe el efecto que tenemos sobre los demás, que proviene de haber alcanzado la claridad de la mente, el desprendimiento y la fortaleza interna llamada en el *I Ching* "posesión en gran medida". Este efecto no es algo que podamos crear intencionadamente o con esfuerzo, se presenta cuando estamos en armonía con el cosmos.

Uno de nuestros objetivos espirituales primordiales es el de mantener la "gran posesión", o la armonía con lo creativo. Tal armonía existe sólo mientras servimos conscientemente lo verdadero y lo bueno en nuestros pensamientos más profundos. Aunque quizás nuestros principios requieran apartarnos de los demás y andar solos, mantendremos la mente abierta en relación a ellos. Al reconocer lo que es incorrecto, no intentamos justificarlo o ignorar sus actos equivocados; no obstante, de todas formas, mantenemos una opinión moderada y justa de ellos. No los ejecutamos mentalmente ni los mantenemos en una prisión mental para siempre. En presencia del mal tenemos cuidado de no infectarnos con lo inferior; nos retiramos y mantenemos nuestros principios sin caer en la enajenación o la venganza.

La posesión en gran medida significa que un poder acompaña a nuestro sentido profundo de la verdad de las situaciones. Reconocer que existe un mal conlleva el impacto total del castigo mencionado en *La mordedura decidida*, hexagrama 21, y el mal de impresionar mencionado en *El andariego*, hexagrama 56. Es importante, a la luz de este poder, que nos aseguremos de mantener nuestros pensamientos moderados y justos, porque si ellos se contagian de la ira, los sentimientos de venganza o la enajenación, acabamos abusando del poder y creando más obstáculos, reveses e injusticias. El poder del bien está conectado inseparablemente a una opinión moderada y a una actitud modesta.

La obtención de *la posesión en gran medida* es el resultado de un esfuerzo concienzudo y continuado. A través de este esfuerzo llegamos a encontrar lo creativo a mitad de camino, y así invocamos su ayuda. Al poner un cien por cien de esfuerzo para minar nuestro ego formamos una alianza con lo creativo.

Una vez se forma esta alianza debemos tener cuidado de no abusar del poder generado. El peligro es que al poseer la libertad interna, lleguemos a ser demasiado fríos, y al ser desprendidos, demasiado duros; teniendo fortaleza interna podemos llegar a pensar que tenemos derecho a los sentimientos del desdén y de la enajenación. Al poseer el sentido de la verdad de las cosas, podemos interferir para "enderezarlas". Al conseguir éxito podemos pensar que "lo hicimos todo" nosotros mismos. Precisamente al límite de la posesión en gran medida (llegamos a un estado de la mente del cual no somos casi conscientes), nuestro ego busca proclamar su victoria. No debemos olvidar que nuestro éxito es realmente un regalo del poder supremo.

Mientras estamos en un estado de "posesión", si sacrificamos nuestro derecho a la ira justificada y renunciamos a cualquier sentimiento de autocompasión al mismo tiempo que el derecho de defender nuestro punto de vista cuando es desafiado, lograremos mantenernos modestos, y por lo tanto honraremos a nuestro maestro y guía, el sabio.

Otra tentación que aparece una vez que empezamos a sentirnos seguros, es buscar la justificación para nuestros puntos de vista y el reconocimiento de nuestra forma de vida. Lo cual constituye una vuelta a la dependencia para con los demás y una pérdida de la independencia que lleva a *la posesión en gran medida*. A través de alcanzar la independencia interior, nuestra forma de vida consigue poder e inconscientemente tenemos influencia sobre los demás. Entonces, si buscamos mantener esta influencia perderemos otra vez nuestra independencia interior. Si resistimos la tentación de ser dependientes del efecto que estamos o no produciendo sobre los demás, mantendremos nuestra independencia interior y el poder inconsciente asociado a él.

Primera línea: *Ninguna relación con lo dañino, no hay culpa en ello.* La posesión en gran medida quiere decir que ahora estamos relacionándonos correctamente con la situación, en consecuencia, la situación ha mejorado y ha habido progreso. Un punto de vista correcto siempre confiere el sentimiento de independencia interior, pero si la independencia no está combinada con la humildad y la reserva, se incita a los egos de los demás. Un despliegue de independencia genera envidia en los demás, a la vez que despierta una confianza extrema en uno mismo y crea sentimientos de inseguridad e inferioridad. Entonces ellos empiezan a desafiarnos con el *juego del montón*, y lo ganan si pueden generar alguna reacción en la cual volvemos a perder nuestra independencia. Esto sucede sólo si permitimos que nuestro ego se jacte de su independencia, o si damos rienda suelta a la euforia y a la vanidad. Debemos mantenernos desapegados, sin responder a los halagos, que nos hacen pensar que las cosas están mejor de lo que están, ni podemos contestar a los retos que nos hacen poner a la defensiva, y que nos llevan a discutir, a luchar y a exponernos. Debemos dejar que aquellos que quieren buscar enredarnos emocionalmente sigan su camino. Sólo cuando los demás se dan cuenta de que tales desafíos no llevan a ninguna parte, harán un esfuerzo por corregirse.

Muchas veces esta línea se refiere a la tentación de frenar nuestro progreso. Deseamos detenernos y disfrutar del buen efecto creado por nuestra independencia interior y nuestra disciplina; no nos damos cuenta de que la mejoría contínua de la situación está ligada a nuestra continuada independencia y disciplina. No debemos recaer en la dependencia y el egoísmo, lo cual volvería a despertar los egos de los demás. Necesitamos mantenernos firmes y desligados de ellos, independientemente de si progresamos o no. En el corazón del *I Ching* encontramos el mensaje de proseguir. No debemos detenernos y hacer un *pic-nic* interminable junto al camino, sino volver al camino y proseguir.

Existe una ley cósmica según la cual al aferrarnos a la alegría (o al progreso) para regodearnos en ello, los perdemos. Podemos tener la experiencia de la alegría y de la comunión estrecha con otro, pero cuando buscamos prolongarlos, regodearnos en ellos o poseerlos, perdemos nuestra independencia, de la que dependen estos estados, que sólo pueden ser recibidos y experimentados a través de ella; siempre debemos desapegarnos y seguir adelante sin intentar aferrarnos a la alegría o tratar de reproducirla.

La alegría o el progreso es algo que no podemos construir ni poseer, es algo que resulta de estar en relación correcta con la situación. Llega como un obsequio del poder supremo, a su manera, a su hora, no podemos hacer que suceda o que perdure. Si somos capaces de aceptar estos obsequios cuando llegan, y desligarnos de ellos cuando se van, nos encontraremos bendecidos con más y más obsequios.

Segunda línea: *Un gran carro para cargarlo. Se puede emprender algo. No hay culpa.* Aunque hemos cometido errores, nuestro reconocimiento de estos errores y nuestra sinceridad al tratar de corregirlos significa que contamos con la ayuda de hábiles ayudantes del mundo oculto, que aclararan la situación. La consecuencia de todo ello es que nuestros errores no nos avergonzarán ni deteriorarán la situación en general.

Tercera línea: *Un príncipe lo ofrenda al Hijo del Cielo. Un hombre de miras estrechas no puede hacerlo.* Esta línea pide que sacrifiquemos algo que poseemos, como la ira justificada o el creer que tenemos derechos. El sacrificio en el *I Ching* se refiere al abandono de las emociones que nos hacen sentir cómodos —la negación, el deseo, la ambición o la ira— por el bien de la situación. Uno de tales "derechos" es la irreflexiva presunción de que Dios o el sabio no está cumpliendo lo que prometió para que pudiéramos conseguir el éxito. El sabio no puede responder a tales exigencias interiores. Tales faltas en nuestra actitud perpetúan el círculo vicioso de no progresar — el interminable deslizarse de la Rueda del Destino— cuando se atasca en el barro de nuestra autojustificación.

Esta línea también significa que debemos sacrificar el sentido de poder que deriva de obtener la posesión en gran medida como un estado mental; la irreflexiva e intoxicante actitud que nos hace buscar un nombre, el honor, los seguidores. Aquí se encuentra la amenaza del hombre inferior, quien se apoderaría del poder y sería capaz de gobernar el mundo. Debemos tratar de mantener la humildad necesaria para continuar firmemente en nuestro camino.

Cuarta línea: *Establece una diferencia entre él y su prójimo. No hay culpa.* Es importante no intentar conseguir lo que el resto del mundo hace: reaccionar de forma acostumbrada a lo que, desde nuestra percepción, está yendo mal. Debemos recordar que al desapegarnos, lo que es correcto prevalecerá, al entregarle la situación al Cosmos para que la resuelva, pero sólo si nos desligamos. Esta es la diferencia entre hacer las cosas al modo del *I Ching*, y la forma en que puede hacerlas nuestro prójimo.

Esta línea también quiere decir que no debemos competir con la gente que tiene más influencia que nosotros. Necesitamos darnos cuenta de que nuestro sentido interno de la verdad tiene una influencia mucho más grande que la de aquéllos que confían en medios externos.

Esta línea también se refiere a las ocasiones en que vemos a los inferiores de la gente aprovechándose de las cosas. Entonces nuestro ego hace aparición bajo la forma de la impaciencia y la ira, mientras nos concentramos en "lo que tendría que suceder". En esta actividad nuestros inferiores están enredados envidiosamente. Debemos desligarnos y dejar de mirar a un lado.

Establecemos una diferencia entre nosotros y los demás cuando nos desligamos y dejamos de vigilar lo que hacen. Al mirar al lado dudamos de su habilidad para tener éxito por sí mismos, o de entender o de hacer lo correcto, o de ser guiados por el sabio. El mirar al lado nos hace desviarnos de nuestra dirección.

Quinta línea: *Aquél cuya verdad es accesible y también digna, tendrá buena fortuna.* Esta línea nos advierte que al comunicar nuestros sentimientos profundos a los demás debemos evitar ser demasiado amistosos. Nuestro comportamiento e independencia están teniendo un buen efecto, pero ser demasiado amistosos podría invitar a la insolencia, provocando lo contrario del buen efecto de nuestro trabajo.

Sexta línea: *Él es bendecido por el cielo. Nada que no sea propicio.* Si en la posesión completa del poder y la independencia interior nos mantenemos escrupulosos, precavidos y modestos, mantendremos la envidia y la desconfianza dispersas. Ser concienzudo honra al sabio y expresa los principios del *I Ching*. Al seguir este camino encontramos la alegría de un trabajo bien hecho.

15

Ch'ien

La modestia

K'un: Lo receptivo, la tierra
Kên: El aquietamiento, la montaña

Continúa constantemente hacia adelante, a pesar de los errores.

La montaña dentro de la tierra. La montaña se desgasta y se convierte en llanura: ésta es la imagen de la modestia, un estado de transformación, una actitud de concienzuda paciencia para intentar hacer lo correcto. El hexagrama nos aconseja despojarnos de la ostentación (las alturas) y desarrollar nuestro carácter (llenar las honduras). La ostentación se refiere muchas veces a dejarnos llevar por alguna forma de justificación, porque no confiamos en seguir la verdad.

La ostentación está presente cuando asumimos con descuido que las pequeñas malas costumbres o complacencias (indulgencias) no son importantes. Por ejemplo: es ostentoso dejarse llevar por cualquier clase de abandono. Durante estos momentos perdemos el contacto con nuestro yo interno y, por lo tanto, perdemos la conciencia, tanto de la oportunidad de servir a un bien superior como del peligro. El abandono por descuido tiene lugar cuando luchamos por influir o cuando nos perdemos en la autoafirmación. Nuestra responsabilidad consiste en servir a la verdad y a lo bueno: mantenernos sintonizados con nuestra voz interna.

Es ostentoso desconfiar impacientemente de que las cosas irán a salir bien sin nuestra interferencia. La desconfianza nos hace tramar los resultados y saltarnos pequeños pasos que nos llevan al progreso real.

Es ostentoso seguir el bien sólo porque nos lleva a conseguir un fin egoísta. La transformación de carácter que tiene lugar al despojarnos de la ostentación representa la consecución de la modestia. Al corregirse sinceramente, el hombre superior "lleva a termino su obra". Cuando aprendamos a seguir la verdad y el bien sin razón alguna, habremos aprendido el verdadero sentido de la modestia.

Recibir este hexagrama implica que necesitamos contemplar los diversos aspectos de la modestia. En la práctica, la modestia quiere decir que nos dejamos guiar por el poder supremo sin ninguna resistencia interna. La resistencia puede tomar formas sutiles; por ejemplo nuestro ego nos hace memorizar reglas y nos lleva a crear formas uniformes para abordar los problemas, porque de esta manera puede retener el mando de nuestra personalidad. Para evitar la invasión del ego necesitamos mantenernos desestructurados y no dejarnos seducir por los planes y los esquemas.

La modestia quiere decir que mientras mantengamos nuestros valores y principios, nos mantendremos receptivos a nuestra voz interior y a la oportunidad de decir o hacer lo correcto. Tales oportunidades siempre se presentan por sorpresa, particularmente cuando nuestra actitud es receptiva, alerta y desestructurada. La segunda línea de *Lo receptivo*, hexagrama 2, señala que todos los ingredientes están presentes para tratar con los problemas que surgen; no necesitamos añadir o quitar nada; sólo necesitamos permanecer alerta para reconocer estos elementos y utilizarlos cuando se muestren. El *I Ching* también dice, en la quinta línea de *Mantenerse unido*, hexagrama 8, que sólo debemos cazar "la pieza que se ofrece voluntariamente", sin que ello se convierta en "una carnicería". Esto nos advierte que no debemos tratar de lograr más de lo que es posible en la situación dada. Es modestia refrenar el deseo de progresar a pasos agigantados.

El luchar indica que nuestro ego resiste la situación y desconfía de a dónde lleva el camino. No quiere ser "llamado a la acción" por las circunstancias ni ser el actor que se llama al centro de la escena (que sería lo modesto), sino que quiere ser el crítico entre la audiencia que aprueba o desaprueba todo lo que sucede. La modestia consiste en permitir nuestra dependencia del cosmos.

Otro ejemplo de inmodestia se presenta cuando pedimos la guía del sabio y entonces lo sometemos a examen. Se expresa la modestia cuando resistimos las voces internas de la duda y mantenemos la mente abierta. Lo cual no quiere decir que se espere que creamos con una confianza ciega, pero sí que mantengamos la mente abierta y suficientemente paciente como para dar una oportunidad al consejo del sabio para probar su fiabilidad. La modestia es inconsistente ya sea con fe ciega o con ciega incredulidad. La modestia se funda en la simplicidad y la franqueza, y en una activa resistencia a las costumbres negativas de la mente: las arrogantes presunciones que nos separan ya del sabio, o del potencial para el bien que tiene otra gente y de las posibilidades inherentes en lo inesperado.

El desesperanzarse con la gente es la incredulidad arrogante en el poder de lo creativo para lograr lo improbable. ¿Quiénes somos nosotros para negar este potencial con nuestra duda, una duda que bloquea su poder regenerador? Sólo el sabio sabe cómo hacer que funcionen las cosas en nuestro mejor interés; es modestia mantener la mente abierta, y reconocer que el serpenteante camino de lo creativo es por el bien de todos, mientras que el camino recto creado por nuestro ego sirve sólo para nuestro reducido interés, y muchas veces, en detrimento de otros.

Primera línea: *Sólo un hombre superior modesto en su modestia podrá atravesar las grandes aguas.* Cuando nos hemos adherido perseverantemente a lo correcto, aparece en nosotros la tendencia a ser arrogantes y desdeñosos con los demás, incluyendo al sabio. Tendemos a ser más agresivos, exigiendo recompensas, esperando que nos pase algo bueno, para usar el poder. Ni el sabio ni nadie puede adherirse a estas expectativas sin perder su integridad. Si hacemos nuestra labor con simplicidad tendremos éxito. Es mejor seguir hacia adelante y dejar que nuestros inferiores vayan mirando hacia atrás o a un lado, con duda y con pesar, como si hubiésemos gastado energía en vano.

Esta línea también nos habla acerca de tener modestia de ser reticentes: es modestia enfocar el problema de ayudar a otros modestamente; no nos apresuremos a ofrecernos, o a intervenir dándonos importancia, o a usurpar el espacio de los demás para aprender. La modestia hace buen uso del silencio y la reserva. La modestia es aventurarse en los momentos apropiados.

Segunda línea: *Modestia que llega a manifestarse. La perseverancia trae buena fortuna.* En la práctica, la modestia quiere decir que nos mantenemos disciplinados y reservados cuando desearíamos disfrutar del momento; "mordemos con decisión" las obstrucciones cuando nos adherimos estrictamente a nuestros principios, en el momento en que desearíamos ser poco severos, pasando por alto la insensibilidad y las fechorías; dispersamos la ira cuando desearíamos darle rienda suelta. Cuando nos adherimos a estos principios con determinación, no puede impedirse una buena influencia.

Seguir el bien quiere decir que supervisamos y controlamos cuidadosamente el contenido de nuestra actitud, para mantenernos libres de los temores y las dudas que nos hacen tramar y manipular nuestro paso por la vida. Esta línea también dice que dejemos de escuchar la impaciencia, la autocompasión, la ira, la aprensión y otras emociones que disuelven nuestra voluntad de mantener la mente abierta y la humildad. Silenciamos a aquellos ilusos inferiores que buscan con entusiasmo las formas de saltarse los pasos para adquirir un progreso visible y rápido. Dejamos de sentirnos ofendidos y de vigilar a los otros buscando muestras de que han cambiado. Nos despojamos de nuestra actitud supervisora y dejamos de repasar las viejas heridas. Una actitud modesta acepta que el camino del sabio logra nuestros objetivos, encontrando la forma correcta de proceder en los propios acontecimientos. No pre-estructuramos nada, sino que confiamos en lo que hemos aprendido con el *I Ching* acerca del deber y del sentido correcto de los límites. Tomamos nuestras indicaciones de los acontecimientos y vemos el sentido de cada asunto que se nos presenta. Esto es "seguir la corriente".

Tercera línea: *El hombre superior modesto y de mérito lleva las cosas a cabo. Buena fortuna.* Esta línea muchas veces significa que no debemos hacer una pausa en nuestro progreso siendo indolentes o adoptando una actitud de resistencia. Esta no es la hora de sentarnos y disfrutar de nuestras ganancias, o de entusiasmarnos arriesgándolas con la esperanza de ganar más. Debemos esperar progresar sólo trabajando de manera continua. Es importante no tomar una actitud equivocada acerca de lo que hemos logrado (de nuestras posesiones), y no dejarnos deslumbrar por una relajación de las tensiones.

Llevar a buen término la obra emprendida también quiere decir que si hemos perseverado haciendo lo correcto y empezamos a reflexionar sobre ello, despertaremos el orgullo. Estamos tentados de pensar que somos más de lo que somos, creyéndonos vanidosamente por encima de otros. En ese caso la actitud crítica proviene del mundo oculto y perdemos la ayuda que necesitamos para completar nuestra tarea. Es mejor despojarnos de los deseos de congratularnos y alejar los sentimientos de superioridad. En lugar de mirar hacia atrás, hacia lo que hemos hecho, debemos continuar nuestra tarea.

Algunas veces esta línea tiene relación con la tolerancia que debemos practicar hacia nuestra "irritación espiritual". Hemos hecho lo correcto, por lo tanto nos irritamos con aquéllos que no lo hacen; esta irritación detiene nuestro progreso y dificulta que llevemos las cosas a buen término. Debemos evitar creernos santurrones y lograr más de lo que la situación permite.

Cuarta línea: *Nada que no propicie la modestia en movimiento.* Sólo debemos afanarnos por controlar la falta de disciplina de nuestros inferiores, especialmente cuando desean detener el progreso y disfrutar de lo ganado. También debemos resistir al niño que habita en nosotros, puesto que quiere abandonarse a la autocompasión y a la duda. De igual manera, debemos descabalgar al caballero de brillante armadura que osadamente busca plantar batalla al mal, en su prisa por alcanzar el objetivo. De esta modesta forma servimos al gobernante y mostramos interés en nuestro trabajo. Un sincero interés por entresacar lo que es inferior tiene que tener éxito.

Quinta línea: *No hacer alarde de riqueza ante el prójimo.* Referencias de "hacer gala", de "riqueza" y "viajar en carruaje", generalmente se refieren a asumir derechos y privilegios. Hacemos gala de riquezas cuando pensamos que podemos equivocarnos, o entregarnos a pensamientos equivocados, sin incurrir en resultados dañinos. Al querer una relación cómoda con alguien, abandonamos la independencia interior y la reserva que es esencial para relacionarse correctamente con su insensibilidad.

Si tal persona ha reaccionado favorablemente a nuestra reserva, esto no debe dar lugar al razonamiento de que finalmente se ha corregido a sí misma, de forma que ahora ignoremos cualquier pequeña señal que pueda indicar que las reformas son de naturaleza superficial o temporal. Es nuestro deber "asegurarse de quienes conforman nuestro entorno" poniendo atención a si son verdaderamente sensibles con respecto a nosotros. También debemos poner atención ante cualquier negligencia que provoque autoindulgencia. Con esta actitud somos incapaces de apreciar las oportunidades de relacionarnos constructivamente. Al perder la disciplina interior también perdemos nuestra independencia interior; por lo tanto, el impacto creador. Como dice la línea cuarta de *El caldero*, hexagrama 50, "la comida de príncipe se derrama y se mancilla su figura".

Es propicio atacar con violencia algunas veces quiere decir que debemos expresar nuestra posición directamente, diciendo lo que estamos dispuestos a hacer o no. Tal severidad, de todas formas, debe caer dentro de los límites de la modestia y la objetividad, para no ser nunca personalmente ofensivos.

Sexta línea: *Modestia que llega a manifestarse. Es propicio hacer que se pongan en marcha los ejércitos, a fin de castigar la propia ciudad y el propio país.* La modestia se manifiesta cuando nos disciplinamos por sentir autocompasión, o por escuchar el falso sustento. El hombre superior realmente trabaja sobre su modestia.

Esta línea es similar a la línea del tope en *La restricción*, hexagrama 60, la cual menciona que hay momentos que sólo al limitarnos nosotros mismos de la manera más estricta, podemos evitar el arrepentimiento (el arrepentimiento tiene lugar, por ejemplo, cuando continuamos escuchando los razonamientos del conflicto interno). La persona verdaderamente modesta es tan concienzuda que está dispuesta, si es necesario, a poner los ejércitos en marcha en contra de sus propios inferiores, y cazar y aun "matar", si es necesario, a los obstinados cabecillas del mal: la vanidad y el orgullo.

Quizá debemos preguntarnos si estamos dejando operar un sistema basado en el orgullo, que, si escuchamos suficientemente, margina a otros como imposibles, o que nos lleva a concluir que lo creativo no puede ni quiere ayudar.

16

Yü

El entusiasmo

Chên: La conmoción, el trueno
K'un: Lo receptivo, la tierra

El camino de la menor resistencia es la no-resistencia.

Un movimiento que se encuentra con el fervor se refiere al comportamiento que es correcto y justo. Tal comportamiento está fundado en la humildad de la aceptación, y en la modestia y la reticencia; por lo tanto, inspira la voluntad de la adhesión, y da origen a la imagen de hacer marchar los ejércitos. Hacer marchar los ejércitos puede significar que hemos fortalecido lo bueno de la gente, que de otra forma era indiferente. Puede también significar que desde el cosmos llega ayuda bajo la forma de una circunstancia beneficiosa y oportuna.

Este hexagrama trata de tres clases de entusiasmo: la inspiración para seguir el camino debido a que vemos con claridad que es lo correcto; la inspiración que creamos en los demás al ser equilibrados y correctos dentro de nosotros mismos y el entusiasmo ciego que surge de nuestro ego.

Si bien el recibir este hexagrama puede indicar que hemos hecho "marchar los ejércitos en nuestro nombre", con más frecuencia significa que nuestro comportamiento, o nuestra actitud, ha inhibido la voluntad de adhesión de los demás, o ha bloqueado la ayuda del poder supremo. Cuando escuchamos o toleramos los deseos, las preocupaciones y las vacilaciones de nuestro ego, nos entusiasmamos por las soluciones que propone: el entusiasmo ciego.

Las soluciones que propone el ego parecen darnos un impulso directo hacia nuestros objetivos; llegamos a hechizarnos de tal forma con la idea del éxito, que nos volvemos ciegos a los motivos egoístas, vanos e infantiles. Este entusiasmo es lo contrario de lo que ocurre cuando nos damos cuenta de que trabajando paciente y firmemente para corregir y equilibrar nuestra actitud interior, las obstrucciones que nos separan de nuestros objetivos desaparecen por si mismas.

El equilibrar nuestra actitud nos pone en armonía con el *tao*, la forma en que la energía creativa del universo fluye. Implica estar abiertos a las diversas y ocultas formas en que el cosmos trabaja para bien de todos. Pacientemente permitimos ser usados por el dramaturgo en el drama creador, ya sea para interpretar una parte mayor o simplemente permanecer entre bastidores, nos mantenemos alerta para llevar a cabo la nueva tarea que se requiere de nosotros.

Siempre hay factores egocéntricos presentes cuando ideamos las soluciones, cuando luchamos por influir, adoptamos posturas o actitudes, o acosamos a los demás. Entre las actividades más sutiles del ego están los esfuerzos por "ser devoto". Tales actividades están basadas en la idea de que un esfuerzo obsesivo va a funcionar. No importa lo resueltos y obsesivos que lleguemos a ponernos, el esfuerzo guiado por el ego fallará. La sinceridad para encontrar el camino correcto es necesaria, pero sinceridad no quiere decir que perdamos nuestro equilibrio interno. El estar equilibrado internamente es reflejar el cosmos y el *tao*.

El *I Ching* nos guía más bien hacia lo ordinario que hacia lo extraordinario. Nuestro deber realmente consiste en sobrellevar con corrección los desafíos de cada día. Nuestro ego, de alguna forma, puede hacernos creer que la orden del día es la de solucionar los mayores problemas del mundo; todo lo que nos presenta el ego es grandioso. Se supone que debemos ser héroes ante el mundo. El sabio, por otro lado, nos haría interesarnos en lo mundano; en lugar de sobresalir, de obtener reconocimiento, de tratar de ser el *rey del montón*, en no buscar logros. Como dijo Lao Tzu, "El sabio cumple su deber sin concederle importancia, concluye su labor sin explayarse en ella".

Una vez que aceptamos como destino el de desarrollarnos espiritualmente, el ego se nos une en el esfuerzo y pronto empieza a buscar la forma más rápida, más directa de "llegar ahí". Para ello hace uso de unos esfuerzos monumentales de autocastigo y autofelicitación; en contraste con el camino del sabio, que es reticente, autocompasivo y modesto. El objectivo es seguir el camino con paciencia y modesta aceptación. En efecto: el objetivo es seguir el camino, pues no hay dónde ir; sólo existe el camino, y el deber de pisar sobre él lo mejor que podamos.

Pronto se hace evidente que los problemas que le llevamos al sabio son el vehículo que usa el cosmos para enseñarnos a corregirnos a nosotros mismos. En efecto, nuestra vida cotidiana nos provee de todo lo necesario para desarrollarnos y encontrar el sentido de la vida. No necesitamos viajar lejos o buscar experiencias exóticas. No hay necesidad de enclaustrarse, buscando el escenario perfecto para desarrollarnos espiritualmente. Cada día la vida nos brinda las situaciones necesarias para desarrollar la paciencia, la modestia, la moderación y una mente abierta. El proceso de desarrollo personal se nos presenta con los necesarios periodos de aislamiento con respecto a los demás. Más tarde, el aislamiento termina y se nos pone a disposición del cosmos. Así la vida parece ser un yunque y el destino un martillo que forma nuestra conciencia espiritual.

Nuestro ego convertiría el desarrollo espiritual en la conquista del Santo Grial por parte del héroe; se ve a sí mismo como aquel que comparte los misterios con unos pocos escogidos. Tal entusiasmo iluso sólo repele a los demás y llama a la desconfianza y a la resistencia de seguir lo bueno. Fluir con el tiempo, aceptar la vida modestamente como viene, tratar sólo de ser sinceros en nuestra forma de vida, y ser genuinos con uno mismo: éste es el camino del *tao*.

Cuando nos engañamos a nosotros mismos, un esfuerzo monumental atrae el fracaso; experimentamos una condición emocional llamada "el oscurecimiento de la luz" (ver el Hexagrama 36, primera línea). En este estado mental nos atacan una serie de emociones infantiles que nos atrapan en un círculo vicioso de pensamientos negativos. Atrapados entre la duda y el miedo, luchamos contra el destino y lo resistimos, temiendo que sin un renovado esfuerzo, o sin el cambio de curso para encontrar un camino más fácil, estaremos atrapados en la posición de perdedores. Recurrimos a medios bajos porque dudamos de poder obtener la ayuda del poder supremo. La duda es como un tiburón que devora a todo los elementos que hemos disciplinado en nuestra naturaleza para ser pacientes y obedientes. Para detener esta viciosa actitud es necesario aminorar nuestras emociones infantiles. Hemos de dejar de escuchar los pensamientos que nos hablan constantemente acerca de una pérdida de prestigio o de influencia. Debemos dejar de fantasear acerca de cómo se nos ve ante los ojos de los demás. La dependencia en relación al éxito personal deriva de nuestro ego, opuesto al "hombre superior", que está dispuesto a trabajar sin sobresalir; el Hombre Inferior insiste en obtener reconocimiento (ver *Lo receptivo*, hexagrama 2, tercera línea). En lugar de dejar que la luz brille a través de él, se interpone en su camino. Finalmente, al percibir que debě reducirse, el ego pregunta: "¿Cuanto debo reducirme?" La respuesta es: "Hasta que no haya más resistencia, hasta que él se rinda y sólo quede una humilde aceptación y dependencia". Sólo una desinteresada humildad hace partir los ejércitos a nuestro favor.

Una vez que la difícil situación mejora debemos tener cuidado con el entusiasmo que acompaña la repentina liberación de la presión. Debemos evitar especialmente el entusiasmo ciego que fue responsable de los resultados obtenidos. Nuestro ego siempre cree que él sólo tiene el poder para manipular los acontecimientos —un iluso y peligroso punto de vista.

El respeto por los antepasados hace referencia a la consideración por mucha gente, famosos o desconocidos, que nos precedieron en el camino espiritual. Ellos no estaban mejor equipados que nosotros: experimentaron las mismas pruebas y tribulaciones que nosotros. Cuando obtuvieron cierta iluminación se resistieron a adoptar la imagen de ellos mismos como iluminados, simplemente perseveraron y fueron fieles hasta el final. Reflexionar sobre la paciencia y la perseverancia que tuvieron nos sirve de ayuda para mantenernos firmes en nuestro camino y sobrepasar el abismo de nuestros miedos. Los honramos cuando corregimos nuestra actitud y volvemos a lo verdadero y a lo bueno dentro de nosotros.

Primera línea: *Jactarse de relaciones aristocráticas.* Es jactancioso consentir pensamientos o actos incorrectos basándose en el supuesto de que no resultarán dañinos. Todas las actitudes arrogantes y negligentes tienen efectos negativos. Presumimos cuando consentimos sentimientos de irritación, alienación o superioridad; cuando condenamos a otros por sus errores; cuando de mala manera pensamos en lo "que deberíamos" o en lo "que no deberíamos"; cuando decidimos pasar por alto las acciones incorrectas de los demás con la finalidad de llevarnos bien con ellos. El curso correcto, en lo que respecta a obsevar los errores de los demás, consiste en desentendernos y aun así mantenernos dentro. Si sentimos la necesidad de exteriorizar los sentimientos negativos, como cuando resistimos o rechazamos la situación, es porque dudamos de que el poder creativo se levante a raíz de nuestra inocencia y pureza mental.

Pensar que hemos ganado ciertos derechos y luego elevarnos presuntuosamente sobre tales derechos, es una forma de presumir de "conexiones aristocráticas". Puede ser que hayamos ganado algo, pero no podemos presumir, actuar o pensar de manera arrogante, sin considerar los límites de nuestro sendero o sin considerar nuestras responsabilidades para con el sabio, nuestro maestro.

Segunda línea: *Firme como una roca.* El hombre superior está atento para darse cuenta del punto en cada situación en el que se encuentra tentado de verse involucrado emocionalmente. Sabe que éste es el punto en el que despierta su ego, exigiendo ser aclamado y confirmado. Precisamente entonces el hombre superior se retira y desapega, conservando así su integridad y manteniendo su equilibrio interno.

El comentario de Confucio sobre esta línea nos aconseja "conocer las semillas... el comienzo impreceptible del movimiento." Las "semillas" de la implicación nacen con ligeros síntomas de descontento, con vagos sentimientos de inquietud o con fuertes sentimientos de entusiasmo. Si no se reconocen y se combaten inmediatamente los gérmenes de la acción, dan lugar repentinamente a un descontento activo o a un incontrolado movimiento que barre nuestra independencia interna y nuestro desprendimiento. Así pues se nos aconseja retirarnos a tiempo.

Tercera Línea: *Entusiasmo que mira hacia arriba engendra arrepentimiento.* Mirar hacia arriba significa que miramos el destino para que nos rescate, a pesar de discutir y discutir, hundiéndonos más en la controversia y comprometiendo nuestra dignidad. El conflicto puede implicar el discutir con los demás, o referirse a un conflicto interno, precipitado al sentar una idea negativa sobre una situación o una persona. En lugar de esperar a que el cielo acabe con estos conflictos, debemos darlos por zanjados negándonos a participar en ellos, aceptando que no conocemos todas las respuestas, y soportando la ambigüedad de la situación hasta que vuelva la claridad; mientras tanto, resistimos las pequeñas molestias que impiden nuestra buena influencia.

Cuarta línea: *La fuente del entusiasmo. No dudes. Reúne amigos a tu alrededor como un broche para juntar el cabello.* La fuente del entusiasmo reside en adherirnos a nuestro camino, libres de toda incredulidad, porque es lo correcto. Reunimos a otros para seguir el bien cuando nuestro entendimiento del camino es tan fuerte que la duda no puede invadir nuestra serenidad; cuando no tenemos ninguna necesidad de convencer, competir o ganarnos a la gente; cuando no tratamos de emplear pasos agigantados o saltarnos pasos para obtener un progreso repentino; cuando no tratamos de conseguir algo sin tener que trabajar para ello. Tales actividades provienen del ego, que secretamente mantiene la duda y la incredulidad. La independencia interior es el poder que hace marchar a los ejércitos hacia lo bueno. Sólo podemos actuar correctamente cuando hemos visto mediante una comprensión interna que una actitud correcta lleva al éxito. Si aún estamos adivinando, esperanzados, o si todavía estamos apegados obsesivamente a una idea particular, no podemos ver claramente, y de esta forma nos falta el apoyo del cosmos.

Si el problema existente en nuestra actitud es la duda, el hexagrama nos aconseja: "no dudes". La gente no puede y no debe luchar contra del debilitante poder de la duda.

Quinta línea: *Persistentemente enfermo y sin embargo no muere.* La situación es difícil e incómoda. Estamos bajo la influencia de nuestro ego que se afana por conseguir resultados, o se separa para evitarlos. De alguna forma nuestra incomodidad es útil, al hacer que investiguemos en las actitudes que bloquean el progreso. La actitud correcta consiste nada menos que en renunciar totalmente a la resistencia y al anhelo exigido por nuestro corazón infantil.

Sexta línea: *Entusiasmo ilusorio. Pero si, después la consumación, logra uno el cambio, no era un error.* El entusiasmo ilusorio se refiere a las veces en que el hombre inferior, el ego, guía nuestra personalidad. El hombre inferior cree en la acción, en la exhibición, en los esquemas, en las obsesiones y en las técnicas para forzar el progreso y en adoptar medidas de represalia para corregir lo equivocado. El hombre inferior gobierna cuando presentamos un frente brusco, cuando nos mostramos enfadados, o cuando buscamos avanzar ganándonos a la gente con halagos. Sólo cuando tenemos la fortaleza de abandonar los medios inferiores, fundados en el miedo y la duda, podemos encontrar la ruta correcta al éxito.

17

Sui
Seguir

Tui
Chên

Tui: La alegría, el lago
Chên: La conmoción, el trueno

Sigue tus principios sin importar lo difícil que parezca.

Seguir consigue un éxito supremo. Lo que seguimos es nuestro sentido de lo que es esencial, justo y correcto. El ser leal a lo bueno y a lo verdadero dentro de nosotros mismos es servir al poder supremo.

Sólo siendo leal y fieles a nosotros mismos somos capaces de ser leales y fieles a los demás, y a su vez capaces de dirigir su verdadera lealtad.

Como estudiantes de la verdad universal, somos automáticamente siervos del poder supremo. Como tales, debemos alcanzar el seguimiento de los otros. Al seguir lo que es verdadero y bueno en nuestra naturaleza, damos a los demás la seguridad necesaria para seguir lo que es bueno y grande en ellos. Aunque durante algún tiempo, se apegan servilmente a nosotros, no debemos sentirnos halagados ni atarlos a nosotros. En lugar de motivar su dependencia, nos mantenemos libres de estos lazos para que así ellos se mantengan libres. Aunque esto quiera decir que entonces caigan en el error, al apegarse infantilmente a otra persona, preparamos el terreno para su consiguiente liberación de la vacilación y el miedo de seguir lo bueno dentro de ellos mismos. Esta es la clase de seguimiento a la que se refiere el *I Ching* cuando nos aconseja rescatar a los demás.

Este hexagrama pone en claro que, antes de atraer a otros a seguirnos, debemos entender los principios siguientes. El guiar y el seguir están inseparablemente relacionados. La gente puede seguirnos sin riesgos sólo si estamos dirigidos hacia lo que es bueno y correcto. Nuestra devoción en la búsqueda del camino correcto para nosotros mismos crea la independencia necesaria para exigir el respeto y la lealtad de los demás. No hay ley ni obligación legal que pueda forzar la lealtad de otro. El miedo a equivocarse crea sólo una conformidad de mala gana o una terca resistencia. Lo que buscamos es una segura, voluntaria y sentida aceptación de lo bueno y lo verdadero.

Seguir la verdad significa que seguimos nuestro sentido de la verdad de la misma forma que un jinete lanza su corazón por encima de la barrera antes de saltar. Al adherirnos a la verdad permitimos que ésta nos guíe hacia la solución correcta de nuestros problemas. Nos adherimos a la verdad interior con nuestra conciencia, como si fuese la Estrella Polar que nos indicase el camino en el océano, guiándonos hacia aquello que no podemos ver. Cuando seguimos lo elevado y lo bueno dentro de nosotros mismos, vamos a una con el sabio, quien sabe cómo y cuándo hacer que lo imposible triunfe.

La grandeza de la verdad nos permite seguirla con alegría. Muchas veces tememos de que los demás no nos entiendan y que lleguemos a aislarnos, o que perdamos la oportunidad de influir en una situación para mejorarla. La cultura occidental también nos enseña que para lograr nuestros objetivos debemos ingeniárnoslas, o forzar la situación para que sucedan los acontecimientos necesarios. Este hexagrama nos aconseja que lo bueno se logra al seguir el bien dentro de nosotros. No hay necesidad de tramar, interferir o imponernos. Cuando lo hacemos, seguimos al niño que habita en nosotros, el cual chilla y sólo quiere el lujo.

Muchas veces recibimos este hexagrama porque tomamos una actitud de resistencia, furiosos ante una situación no resuelta. Puede que hayamos llegado a pensar en rechazar nuestro destino de rescatar a otros, y dejar de servir todo lo elevado y bueno. No debemos abandonar aunque hayamos perdido nuestra independencia interior. Tenemos que desligarnos de nuestras emociones y renovar nuestra determinación de seguir el bien, aunque parezca que hemos esperado más del tiempo razonable para que mejore. El mantenernos ligados es mantenernos bajo el control de nuestro ego.

Debemos recordar que si nos volvemos impacientes debido a contrariedades, estas contrariedades se deben a alguna clase de indulgencia personal. Confiados a causa de la comodidad del progreso que hemos logrado, algunas veces nos volvemos egoístamente expansivos. Esto, a su vez, abre la puerta al resurgimiento del egoísmo y a las transgresiones de otros, las cuales –a causa de nuestro estado de ánimo indulgente– pasamos por alto. Al pasar por alto sus errores, les damos la mano y se toman el brazo. No podemos darnos el lujo de relajarnos lo más mínimo en la autoindulgencia, o de ser condescendientes con los malos hábitos de los otros. (Ver *Después de la consumación*, hexagrama 63, quarta línea.)

Primera línea: *Salir por la puerta en compañía*. Esta línea significa que nos mantenemos receptivos y accesibles a la gente. El *I Ching* señala que sólo podemos conducir a los demás si nosotros mismos seguimos lo bueno. No logramos nada si nos cerramos porque los demás no siguen el camino; sólo manteniéndonos receptivos y accesibles a "la gente de toda índole, ya sean amigos o enemigos", podremos llevar algo a cabo.

Ser receptivos, no quiere decir que abandonemos nuestros principios. Nos adherimos a estos principios siendo conscientes de que los acontecimientos proporcionarán los medios por los cuales la verdad se hará evidente. Así pues no nos enfrascamos en disputas sobre "cuestiones de opinión general", ni nos afanamos en explicar la verdad cuando existe una actitud de resistencia. Permitimos que aparezca la oportunidad para la verdad; si la situación lo permite, podemos señalarla, con tal de que no olvidemos la reticencia. Como dice la segunda línea en *Lo receptivo*, hexagrama 2, en cada situación existen los medios para su corrección. Sólo tenemos que mantenernos receptivos para que estos medios aparezcan. Con mayor frecuencia, de todas formas, sólo es necesario que seamos conscientes, porque esta conciencia se comunica a los otros en el plano interno.

Segunda Línea: *Si uno se adhiere al muchachito perderá al hombre fuerte.* El muchachito representa la parte infantil de nosotros mismos. Cuando escuchamos sus deseos, insatisfacciones e impaciencia, perdemos nuestro fuerte y perseverante yo. El muchachito puede ser una opinión conveniente y hostil de la situación, o una energía compulsiva que nos lleva a luchar, a idear, o a la fuerza, porque el muchachito piensa que es necesaria. El muchachito actúa cuando no debería hacerlo, y de una forma cobarde se oculta cuando la situación le pide que vaya hacia adelante. Nuestro yo infantil busca, como si ése fuese su derecho, disfrutar y proteger el progreso creado, pero este derecho debe ser sacrificado si uno va a servir aquello que es más elevado. Debemos hacer lo que el deber y la fidelidad mandan, aun cuando así parezca que vamos a comprometer todo lo que hemos ganado. Al abandonar los medios inferiores nos desligamos del muchachito dentro de nosotros. El camino de lo bello no puede lograrse con medios zafios.

Tercera línea: *Si uno se adhiere al hombre fuerte... se separa de lo inferior y lo superficial.* Lo que es inferior y superficial es una cómoda relación que se adapta a nuestros prejuicios, o una relación indulgente en la que dejamos pasar lo que es incorrecto, dando la espalda al seguir y hacer lo que la verdad requiere.

En la búsqueda de la comodidad, la gente busca alimento para su propia imagen, al precio de su dignidad y su amor propio: dan para obtener. Tales relaciones, en contraste con aquellas basadas en el respeto, son superficiales y no pueden durar. El ego, una vez alimentado, aumenta su apetito. Cuando vemos esta verdad con claridad, somos capaces de rechazar la vía fácil de la comodidad. Aunque el hacerlo pueda suponer un sentimiento de pérdida, ésta es más que compensada por el desarrollo interior y el amor propio. El amor propio no es algo que podamos crear asumiendo aquello que aprobamos de nosotros mismos, como cuando decimos: *yo no tengo problemas; tú no tienes problemas.* El amor propio es el resultado de haber tomado difíciles decisiones para seguir el bien, independientemente del riesgo, de lo solos y de lo comprometidos que nos podamos haber sentido entonces.

Cuarta línea: *El seguir aporta éxito.* El peligro proviene del éxito que tenemos al influir en los demás. Resulta irónica la facilidad con la que podemos alcanzar influencia sobre los demás, por medio de la persecución del camino solitario de la inocencia consciente, la reserva y la independencia interior, y por ello, empezamos a considerar formas de mantener esta influencia. Así, una vez más, nos hacemos dependientes en la relación. Esta línea nos dice que "recorrer el camino con veracidad aporta claridad". Al no desviarnos en consideraciones y deseos, mantenemos nuestro ego bajo control.

Recorrer el camino con sinceridad también significa no levantar barreras al perdón, como cuando nuestros inferiores nos halagan recordándonos a aquellos que nos hicieron el mal, señalando que deben encontrarse con la justicia. Nos damos cuenta de que nuestro ego nos sigue por un tiempo, pero luego presenta sus exigencias. Ser sinceros es estar completamente libre de las exigencias del ego, con el sólo propósito de hacer lo esencial y lo correcto.

Esta línea también puede referirse a otros que no son sinceros con nosotros.

Quinta línea: *Sincero con el bien. Buena fortuna.* Seguir nuestro sentido de la verdad a donde sea que nos lleve, es seguir lo bueno con sinceridad y devoción. Tal sinceridad encuentra el consentimiento del cosmos. La persona que es sincera al seguir su sentido interno de la verdad, constantemente se pregunta lo que es esencial y correcto. En su corazón, humildemente le pide ayuda al sabio para encontrar el camino correcto. Se mantiene armado en contra del mal mediante la evocación en su mente de las consideraciones, los motivos, y los estados de ánimo que destruirían una justa y moderada opinión de las cosas, o que lo tentarían a romper con aquello que es esencial para relacionarse con los demás.

Sexta línea: *Él halla una firme lealtad y se adhiere aún más.* El sabio, que previamente se había retirado fuera de nuestro alcance, vuelve para ayudar al seguidor. La sinceridad descrita en la línea quinta encuentra acogida. El sabio ayuda al seguidor a encontrar el camino correcto. La imagen de lo que es correcto hacer y decir viene por sí misma en el momento en que la necesitamos, porque nos mantenemos en armonía con lo que es esencial y correcto. En estos momentos tenemos la impresión de ser un conducto para algo situado más allá de nosotros mismos. Una sensación de paz interna y camaradería acompaña esta misteriosa ayuda.

Así como el sabio vuelve para ayudar al seguidor, volvemos a ser receptivos con aquellos que buscan nuestra ayuda.

18

Ku

El trabajo en lo echado a perder

Kên
Sun

Kên: El aquietamiento, la montaña
Sun: Lo suave, el viento

*Corregir hábitos mentales decadentes y tolerar
lo que se ha echado a perder en otros.*

El trabajo en lo echado a perder tiene elevado éxito. La imagen presentada en este hexagrama es la de una escudilla en la que proliferan los gusanos: tres días y la decadencia humana son la causa de la corrupción.

Una escudilla en la cual proliferan los gusanos es una analogía que señala las ideas falsas que nosotros u otros podemos tener acerca de cómo funcionan las cosas. Las ideas falsas se forman de percepciones incompletas. Recibir este hexagrama nos dice que algunas ideas que damos por supuestas son incorrectas. También nos dice que encontremos las formas decadentes por las cuales podemos estar relacionándonos con el sabio, el destino, otra gente o nuestra situación en general. Esta búsqueda debe incluir la forma en que reaccionamos al trato incorrecto de los demás. Antes de que podamos seguir avanzando es necesario reconocer y corregir nuestras ideas y actitudes falsas.

Tres días simboliza los tres pasos para la corrección de uno mismo: la diligencia necesaria para encontrar nuestros defectos, la sinceridad necesaria para decidirnos resueltamente contra ellos y la resolución necesaria para resguardarnos contra su reaparición.

El *I Ching* tiende a ocuparse de las perspectivas falsas y las difamaciones de la verdad. Por ejemplo, una persona se alía consigo misma, con su ego, al sospechar que Dios no es bueno, que el destino es hostil, que la naturaleza humana es naturalmente desafecta, que la vida significa sólo sufrimiento, o que los demás no pueden encontrar el camino correcto sin nuestra intervención. Muchas veces aceptamos tales actitudes porque son comúnmente sostenidas. El mantenerlas da lugar a una indiferencia al sufrimiento y a la intensidad de la vida. Al tolerarlas dentro de nosotros, inconscientemente influimos en que los demás las adopten.

Otras actitudes erróneas incluyen el relajarnos tomando una actitud vengativa o dura, disfrutando algo a costa de un principio; asignándoles atributos del hombre inferior a Dios, al sabio o al poder supremo; asumiendo que estos atributos son naturales dentro de nosotros; abandonándonos a nosotros mismos o a otros, y hablando o pensando descuidadamente, aun superficialmente, asumiendo que lo que hacemos o decimos no tiene gran importancia. Cuando nuestras atesoradas ideas y creencias nos vienen a la mente en el transcurso de una consulta con el *I Ching*, es mejor preguntar si son correctas. Frecuentemente la idea o creencia que se nos presenta es exactamente lo que el *I Ching* nos dice que examinemos.

Este hexagrama también nos muestra la forma correcta de responder a los demás cuando son insensibles, indiferentes o injustos. Para responder correctamente necesitamos obtener una perspectiva impersonal y Cósmica. Esto exige que eliminemos o dispersemos la ira, y que rechacemos las consideraciones personales como el deseo o la envidia. También es importante evitar ignorar o rechazar el problema por no saber cómo tratarlo. Es esencial reconocer las actitudes despectivas como tales, pero en un contexto justo y moderado. Tan pronto como nuestro punto de vista es correcto, el poder de la verdad interior se activa para corregir el problema.

Si nos centramos en tener una relación cómoda, o pasamos por alto el mal debido al deseo, "toleramos lo que se ha echado a perder", y somos incapaces de tratar el problema de manera constructiva; el mal llega a nuestras vidas principalmente porque le damos espacio, al no ser estrictos con nosotros mismos.

Es posible corregir nuestras relaciones deterioradas corrigiendo nuestras actitudes indulgentes. Estas actitudes indulgentes crean problemas que se acumulan hasta que el todo se echa a perder. Al corregir la actitud, las resistencias que se han concentrado con el paso del tiempo ceden. La sospecha y desconfianza disminuyen y el exceso que hemos fortalecido no encuentra bases para continuar. La situación vuelve al equilibrio y a la armonía, gradualmente. Mientras esperamos que la situación vuelva a lo normal no debemos forzar ni presionar. Si se va resolver realmente debemos ceder el espacio y el tiempo necesarios para que noten que la sincera corrección de uno mismo es el único camino a seguir. Si somos consecuentes al mantenernos neutrales y desapegados, y al adherirnos a lo que es correcto en nuestro interior, los demás percibirán lo que es correcto al relacionarse con nosotros. Nuestra actitud señala que la envidia y la insensibilidad no son aceptables. Aunque alguien que se ha estado relacionando con nosotros incorrectamente empieza a dirigirse a nosotros de forma amigable, debemos mantener la reserva y la cautela mientras existan contradicciones en su comportamiento. No debemos asumir que nuestro objetivo ha sido alcanzado simplemente porque esperamos que así sea.

Finalmente, el trabajo en aquello echado a perder se refiere al comportamiento social en general. Los funcionarios conocen la opinión de la gente a la que sirven. Si la actitud de la gente es negligente, si están dispuestos a sacrificar los beneficios a largo plazo por ganancias a corto plazo, los funcionarios gobernarán en consecuencia. Si en su actitud interna la gente es firme en lo que es correcto, los funcionarios sabrán como representarla; independientemente de la clase de gobierno, el mal encuentra sus bases en la debilidad de la gente. Cuando la gente es fuerte en su dirección interna y firme en su actitud, el mal en el gobierno y en la sociedad no hallará lugar donde crecer.

Primera línea: *Rectificar lo que el padre echó a perder. Peligro.* Aquí el comportamiento corrupto se debe a la tradición familiar. Por ejemplo: un padre gasta dinero sin relación con las necesidades de la familia, simplemente porque su padre también lo hizo, o una madre manipula a su marido porque su madre hizo lo mismo.

Otro ejemplo de tradición decadente es la forma en que una familia puede considerar a alguna gente como importante y a otra no. Perpetuamos tales actitudes corruptas cuando intentamos impresionar a la gente y tratamos a otros insensiblemente.

Otra actitud corrupta es la opinión tradicional de que para resolver problemas debemos intervenir con fuerza, o de lo contrario aceptar con sumisión insultos e injusticias. En otra actitud corrupta, nos adherimos a la tradición porque tememos alejarnos del punto de vista aceptado, aunque sepamos que es incorrecto. El camino correcto no puede ser entendido hasta que obtengamos el coraje necesario para abandonar la muleta de la tradición. Debemos ser conscientes de que el remedio correcto puede no corresponder a ninguna de nuestras ideas preconcebidas sobre lo que es correcto, pero cuando aparece, sabremos que es perfectamente apropiado. Hasta entonces debemos hacer sólo lo que es esencial en el momento.

Si esta línea se refiere a la conducta decadente de otra persona, debemos desligarnos, confiando que encontrará su camino solo, aunque éste sea peligroso. Si dudamos de su habilidad para crecer y corregirse a sí mismo, nuestra duda inhibirá su habilidad para rescatarse a sí mismo. La duda es una fuerza activamente destructiva, que encierra a la gente en un círculo vicioso de estancamiento. Dudamos de la gente cuando vigilamos con nuestra visión interna para ver si progresan.

Segunda línea: *Rectificar lo que la madre echó a perder. No se debe ser demasiado perseverante.* La influencia de la madre representa los miedos inculcados que hacen que la gente responda a la tradición y a la forma, en lugar de responder a su percepción interna de la verdad. A menudo esta línea se refiere a miedos religiosos. Los miedos de la niñez son mantenidos en las formas diabólicas de la imaginación infantil: invisible al adulto que los alberga, domina sus motivos y define su idea del éxito. Mientras no vea estos miedos los protegerá y los proyectará sobre los demás, a veces violentamente. Debemos ser pacientes con tales personas, mostrando "cierta delicadeza y consideración", siendo conscientes de que los miedos irracionales son la razón fundamental de su comportamiento.

Tercera línea: *Habrá un poco de arrepentimiento. No hay gran culpa.* Esta línea se refiere al reaccionar exageradamente, aunque sólo lo hayamos hecho en el pensamiento, al tratar con nuestros inferiores o los inferiores de otros. Sentimos remordimiento al ver las consecuencias de nuestro comportamiento, pero "no hay gran culpa", pues el comentario dice, "es mejor ser muy enérgico al corregir los errores a no serlo suficiente".

Cuarta línea: *Tolerar lo que el padre echó a perder conduce a la humillación.* Si para agradar a alguien aceptamos sus actos equivocados, fracasamos al "nutrirlo" apropiadamente, y reforzamos su comportamiento corrupto. Este hábito nos conduce a nuestra propia humillación, porque al tolerar lo incorrecto nos echamos a perder. Debemos ser firmes interiormente en lo que es correcto y en lo que no lo es, manteniéndonos reservados mientras sus inferiores manden.

Es lo mismo tolerar o aceptar la costumbre, porque el hacerlo resulta más cómodo que sentirse aislado. Debemos estar libres del temor para hacer lo que vemos con claridad como esencial y correcto. Tras realizar lo esencial, debemos liberarnos del temor a las consecuencias. Podemos confiar en la verdad.

Quinta línea: *Rectificar lo que echó a perder el padre. Uno cosecha elogios.* Trabajar en la autocorrección atrae la ayuda y el elogio del cosmos. Aquí, lo echado a perder se refiere a la tendencia a ser débiles al tratar con indulgencia, con vanidad y con descuidada indiferencia, ya sea a nosotros mismos o a los demás. Por ejemplo: si vacilamos al apartarnos de una situación, cuando ésta lo requiere, necesitamos preguntarnos por qué tenemos miedo de hacerlo. ¿Tenemos miedo a desapegarnos de la gente, a dejarlos ir solos, a poder soportar la situación? ¿Es que el apartarnos parece demasiado duro o inútil? ¿Es que creemos que debemos ignorar el mal en los demás? ¿O es que hacemos lo que ellos quieren, aunque nos haga sentir incómodos y lo creamos incorrecto?

En primer lugar, estamos obligados a reconocer y admitir nosotros mismos que algo es incorrecto, de otra forma, en nuestra actitud interna lo condenamos. En segundo lugar, no tenemos ninguna obligación de hacer lo que otros quieren, simplemente porque lo quieren. El cosmos no nos exige responder así, o hacer algo para satisfacer sus expectativas. Es incorrecto hacer aquello que nos hace sentir incómodos o desequilibrados. Para rectificar la situación sólo necesitamos desligarnos de los sentimientos de obligación que hemos asumido, volvernos firmes en nuestra actitud y dejarnos guiar para salvar la dificultad. Con esta actitud el problema se resuelve solo.

Recibir esta línea nos dice que al rectificar lo echado a perder hemos reanudado el camino correcto. Cuando nos corregimos, nosotros mismos atraemos el poder de lo creativo y así tenemos un efecto correcto sobre los otros. Cuando renovamos nuestra actitud, los malos efectos de nuestra actitud se anulan.

Sexta línea: *No está al servicio de reyes y príncipes. Se propone metas más elevadas*
Aquí, la búsqueda de nuestro camino nos ha hecho apartarnos de los demás, o apartarnos de la forma convencional en que la sociedad hace las cosas. El apartarnos es correcto, porque sólo cuando somos libres y firmes en cuanto a continuar nuestro camino, podemos afrontar la situación correctamente. Una vez liberados, debemos cuidarnos de no ser críticos y de no caer en la tentación de perder la esperanza en la gente, o de abandonar nuestro deber de rescatarlos. Nos erguimos para mantenernos correctos y negar a los egos de los demás las bases para continuar con el proceso pernicioso.

No debemos temer que el proceso de autodesarrollo nos lleve al aislamiento de los demás o a la pobreza; estas opiniones son opresivas: desarrollándonos, será posible el rescate de los demás.

Sólo al desarrollarnos y servir a aquello que es superior (la verdad universal), podremos obtener la unión con los demás.

19

Lin

Acercarse

K'un
Tui

K'un: Lo receptivo, la tierra
Tui: La alegría, el lago

Se acercan mejores tiempos.

El acercamiento tiene elevado éxito. Es propicia la perseverancia. Al llegar el octavo mes habrá desgracia. A través del desarrollo de una equilibrada, sincera y concienzuda actitud adquirimos la ayuda del sabio, que se acerca para ayudar; y como resultado, los tiempos mejoran y las tensiones se liberan con facilidad.

Al mismo tiempo que nos brinda estas buenas noticias, el hexagrama nos advierte frente a la tendencia de volver a una descuidada y autodestructiva actitud cuando mejoren los tiempos. Cuando las tensiones empiezan a ceder, vuelve una actitud arrogante, llena de confianza, y olvidamos que la fuente de nuestra buena suerte ha sido la simplicidad, la humildad y la dependencia del poder supremo.

También debemos evitar asumir que –puesto que hemos invocado la ayuda del sabio– esta ayuda continuará indefinidamente, o que nos la hemos ganado para siempre. Poco a poco, como nos volvemos descuidados, no ponemos más atención a las intromisiones de nuestro hombre inferior (nuestra auto-imagen/ego), y también damos más libertad a nuestros inferiores que así pierden la disciplina. A medida que perdemos el sentido de los límites, perdemos la ayuda y el apoyo del sabio. Rechazado y devuelto hacia nosotros, permitimos que nuestro ego vuelva a tomar el mando regresando a las malas costumbres de manipular los acontecimientos, luchando por influir e interferir en la vida de otra gente. Todo esto puede evitarse si mantenemos la disciplina interna contra viento y marea durante los buenos tiempos.

Este hexagrama sugiere el principio que aparece en un buen número de hexagramas, especialmente en *La paz*, hexagrama 11, *La conmoción*, hexagrama 51, y en *Después de la consumación*, hexagrama 63, que es descrito con la imagen de "continuar hacia adelante". Aquí continuar hacia adelante se refiere a una actitud por la cual, independientemente de que las cosas mejoren o empeoren, permanecemos emocionalmente desapegados e interiormente independientes. Que los tiempos vayan mejor no es una indicación de que sea hora de relajar nuestra disciplina, renovar nuestras malas costumbres o regodearnos en la autoindulgencia. Disfrutamos del momento pero no nos perdemos en él; continuamos hacia adelante, casi sin romper el paso. Esta actitud es la personificacion de la modestia, ver *La modestia*, hexagrama 15, porque requiere una conciencia continua. El principio de continuar adelante cumple los requisitos para conseguir *El progreso*, hexagrama 35, pues requiere que trabajemos para "iluminar nuestra clara virtud". No permitiéndonos dar rienda suelta a una euforia emocional, evitamos obtener como resultado una depresión emocional y así mantenemos la firmeza interna que caracteriza al sabio, una firmeza que nos permite lograr todos nuestros propósitos (ver *La duración*, hexagrama 32).

Primera línea: *Acercamiento conjunto. La perseverancia aporta buena fortuna.* Los buenos tiempos se acercan porque al corrregirnos nosotros mismos, hemos adquirido la alianza con el sabio. De todas formas no debemos dejar que esta mejoría de las condiciones despierte la esperanza y el estusiasmo, que nos harían perder el equilibrio. Progresamos sólo mientras perseveramos manteniendo una actitud firme y correcta.

Segunda línea: *Acercamiento conjunto. Buena fortuna. Todo es propicio.* Aunque los tiempos cambien para peor, no debemos desesperarnos, sino mantenernos constantes en nuestra resolución y en nuestro equilibrio interior. Esto es posible si recordamos que lo creativo sabe cómo hacer uso de cada situación. Aquí el acercamiento en conjunto significa que estamos en alianza con lo creativo: ambos, los buenos y los malos tiempos, son propicios.

Tercera línea: *Acercamiento confortable. Si uno es movido a la aflicción por ello, quedará libre de culpa.* Un acercamiento confortable se refiere a las veces que nos olvidamos de tener cuidado con nuestros pensamientos íntimos; perdemos nuestra reserva y nuestra conciencia. Esta línea nos señala que debemos ser extremadamente cuidadosos al mantener nuestros pensamientos puros y al mantener nuestra reserva y el cuidado al relacionarnos con la gente. Cuando nuestra influencia aumenta tenemos tendencia a olvidar nuestros límites; nos permitimos el lujo de sentirnos bien gracias al progreso adquirido, presumiendo que nuestro trabajo está terminado. En la alianza con el sabio tenemos la responsabilidad de ser estrictos con nosotros mismos y firmes en nuestra disciplina e independencia.

Cuarta línea: *Acercamiento cabal. No hay culpa.* Así como debemos mantener una actitud firme, también debemos tener cuidado y mantener una mente abierta en relación a los demás, como hace el sabio con nosotros. Igualmente es necesario tener una mente abierta en relación a nosotros mismos: podemos tener éxito; podemos hacer lo que es necesario hacer.

Quinta línea: *Acercamiento sabio. Es lo que corresponde a un gran príncipe. Buena fortuna.* Después de entregar el asunto al sabio, no debemos interferir porque de súbito desarrollemos dudas acerca de lo que no podemos ver. Las fuerzas benéficas sólo pueden ser atraídas a través de la modestia y la moderación. Es un error ponerlo todo en nuestras manos para obtener el éxito o para obstaculizar. Debemos permitir que las cosas sucedan sin interferir.

Sexta línea: *Acercamiento magnánimo. Buena fortuna. No hay culpa.* Cuando tenemos principios firmes, pero también una mente abierta y llena de compasión, logramos un acercamiento magnánimo a la vida que está libre de impaciencia respecto las imperfecciones de los demás. Esta actitud invoca la ayuda del sabio. Cuando el sabio se presenta humildemente y de forma magnánima para ayudarnos, una humildad magnánima nos facilita ayudar a los demás.

20
Kuan
La contemplación (La Visión)

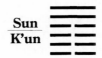

Sun
K'un

Sun: Lo suave el viento
K'un: Lo receptivo, la tierra

Por medio de los pensamientos, se está al mando.

Este hexagrama nos habla de llegar a alcanzar la "verdad interior", o la visión cósmica de la situación, a través de la contemplación. Recibirlo quiere decir que debemos solicitar la ayuda del sabio para penetrar en la esencia del problema.

Una vez que conseguimos desligarnos de la situación que observamos, a través de la contemplación o de la meditación, nuestro entendimiento es capaz de alcanzar un nivel cósmico, en el que nuestra perspectiva está basada en los principios de la justicia universal. Al alcanzar esta perspectiva, nuestra actitud llega a estar en armonía con el cosmos y ejerce un influjo en la situación de una forma oculta y dinámica, sin intención consciente. El efecto es tan poderoso, que inexplicablemente hace que aquellos que están equivocados cambien su punto de vista. No necesitamos decir o hacer nada porque nuestros pensamientos, habiendo llegado a esta perspectiva, emiten las órdenes.

Al alcanzar el sentido profundo de la verdad, o la visión cósmica, toda dualidad desaparece. En la dualidad de la vida, el amor y el odio, el cariño y la antipatía, la justicia y la injusticia están inseparablemente emparejados. En el nivel cósmico, de alguna forma, esto desaparece; el amor está por encima del odio, del miedo, del afecto, de los derechos y de los deseos. Las reclamaciones territoriales que acompañan al amor dualista son sublimadas y satisfechas en la verdad suprema. Posiciones contrarias cesan de existir y los conceptos de territorio, posesiones y derechos, toman otro sentido. Al penetrar en la esencia del asunto, la justicia cósmica puede sobrepasar el territorio de las posesiones y los derechos. No obstante, en otras ocasiones, la esencia del asunto puede girar alrededor de tales consideraciones mundanas. No podemos asumir que la visión cósmica, en cualquier condición dada, se ajuste a nuestros conceptos tradicionales de justicia. Al contemplar cada situación hay que enfocarla con una mente completamente abierta, pidiendo al sabio que nos guíe para ver la situación correctamente. Cuando la visión del sabio nos penetra, experimentamos un juicio que, sin embargo, no es crítico; un juicio paciente y tolerante, en el que el sentimiento sustituye a los pequeños afectos, a las antipatías y a los sentimientos de revancha. Ya no estamos aislados y orientados hacia nosotros mismos, sino que vemos los miedos y las heridas subyacentes que crearon la debilidad de espíritu que azota a la humanidad.

Se ha llevado a cabo la ablución; pero aún no la ofrenda. Llenos de confianza levantan la mirada hacia él. Entendemos, por lo menos parcialmente, pero no actuamos en consecuencia. Todavía tenemos una oposición interior que nos impide seguir el bien con verdadera sinceridad. Puede ser que veamos a otro como a un adversario. Si podemos "sacrificar" esta visión, o cualquier otra definición rígida de la situación o de la gente que hay en ella, apartaremos los elementos que crean la oposición.

Ejecutar una limpieza interior consiste en buscar y deshacernos de aquellas ideas que obstaculizan la situación, pues, de este modo, realizamos una "ofrenda". Es de gran ayuda colocar las ideas o los afectos, que nos empañan la visión, en un altar que visualizamos como un sacrificio al poder supremo.

Al observar a la gente no debemos detenernos a pensar en lo que tienen de malo; hemos de darnos cuenta de que el desarrollo siempre implica faltas y errores. Tenemos que ver las equivocaciones de los otros en el contexto de que todo el mundo tiene falsas ideas acerca de cómo funcionan las cosas, y que debido a esto sufren eclipses de personalidad.

Tenemos que recordar, también, que el proceso de crecimiento requiere que las cosas se extiendan completamente, antes de que puedan contraerse. Una persona que entra en una calle sin salida, sólo cambia de rumbo si puede ver claramente adónde le lleva. A veces esto quiere decir que tenemos que seguir hasta el mismo final.

Al recordar nuestros errores y entusiasmos infundados, mantenemos una modesta, moderada y justa percepción de los errores de los otros, pudiendo mantener nuestra mente y nuestro espíritu puros, y, de esta forma, nuestro propio equilibrio.

El poder de concentración interior... les permite expresar estas leyes en su propia persona. El poder influenciar a los demás aumenta con la objetividad y la independencia interior, y disminuye con el apego y la duda. Cuanto más firmes seamos en lo que se refiere a nuestra independencia interior y mantengamos con mayor perseverancia nuestra pureza interior y belleza de espíritu, mayor será nuestro influjo para lograr el bien.

Algunas veces, recibir este hexagrama quiere decir que el problema en cuestión es hipotético y que aparece para enseñarnos un principio general. Podemos aprender la lección sólo por contemplación, sin tener que pasar por una experiencia desagradable. Quiere decir, también, que la lección es aplicable a todas las situaciones.

Primera línea: *Contemplación de párvulo. Para un hombre inferior no hay culpa. Para un hombre superior es humillante.* No podemos esperar que los otros sigan el *I Ching*, pero nosotros sí tenemos que proponérnoslo.

Nadie supone que lo sepamos todo. El sabio gobernante está trabajando. Sus acciones son beneficiosas, aunque no las entendamos, y hasta si las consideramos migajas parecen ir en detrimento nuestro. Esta línea da a entender que los acontecimientos en cuestión son parte de acontecimientos más amplios y de fuerzas más importantes que las que están actuando ahora. La adversidad que vemos como fatalidad es beneficiosa, porque de esta forma crecemos espiritualmente.

Segunda línea: *Contemplación a través del resquicio de la puerta.* Puesto que hemos estado haciendo las cosas correctamente, esperamos hacer grandes y visibles progresos. De la misma forma que nuestros pequeños errores no consiguen que la situación general se eche a perder, nuestros logros personales no muestran inmediatamente un progreso visible. Todo trabajo verdaderamente fructífero tiene lugar como progreso minúsculo. Este progreso lento, contrariamente al progreso rápido y visible, lo hace perdurable. La persona que se desarrolla a sí misma tiene que aprender a confiar en el poder oculto de su trabajo, y a fiarse del progreso que no puede ver. También tenemos que darnos cuenta de que el progreso adquirido ha sido suficiente para salvar la situación. Recibir esta línea nos asegura que así será.

Esta línea también se refiere a las ocasiones en que hemos sido tratados insensiblemente, y hemos tomado la situación de manera personal. Aunque nuestros pensamientos profundos les afecten y creen progreso, los otros continúan en el error por sus condiciones íntimas preexistentes y por sus costumbres mentales. El progreso continuo depende de que permanezcamos moderados, justos e imparciales en nuestra actitud. El verdadero progreso es lento, por lo que tendremos que tener paciencia.

Tercera línea: *La contemplación de mi vida decide sobre el avance o la retirada.* Podemos comunicarnos con la gente abiertamente (progreso) cuando no sentimos resistencias y la gente es receptiva con nosotros. Pero hemos de tener cuidado para evitar una confianza excesiva en nosotros mismos a fin de no darnos mucha importancia, o sentir demasiado apego, lo cual se manifiesta al intentar imponernos. El autoexamen (retroceso) es necesario cuando sentimos algún apego, urgencia, impaciencia o entusiasmo, porque cuando se manifiestan las emociones perdemos nuestra comunión con la verdad interior.

No tenemos que preocuparnos acerca del tiempo requerido para progresar; si mantenemos nuestra humildad las cosas sucederán en el tiempo exacto. Si observamos el principio de avanzar cuando los otros son receptivos, y de retirarnos cuando no lo son, establecemos los límites en nosotros mismos, lo que es esencial para producir un efecto creativo en la gente.

Cuarta línea: *Contemplación de la luz del reino. Es propicio ejercer influencia como huésped de un rey.* Cuando estamos en posición de poder influir, servimos mejor al sabio si mantenemos nuestra modestia. Aventurándonos hacia adelante sólo y hasta donde la receptividad y la franqueza de los otros lo permita. Independientemente de que alguien nos guste o no, debemos actuar como si ellos fuesen el rey y nosotros sus huéspedes. No debemos perder nuestra dignidad al ser demasiado locuaces (al soltar las riendas de nuestro ego), o al perder el contacto con nuestra voz interior, y así permitir que la ambición, la ostentación, la ilusión y el deseo de imponernos, nos dominen. Intentamos crear una influencia, porque dudamos de las oportunidades que se nos presentarán. Si podemos contentarnos con dejar que el papel que representamos llegue por sí mismo, removeremos los sentimientos negativos que crean la duda, y mantendremos nuestro ego fuera de la situación, para de esta manera lograr algo constructivo. Lo único importante es que mantengamos la receptividad (ver *Lo receptivo*, hexagrama 2).

Para que el *I Ching* sea de ayuda, debe ser honrado, no usado para fines egoístas. Lo convertimos en inaccesible cuando exigimos que resuelva los problemas a nuestro modo, en el momento que nos conviene y sin reveses, o si dejamos a nuestro ego intervenir: "Lo intentaré, pero probablemente no funcione", o si aceptamos las respuestas que nos gustan, pero rechazamos las que implican críticas. Honramos e invocamos la ayuda del sabio cuando nos mantenemos concienzudos y modestos. Si olvidamos ser conscientes, nuestro progreso no se verá libre de faltas.

La luz del reino es verdadera y completa. Los principios del *I Ching* deben ser aplicados a todas las situaciones; al hacerlo, disminuye el sufrimiento en el mundo.

Quinta línea: *Contemplación de mi vida. El hombre superior está libre de culpa.* La contemplación nos ayuda a entender la luz del reino, a ver cómo funcionan las cosas realmente, y a encontrar el camino que está libre de errores. Esta línea se refiere más a la meditación que a la contemplación, porque es más a través de la meditación que somos capaces de oír nuestros pensamientos profundos y conectar con nuestros sentimientos profundos. A través de la meditación podemos ver cómo nuestros pensamientos tienen poder para el bien o para el mal; podemos ver que al corregirnos, nos libramos de los errores.

Esta línea también afirma que nuestros pensamientos tienen un poder oculto; podemos lograr grandes cosas con sólo mantener una mente abierta y una humilde aceptación de los acontecimientos. Consideramos que lo creativo puede hacer uso de cada acontecimiento y de cada circunstancia para beneficio de todos. Por eso se dice que el camino del sabio es verdadero y completo.

Sexta línea: *El logro más grande es saber cómo vivir libre de culpa.* El peligro siempre está al acecho y por eso cometemos errores; verlos y corregirlos resueltamente es descubrir la posibilidad de quedar libre de faltas. Tenemos que sacrificar todas las reacciones emocionales que creemos merecer por el bien de todos. El hombre superior abandona el estado de duda, vuelve al estado de perseverancia y deja de considerar cualquier manera de forzar el progreso en las cosas externas. El hombre superior se corrige a sí mismo.

21
Shih ho
La mordedura decidida

Li
Chên

Li: Lo adherente, el fuego
Chên: La conmoción, el trueno

Llegar a la verdad del asunto.

La Mordedura decidida se refiere a llegar a concebir la verdad. Se presenta la imagen de una obstrucción que impide que los labios se junten, impidiendo el acceso del alimento. El alimento se refiere en este caso a obtener la unión (armonía) con otra persona, con la verdad o con el sabio. Esta unión, o armonía, es alimento vital para nosotros como seres humanos. Antes de poder obtenerla debemos descubrir qué es lo que la obstruye; hacemos grandes progresos en nuestro entendimiento mordiendo con decisión la obstrucción.

Si una idea cualquiera, una actitud, una creencia o un patrón de comportamiento obstruyen la unión humana, esta idea está basada en una mala compresión de la verdad cósmica. La gente malentiende la verdad porque existe un "culpable": una idea que difama la verdad. Las difamaciones más comunes son las ideas falsas acerca de la naturaleza y la identidad de Dios, la naturaleza humana, la forma con la que respondemos al mal y la manera en que funciona el cosmos.

Al descubrir algo que no es verdadero (malo), injusto o simplemente erróneo, debemos "morderlo con decisión" reconociendo dentro de nosotros cuándo éste es el caso. Reconocemos que es incorrecto o equivocado en términos tajantes. No negamos la verdad porque resulte incomoda o inconveniente.

Al reconocer que una cosa está bien o mal, automática e inconscientemente transmite nuestra percepción a los demás, sin ningún esfuerzo consciente por nuestra parte. Si vacilamos porque queremos disculpar algo, o porque preferimos no vernos implicados, o porque pensamos que no está "muy mal", mandamos el engañoso mensaje a los perpetradores de que no importa lo mal que se comporten, todo va bien; mandamos el mensaje de que no es importante llegar a una decisión en tales asuntos a quienes pueden tomar nuestro comportamiento como ejemplo. No tenemos el derecho a hacerlo.

Una vez que hemos reconocido que algo va mal debemos respondernos la siguiente pregunta: ¿Qué vamos a hacer acerca de ello? Este hexagrama responde que es propicio que "dejemos que se administre la justicia". Lo cual quiere decir que una vez que hemos reconocido la presencia de algo malo, lo entregamos al cosmos para su resolución y corrección. Entonces nos apartamos y dejamos de pensar en el asunto, como para no infectarnos con él. Entregándole el problema al cosmos, se activa el poder de la verdad. De todas formas, si conscientemente reconsideramos el problema de forma enajenada, si intentamos tener un efecto intencionado, o si intervenimos utilizándo métodos impactantes, el poder de la verdad no puede acudir en nuestra ayuda. Involucrarnos en el asunto quiere decir que nuestro ego, que desconfía del poder de corregir del cosmos, ha hecho aparición en forma de "caballero blanco de reluciente armadura" para batallar con el caballero negro del mal. La intervención de nuestro ego impide que el poder supremo nos ayude. Así pues, mientras nos mantengamos ligados al problema, el poder supremo no estará tan libre para actuar.

El hexagrama afirma que debemos ser enérgicos al morder con decisión el obstáculo para la unión. Retirarnos consume mucha energía; perdonar quiere decir que intentamos entender qué es lo que motiva a la gente a equivocarse; es comprender el poder que el miedo, la duda y las malas costumbres tienen sobre la gente; es también el entender que lo creativo es capaz de penetrar en los corazones de la gente y de iluminar sus mentes.

Suele pensarse que perdonar también significa olvidar; este no es el camino del *I Ching*. Perdonamos, pero no olvidamos, al igual que al estudiar la historia tratamos de no olvidar sus lecciones, porque hacerlo es volverse arrogante y autosuficiente. Somos conscientes de que la gente continuará sujeta a sus miedos y a sus malas costumbres hasta que adquieran la claridad y una disciplina que los ayude a liberarse de ellos.

No necesitamos ponernos duros con una persona definiendo qué tipo de persona es, sólo basta reconocer que no se ha corregido a sí misma. No supervisamos su progreso para poder medir dónde se encuentra a lo largo del camino. Esta actitud hace imposible mantener la mente abierta, o darle el espacio y el tiempo que necesita para corregirse a sí misma. Sólo necesitamos mantenernos conscientes para descubrir cuándo nos halaga y cuándo es sincera. Fortalecemos su sinceridad al relacionarnos con ella sinceramente, y mantenemos la reserva cuando nos halaga o cuando es insensible o indiferente. Esto sigue el principio de avanzar con la fuerza de la luz y retirarse con la fuerza de la oscuridad. El principio de la mordedura decidida es el de entrenar a los demás respondiendo correctamente al flujo y al reflujo de su potencial superior. Si hacemos esto continuamente, tendremos un impacto creador.

Apartarse es la forma en que el sabio "muerde decididamente" nuestro ego; el apartarnos es la forma en que debemos tratar con el ego de la gente. Mientras seamos sinceros, el sabio, que habla a traves del *I Ching* se relaciona con nosotros. Cuando somos arrogantes, se desentiende, abandonándonos a los caprichos del azar;

de este modo disciplina y castiga a nuestros inferiores. Esta retirada es la del maestro sabio, libre de emoción: el castigo es moderado y dura sólo mientras nos mostramos arrogantes. De igual forma, cuando la ocasión lo pide, debemos apartarnos de los otros con una reserva cortés, aunque ellos intenten envolvernos en halagos, o perturbarnos con sobresaltos (lo hacen porque sus egos han percibido una pérdida de poder cuando dejamos de interactuar y buscan el volver a ganar el control). Es importante no perder el equilibrio a causa de estos desafíos; debemos mantenernos resueltos y reservados hasta que los otros se tornen humildes y sinceros; incluso entonces debemos recordar que la fuerza de la costumbre es tenaz, de manera que cuando la tensión aminore, no nos volvamos descuidados y olvidadizos.

Apartarnos es la forma de castigar, llamada la "mordedura decidida" en este hexagrama. El único propósito del castigo es restaurar el orden. No debemos incurrir en lo que el *I Ching* llama una "masacre", por la cual rebuscamos y exponemos cada aspecto erróneo por pequeño que sea. El mal no se puede combatir de un golpe; sólo lo podemos reducir a pequeños pasos. Después de cada paso debemos volver a la simplicidad, la serenidad y la sinceridad. Utilizar del poder no es muy distinto de agarrarle la cola a un tigre; tan pronto como percibimos el poder, nuestro ego puede querer aprovecharse ambiciosamente. No debemos ejercitar el poder de retirarnos caprichosa o vengativamente, porque castigar a los demás no es un derecho ni la atribución de nuestro ego. Permitirlo lleva a malos resultados.

Si la "mordedura decidida" se refiere al sabio tratando con nuestro ego, debemos mirar nuestra actitud interior para ver las ideas que exceden de una moderada y justa opinión acerca de las transgresiones de los demás. Resulta excesivo adoptar una actitud dura considerándolos como imposibles, que, en los términos del *I Ching* es "ejecutarlos". Debemos "liquidar" o rechazar firmemente las ideas que calumnian la verdad.

Como este hexagrama tiene que ver con la justicia, también tiene que ver con la igualdad espiritual. Si creemos que por tener una mejor cuna merecemos más privilegios que los demas, es que albergamos un traidor en nuestra actitud interior. Tal idea llega a constituir la base para la indiferencia frente al sufrimiento. No debemos pasar por alto la posibilidad de que el sabio pueda estar mordiendo decididamente nuestro apego a tales pretensiones.

La "mordedura decidida" también quiere decir que mantenemos la mente abierta y una perspectiva apropiada de la situación: nos acordamos de que empezamos nuestro desarrollo personal sólo porque queríamos algo personal y egoísta. Aunque nuestro camino haya llegado a no ser egoísta e infantil continúa siendo una lucha larga y difícil, y lo mismo sucede para los demás. Al igual que nosotros, ellos se darán cuenta de que están siguiendo caminos sin salida, que necesitan ayuda para encontrar el buen camino, y que para lograr la unión humana deben liberarse de los motivos personales y egoístas. Tales verdades sirven como base para una mente abierta y un punto de vista moderado.

Primera línea: *Tiene los pies sujetos por un cepo.* Aunque recibir esta línea puede referirse a los límites correctos para castigar a otros (un castigo leve por ser la primera ofensa), con más frecuencia apunta a una experiencia desagradable que acabamos de tener. Debemos adquirir la perspectiva correcta de este castigo; no se trata tanto de que el cosmos nos castigue, como del hecho de que estemos caminando en la dirección equivocada (hacia un callejón sin salida), lo que constituye por su naturaleza un autocastigo. Afortunada o desafortunadamente, sólo cometiendo errores aprendemos a corregirnos.

Segunda línea: *Muerde atravesando carne blanda.* El castigo para otros se ha llevado demasiado lejos, y lamentamos el mal causado. Sin embargo, no se ha incurrido en un gran daño, porque el castigo era justo. El retirarse con furia o con sentimientos negativos, es llevar el castigo demasiado lejos.

Como en el caso de la primera línea, ésta muchas veces se refiere a nuestro castigo por parte del sabio, como consecuencia de nuestra obstinada actitud.

Tercera línea: *Muerde carne vieja desecada.* A nuestro ego le falta el poder y la autoridad para castigar a los otros. Cuando no estamos realmente desinteresados en apartarnos de ellos, pero al hacerlo nos vengamos, despertando un odio venenoso. El único propósito del castigo es prevenir los excesos, por lo tanto, el castigo no debe ser excesivo. Así mismo, el castigo debe terminar rápidamente para no invocar "pleitos" en los que sus egos respondan al nuestro como desquite.

Los pleitos son conflictos o "guerras" entre la gente, y pueden existir a un nivel inconsciente durante años. Un pleito se inicia cuando el ego de una persona intenta castigar el ego de la otra: en adelante la persona castigada busca desquitarse. El desquite muchas veces toma la forma de ataque a la independencia de uno, así el pleito toma la forma del "juego del monton" que sólo puede terminar cuando el que es atacado cesa de castigar o de reaccionar. La referencia a la "carne vieja desecada" sugiere que subsiste un pleito relacionado con cierto asunto, desde hace mucho tiempo, y que debemos liberarnos de un patrón de reacción establecido.

Cuarta línea: *Es propicio tener presente las dificultades y ser perseverante.* Aquí empezamos a ver el éxito de nuestro esfuerzo por retirarnos (castigar) y mantenernos reservados; en consecuencia, la otra persona ha empezado a relacionarse con nosotros correctamente. De todas formas, no es más que el primer paso. Debemos evitar la tentación de precipitarnos a una relación cómoda, descuidada, que pueda desbaratar nuestro trabajo. Tendemos a ser inquebrantables en la perseverancia o relajados en una relación fácil con los demás. Si nos mantenemos neutrales y perseverantes, no siendo ni débiles ni duros, sino cautelosos, cuidadosos y estrictos en nuestra disciplina interior (manteniendo todo el tiempo una mente abierta, en la medida en que nuestra incredulidad se mantiene suspendida), "morderemos con decisión" los obstáculos para una relación correcta.

Cuando ésta es la única línea que hemos sacado, el hexagrama cambia a *Las comisuras de la boca*, hexagrama 27, que se refiere a los pensamientos que dejamos habitar en nuestro espacio mental. El consejo es ser particularmente cuidadoso para no relajar nuestros criterios. Nuestros pensamientos internos crean o curan las "dificultades" mencionadas en esta línea.

Quinta línea: *Muerde carne magra desecada. Obtiene oro amarillo. Perseverantemente consciente del peligro. No hay culpa.* Quisiéramos no ser estrictos con otra persona, pero nuestro deber es ser imparcial. Aceptar una alianza sólo porque la otra persona lo quiere es incorrecto, particularmente si la otra persona no se ha comprometido firmemente a seguir el bien; debe darse cuenta por su propia percepción de que un compromiso firme con el bien y con lo bello es el único vehículo para una alianza. La unión entre dos personas sólo se puede dar cuando las dos voluntades están independientemente orientadas hacia el bien.

Esta línea también nos aconseja *ser como el oro amarillo*. Lo cual quiere decir que porque una persona parezca tener una mejor actitud, no debemos interferir guiándola fuera de las dificultades. Es peligroso proteger a la gente de los resultados de su pobre actitud, o de alguna forma disculparlos y justificarlos por sus acciones erróneas. Podemos ayudarlos (si son accesibles a nosotros) sólo cuando se esfuerzan activamente por corregir sus errores. Exonerarlos simplemente con nuestra actitud interior es enredarse en la magnificencia, e interferir con lo que lo creativo está haciendo por corregir la situación.

Sexta línea: *Tiene el cuello sujeto por un collar de madera.* Nuestra obstinación por hacer las cosas a nuestra manera en lugar de dejarnos guiar nos lleva a la humillación y el remordimiento: un "collar de madera". Salir requiere progreso gradual y volver humildemente al camino. Podríamos haber evitado el error si huviéramos recordado que el sabio sabe cómo hacer que las más funestas circunstancias terminen bien: no era necesario intervenir.

Esta línea también se puede referir a otra persona que esté atrapada por usar los medios inapropiados para conseguir lo que pueden ser fines erróneos.

22

Pi

La gracia

Kên ▤
Li

Kên: EL aquietamiento, la montaña
Li: Lo adherente, el fuego

Una presuntuosa intervención.

La gracia habla de la falsa gracia y de la verdadera. La falsa gracia se refiere al comportamiento presuntuoso y a la ornamentación de la falsa auto-imagen/ego. La verdadera gracia habla de poseer una mente abierta, de poseer humildad, simplicidad y capacidad de aceptación.

Cualquier cosa que tenga que ver con la pretensión, como querer causar una buena impresión, crear una imagen de nosotros mismos, o emplear cierto estilo o técnica al tratar con la gente, consituye una forma de ornamentacion, o el brillo de la auto-imagen/ego. Un ingenio agudo, un falso coraje, la intimidación, el asumir una postura de jerarquía sobre otros, una exhibición egoísta del yo, o una demostración de firmeza (que significa lo opuesto a ser firme interiormente), todo esto implica la presencia de brillo. La auto-imagen/ego es un yo falso creado por uno mismo debido a un falso coraje y a una actitud defensiva. Este yo ve el mundo de una forma limitada, orientada a sí mismo y frecuentemente preocupado de cómo lo perciben los demás. El lograr resultados por medio del brillo es lo opuesto al camino del *I Ching* a través del poder de la verdad (ver *La verdad interior*, hexagrama 61), y a través de lo inadvertido, sin destacar, como se menciona en *La familia*, hexagrama 37.

El brillo se refiere a urdir soluciones para hacer frente a los problemas. Urdimos las soluciones porque desconfiamos o no tenemos en cuenta la voluntad o la habilidad de lo creativo (lo desconocido), para hacer que funcionen las cosas; sentimos el temor de tener que intervenir para salvar la situación. Se despierta el miedo porque nuestro ego cree que todo debería ir en línea recta hacia la solución que designa como la correcta. Es incapaz de darse cuenta de que lo creativo puede usar cualquier dirección para hacer que funcionen las cosas. Se puede decir que lo creativo usa un estilo zigzagueante, abordando el problema por aquí o por allá, confundiendo al ego supervisador y a su interminable búsqueda del control.

El brillo también habla de los enfoques fijos (convencionales, habituales) al abordar los problemas, como cuando exigimos que la gente haga lo que queremos. También se refiere a las ideas fijas, como cuando tenemos ideas preconcebidas de las cosas y no aceptamos nuevas percepciones. Puede ser que veamos la situación como desastrosa, mientras que desde el punto de vista cósmico, el curso de los acontecimientos en realidad indica que puede ser la única forma en que las cosas hubieran podido ocurrir correctamente: eso es algo de lo que nos damos cuenta más tarde, por medio de la comprensión interior de lo que sucedió (el ego siempre quiere saber por adelantado y con seguridad, lo que va a suceder).

El brillo también se refiere a una forma predeterminada de corregir las situaciones, como cuando queremos que aquellos que nos han ofendido se humillen ante nosotros, o que salten por una lista caprichosa de obstáculos antes de que podamos volver a confiar en ellos.

Un contrato implícito entre dos personas, por el cual se comprometen a tolerar el ego del otro, es un ejemplo de una relación brillante, que funciona armoniosamente por un tiempo. Aunque, más tarde o más temprano, el tiránico bebé que anida en cada persona y que ha sido así alimentado y cultivado crece demasiado y causa problemas.

Otra forma más de brillo concierne a nuestra percepción de que alguna gente es importante, u otra insignificante, simplemente porque nuestra familia, clan o grupo social, ha considerado que es así. De igual manera, el brillo consiste en pensar que es importante ser entendido o "hacer algo" acerca de la situación. Nuestra importancia se basa en percibir lo esencial del asunto y entregarlo al cosmos, y no en convertirlo en el foco de nuestra acción. Cuando le entregamos el asunto al cosmos, activamos el poder de lo creativo para enderezar la situación. La verdadera gracia consiste en desligarse incondicionalmente al darnos cuenta de que lo desconocido sabe cómo hallar la solución correcta.

La verdadera gracia rechaza todas las formas en que nuestro ego se autodefiende. En nuestro trabajo de desarrollo interior se explora nuestra relación con lo desconocido, permitiéndonos rechazar gradualmente nuestras actitudes defensivas en su contra, y dejando que las cosas sucedan sin interferencia ni manipulación. Cesamos de luchar por hacer que sucedan las cosas, o para probarnos por medio de adornos del intelecto, títulos, derechos o cualquier otra forma de auto-afirmación. Somos conscientes del verdadero poder y gracia de la simplicidad, de la aceptación y de la dependencia con el poder supremo.

El "fuego que irrumpe de las secretas profundidades de la montaña", simboliza la belleza de espíritu que crea el afecto. La belleza de espíritu es importante pero no podemos confiar en ella para hacer que las cosas funcionen correctamente. Se necesita un esfuerzo más ferviente para mantenernos claros y correctos. Las dos líneas fuertes en el trigrama inferior reresentan la base de la igualdad, la justicia, la dignidad y el respeto que debe estar en el lugar apropiado para que pueda existir unidad con otro. Aunque en nuestra simplicidad nos abriríamos expansivamente con la gente, sin embargo, debemos ser estrictos interiormente y exigir la correcta sensibilidad y receptividad antes de abandonar nuestra actitud de reserva.

Muchas veces recibimos este hexagrama cuando planeamos hacer algo, en lugar de esperar pacientemente a la oportunidad por la cual podremos hacer que el progreso se torne visible. Existe el peligro de que la indulgencia y el lujo aquí llamados brillo, hayan invadido nuestra actitud. El hexagrama nos pide que volvamos a la gracia verdadera de la simplicidad: la aceptación del hecho de que no podemos lograr nada de valor sin la ayuda del sabio, y que el confiar en planear y tramar bloquean su ayuda.

El recibir este hexagrama puede significar también que la mejoría de otro parece mayor de lo que es realmente y que no debemos dejarnos guiar por las apariencias. El cambio que observamos sólo es de naturaleza superficial ("él muda en la cara", como dice *La revolución*, hexagrama 49), hecho debido a la presión y no a la comprensión interior y a una elección firme de seguir el bien.

Primera línea: *Confiere gracia a los dedos de sus pies, abandona el carruaje y camina*. El carruaje representa el usar métodos brillantes para progresar: cuando debiéramos caminar, paseamos en carruaje; en lugar de seguir a pie, conducimos. Urdimos soluciones en lugar de permitir que se desarrollen a partir de la situación; imponemos nuestro camino en lugar de perseverar en la no-acción y en el desapego; nos esforzamos excesivamente en lugar de entregarle las cosas al sabio y al destino para su corrección; intentamos ordenarlo todo en lugar de permanecer receptivos e inocentes.

Algunas veces, debido a que somos padres, profesores o propietarios, creemos que tenemos derecho a asumir derechos que supuestamente van con nuestro papel. La verdadera gracia consiste en reconocer la impotencia y el egoísmo implícitos en estos sentimientos acerca de tener derechos. No por ser padre o propietario significa que automáticamente sepamos lo que es correcto, o que tengamos derecho a usar medios equivocados para progresar. Debemos apoyarnos en la simplicidad y en la humildad para encontrar la forma correcta de proceder.

También paseamos en carruaje si nos saltamos pasos cuando aceptamos la unión antes de que las condiciones correctas estén firmemente establecidas. Lo cual es usar medios dudosos para lograr nuestros objetivos.

El carruaje se refiere a las formas por las cuales nos defendemos. Debemos evitar pretender que somos brillantemente sabios y aceptar que no conocemos las respuestas. Si permitimos ser guiados ciegamente, la verdad interior saldrá a la superficie en respuesta a las necesidades del momento, para mostrarnos el camino correcto. Permitir que nos defienda lo desconocido es dejar el carruaje y caminar.

Segunda línea: *Confiere gracia a la barba de su mentón*. En este línea el mentón se refiere a lo esencial, mientras que la barba se refiere no a lo esencial sino a lo decorativo. Recibir esta línea suele estar relacionado con la preocupación respecto a la apreciación que los demás tienen de nuestras acciones y no a si son esenciales y correctas. Así, al albergar dudas, prestamos credibilidad y poder a lo que creemos que otros piensan. Si desechamos estas dudas, la gente dejará de preguntarse acerca de la validez de lo que hacemos.

Otras veces esta línea se refiere a que estamos más interesados en la apariencia de una persona, que en cómo se comporta. O juzgamos a otra persona por los síntomas de su comportamiento (su sistema de defensa), y no por la raíz de los miedos que lo dominan; por lo tanto, nos equivocamos al entenderla. En otras palabras, seguimos al deseo y a nuestros inferiores (la barba), en lugar de seguir a nuestra naturaleza superior (el mentón).

La barba también simboliza la falsa gracia en la forma de nuestra auto-imagen o la imagen de otro: la estudiada o acostumbrada forma de tratar a la gente o a los problemas (nuestra colección de medidas defensivas). Es como si tuviésemos un espejo interno al cual le decimos: "Mira, así es como se arregla esto", o "ésta es la clase de persona que soy".

En términos de obtención de resultados, esta línea apunta al hecho de prestar demasiada atención a la forma externa y a las apariencias. Nos preocupamos más por lograr un resultado, la barba, que por cómo es obtenido: el mentón. En el *I Ching* es más importante cómo lograr algo que si lo logramos o no. Algunas veces esta línea también quiere decir que seguimos el camino porque sabemos que nos llevará a nuestro objetivo, en lugar de hacerlo, deliberadamente, porque es bueno y correcto. La barba tambien se refiere a las ocasiones en que queremos la unión antes de que las condiciones para la unión sean las correctas; así estamos satisfechos al usar medios equivocados. El estudiante del *I Ching* finalmente se da cuenta de que el objetivo no puede estar desligado del camino: cómo y cuándo decimos o hacemos las cosas es tan importante como lo que logramos.

Finalmente, la barba se refiere a las ocasiones en que nos centramos en las apariencias externas, la barba; dudando de las confirmaciones del *I Ching*, de que las cosas están progresando a un nivel interno.

Tercera línea: *Agraciado y húmedo.* Porque todo parece ir bien, para variar, nos relajamos y disfrutamos, olvidando nuestra obligación de ser reservados con la persona que no ha corregido su actitud hacia nosotros más que superficialmente. O porque la situación ha mejorado, recobramos una arrogante confianza en nosotros mismos para emprender asuntos, e intentamos forzar el progreso en lugar de dejar que las cosas se desarrollen naturalmente. Cuando abandonamos la disciplina de esta forma, perdemos el penetrante poder de la verdad interior.

Cuarta línea: *Gracia o sencillez.* Estamos tentados de confiar en el encanto, el sentimiento de poder, el intelecto o en una forma estudiada de abordar las cosas, todo lo cual comprende el brillo referido en esta línea. El brillo habla de los planes y de planear, como cuando imaginamos una forma estupenda de tratar una injusticia. Volvemos a la sencillez cuando reconocemos que no conocemos las respuestas. También tenemos que liberarnos de la duda que implica el pensar que necesitamos conocer todas las respuestas. La aceptación no sólo implica que aceptamos el no saber, quiere decir que renunciamos a nuestras ideas de cómo tratar los problemas; simplemente seguimos el camino dictado por la verdad, avanzando cuando el camino está abierto, y retirándonos cuando el camino está cerrado. Pedimos ayuda al cosmos y trabajamos con él, cuando las oportunidades aparecen por sí mismas. En lugar del brillo de los interrogatorios, recurrimos a la sencillez de la aceptación.

Otro aspecto del brillo consiste en pensar que somos buenos porque nos gusta aquello que es bueno y somos capaces de apreciarlo. No podemos "ser" buenos; sólo podemos seguir lo que es bueno preguntándonos en cada situación cuál es la respuesta correcta, el camino correcto. Adoptar la idea de que somos buenos o iluminados es una forma de *brillo*. Es suficiente seguir el bien y mantener nuestra humildad.

Algunas veces la sencillez significa volver a ser reservados con aquellos que desconfían de nosotros, o con quienes son insensibles con nosotros; procedemos por nuestro camino solos, hasta que la otra persona se haya vuelto devota al encontrar la verdad dentro de sí misma: ésa es la única relación verdadera posible. De otra forma nos estamos aferrando a la forma vacía, ignorando la sustancia de la relación.

En ocasiones desconfiamos al ser callados y reservados. No hay nada malo en no tener nada que decir.

Quinta línea: *Gracia en las colinas y en los jardines.* Volver a la simplicidad requiere que renunciemos a nuestras defensas del yo. Esta merma del yo nos hace sentir expuestos y en peligro; de todas formas nuestro coraje y abnegación son percibidos por el sabio; él reconoce y respeta nuestro sincero esfuerzo por hacer lo correcto.

Sexta línea: *Gracia simple. No hay culpa.* Al descartar la ornamentación y la seguridad de un orden fijo y al disciplinar las quejas de las exigentes voces del yo inferior, empezamos a ver la belleza y la corrección de la forma en que funciona el cosmos y apreciamos nuestras limitaciones. Al renunciar al uso del poder (apremio), encontramos la forma de progresar por medio de la verdadera gracia, la sinceridad y la serenidad. Mientras seguimos las directrices siendo directos y justos, permitimos que se nos guíe por las necesidades del momento. Nos adherimos a la línea escasa de lo esencial, aventurándonos hacia adelante sólo reticentemente con las aperturas, dispuestos y deseosos a retirarnos en el momento en que los demás ya no sean receptivos o si empezamos a implicarnos emocionalmente; de esta forma también hacemos lo que es grande.

23

Po

Separarse (Partirse)

Kên ䷖
K'un

Kên: El aquietamiento, la montaña
K'un: Lo receptivo, la tierra

No creemos en el poder de la no-acción, o en el poder de "sólo ser".

No es propicio ir a ninguna parte La duda y el temor ya nos han hecho desviar del camino, o amenazan con hacerlo (el significado de "separarse").

La duda principal es la de si vamos a conseguir nuestro objetivo siguiendo el camino de la docilidad y la no-acción; y si seremos capaces de aceptar que al adherirnos al poder de la verdad con una actitud de 'acatamiento', se podrá corregir la situación. Creemos que tenemos que alterar los acontecimientos a través de una acción o de un plan. Incluso contemplar la posibilidad de intervenir es una forma de desviarse del camino. Cuando nos desviamos del camino, ponemos los asuntos en manos del hombre inferior y de los inferiores.

A menudo recibimos este hexagrama cuando pensamos que hemos de ponernos en guardia frente a una situación que será embarazosa, que comprometerá nuestros principios, o que nos creará nuevas dificultades. Tomar medidas preventivas, e incluso el pensar en hacerlo, es una forma de desviarse del camino. Tenemos que confiar en que recibiremos la protección que necesitamos, porque, mientras insistamos en protegernos nosotros mismos, el poder supremo nos abandonará a nuestros propios recursos. Al no confiar, nos aislamos de toda ayuda. Lo que hagamos con nuestros propios recursos demostrará ser inadecuado o ineficaz; en el peor de los casos, habremos tenido un efecto destructivo; en el mejor de los casos, habremos impedido que la situación progrese. Ir con la corriente (*wu wei*), facilita la obra de lo creativo.

Separarse también se refiere a las veces que perdemos nuestra conciencia y nos dejamos llevar al abandono de nuestras responsabilidades. El abandono tiene lugar cuando nos desligamos de la gente, pero no con benevolencia. Así como se dice en *La necedad Juvenil*, hexagrama 4, debemos soportar a los necios con benevolencia. El abandono también tiene lugar cuando volvemos la espalda a la gente por ser incapaces de salvarse ellos mismos, o cuando pensamos que nunca se relacionarán correctamente con nosotros.

También recibimos este hexagrama cuando acabamos de volver al camino correcto después de habernos desviado.

Este hexagrama puede referirse a otra gente desviándose del camino. Durante estos períodos debemos limitarnos a no actuar o a asumir un único papel. Deberíamos ser dóciles, seguir nuestro camino, y dejar que el mal sucumba por sí mismo. Aunque, a aquellos que sufran adversidades, las adversidades les proveerán de la oportunidad que necesitan para aprender lo que es correcto. El hombre superior no teme la adversidad; comprende que muchas veces es el único medio por el cual puede desarrollarse y corregir las actitudes decadentes de la vida. Es por esa razón por la que la vida y la adversidad son el escenario para desarrollar la conciencia. Esto no quiere decir que invitemos a la adversidad, o que nos alegremos cuando otros la sufren. La adversidad debe ser evitada si es posible, pero cuando se presenta, debemos observarla con moderación y sacar todas las lecciones posibles, para eludir la necesidad de que la lección se repita.

Primera línea: *Los partidarios del soberano son aniquilados.* La duda y el temor han arruinado una actitud firme y perseverante. Nos sentimos obligados a forzar una conclusión. La primera evidencia de esta duda es nuestro apego a los agravios y a los prejuicios, que guardamos como si fuese la situación la que tuviese que ser rectificada. Es cierto que tiene que rectificarse, pero no como respuesta a las exigencias de nuestro ego. Debemos dejarle al sabio el trabajo de corregir y castigar. Hasta entonces, abandonamos nuestra resistencia interna, desarrollamos una mente abierta de acatamiento hacia la forma en que trabaja el cosmos y confiamos en que hará todo lo necesario para el beneficio y el equilibrio de todo.

Segunda línea: *Los perseverantes son destruidos.* Claras indicaciones de peligro tienen lugar cuando pensamos: "Qué me importa lo que suceda". Cuando insistimos en albergar ira o emociones negativas, el peligro y la dificultad de nuestra posición aumenta.

Esta línea también se refiere a aquellas ocasiones en que, después de volver al acatamiento, estamos tentados de hacer algo para mejorar las relaciones. Debemos desapegarnos y volver a la neutralidad.

Tercera línea: *Él desintegra su ligazón con ellos. No hay culpa.* Aquí nos retiramos de las malas influencias que se manifiestan en las dos primeras líneas. Recordamos la ayuda del sabio y obtenemos estabilidad necesaria para oponernos a nuestros inferiores vociferantes.

Esta línea también puede indicar que alguien se está enderezando para volver al camino correcto.

Cuarta línea: *La cama se parte hasta la piel. Desgracia.* A pesar de que corregimos nuestra actitud, la trayectoria de los acontecimientos puesta en marcha con la separación debe continuar su curso dañino. De todas formas, el daño ha llegado a su punto culminante.

Quinta línea: *Un banco de peces.* Cuando nuestra actitud llega a ser correcta, trae consigo un cambio de condiciones, de manera muy similar a cuando un banco de peces cambia de dirección al unísono. Cuando dejamos de forzar el cambio a través del conflicto y el apremio, lo inferior se rinde y deja de resistir y competir. El acatamiento lleva al éxito.

Sexta línea: *Hay un gran fruto sin comer.* El camino correcto, que durante la separación se ha mantenido en duda, ahora es reivindicado en nuestra mente.

El mal en otros siempre se alimenta del mal que encuentra en nosotros. El miedo y la duda son las fuentes de la energía oscura. Si nos mantenemos perseverantes en la neutralidad, el mal se agota y muere. Cuando muere, la semilla de lo nuevo que queda es beneficiosa; el buen efecto en otros es el "gran fruto" que se ha producido con nuestro trabajo y con nuestra perseverancia.

24
Fu
El retorno (El cambio decisivo)

K'un
Chên

K'un: Lo receptivo, la tierra
Chên: La conmoción, el trueno

Nos apartamos del oscuro poder del orgullo y el deseo.

Recibimos este hexagrama en el momento que entrevemos que hemos dejado el buen camino. La imagen de la luz del alba.

Debido al titubeo y a la duda, hemos caído (o se nos ha tentado a caer) en los viejos sistemas de creencias, en los métodos de autodefensa en las estrategias para resolver los problemas, en las formas preestructuradas de relacionarnos los demás o nos hemos vuelto indolentes al enfocar el problema. Hemos evitado el esfuerzo de mantener la autodisciplina o no hemos puesto atención a nuestra actitud interior.

Recibimos este hexagrama cuando hemos entrevisto vagamente el problema. Es posible que debamos llevar esta visión poco clara a la plenitud de la luz para poder exponerla a la plenitud de la conciencia y así iniciar la acción correctiva.

El retorno no sólo se refiere a la claridad de la luz del alba que vuelve después de haber estado ausente, sino, también a que debemos volver a la percepción correcta y al camino no preestructurado. Dejamos la resistencia y volvemos a la disciplina interna, a la humildad y la aceptación. Renunciamos a todo razonamiento que nos haga discutir, exigir, usar la influencia o la fuerza. Aquietamos las voces con que claman los inferiores (ver *El aquietamiento*, hexagrama 52), y prohibimos a nuestro ego mirar la situación y satisfacer sus frívolos sentimientos de malestar. De esta forma desplazamos su influencia y dejamos espacio para un entendimiento cósmico.

Sobre todo, nos retiramos del poder del orgullo. Despertamos nuestro orgullo cuando vemos que nos hemos equivocado. Si no resistimos al orgullo, inmediatamente permaneceremos cogidos por las garras de la fuerza oscura. El orgullo no sólo impide que tengamos una buena influencia en la situación, sino que también nos impide pedir ayuda e iluminación, y así nos aisla del sabio. El orgullo también "oscurece nuestra luz" y nos vuelve a hundir en el eclipse. Debemos renunciar al orgullo y pedir ayuda con humildad.

También debemos renunciar a las viejas intenciones de crear los "efectos deseados". Seguir el camino del deseo nunca nos llevará a la unión basada en la justicia, a un estado duradero, que es lo que realmente buscamos cuando renunciamos al deseo. Al renuciar al deseo también renunciamos a la ambición y a la impaciencia. Volvemos al progreso creado por pequeños pasos cuidadosamente tomados; volvemos a la verdadera gracia de la humildad y a la dependencia del poder supremo.

Primera línea: *Retorno desde poca distancia*. Empieza la enajenación y la duda. Los pensamientos están invadiendo lentamente nuestra mente; debemos rechazarlos antes de que se establezcan con firmeza, mientras podamos percibir sus malos efectos; una vez que caigamos en sus garrras no podremos hacer nada.

Segunda línea: *Retorno tranquilo. Buena fortuna*. Las transgresiones de la gente y el sentirnos abandonados por el destino han despertado nuestro orgullo. Tenemos que sacrificar el orgullo, desligarnos de la situación y volver a la serena perseverancia. No hemos sido abandonados por el destino; si no fuese por la adversidad y los desafíos no nos desarrollaríamos.

Tercera línea: *Retorno reiterado. Peligro*. Volver después de haber dejado el camino de la paciente perseverancia; volver después de exigir interiormente que la situación mejore o de perseguir que la abandonemos. Debemos sacrificar una actitud de resistencia inflexible para poder seguir siendo perseverantes.

Cuarta línea: *Andando en medio de los demás, uno retorna solo*. Abandonamos la tentación de adoptar una actitud inflexible de resistencia indicada en las tres primeras líneas, y retornamos a la dependencia y a la humildad.

Quinta línea: *Retorno magnánimo. Sin arrepentimiento*. No hay necesidad de arrepentimiento si estamos dispuestos a mirar hacia dentro, si estamos dispuestos a reconocer nuestros errores y volver al camino.

Sexta línea: *Pierde la opotunidad de regresar. Desgracia*. Si erramos en el momento adecuado para el retorno, perderemos nuestro trabajo acumulado. Esta obstinada actitud es quizás el mayor peligro que debemos afrontar durante el desarrollo interior, porque despierta las fuerzas que atacan todas las actitudes carentes de equilibrio.

25

Wu Wang
La inocencia (Lo inesperado)

Ch'ien
Chên

Ch'ien: Lo creativo, el cielo
Chên: La conmoción, el trueno

Mantén una pantalla mental vacía y permanece alerta a lo inesperado.

Cuando alguien no es recto, tiene desgracia y no es propicio emprender nada. El comentario define la inocencia como falta de premeditación y reflexión. La premeditación se refiere a la anticipación de lo que ha de venir, mientras que la reflexión se refiere a los pensamientos posteriores con los que evaluamos nuestro papel en lo que ha ocurrido, desde el punto de vista de nuestro ego (o de nuestra vanidad, ya sea que hayamos ganado o perdido, o ya sea que hayamos sido afirmados o rechazados). El tipo de anticipación y reflexión al que se refiere aquí, no es el de una objetiva contemplación, por la cual intentamos desapasionadamente evaluar si lo que hicimos fue lo correcto; se refiere a la agitada actividad del ego por ver si en su espejo mágico del consentimiento ha conseguido progresar de forma mensurable para obtener lo que desea. Al ego le gusta interponerse, como si fuese el que "persevera", y "verse", como el" más justo", el "más listo", o el "más correcto" de todos. También le exige al cosmos que la vida proceda de alguna forma razonable o de manera predecible, exigiendo que los acontecimientos se dirijan en línea recta hacia el objetivo; desconfía y desdeña el camino serpenteante de lo creativo.

Perdemos nuestra inocencia cuando "miramos hacia adelante", "miramos hacia atrás" o "miramos hacia un lado". Miramos hacia adelante cuando buscamos protegernos de las consecuencias imaginadas en las situaciones presentes, o cuando buscamos formas de deshacer lo hecho, o nuevas formas de avanzar. Miramos hacia atrás cuando nos felicitamos o inculpamos (o al destino o al sabio) por acontecimientos en el pasado. Miramos hacia un lado cuando comparamos nuestra situación o el índice de progreso, con el de otros. No debemos involucrarnos en tal actividad, sino poner atención sólo a las necesidades del momento.

El mirar hacia un lado despierta la envidia, el resentimiento e incluso el odio, si percibimos que nuestro camino es más difícil, o que los inferiores de otros parecen poder hacer cosas que nuestro camino nos las prohíbe. Experimentamos otro tipo de envidia cuando miramos hacia un lado, hacia otros que tienen cualidades que nos gustaría tener o que nos hubiera gustado poseer hace algún tiempo. Casi nunca somos conscientes de que nuestra atracción hacia la gente de poder, riqueza o fama es debida a la envidia causada por viejas dudas escondidas en torno a la posibilidad de alcanzar una vida plena y rica.

Mirar hacia un lado, de frente o hacia atrás hace que nuestro corazón infantil constantemente nos enrede en las mediciones, las expectativas y el temor. Tal forma de mirar parte del miedo a lo desconocido y de las dudas sobre nosotros mismos y sobre lo creativo; nos lleva a evocar problemas imaginarios y evaluar las situaciones incorrectamente. Nos hace decidir cuánto esfuerzo estamos decididos a invertir para lograr el éxito, y así nos conduce a un compromiso tentador y condicionado con el bien. Tales evaluaciones despiertan fantasías mediante las que vislumbramos los acontecimientos procediendo de forma específica, orientados a la consecución de nuestro objetivo. Nuestros inferiores entonces exigen que hagamos cualquier cosa que ellos crean necesaria para que los acontecimientos marchen en la dirección deseada. Todo este defenderse, forzar y cercar es lo contrario a lo que se supone que es actuar desde una mente pura, clara y vacía, y desde un incondicional compromiso con el bien. Cuando la oscuridad de la duda prevalece, debemos retirarnos a un estado mental vacío, dispersando todas las reacciones negativas respecto a la forma en que las cosas parecen estar moviéndose. Para mantener nuestra inocencia debemos desapegarnos del presente y permitir que los cambios procedan como sea. La aceptación es el estado mental correcto para hoy, la inocencia es el estado mental correcto para mañana.

Como ya no disponemos de la inocencia de la juventud, y como nuestras mentes han sido condicionadas a pensar que esto o lo otro es así, debemos forzarnos para obtener y mantener la inocencia consciente. Manteniendo la mente abierta y libre como una pantalla en blanco, podemos obtener la perspectiva cósmica y entender la verdadera naturaleza del bien y del mal. Cuando todos los caminos parecen bloqueados, un nuevo camino puede llegar a hacerse visible: en medio de la tormenta, somos capaces de recordar el arco iris. En estado de inocencia somos capaces de recibir acontecimientos inesperados con la ayuda de lo creativo, el cual señala la respuesta correcta y apropiada. Si de alguna forma, nos adherimos a los viejos prejuicios, nos escondemos tras las viejas defensas y nos aferramos a los desgastados patrones de respuesta, estos hábitos mentales se inmiscuirán forzada e inesperadamente para destruir nuestra habilidad de respuesta creadora e inocente.

La inocencia se refiere a ser puro de corazón. Se requiere el esfuerzo de mantener la pureza: evitamos saltarnos pasos o usar los medios equivocados para conseguir nuestros objetivos; evitamos racionalizar las soluciones de los problemas, y mantenemos nuestra independencia para así no ser engatusados por los halagos o el deseo. Intentar mantener nuestra inocencia beneficia a todos a nuestro alrededor

La inocencia también connota la aceptación de una "inmerecida desgracia" mencionada en la línea tercera. Aceptamos lo que suceda sin relajar nuestros principios o abandonar nuestros objetivos. Aceptamos que nuestros valores están siendo probados por los egos de los demás o por los fuegos de la adversidad. Cuando la gente se da cuenta de que nos mantenemos firmemente desapegados, cede en sus pruebas producto de la envidia y entonces progresamos hacia el bien. El desconfiar de la verdad es la muleta para mantener apartadas la esperanza y la frustración. Hay cierta seguridad fruto de un punto de vista apagado; nadie queda decepcionado; lo cual obstaculiza la libertad interior que produce la auténtica alegría. Es difícil para la gente aceptar el riesgo de abandonar una actitud defensiva.

Finalmente, la inocencia se refiere a una mente desestructurada. Una mente desestructurada trata los acontecimientos buenos o malos con ecuanimidad. No salta a conclusiones con entusiasmo, ni se da media vuelta con la experiencia, con el miedo y el temor. No busca protección en sistemas de creencias grandiosos, simplemente porque parecen resolver cómodamente las ambigüedades. Esto no quiere decir que no tengamos un punto de vista; a través de las enseñanzas del sabio damos la bienvenida a una conmoción, a los acontecimientos que nos perturban como un empujón a lo largo del camino, consideramos la obstrucciones como oportunidades para pensar en nuevos términos. La mente desestructurada pregunta en cada nueva experiencia: "¿Qué puedo aprender de todo esto?" Para la mente desestructurada la vida es un maestro. Libre de negación, la mente desestructurada e inocente permanece independiente y libre.

Primera línea: *¡El comportamiento inocente trae ventura!* Nuestros impulsos originales son de mantenernos desapegados, reticentes y desinteresados. Recibir esta línea es un recordatorio para seguir desapegados y no hacer planes para limitar lo que pueda o no pasar; tal comportamiento, que es genuino de nuestra naturaleza, trae ventura.

Segunda línea: *Si cuando aramos no se piensa en cosechar...* Si tememos un mal resultado de lo que estamos a punto de hacer o acabamos de hacer, o si empezamos a desear que la situación sea mejor de lo que es, entonces nuestra atención se aleja de lo que necesitamos hacer en el momento, que acostumbra a ser el permanecer disciplinado y resuelto. Si nuestra atención se distrae, a través del deseo, no somos capaces de actuar espontáneamente como el momento lo requiere; en su lugar, actuamos de forma condicionada para atraer el resultado deseado. Al escuchar consideraciones egoístas ofrecidas por nuestros inferiores, perdemos la inocencia. La inocencia se relaciona con la situación con una mente vacía e incondicional. Centrándose en lo que es esencial y correcto, y adhiriéndose con perseverancia a la reticencia y a la modestia, avanzamos con la luz (respondiendo a la sensibilidad), y nos retiramos con la oscuridad (cuando la insensibilidad predomina). De esta forma somos capaces de mantener nuestra simplicidad, sinceridad y serenidad. Con nuestro centro de gravedad en su lugar, nuestro efecto es creativo.

Atraídos por esperanzas y expectativas, intentamos manipular la dirección de los acontecimientos y nos desilusionamos si las cosas no funcionan como quisiéramos, o si no siguen nuestro imaginario programa. La desilusion nos hace perder la voluntad de perseverar. Al mirar al objetivo en lugar de mirar a las necesidades del momento, sospechamos con cada nuevo obstáculo que el destino está en nuestra contra; no somos capaces de ver que estamos en contra de nosotros mismos. Las expectativas y la desconfianza nos hacen perder la armonía; de esta forma, los acontecimientos no nos ayudan. Es importante volver a una actitud abierta y dejar de medir el progreso para asumir que las cosas están retrocediendo. Tal punto de vista, orientado a conseguir un determinado objetivo, es el mayor obstáculo para el éxito.

Tercera línea: *Inmerecida desgracia.* Se presentan situaciones que son negativas y que no son nuestra culpa. De todas formas, debemos adaptarnos a ellas con aceptación. Fracasar en el intento puede atraer más desgracias. No debemos permitir que acontecimientos negativos destruyan nuestra inocencia.

Cuarta línea: *El que es capaz de perseverar, permanecerá sin tacha.* "No escuchar a otros" puede referirse a los sentimientos de enajenación por los cuales culpamos a los demás, al sabio o al destino por presentarnos dificultades mortificantes. "Los demás" incluye las voces de temor y anticipación que nos presentan nuestros inferiores y a veces otra gente que teme por nosotros. Escucharlos nos hace actuar agitada e incorrectamente; por lo tanto, la línea nos aconseja permanecer perseverantes. El miedo a perder es tan incorrecto como el querer ganar demasiado. El temor nos hace empujar hacia adelante para forzar el cambio, o apartarnos innecesariamente y así la acción espontánea se vuelve imposible. Si nos dejamos guiar por lo que es esencial y correcto, encontraremos la mejor forma de ser de ayuda y el momento oportuno para ayudar.

Quinta línea: *En caso de enfermedad sin culpa propia, no utilices medicamento alguno.* Mejorará por sí sola. Esta línea nos asegura que podemos mantener la inocencia sin peligro, tranquilamente. También nos recuerda no preparar ningún remedio, sino permanecer desestructurados y desligados.

Sexta línea: *Actuación inocente trae desgracia.* "A veces nuestras acciones son mal entendidas". Debemos aceptar este hecho y retirarnos, dejar espacio a la otra persona para encontrar la verdad. Podemos tener éxito en una situación sólo si ésta trabaja con nosotros. Sólo podemos llegar hasta donde la receptividad de la otra persona lo permita. "Esperando tranquilamente, sin motivos ulteriores", significa desapegarse verdaderamente, sin justificaciones. Debemos recordar que el tiempo es el vehículo de lo creativo, y que la gente necesita tiempo para que la verdad interior les penetre.

Así como la luz y la oscuridad son necesarias para que podamos ver, debemos dejar que la gente nos malentienda. Sólo cometiendo errores podemos los seres humanos ver que los errores causan sufrimiento. Sólo entonces podemos comprometernos con el bien y la verdad. El malentendimiento es el preludio del entendimiento.

26

Ta ch'u
El poder domesticador de lo grande

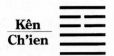

Kên
Ch'ien

Kên: El aquietamiento, la montaña
Ch'ien: Lo creativo, el cielo

Tratando con situaciones cada vez más terribles.

En el proceso creativo muchas veces existe una tensión concentrada, de tal forma que la situación que estamos soportando parece estar fuera de control. En el curso de la realización personal desarrollamos un poder interior y una independencia que provoca envidia en los demás, particularmente en aquellos en quienes sus egos (miedos) llevan firmemente el control. Esta envidia hace que ellos nos pongan a prueba, para ver si pueden hacernos perder el equilibrio, o si consiguen desviarnos del camino de la serenidad y hacernos dudar y sentir miedo. Este esfuerzo tiene éxito si llegan a despertar nuestros miedos o a incitar nuestro odio o si de alguna forma nos molestan con un comportamiento inferior. Este reto a nuestra independencia interior tiene éxito si cedemos en lo que se refiere a lo que es justo y correcto o si nos implicamos en las controversias que ellos inician. Si tienen éxito en sus esfuerzos se sentirán satisfechos de que nuestras virtudes no sean reales y de que ellos ya no tengan la exigencia de crecer y de cambiar, y de que ya no tengan la "obligación cósmica" de relacionarse correctamente con nosotros o con el asunto en cuestión. Si mantenemos nuestra independencia, firmeza e integridad, la prueba continuará a través de una situación terrible y creciente y entonces llegará a su fin esa tensión casi insoportable. En este punto, los agresores se sentirán rechazados por su comportamiento y darán un paso importante para corregirse ellos mismos. Durante ese terrible período, nada parece tener esperanzas de cambio, como si la Rueda del Destino no pudiese ser movida. Sólo nuestra constancia la liberará para que nos lleve al progreso. Mediante "el aquietamiento" durante el aumento de tensión y al estar manteniéndonos libres de preocupaciones y deseos, "alcanzamos el camino del cielo", como se dice en la sexta línea.

Las situaciones cada vez más terribles pueden ser causadas por la envidia o ser el residuo de conflictos mayores, a los cuales el *I Ching* llama "litigios" en *El andariego*, hexagrama 56. Los litigios internos tienen lugar cuando una persona deja a otra por imposible. Este abandono es evidente cuando adoptamos actitudes ofensivas o defensivas, levantamos barreras permanentes o exigimos el cumplimiento de una serie de requisitos a la otra persona, antes de perdonarlos. Requisitos que están relacionados con la satisfacción de nuestro dañado orgullo, que son imposibles de satisfacer dentro de los límites de la dignidad espiritual y que son diferentes a los requisitos que exigimos a los demás que se relacionan con nosotros de una forma justa y correcta. Las barreras y demandas creadas por el ego generan respuestas de venganza (litigios internos). Muchos divorcios empiezan con litigios internos que persisten toda la vida. Los conflictos nacionales o raciales persisten por generaciones. Cuando las situaciones tensas se manifiestan, y nos ponen a prueba, debemos preguntarnos si tenemos motivos de rencor, si abrigamos prejuicios, o si hacemos una lista de exigencias que tienen relación con nuestro ego resentido.

En las situaciones cada vez más terribles, este hexagrama nos aconseja mantenernos quietos, firmes y unidos. Mantenerse quieto quiere decir mantener la tranquilidad de nuestros pensamientos, y que éstos sean neutrales; no buscamos una respuesta global, ni queremos saber el resultado final (nuestro ego, al afanarse por mantener control, no puede soportar la ambigüedad del no saber).

Mantenerse firme quiere decir que no pongamos en duda nuestro sentido de la verdad o abandonemos lo que hemos aprendido en nuestras experiencias con el *I Ching*. Nos mantenemos firmes en lo que es correcto. Si vacilamos, al dudar de lo que sabemos o al preocuparnos de cuál será el resultado, empezamos a defendernos. No obstante, los esfuerzos para autodefendernos son sólo deseos de mostrarse valiente. Cuanto más peleamos, más nos "arruinamos". En estas difíciles situaciones debemos mantenernos firmes. Lo cual quiere decir que nos preparemos para resistir nuestra propia ansiedad, como si estuviésemos sobre una tabla de *surf*, dejando pasar una gran ola; el poder del falso dragón, como la energía de la ola, se disipa si estamos decididos a mantenernos firmes. Su poder se basa en su habilidad para provocar nuestros miedos y nuestras dudas. Nuestro poder, por otro lado, crece hasta el punto de que estamos dispuestos a confiar en lo desconocido.

Mantenerse unido significa que a pesar de las fuerzas que nos desafían, no perdemos la esperanza en el potencial superior de los demás o en su habilidad para percibir y corregir sus errores. Con excesiva facilidad llamamos inhumanos a los mayores ofensores de la sociedad. Nadie está fuera de la familia humana. Cada uno de nosotros cuenta con el potencial para ser el peor ser humano, dadas las condiciones apropiadas. Cuanto más negamos que siempre hay razones que nos lleven a comprender el comportamiento de los demás, y cuanto más los condenamos como imposibles, más los encerramos en su mal comportamiento. Nuestra rigidez ayuda e instiga su equivocada comprensión de la verdad de la vida. Un punto de vista justo y correcto siempre es moderado.

Es propicia la perseverancia. Una actitud decidida, independiente, doma la fuerza (en este caso, el poder negativo del miedo y la duda). Aquí, la fuerza se refiere a la energía de la necedad de querer hacer algo para aliviar la tensión. A través de la perseverancia —no respondiendo a esta presión— se crea el gran poder. También desarrollamos fuerza de carácter y por lo tanto "brindamos alimento al digno". Al fortalecernos interiormente, fortalecemos el potencial superior en los demás. El consejo de "no comer en casa", significa que nos resistimos a hacer lo fácil y lo cómodo. "Lo firme asciende hacia la cima", significa que manteniéndonos firmes y perseverantes trascenderemos los retos y así honraremos al sabio.

El cielo dentro de la montaña, significa que, aunque nuestras ideas son correctas, "la pesada carga de conocimiento debe ser mantenida en silencio" hasta que las puertas de la receptividad en otra gente se abran y un "influjo real" se manifieste. Durante las cinco primeras líneas, todavía no es el momento, pero la última línea indica que ha llegado la hora, cuando la resistencia obstinada cede y se abre una salida para la liberación de las energías acumuladas. Este cambio se presenta sin esfuerzo de nuestra parte. Si intentamos hacer que esto suceda, "volamos antes de aprender a volar", como se dice en la primera línea de *La preponderancia de lo pequeño*, hexagrama 62.

Da vida al pasado se refiere a otros que se disciplinaron y desarrollaron ellos mismos, y mantuvieron sus principios a pesar de las adversidades. Cuando mantenemos nuestros principios y controlamos nuestro ego, compartimos sus experiencias si damos actualidad al pasado. Recordarlas nos ayuda a ser fuertes. La forma correcta de estudiar el pasado no es solamente consultar el *I Ching*, sino disciplinar realmente a nuestros inferiores y poner en práctica el consejo de las líneas.

Primera línea: *Hay peligro. Es propicio desistir.* El miedo y la anticipación nos han hecho perder el equilibrio, así es que estamos listos para participar en un conflicto y luchar. Nuestra energía ya no está centrada, sino dirigida hacia adelante. Es el momento de mantenerse quieto, de no actuar. Mantenernos quietos nos ayuda a tranquilizarnos.

También debemos evitar poner en duda lo que sabemos que es cierto: aquellos que se están comportando mal están equivocados. No debemos excusarlos, sino confiar en lo desconocido para sobrepasar las dificultades. No debemos buscar una respuesta global al problema, pues esto sólo crearía conflicto con nosotros mismos.

Segunda línea: *Al carruaje se le quitan los ejes.* Aunque estamos tentados de imponernos, las circunstancias nos previenen. Al estar impedidos, debemos tranquilizarnos y permanecer contentos con la espera. Disciplinarnos hace que la energía creadora se acumule.

Tercera línea: *Un buen caballo que sigue a otros. Es propicio tener conciencia del peligro y perseverar. Día a día ejercítate en el gobierno del carruaje y en la defensa armada.* Para pasar un obstáculo en nuestra actitud, es necesario encontrar y tratar con éste muchas veces. Esto es "ejercitarse en el gobierno del carruaje". La adversidad es el vehículo que despierta los miedos y las dudas que necesitamos enfrentar. Al principio sólo desarrollamos una percepción intelectual de la respuesta correcta. Tratar con el problema repetidamente vuelve nuestra percepción intelectual "conocimiento del corazón". ·

Un "buen caballo" se refiere a nuestra voluntad de dejarnos guiar a través de tal "ejercicio". Durante este proceso encaramos nuestros miedos y soportamos estar emocionalmente en riesgo, hasta que seamos capaces de ver que las cosas resultan inofensivas.

Somos incapaces de seguir como un buen caballo si mantenemos con obstinación emociones como la duda, el deseo, la ira o la injusticia, que nos hacen rígidos como un caballo que se resiste. Si recordamos a otros que han soportado un ejercicio similar, tendremos ayuda para ganar. Hasta que nuestras emociones hayan sido dispersadas completamente, debemos ser conscientes de que organizarán nuevos ataques. Debemos mantenernos en alerta y, hasta entonces, no debemos dejarnos desgastar por los obstáculos.

Cuarta línea: *La tablilla que cubre la cabeza de un joven toro. Gran fortuna.* El toro es la energía irracional que despiertan las emociones ocultas como el miedo, el deseo o la ira. Estas energías se manifiestan como impulsos caprichosos, para extender o defender nuestro punto de vista, con el cual nos imponemos sobre los demás. Al ver nuestra falta de independencia interior, aquellos en los que queremos influir continúan sin ser receptivos. Al darnos cuenta de la inutilidad de nuestros esfuerzos, dirigidos por nuestras emociones, "ponemos una tablilla protectora" sobre la energía que ellos generan, y así prevenimos su "fuerza salvaje". La "tablilla" de entendimiento no facilita que nos retiremos a tiempo, y habrá que esperar al momento apropiado para ver el efecto.

Quinta línea: *El diente de un jabalí castrado. Buena fortuna.* Aquí, la energía salvaje hace referencia a la energía alimentada por el deseo. Sólo al inhibir los deseos de nuestro corazón podemos adquirir la libertad y la independencia interior que tiene, de forma automática, un buen efecto en la situación.

Sexta línea: *Se alcanza el camino del cielo. Éxito.* La acumulación y el impulso del poder son moderados por la modestia y la perseverancia en el equilibrio interno. Cuando superamos las obstrucciones en nuestra actitud, la energía creativa se libera, y entonces, damos otro paso para corregir la situación.

27

I

Las comisuras de la boca
(la nutrición)

Kên
Chên

Kên: el aquietamiento, la montaña
Chên: La conmoción, El trueno

Observa cómo te alimentas de fantasías, deseos, preguntas, preocupaciones
y sentimientos de enajenación, que constituyen una "vasija llena de gusanos".

Presta atención a la nutrición y a aquello que un hombre busca para llenarse la boca.
En sentido general, la alimentación está relacionada con la obtención de todo lo necesario para la vida. Este hexagrama reconoce nuestra dependencia del poder supremo para satisfacer las necesidades vitales y nos aconseja que desarrollemos una actitud correcta. Si nuestra actitud es modesta y sin pretensiones, conscientes de nuestra dependencia, recibiremos lo que necesitamos.

La nutrición también se refiere a lo que usamos para alimentar nuestros pensamientos: la información, los hechos y las fantasías con las que nos entretenemos. De la misma forma que debemos cuidar que nuestros alimentos sean equilibrados e integrales, así deberíamos considerar lo que dejamos que penetre en nuestras mentes. Las ideas nos afectan de la misma manera que la comida y la bebida. Todo lo que estudiamos en el colegio, las novelas que leemos, lo que vemos en los medios de comunicación, modela nuestra actitud interior de una forma u otra. Las ideas más importantes son aquellas que admitimos a través de la fantasía. Éstas son absorbidas en nuestro pensamiento por dejadez, a no ser que tomemos una determinación acerca de ellas. Por esa razón el hexagrama nos advierte que tengamos mucho cuidado en no ser indulgentes con las fantasías vacuas. Pensamos, por costumbre, que esta actividad es inofensiva; no obstante, no debemos ser indulgente con asuntos que parecen inofensivos y que no sólo modelan nuestro destino, sino que determinan cómo nutrimos a otros. Si mantenemos una actitud independiente, pero humilde, causaremos un buen efecto en los demás; pero si dejamos que la envidia, la autocompasión, la enajenación, el deseo, el temor, la sospecha y la desconfianza erosionen el camino de nuestra actitud, será en detrimento nuestro.

Los elementos negativos penetran en nuestras mentes porque les prestamos atención; prestarles atención los autoriza. Muchas veces tales elementos provienen de nuestro ego, que está, por así decirlo, justo detrás de nosotros, fuera de la vista, donde puede insinuarnos al oído los halagos y las sospechas que justifican sus planes y esquemas. Con tales medios se coloca sin obstáculos en el control. Estas insinuaciones producen toda clase de miedos, dudas, con sus consecuentes emociones; aunque no tienen relación con la realidad, basamos nuestras acciones en ellas.

A través de la fantasía llegamos a convencernos de que cierta gente, situaciones o épocas de nuestra vida, son más importantes que otras. Debemos estar convencidos de la importancia de todo lo que perturba nuestro equilibrio interior, porque puede hacer que empecemos a anticipar y a vigilar los acontecimientos, según los efectos que buscamos. La ambición proseguirá, y entonces tal vez utilicemos el apremio cuando no logramos los efectos deseados. Un problema parecido se presenta cuando queremos corregir lo que percibimos como errores en asuntos importantes. La ambición y el miedo nos hacen perder nuestra independencia interior. En lugar de tratar de remediar la situación externa, el *I Ching* nos hubiera hecho corregir nuestra actitud interior y nos hubiera aconsejado no transigir con las fantasías.

El esfuerzo requerido para corregir nuestra actitud es siempre considerable, pero no debemos llegar a concentrarnos tanto en mejorar que por ello perdamos la receptividad. En todas las circunstancias debemos mostrar desapego con respecto a la situación, hasta que hayamos restablecido nuestro equilibrio. Aunque algunas situaciones y algunas personas son más importantes para nosotros, porque constituyen nuestra esfera de responsabilidad particular, esta importancia existe hasta cierto punto. Mantener algo como muy importante, o sin ninguna importancia, es ir demasiado lejos. Sólo es importante que actuemos y reaccionemos de una manera sincera, modesta y esencial, sin prestar atención a si le gustamos o no a la gente. Más que hacer lo mejor que podamos, debemos dejar que suceda lo que tiene que suceder.

Se dice en este hexagrama que el sabio nutre y brinda cuidados a personas rectas, para brindar sus cuidados a todos los hombres a través de ellas. La forma más importante de obtener nutrición del cosmos es la práctica de la meditación. La tranquilidad es regenerativa. *La fuerza domesticadora de lo grande*, hexagrama 26, nos aconseja practicar la autorregeneración cotidiana; lo cual quiere decir que diariamente deberíamos sosegarnos. Esto lo hacemos limpiando nuestro caldero, nuestro recipiente interno para la nutrición. La autolimpieza consiste en vaciar todos los pensamientos y dejar que la actividad mental disminuya. Al crear un espacio interior dejamos entrar la fuerza luminosa con su efecto regenerador. Al estar recargados, radiamos paz a los demás, reforzando y nutriendo lo que es elevado y bueno en ellos. La energía creativa fluye a través de nosotros abundantemente, enalteciendo las ideas creativas, las perspectivas correctas y la visión cósmica. Y así encontramos las soluciones adecuadas a los problemas. Al llegar a este estado, cada escritor grande "invoca a la musa", cada inventor ve su invención, y el que resuelve problemas encuentra el paso siguiente en su búsqueda. La genialidad es la habilidad para captar del cosmos, y no la destreza para organizar ciertas tramas, como nuestros egos esperan e insisten. El tramar soluciones generalmente sólo produce tramas.

Primera línea: *Dejas que tu tortuga mágica se vaya... Desgracia.* A través de la invasión de la duda y de la envidia caemos en la autocompasión y en el descontento, perdiendo nuestra independencia interior (tortuga mágica). Dudar es estar oprimido por sentimientos de desesperanza, que pronto impregnan todo lo que hacemos. La envidia y el deseo se comunican a otros sentimientos en el plano interno y dan paso al desprecio. No debemos permitirnos desear o recrearnos en imágenes mentales que nos comparen con otros, las cuales muestran nuestra situación desde un punto negativo, o que desacredita en nuestra confianza en lo desconocido. Es importante restablecer nuestra independencia interior y nuestra seguridad en nosotros mismos.

Esta línea se refiere a las ocasiones en que dejamos que nuestros inferiores se irriten con la gente que no ha disciplinado sus inferiores. Esta irritación pronto da paso al sentimiento de que los otros son una pesada molestia, y que no tienen solución. Nuestros indisciplinados inferiores ven el desarrollo personal con resistencia. Tan pronto como escuchamos sus quejas, el ego retoma el liderazgo de la personalidad. Nuestros inferiores sueñan con una vida libre de responsabilidades. No ven que el "camino fácil" es una ilusión y que el camino difícil de la modestia, del perdón y la consciencia llena infinitamente más porque no nos enredamos en conflictos con nosotros mismos. No perdonar a otros nos aguijonea, trunca el alma, e inicia el movimiento de la opresión del camino falso.

Segunda línea: *Desviarse del camino para buscar alimento de la colina. Continuar así traerá desgracia.* Debido a un sentimiento de debilidad hacemos las cosas de una forma descuidada. Por ejemplo, esperamos influir mejor al aceptar la mala conducta de otro y después confiamos en que el sabio provea un arreglo a las consecuencias. Aceptar la ayuda del sabio mientras que no aportamos un esfuerzo real para ser correctos, es indigno; trae desventura.

Tercera línea: *Desviarse de la nutrición. La perseverancia trae desgracia. Durante diez años no obres de este modo.* El comentario a esta línea menciona que la satisfacción del deseo físico y "una disparatada búsqueda del placer para satisfacer los sentidos no conduce jamás a nuestro objetivo". A menudo recibimos esta línea cuando nuestros inferiores se quejan de que el camino del sabio es demasiado ascético y de que si lo seguimos "nosotros" (nuestros inferiores) nunca encontraremos la felicidad que buscamos. La línea, de todas formas, sólo afirma una de las verdades fundamentales de la vida, que la felicidad no puede ser obtenida a través de la búsqueda del placer y la satisfacción de los sentidos. El encanto de la seducción es un camino falso; aunque parece prometer la felicidad, la promesa no se cumple nunca, porque no es más que una ilusión. Lo que la línea predice es cierto: buscar nutrición de la parte inferior de uno a costa de la parte superior siempre acarrea infortunio y desventura, si no ahora, más tarde.

También tendríamos que ser conscientes de que el recibir esta línea puede indicar formas menos obvias de "alimento que no alimenta". Por ejemplo, puede ser que busquemos que nuestra auto-imagen/ego (o nuestra importancia) sea reconocida por otros. Hacemos esto cuando discutimos para probar que tenemos la razón, o cuando nos afanamos en cambiar una situación a como pensamos que tendría que ser. Depender emocionalmente de otros, o de que la situación progrese de cierta manera, nos desvía de nuestra meta. Confiar en que los sucesos van en la dirección correcta, a pesar de las apariencias, se traduce en la independencia interior y en la fuerza de carácter.

Una forma menos obvia de mala nutrición tiene lugar cuando pretendemos tener nuestras vidas perfectamente seguras e incontestadas. Nuestra relación con lo desconocido, y nuestra independencia de pactos y certezas, facilita que seamos más útiles en el mundo. Esta utilidad nos nutre con un alimento inagotable. Por lo tanto, no debemos buscar saber todo comprensivamente, o tener un poder completo; debemos buscar mantenernos con una actitud de desapego, y con la mente muy abierta, en respuesta a los retos del momento.

Cuarta línea: *Dirigirse hacia la cumbre en busca de alimento trae ventura.* Nos dirigimos a la fuente de alimento cuando buscamos el dominio de nuestros inferiores. Este esfuerzo nos lleva a encontrar la ayuda que necesitamos para "morder atravesando" los obstáculos, para unirnos con los demás.

Quinta Línea: *Desviarse del camino. Permanecer perseverante trae buena fortuna. No deben atravesarse las grandes aguas.* Nos falta la fortaleza para nutrir a otros mediante la reserva y la seguridad en nosotros mismos. El sabio no nos puede volver fuertes. Aunque somos dependientes de su guía, tenemos el trabajo de disciplinar a nuestros inferiores. Cuando nos nutrimos de manera correcta, automáticamente nutrimos a otros, pero cuando alimentamos a nuestros inferiores con pensamientos negativos y fantasías, nuestra fortaleza se mina.

Sexta línea: *La fuente de la nutrición. Ser consciente del peligro trae buena fortuna. Es propicio atravesar las grandes aguas.* La fuente de la nutrición es el sabio, que nos brinda apoyo y nos ayuda. Todos los beneficios vienen de la intervención del sabio a nuestro favor. El peligro al que se refiere es que cuando las cosas van bien tenemos la tendencia a volvernos cómodos y descuidados, olvidándonos de nuestra dependencia para con el sabio. No sólo nos olvidamos de nuestra dependencia, sino que olvidamos la responsabilidad que acompaña a la ayuda que recibimos. Nuestra responsabilidad es trabajar para rescatar a otros, con los cuales estamos conectados por lazos interiores. Los rescatamos al mantenernos conscientes de la situación y al servir lo que es elevado y bueno dentro de nosotros. Una actitud descuidada y presumida siempre incurre en el peligro.

"Cruzar las grandes aguas" significa que es hora de sobreponernos, desplazando la influencia de nuestro hombre inferior y disciplinando a nuestros inferiores. Hacemos esto al atender a nuestra nutrición interior, que requiere que separemos y decididamente descartemos todos los pensamientos, las fantasías, las falsas comodidades y el autoengaño, que no merecen nuestra dignidad interior. Entre los más vanos engaños que nos hacemos, está la fantasía de que todo el progreso lo hemos hecho nosotros. Servimos al sabio si recordamos que en todas las situaciones es él quien, como tercera persona, está presente. Cuando llega el éxito, es debido a que hemos atraído la ayuda del poder supremo. Necesitamos recordar cómo hemos sido ayudados y no olvidar que otros, que no han descubierto este maravilloso alimento, tienen potencial para el bien. Nos olvidamos de su potencial para el bien cuando nos preocupamos de sus errores y de sus malos hábitos mentales. Al tener una actitud de desapego y al proseguir nuestro camino, renovamos nuestra humildad y una vez más volvemos a ser genuinos con nosotros mismos. Al ser genuinos con nosotros mismos, estamos en armonía con el cosmos. Sólo al nutrirnos con pensamientos humildes podemos superar los peligros (cruzar las grandes aguas), y continuar transmitiendo a los demás la buena nutrición que recibimos del sabio.

El sabio es accesible a todo el que busque su ayuda, sin excepción. Cualquiera que sea sincero y tenga una mente abierta, será ayudado y nutrido si consulta el *I Ching*. Aun más, no debemos dejarnos engañar por la falsa tradición de que al sabio sólo se le puede consultar de esta o de aquella manera, o si sólo tenemos cierta edad. El sabio, la fuente de la nutrición, está siempre disponible y responde a la sinceridad y a la humildad de una mente abierta.

28
Ta kuo
La preponderancia de lo grande

Tui
Sun

Tui: La alegría, el lago
Sun: Lo suave, el viento

*Es una época de grandes oportunidades,
y por lo tanto hay que tener mucho cuidado.*

Hay momentos muy intensos en la vida, en los que se presentan oportunidades para progresar. Todo está cambiando continuamente, dispuesto para tomar una nueva dirección, ya sea hacia el progreso o hacia el estancamiento. Este es el momento para el cual hemos estado preparándonos. Aunque la situación pueda parecer demasiado grande y demasiado difícil para poder dominarla, si concentramos nuestras energías en ser conscientes y correctos, tomando cada acontecimiento, bueno o malo, con aceptación, ganaremos la ayuda necesaria para dominar las dificultades ("El sobrepeso de lo grande es excesivo".) El momento es como el descrito en la obra de Hemingway, *El viejo y el mar*, cuando el viejo finalmente atrapa el gran pescado de su vida: ponerlo en tierra exigía gran cuidado, disciplina y coraje.

El peso de lo grande significa que las presiones ejercidas por la situación son enormes. El peligro simbolizado por la viga maestra que se dobla por el medio, nos indica que al dejarnos influir por las presiones, podemos perder nuestro equilibrio interno. Una viga maestra recta y firme simboliza nuestra voluntad de seguir adelante de una manera equilibrada e independiente. "La viga maestra se dobla" cuando la duda nos contagia. Al ver las dificultades de la situación, nuestros inferiores se alarman y tratan de adivinar lo que sucederá más tarde. Sus temores nos dan la energía necesaria para reaccionar. Si toman control de nuestra personalidad, la firmeza devendrá en dureza, la retirada en represalia y la perseveracia en ambición para superar la situación de un solo golpe: al percibir el éxito, quieren detenerse y entregarse a disfrutar, y sentirse satisfechos de sí mismos; al percibir la reanudación de las dificultades, quieren abandonar totalmente. Con cada cambio de dirección nuestro ego amenaza con quebrantar nuestro equilibrio e independencia interna. El remedio es dejar de anticipar, y volver a la dependencia del poder supremo. Dejamos de permitirnos el empujar hacia adelante, o el pensar en abandonarlo todo.

Este hexagrama también se refiere a elementos fuertes en otros, los cuales los llevan a atacarnos con sus miedos, con desconfianza, con la duda o el deseo. "Lo fuerte" se refiere a un movimieto impetuoso para resolver lo que es ambiguo. Al ser asaltados de esta forma, nos sentimos presionados a abandonar la modestia y a olvidar la paciencia. Si nos mantenemos desapegados y permitimos que los cambios tengan lugar como vengan, podremos enfrentar este desafío. Entonces nuestra forma de vida penetrará en los demás, lentamente, sin presión, explicación o demostración. Esta "penetración suave" permite que la curación y la atracción tengan lugar de manera natural. Ser realmente rico es permanecer modesto; ser verdaderamente poderoso es permanecer reticente. Por medio de la modestia y la reticencia adquirimos una superioridad real sobre la situación.

Primera línea: *Colocar un lecho de juncos blancos por debajo*. La imagen significa que debemos poner gran cuidado: mantenernos alerta a cada cambio de la situación. Cuidadosamente, incluso con la reticencia, procederemos de acuerdo a la coyuntura; nos retiraremos en el instante que sintamos la menor resistencia.

Tiempos extraordinarios se refiere muchas veces a una situación con una persona o personas en particular, cuya relación exige una cautela extraordinaria durante un período largo de tiempo, hasta que se resuelvan las causas de la dificultad. Estamos tratando con hábitos arraigados, temores, dudas y zonas de resentimiento. Estos problemas sólo pueden subsanarse lentamente. La confianza sólo puede reestablecerse gradualmente. Reprender a la gente, luchar con ellos o actuar a la ofensiva, o abandonarnos de cualquier forma en estos tiempos excepcionales, es violar el principio de extraordinaria cautela.

Segunda línea: *Un álamo seco echa nuevas raíces*. Esta imagen se refiere al tiempo de renovación y crecimiento. Nuestra relación con otro está entrando en una fase de renovación. Tales tiempos requieren gran cuidado. La situación es similar a aquella en la que encendemos un fuego de leña: si al principio cubrimos la pequeña llama con demasiadas ramas, no habrá aire suficiente para que el fuego se afiance; una vez que se afianza, no podemos ignorarlo, u olvidarnos de alimentarlo y atenderlo. Sucede lo mismo con las relaciones; no podemos darnos el lujo de relajarnos en una indulgencia egoísta. Es importante que nos mantengamos alerta y vigilantes, teniendo cuidado de asumir que la gente está más desarrollada y lista para la comunicación de lo que parece. No debemos exceder el potencial de la situación.

Tercera línea: *La viga maestra se dobla hasta el punto de ruptura. Desgracia.* Esto quiere decir que no hemos logrado tener un cuidado extremo. La estructura completa de nuestro trabajo se ve amenazada, caemos en la duda y nos sentimos consternados. Si después de esta advertencia persistimos en una actitud descuidada y presuntuosa, la catástrofe está asegurada.

Cuarta Línea: *La viga maestra es reforzada.* Hemos ganado el respeto de otra gente por nuestra forma de vida siendo modestos, accesibles e independientes. Por eso, no debemos permitir que nuestro ego se glorifique intentando demostrar que tenía la razón; debemos recordar que hemos sido guiados por el sabio; debemos evitar pensar que los demás son incapaces de entender y de encontrar su camino. En lugar de atraer a la gente hacia nosotros personalmente, por medio del encanto, del ingenio, del magnetismo, de la apariencia o del éxito, debemos apoyarnos en el poder de nuestro ejemplo y nuestra rectitud. Aunque la viga "maestra sea reforzada", no debemos descartar la reserva y la cautela, o relajarnos en una autoimportancia descuidada.

Quinta línea: *Un álamo reseco da flores.* La renovación de la relación no puede tener éxito hasta que resolvamos los malentendidos que la interrumpieron originalmente. Aunque todo parece estar bien en la superficie y cada persona trata de relacionarse correctamente, las bases para la renovación continúan siendo inadecuadas. Si intentamos sacar provecho de nuestro trabajo de forma prematura, encontraremos que los motivos egoístas y las ideas decadentes que contribuyeron a la caída de la relación aún operan. Debemos ser conscientes de que el progreso continuará sólo si nos adherimos a una actitud desinteresada, cuidadosa y sin pretensiones.

Esta línea también se refiere a las ocasiones en que permitimos que la resolución se convierta en dureza. En este caso sólo hemos observado lo agradable de hacer lo correcto. Es necesario un verdadero sacrificio del yo. "Mantener relación con los inferiores" significa que mantengamos nuestra humildad. Nos resistimos a buscar el poder y el reconocimiento, como cuando deseamos ser apreciados. "La torre en la montaña". Cada ser humano, de una forma u otra, está escalando el camino del desarrollo interior. Algunos están delante, otros detrás. No debemos envidiar a los que están delante, ni desdeñar friamente a los que están detrás: no abandonemos a nadie por considerarlo imposible.

"Mantener relación con los inferiores" se puede referir a ciertos asuntos de salud. Debemos ser conscientes de las necesidades de nuestros inferiores corporales, y no ser negligentes en su cuidado. La negligencia sería un acto lujoso.

Sexta línea: *Él atraviesa el agua.* La confianza imprudente en nosotros mismos y la presunción nos precipitan hacia adelante para concluir nuestra tarea, sin importar lo que suceda. Es presuntuoso esperar ser protegidos por lo desconocido de las concecuencias de nuestros errores. En lugar de permitir conscientemente ser guiado por el momento, estando alerta a los cambios para no perder el equilibrio interno, abandonamos todo y decimos: "No necesito interesarme por lo que es correcto, no importa lo que suceda, da igual". Es esencial permanecer en lo que es esencial y correcto, y así "atender escrupulosamente a todo". Lo cual también es ser responsable. Pensar "a quién le importa", o "qué importa lo que suceda", hace que el agua pase innecesariamente "sobre nosotros".

Si ya hemos sido demasiado entusiastas, sin haber obtenido antes la ayuda del sabio, será necesario soportar las peligrosas consecuencias del agua pasando por sobre nosotros. Aunque hayamos seguido nuestros principios y nos hayamos mantenido libres de culpa, es peligroso e inútil intentar imponer nuestra voluntad sobre los demás.

Ademas de advertirnos en contra de una actitud de excesivo entusiasmo o presunción, esta línea nos confirma que hay ciertas cosas más importantes que la vida. Algunas veces es necesario, por el bien del todo, deshacerse de algo que valoramos más que casi cualquier cosa. Este sacrificio es dejar que el agua nos pase por encima de la cabeza. Ser responsables quiere decir que estamos dispuestos a soportarlo. Pase lo que pase, nos afanamos sólo en mantenernos independientes y equilibrados. Tal forma de consciencia y modestia encuentra a lo creativo a medio camino, y por lo tanto atrae su ayuda para salir de la situación.

29

K'an

lo abismal (El agua)

K'an: Lo abismal, el agua

La ambición y la presunción siempre conducen al peligro.

El peligro en el *I Ching* se refiere a las emociones que nos llevan a la idea de dejar o abandonar el camino lento y estable de la paciente perseverancia. El peligro generalmente proviene del descontento perturbador que lleva a la ambición y a la pérdida del equilibrio interior. Al ser muy ambiciosos, esperamos que nuestro esfuerzo genere algún progreso visible. Sólo un desprendimiento firme y perseverante y la independencia interior que nos permite mantenernos fieles a nuestra naturaleza suprema, terminan en un triunfo final.

Si estamos atrapados en el abismo emocional de la desesperación o en una situación abismal, este hexagrama nos aconseja "mantener la quietud", porque cualquiera que sea el esfuerzo que hagamos por cambiar la situación, sólo contribuirá a empeorarla. Por el momento no vale la pena preguntarnos por qué estamos en esta situación o cómo salir de ella. Toda la energía debe ponerse en intentar relacionanos correctamente y en silenciar el conflicto interno, hasta que dejemos de pensar en abandonar la situación y hasta que la solución correcta aparezca por sí misma.

Este hexagrama nos confirma que, a pesar de las apariencias, existe un camino que nos saca de la dificultad, pero no podremos encontrarlo si continuamos en un estado mental emotivo. Cuando reinan las emociones se dice que nuestro poder de razonamiento está encerrado en la oscuridad; cuando el alma está "encerrada en el cuerpo" no somos libres interiormente.

El peligro se origina en el miedo y en la ambición por obtener nuestro objetivo, en lugar de estar orientados perseverantemente hacia el camino. Estamos deseosos de encontrar una solución particular, o las comodidades de otra época, o simplemente buscamos alivio, luchamos con desasosiego para terminar con esta situación desagradable; abandonamos el trabajo lento, paso a paso, que crea los cambios que perduran.

Cuando dudamos de que al trabajar con lo creativo y con el tiempo obtendremos lo que buscamos, es debido al deseo de crear un progreso repentino. Nuestros inferiores se resienten al tener que seguir lo que ellos ven como tedioso, como formas poco claras de corregir los asuntos. La culpa también la tiene la envidia, como ocurre cuando prestamos atención al resentimiento de nuestros inferiores cuando tienen que ser correctos mientras los demás hacen lo impropio sin castigo.

Sentimos el deseo y la envidia porque en algún momento, en el pasado, aprendimos a dudar del poder sanador de la verdad; también aprendemos a ser impacientes, cuando rechazamos el camino de lo creativo para reformar las cosas por medio del vehículo del tiempo. Tales pensamientos son creados por nuestros inferiores infantiles que sólo piensan en sus temores y en sus deseos. Insinuan secretamente estos miedos porque están convencidos de que sin forzar las cosas la vida les robará la felicidad. Cuando escuchamos estas ideas nos olvidamos de lo obvio: que la felicidad verdadera y duradera sólo puede obtenerse al establecer las condiciones que la crean.

Debido a que la felicidad depende, en cierta medida, del desarrollo espiritual de los demás, debemos darles el espacio necesario para que puedan equivocarse, el espacio para que puedan ganar la visión que lleva al desarrollo. Mientras deseemos la comodidad personal y la ambición para conseguir un progreso rápido, no sólo no despertamos el bien en los demás, sino que la duda, el miedo y la ambición alimentarán su desconfianza en nosotros y obstruirán la ayuda de lo creativo.

Empujar hacia adelante es un error que despierta nuestro orgullo. El orgullo, a su vez, hace más difícil volver al camino de la humildad y la paciente perseverancia. Es importante rechazar el orgullo herido, dejar de pensar en la situación y eliminar los sentimientos de inquietud, de desilusión o de desesperanza que se reproducen con el tanto pensar en el mismo asunto.

El peligro también se refiere a la presión interior por querer hacer algo, simplemente para terminar con la ambigüedad de la situación. Debemos perseverar en la no-acción hasta que la presión se disipe y volvamos a la neutralidad y a la claridad mental.

La imagen del agua cayendo por el abismo, llenando los lugares bajos para continuar luego con su rumbo, simboliza la doctrina china del *wu wei*, que significa fluir con los acontecimientos y dejar que actúe el tiempo, en lugar de resistirse. Podemos confiar en la acción sanadora de la naturaleza para que resuelva nuestros problemas, apoyándonos en la no-resistencia y en la aceptación.

El agua activa, simbolizada por *k'an*, representa el esfuerzo más sincero y puro que podamos hacer para obtener lo correcto. Necesitamos darnos cuenta de que cuando un esfuerzo sincero no produce resultados tangibles, nuestro ego, que mide nuestro esfuerzo y está siempre buscando recompensas, empieza a pedir que abandonemos el esfuerzo infructuoso. Esta forma de pensar hace peligrar la perseverancia, porque desde el punto de vista del ego, siempre que intentamos hacer lo correcto y fallamos, caemos en el peligro. Si podemos perseverar durante estos momentos de peligro, llenaremos estos agujeros en nuestro carácter.

La actitud del *I Ching* en cuanto al peligro es la de ser sincero al intentar entender la situación desde el punto de vista cósmico. Cuando alcanzamos el punto de vista cósmico, corregimos nuestra actitud interior. Según el punto de vista cósmico, debemos retirarnos cuando la fuerza oscura entra, y debemos avanzar cuando la fuerza de la luz vuelve. Manteniéndonos desapegados evitamos echarnos a perder o despertar nuestro orgullo; así nos mantenemos libres para responder al flujo y al reflujo de la situación, adhiriéndonos a lo que es relevante y esencial, sin predeterminar lo que haremos. No debemos dejarnos desviar por los pactos que dicta nuestro ego: las promesas de "abandonarlo todo si no funciona" o de hacer esto o lo otro en cada caso. Al contrario, mantenemos una mente abierta y nos dejamos guiar por los requerimientos de la verdad interior, con la que nos mantenemos asiduamente conscientes.

Otro peligro es el de la expectiva y el de asumir posiciones, en lugar de mantener una mente abierta. Tenemos una mente abierta cuando recordamos que todos tenemos el potencial para lograr y desarrollar la naturaleza superior. Es una presunción arrogante (pretender ser Dios) decidir lo que depara el futuro, si la gente podrá desarrollarse y si lo hará. La perseverancia es necesaria si estamos dispuestos a mantener una mente abierta a pesar de un comportamiento inferior.

Si, por otro lado, esperamos o asumimos que el potencial para el bien de otra persona saldrá a corregir las cosas, vamos demasiado lejos. Sólo podemos adherirnos a la idea de que los demás tienen potencial para sobreponerse. El que desarrollen su proyecto cósmico depende enteramente de cada uno; cada persona debe probarse a sí misma.

Tener una mente abierta quiere decir no asumir nada, de una forma u otra. Una cosa es adherirse a la idea de que de alguna manera una persona tendra éxito, y otra asumirlo. Tal asunción da la impresión equivocada de que no tiene que desarrollarse a sí mismo ni tiene que corregir sus errores.

Una persona difícil, turbulenta, irracional o injusta, se traicionará a sí misma frente a otra que permanezca alerta y en una actitud neutral, independientemente de cómo intente la primera disfrazar sus actitudes o halagar para lograr la aceptación. La persona alerta debe mantener la decisión de no ser manipulada.

Estar alerta quiere decir que no asumimos automáticamente nada bueno ni malo, sino que escuchamos. Al hacerlo sentimos la inocencia o la falta de ella. Debemos insistir interiormente en que sean dignos de confianza. Si con anterioridad se han equivocado al tratar con nosotros, debemos estar dispuestos a confiar en ellos, pero sólo cuando nos sintamos seguros de que están firmemente comprometidos a hacer lo correcto. Seguiremos las pautas con vacilación y limitándonos a los problemas que nos conciernen directamente, sin interferir en los problemas de los demás. Esta es la forma en que nos trata el cosmos; esta es la forma en que debemos tratar a los demás. Sea lo sea lo que hayamos hecho, el sabio acoge nuestra decisión de volver al buen camino, pero no vacila en exigir una virtud firme y digna de confianza.

Así como debemos evitar las expectativas en la gente, también debemos evitar las expectativas en el sentido de contar con que lo creativo nos beneficie. La buena suerte es el resultado de una actitud humilde y libre de juicios previos para con lo desconocido. En el momento en que nos felicitamos por la buena suerte, ésta desaparece. No debemos presumir de Dios. La presunción es como esperar un regalo, y esperarlo le roba al obsequiante el placer de la apreciación espontánea de que lo que hace es compartir su buena fortuna con nosotros. Cuando dependemos de una situación con juicios previos, podemos esperar que éstos fallen.

Primera línea: *En el abismo se cae en un hoyo.* El querer que suceda algo antes de que sea la hora de que suceda nos expone al peligro de la duda. Incluso la menor duda puede desviarnos del camino. Debemos retirarnos y encontrar la paz en la aceptación.

Segunda línea: *Sólo debe esperarse alcanzar cosas pequeñas.* Definitivamente no es el momento de tomar grandes medidas. Nos falta la fuerza y la claridad para contrarrestar las deficiencias del tiempo. Cualquier esfuerzo por librarnos, fallará; por lo tanto, se nos aconseja "conformarnos con pequeñas ganancias". Recibimos esta línea cuando queremos respuestas globales para poder seguir adelante y conseguir ganancias considerables. Nuestro estado mental es tal que, aunque tuviésemos tales respuestas, no podríamos implantarlas; por lo tanto, es mejor empeñarnos en conseguir desapegarnos y dejarnos guiar. Incluso el afanarnos por liberarnos de las emociones conlleva un considerable esfuerzo.

Tercera línea: *Abismo sobre abismo.* Cada paso conduce al peligro. La ambición, las expectativas, los sentimientos de negación han creado reacciones conflictivas en los demás. Estas reacciones conflictivas nos hacen dudar de nosotros mismos y del camino de la docilidad, presionándonos para actuar. Esta presión por hacer algo es peligrosa. Debemos volver a la neutralidad y al desapego hasta que alcancemos la perspectiva correcta y hasta que aparezca por sí mismo el camino para salir de la dificultad.

Es necesario acostumbrarse a los peligros con los que uno tropieza al esperar, porque toda acción creadora se alcanza cuando mantemos una actitud correcta y firme mientras se influye en las actitudes internas de los demás para que se desarrollen. Debemos mantener nuestra independencia y nuestro desapego. Cuando mejoran las cosas, debemos cuidar de no acostumbrarnos al lujo de tal mejoría. Cuando las cosas empeoran, debemos evitar de caer en el deseo y en las consecuencias de sus presiones: la ambición, el esfuerzo excesivo, el deseo de saber por adelantado y la vacilación.

Los medios principales de progresar son mantener el corazón sereno y nuestra independencia interna intacta. Esto requiere que mantengamos a nuestros inferiores estrictamente disciplinados hasta la altura de las "altas nubes", como se manifiesta en la línea sexta de *El desarrollo*, hexagrama 53. Una voluntad de sumisión al deseo divino y la aceptación de lo desconocido otorga poder a la verdad interior.

El desapego requiere tener un fin y al mismo tiempo no estar orientado a obtenerlo. Nuestro propósito general seguirá siendo el rescate de todos, como también el de algunos en particular. Es importante darnos cuenta de que vacilaremos; no obstante, mantenernos firmes convocará la ayuda de lo creativo. Podemos confiar en el poder que se genera al adherirnos firmemente a nuestros principios. Esta forma de mantenerse unido (ver *Mantenerse unido*, hexagrama 8) no sólo da poder a la verdad, sino que atrae la ayuda del poder supremo. Lo cual crea la oportunidad de que tengan lugar los acontecimientos fortuitos que señalan la verdad como obvia. Nos llenamos de ambición cuando dudamos de que nos llegará esta ayuda y cuando nos invade el miedo y perdemos la serenidad. Debemos darnos cuenta de que el tiempo es el vehículo de lo creativo, y asegurarnos a nosotros mismos de que tenemos tiempo para esperar. El tiempo no es esencial, es la esencia.

Cuarta línea: *Vasijas de barro cocido entregadas con sencillez por la ventana.* El sabio, al saber que estamos en peligro debido a la duda y al mal entendimiento, llega en nuestra ayuda, y como consecuencia ilumina nuestro entendimiento.

Quinta línea: *El abismo no se llena hasta rebosar.* Si no es el momento propicio para que algo suceda, no sucederá. Pretender que suceda algo antes de hora conlleva el peligro de la fustración y la duda. La ambición conduce al peligro. El camino de la menor resistencia es, por ahora, el dejar de luchar. Este camino es el correcto y en línea con el deber.

Sexta línea: *Atado con sogas y maromas..* Aunque comprendemos el camino correcto insistimos en hacer las cosas a nuestra manera. Dejamos que nos guíe nuestro ego y de esta forma continuamos con la actitud incorrrecta. Debido a que presionamos al tomar los asuntos en nuestras manos, llega la desventura. Esta línea nos advierte del fracaso que podemos esperar si mantenemos tal obstinación. El remedio es volver a la perseverancia.

El peligro llega porque no alcanzamos a comprender la forma paradógica que tiene el cosmos de funcionar. Sentimos frustración, nos desesperamos y no encontramos la salida. No nos damos cuenta de que la vida es un rompecabezas paradójico que sólo puede componerse al seguir la verdad y lo bueno, y al ser desinteresados y sinceros.

30
Li
Lo adherente, el fuego

$$\frac{\text{Li}}{\text{Li}}$$

Li: Lo adherente, el fuego

Mediante el desapego y la aceptación adquirimos una visión de las cosas moderada y justa.

Este hexagrama nos habla del desapego para obtener la claridad, ver las cosas moderadamente y adherirnos al poder de la verdad que habrá de emerger, aunque no la percibamos aún.

La imagen del fuego que se adhiere a las cosas para quemarlas, simboliza la actitud que debemos tener si queremos alcanzar y mantener la claridad mental. La claridad, como el fuego, sólo puede perdurar si se adhiere a algo que no se consuma fácilmente. Lo inextinguible es la verdad universal y lo descubrimos en nuestro estudio del *I Ching*.

Cuando nos amenaza el oscuro poder de la duda, tenemos que adherirnos a lo que hemos aprendido, confiando en que probará ser fiable. Podemos confiar incondicionalmente en que el poder de la verdad prevalecerá. Le entregamos todo al sabio, y nos atenemos solamente a disipar la duda y a tener una actitud independiente y equilibrada. Es importante perseverar en los momentos en que podríamos vacilar, en los momentos en los que podríamos empezar a dudar del consejo del sabio y de lo que aprendimos con el estudio del *I Ching*. Cuando tenemos un mal presentimiento y la gente parece mala, hemos de recordar lo que tuvieron de bueno y que todavía existe potencialmente en ellos. Cuanto más viles parezcan, más decididamente tenemos que adherirnos a ese potencial. Si nos adherimos a la chispa invisible de luz, que está eclipsada por su naturaleza inferior, el poder de la adhesión permitirá vencer a la fuerza oscura.

También tenemos que mantener la mente abierta, adhiriéndonos al potencial de la situación. Independientemente de que parezca imposible que la situación pueda mejorar, tal mejora es posible si nos mantenemos firmes e independientes en nuestra actitud, y si estamos dispuestos a aceptar que todo es posible. El hecho de saber que lo creativo sigue un curso zigzagueante, invisible, ayuda a nuestra adhesión. Debemos tener el deseo de perseverar a través de las situaciones ambiguas y de los períodos en los que reina la confusión, mientras lo creativo resuelve el problema a su manera.

Dedicarse al cuidado de la vaca trae buena fortuna. La docilidad y la aceptación resumen la actitud que lleva a la claridad. Para llegar a ser dóciles abandonamos la resistencia y dejamos de rechazar lo que está sucediendo. Aceptamos los giros de los acontecimientos como algo útil y esencial para el proceso creativo. Nos adherimos dócilmente a lo que es bueno en nosotros y en los demás, aun cuando tan sólo parezca un pequeño refugio. A través de la docilidad podemos mantenernos desligados del poder inferior. Cuando los otros son agudos, podemos ser grises, y así mantendremos una opinión moderada de nuestros errores y de los errores de los otros. La docilidad permite que vuelvan la claridad y la independencia interior.

El poder del bien radica en la determinación de servir al poder supremo. Al interesarnos activamente en rescatar a otros, les damos el margen para encontrar su camino. Les damos ese margen al adherirnos a su naturaleza pura, independientemente de cómo o cuánto tiempo ha estado eclipsado. Adhiriéndonos a estas realidades internas producimos un gran progreso en una situación que no cambiaba fácilmente y así conseguimos una revolución en la actitud de la gente.

Al mantener la docilidad, es importante no juzgar las cosas solamente por las apariencias externas, porque al hacerlo perdemos el sentido de la verdad interior del asunto. Adherirse a la idea de que "las cosas están como tienen que estar", es de gran ayuda para los propósitos que no podemos ver. Si sólo podemos fijar nuestra atención en lo externo, es que la vanidad, el deseo o el miedo, tienen la culpa. Queremos saber cómo es nuestra apariencia a partir de las circunstancias exteriores, o tenemos miedo de que nos malinterpreten por no actuar, o por no mostrar nuestra opinión. Debemos resistir vigorosamente las consideraciones y demandas de la vanidad, y las interrupciones de nuestro equilibrio, causadas por el deseo.

A menudo, los que están envidiosos de nuestra independencia interior tratan de involucrarnos en el *juego de montón*. Quieren saber si nuestra fortaleza es verdadera. Si nos pueden hacer perder el equilibrio, seguirán satisfechos con su inmadurez, estancados en su rigidez defensiva. Si consiguen hacernos sentir temor, sus egos obtendrán una victoria.

Tal vez sea más importante que los desafíos de la gente el descubrir las dudas que aún tenemos sobre nosotros mismos o acerca de nuestro camino. Al descubrir estas dudas sabremos cómo actuar. La docilidad y el desapego son las únicas respuestas correctas a estos desafíos. La docilidad deja de ser problema cuando nos deshacemos de la vanidad de querer saber cómo nos consideran los otros. La docilidad nos ayuda a entender y a ser pacientes con nosotros mismos y con los otros.

Primera línea: *El origen de algo ya contiene las semillas de todo lo que seguirá.* Esta línea nos indica que meditando nada más despertar, somos capaces de interceptar, examinar y desechar los pensamientos inferiores en el momento que entran en nuestra conciencia. Si no son interceptados en ese momento, cuando apenas son un sentimiento vago y sus energías aún están en un punto bajo, rápidamente adquieren fortaleza y son capaces de dominar nuestros pensamientos el resto del día. Entonces somos incapaces de prevenir las frustraciones que causan la desintegración de nuestra personalidad.

Segunda línea: *Resplandor amarillo. Suprema fortuna.* El resplandor amarillo nos habla de mirar las cosas con moderación. Al recibir este hexagrama se nos aconseja proseguir por el medio. Al leer el hexagrama de *La paz,* por ejemplo, no debemos caer en un entusiasmo innecesario, ni *El oscurecimiento de la luz* puede deprimirnos. Ni los buenos ni los malos tiempos deben llevarnos a perder nuestro equilibrio emocional. Si los consideramos como situaciones para el desarrollo personal, no habrá conmoción que nos haga perder el equilibrio. Entender correctamente el sentido de los hexagramas nos da un sentimiento de iluminación que nos libera de las tensiones que nos trae una mala interpretación de la verdad. La verdad nunca es una realidad viva y deslumbrante (resplandor blanco); es un entendimiento moderado (resplandor amarillo).

Tampoco podemos refugiarnos en las malas experiencias como pretexto para ser severos e inflexibles con nuestras reglas. Si alguien no nos ha pagado el dinero que nos debe, no tenemos por qué ser severos con otros que sabemos que son diligentes. Necesitamos escuchar nuestros sentimientos profundos y nuestro profundo sentido de la verdad.

Tercera línea: *A la luz del sol poniente los hombres o bien golpean la olla y cantan, o bien lamentan ruidosamente la llegada de la senectud. Desgracia.* Si tenemos miedo y nos preocupamos por el tiempo requerido para obtener un progreso reconocible, perderemos el equilibrio. Si aceptamos de buen corazón que las cosas van a suceder cuando sucedan, entonces aseguramos nuestro destino al hacerlas posibles. Mientras nuestro ego espere con impaciencia, midiendo y sopesando el progreso, la fuerza oscura de la duda sigue operando, haciendo imposible que se manifieste el poder del bien. Al recibir esta línea se nos recuerda que la adversidad sólo dura un tiempo, a través del cual formamos nuestro carácter. El fuego de la adversidad clarifica y purifica nuestra naturaleza, como la grasa se extrae del tocino.

Cuarta línea: *Se inflama, se extingue, se le arroja.* La preocupación es el fuego que consume. Sabemos que tenemos que perseverar por algún tiempo para poder conseguir nuestros objetivos, sin embargo, nuestros inferiores se quejan por el tiempo que ello requiere. Sus quejas nos hacen dudar de nosotros mismos, del potencial de gran hombre que tienen los otros, y de lo creativo. Necesitamos silenciar nuestros inferiores que se quejan y detener su obsesiva preocupación por las dificultades. Esto lo podemos hacer si rehusamos con decisión escuchar más y, al rehusar, dejarlos "mirar" las dificultades. También podemos obtener su cooperación si les explicamos que su actividad sólo empeora las cosas. De esta forma podremos vencer su resistencia, y así restablecer la claridad y la constancia. Mientras ellos duden no puede haber progreso.

Quinta línea: *Lágrimas torrenciales, suspirando y lamentando. Buena fortuna.* El comentario a esta línea menciona que "un verdadero cambio en el corazón ha tenido lugar" ya sea en nosotros, o en otro.

Llegamos a una visión clara, cuando, al estar en dificultades, nos damos cuenta de que las dificultades son necesarias para el desarrollo, y cuando, humildemente, aceptamos lo que está sucediendo. Este cambio en el corazón desplaza las consideraciones vanas que acompañan al cambio, tales como el miedo a envejecer, a volverse menos atractivo, a estar solo, o el miedo a la muerte. Miramos el poder del ego cuando nos damos cuenta de que a pesar de su apariencia salvaje, no tiene nada que ver con nuestro éxito y es un obstáculo para el progreso.

El cambio en el corazón también se refiere al haber dejado de forzar los desenlaces de ciertas situaciones a través de medios tramados; aunque hayamos pensado que estos medios son justificables, la sinceridad nos ha hecho volver al camino correcto.

Sexta línea: *Lo mejor es matar a los cabecillas.* Los cabecillas más viles de la personalidad son la vanidad y el orgullo: el ego, ya sea que se desprecie, que se congratule, o que se defienda a sí mismo.

La vanidad aparece cuando nuestras acciones y decisiones dependen de la forma en que nos ven los otros. Herimos nuestro orgullo cuando vamos más allá de la mitad del camino para encontrar a los otros; entonces empezamos a construir defensas contra ellos porque tontamente nos hemos echado a perder. Cuando nos falla este esfuerzo llamamos a la vanidad y al orgullo. La vanidad y el orgullo emanan del niño mimado que tenemos dentro de nosotros mismos, el cual se afana por obtener el compañerismo de otros, sean las condiciones para ello correctas o no. Este niño mimado desdeña esperar, se enfada y/o exige progreso tangible. También desconfía de la ayuda del cosmos, y así intenta hacerlo todo por sí mismo. Una persona humilde se da cuenta de que adquirir la ayuda invisible del sabio es esencial para toda empresa. Por lo tanto, es paciente y persevera.

El yo aniñado (ego) no puede ser erradicado totalmente, pero sus peores efectos deben ser mitigados. No hay forma de combatir la vanidad directamente, porque no es visible como una identidad. Es visible, sin embargo, en sus muchas manifestaciones, y éstas pueden combatirse individualmente. Entre estas manifestaciones están el deseo y la impaciencia, y éstos tienen su origen en el miedo y en la duda. La vanidad también está presente cuando nos vemos rechazados, solos, abandonados. La vanidad nos hace querer tener control completo, saber cómo manejar las cosas, y buscar la seguridad de que las cosas van a funcionar para satisfacción nuestra. La vanidad nos hace comparar con envidia nuestro destino con el de otros. Nos hace pensar que todo en la vida depende de las decisiones humanas; nos hace olvidar que el cosmos está trabajando para poner las cosas bien, y que no tenemos que lograr nada por nosotros mismos.

El orgullo también es esquivo, se manifiesta como impaciencia, rencor, abandono y deseo de venganza. La imagen dada en el *I Ching* es que si la montaña (nuestro carácter) va a mantenerse por mucho tiempo, tiene que tener una base muy ancha (firme y tolerante), no estrecha y abrupta (orgullo).

La simple aceptación de uno mismo es algo luminoso, a lo que podemos adherirnos; de otra forma, tenemos la tendencia a probar por qué existimos, o por qué estamos afectados por cosas que incitan nuestro descontento (envidia). Tenemos que estar en guardia para detectar la la menor señal de su aparición o de alguna emoción que amenace nuestra independencia interior. Al recelar de ellos decididamente, al comienzo, somos capaces de resistir sus presiones y de bloquear sus energías negativas.

Finalmente, habiendo reprimido con éxito el mal, tenemos que evitar convertirnos en la martirizada y buena persona, que es otra vanidad.

31
Hsien
El influjo (el cortejo)

Tui
Kên

Tui: La alegría, el lago
Kên: El aquietamiento, la montaña

*Un influjo está a punto de suceder, un acontecimiento inesperado
que desafiará nuestra estabilidad interior.*

Este hexagrama declara que un influjo tranquilo y continuo, ejercido por una personalidad fuerte e independiente, involuntariamente, ocasiona que otros "respondan con alegría y regocijo". Debido a que una actitud serena atrae, este hexagrama también se refiere al cortejo y a los noviazgos. La clase de atracción correcta no implica seducción: el ejemplo dado es el del sabio, cuya influencia serena y constante estimula a otros a que se le acerquen.

El hombre superior anima a que se le acerquen en virtud de su disposición receptiva. En primer lugar, esto significa estar abierto hacia otros. La clase de receptividad necesaria es una "voluntaria suspensión de incredulidad". Independientemente de cómo una persona se nos haya presentado antes, o de cómo estemos predispuestos a juzgarla por lo que otros digan de ella, intentamos mantener una mente abierta; tal disposición tiene un efecto creador. Aun cuando por un momento haya existido un intercambio negativo, al rehabilitar una mente abierta (una mentalidad interior adquirida al disipar o al abandonar todas nuestras opiniones y sentimientos) eliminamos la tensión de una situación negativa e incluso la invertimos: esto ayuda a mostrarse a la naturaleza superior de la otra persona.

El segundo sentido tiene que ver con influir a otros. Antes de influenciarlos, tenemos que estar abiertos a las sugerencias del cosmos. Estas sugerencias son pronunciadas en voz baja, a no ser que haya un peligro inminente, y en tal caso podemos oír un aviso en voz alta. Es necesario, por lo tanto, tener nuestro oído interno receptivamente afinado como si estuviésemos esperando instrucciones del cosmos.

Con nuestra actitud, inocente, independiente y libre de presión emocional y de autovanidad —por lo tanto, equilibrada y alerta— automáticamente, sin esfuerzo e intención, recibimos y transmitimos buenas influencias a otros, obrando como un conducto para que el cosmos pueda hablar y actuar. Las emociones como el deseo, la ansiedad, los sentimientos de negación y alienación no sólo impiden nuestra habilidad para percibir el cosmos, sino que también transmiten nuestra dependencia y debilidad con un efecto destructivo. Una debilidad interior que vacila entre el deseo y la duda, entre la esperanza y el temor, entre el gusto y el disgusto, es inmediatamente percibida por otros. Lo que es más, la dependencia y la debilidad nos hacen objeto de rebeldía, agresión y desafío, recordándonos al *juego del montón*. En este estado debilitado podemos estar más afectados por los sentimientos negativos o positivos de otros. Una actitud interior correcta, además de convertirnos en un conducto para lo creativo, mantiene contenido el ego de los otros, cultiva su hombre superior y nos libera de ser afectados inconscientemente por sus sentimientos.

La esencia de este hexagrama es el contenido de la suma de sus líneas. La primera línea menciona un influjo que se origina en el dedo gordo del pie; en la segunda, el influjo se origina en la pantorrilla; en la tercera, en el muslo. Las tres primeras líneas representan impulsos conducidos por emociones y el empuje de nuestro ego. En la cuarta, el influjo empieza en el corazón; si esta influencia es constante y buena, los efectos producidos son buenos. Por lo tanto, mantener nuestro corazón constante e independiente es nuestra tarea básica. En la quinta, el equilibrio se pierde: el influjo que empieza en el cuello quiere decir que aunque querramos mantener una actitud correcta, nuestra actitud es tan intensa que perdemos nuestra receptividad. En la sexta línea, el influjo empieza en la boca, lo que quiere decir que un influjo basado sólo en palabras o la lógica tiene poco o ningún efecto independientemente de la intención. Las palabras tienen sentido real cuando salen de un corazón que armoniza con lo que es bueno y grande.

A menudo, recibir este hexagrama indica que habrá "un influjo" con el que se nos probará si podemos mantener la forma correcta de influir en otros. Se nos aconseja que vigilemos nuestros sentimientos profundos, que mantengamos nuestra independencia interior y que no reaccionemos por ninguna circunstancia que cause deseo, miedo, enfado o relajamiento de la disciplina interior. Si nuestra actitud es perseverante y neutral, invocaremos las energías creativas del cosmos y nuestra reacción será la correcta. Una actitud inocente e independiente atrae de nuevo a aquellos que están enajenados y mantiene a la distancia a aquellos que nos presionan por razones personales y egoístas.

Cuando tengamos una oportunidad de ayudar en la conversación, tendremos cuidado de no continuar por más tiempo del que permita la ocasión. Si perdemos la reticencia, dejamos de ser un conducto para el cosmos; no podemos oír la voz interior estando contagiados de ambición o cogidos a la idea de "poder influir". Esa idea de poder influir nos hace malgastarnos, cuando no somos capaces de ver que la receptividad de otros está menguando.

La ambición siempre es conducida por el deseo. El deseo es conducido por la duda de que algo no resultará si simplemente dejamos que las cosas sucedan por sí solas y por la presunción arrogante de que la gente es incapaz de encontrar la verdad por sí misma, o que no se les puede dejar el tiempo y el margen en el cual desarrollarse. La duda, el deseo, la ambición, un esfuerzo inquieto, provienen de nuestro ego infantil, que desconfía de lo desconocido y sospecha que aun si fuésemos obedientes al deseo divino, dejando que las cosas sucedan a través de sus cambios, seríamos estafados en la recompensa de la felicidad. Mientras dejemos el ego infantil y su base lógica dominar sin resistencia y disciplina, no podremos alcanzar una verdadera humildad y receptividad, como le sucede a nuestros inferiores. De esta forma perpetuamos el círculo vicioso de no progresar.

Conscientemente no debemos motivar reacciones en otros, o presionar para que algo suceda. Debemos desconectarnos de sus esfuerzos por motivar reacciones en nosotros, ya sea a través de halagos, seducción, manipulación o irritación. La manipulación consciente siempre se apoya en motivos egoístas y vanos que no permiten que una atracción se desarrolle naturalmente. Dejémonos llevar manteniendo la inocencia de la mente y la independencia del espíritu. Esta actitud, y el deseo de esperar a través de los cambios, está, en consecuencia, en armonía con lo creativo; automáticamente atrae el afecto y la lealtad de otros.

El hexagrama también nos aconseja mantener la alegría dentro de unos límites, lo que significa que establezcamos y guardemos el correcto equilibrio en nuestras relaciones. La felicidad sin consideración por este equilibrio no puede durar, porque la felicidad es siempre la feliz consecuencia de algo esencial. Buscar alegrías sin tener en consideración lo que las ocasiona, es malentender la verdad. Cuando la felicidad llega a ser un fin en sí misma, buscamos el placer por el placer (o el beneficio y las posesiones como si ellos mismos fueran fines), creando todas las condiciones que causan sufrimiento en la vida. La verdadera alegría en las relaciones íntimas surge de la armonía fundamental entre las esencias de las personas. Una comunión de espíritus es el resultado natural de la sinceridad, la verdad y la devoción sin egoísmos a lo que es bueno y grande. Cuando la alegría experimentada se vuelve algo que nos esforzamos en prolongar, ésta llega a ser el fin mismo y no la consecuencia de seguir lo bueno. Al perseguir la alegría sólo experimentamos el descontento de la lucha por conseguir algo; entonces, la envidia y el afán de posesión aumentan y lo ensombrecen todo.

El estado de nuestra mente y la actitud de nuestro espíritu afectan a todo el universo, por lo que lo mejor es ser conscientemente correcto, aun fuera de la vista y el oído de los demás. En la filosofía china se dice que el menor movimiento de una mano mueve moléculas hasta el final del universo. También es verdad que el menor cambio en nuestra actitud interior afecta a aquellos con los que estamos conectados, por lejos que se encuentren. ¿No tendríamos entonces que tener cuidado con nuestros pensamientos más íntimos?

Primera línea: *El influjo se manifiesta en el dedo gordo del pie.* El dedo gordo del pie representa el pequeño comienzo que luego se transforma en el apoyo de todo el

167

pie. El dedo gordo del pie es el primer lugar donde se muestra un influjo. El deseo empieza con un vaivén del pensamiento, por lo tanto, es la semilla de lo que decae. Debemos observar nuestra actitud interior para saber si estamos divagando o si existe el mínimo sentimiento de duda o descontento, o si uno se está llenando de confianza en sí mismo. Tales sentimientos, invariablemente, conducen a la vacilación, porque son las semillas de la duda. Tan pronto como les otorgamos la mínima validez, el deseo, la ambición, la impaciencia, la sospecha, la arrogancia y otras emociones inferiores amenazan rápidamente nuestro equilibrio interior. Una vez que nuestro equilibrio interior es perturbado, comunicamos nuestra incertidumbre a los otros y perdemos nuestra habilidad para transmitir un buen influjo. Con la agudización de cualquiera de estas emociones, nuestra relación con otros llega a ser cada vez más problemática.

Segunda línea: *El influjo se manifiesta en las pantorrillas.* No nos debemos dejar influir por un cambio aparente hacia lo mejor o lo peor en una persona, o por la situación en general, permitiendo que graves elementos como el deseo, el rencor, la envidia o una excesiva severidad tomen el control de nuestra actitud. Debemos esperar hasta que la inocencia y la sinceridad de otros estén firmemente establecidas, antes de que renunciemos a nuestra reserva o nos entreguemos de corazón abierto. Si hacemos esto, nos desgastamos. Hasta entonces no debemos buscar formas de influir, sino que debemos recordar que los cambios en la gente llevan tiempo, y que los hábitos muy arraigados pueden no revertir de una manera total, excepto superficial y temporalmente.

Tercera línea: *El influjo se manifiesta en los muslos.* Por seguir el deseo, aceptamos menos de lo que es correcto en la gente, nos apresuramos creyendo en apariencias exteriores o aceptamos los halagos. Solamente inhibiendo los cambios temperamentales del corazón, podremos retener la libertad interior y la dignidad, que son lo esencial para influirlos correctamente.

El deseo también da paso a preguntarse; el preguntarse es la primera semilla que trae consigo la pérdida de la libertad interior y de la humildad; al preguntarnos, dudamos de lo creativo.

Cuarta línea: *Si un hombre tiene una mente perturbada y sus pensamientos van de aquí para allá, sólo le seguirán aquellos amigos hacia quienes ha dirigido sus pensamientos conscientes.* Aquí se nos aconseja no intentar influir conscientemente, proyectando imágenes y pensamientos. Tales esfuerzos revelan nuestra sospecha de que el poder supremo no hará lo que es necesario, y nuestra duda de que otros son incapaces de encontrar el camino. Un buen resultado puede ser adquirido solamente manteniendo nuestra mente y nuestro corazón inocentes y puros. De esta forma nos quedamos con lo que es bueno y nos retiramos del mal.

Quinta línea: *El influjo se manifiesta en la nuca.* A pesar de los influjos negativos, nuestra intención de disciplinar a nuestros inferiores continúa firme.

No obstante, en ocasiones, nuestra intención de disciplinar nos preocupa tanto que no escuchamos las sugerencias del sabio. Estamos tan ansiosos por encontrar las respuestas adecuadas que perdemos nuestra receptividad. Tratamos de resolver las cosas en vez de permanecer vacíos, permitiendo que vengan las respuestas por sí mismas. No debemos siquiera permitir que el miedo de errar nos lleve a perder la receptividad. En este caso "la nuca" significa que estamos reaccionando de forma inflexible, en lugar de hacerlo de manera receptiva.

Sexta línea: *El influjo se manifiesta en las mandíbulas, las mejillas y la lengua.* Reconocemos la inutilidad de intentar influir en otros con palabras y lógica. La gente puede ver sólo lo que está dispuesta a ver. Si bien es posible ayudar a las personas que nos son receptivas a entender conceptos, no podemos ayudarles a saltarse los pasos de su desarrollo interior, tratando de lograr intelectualmente lo que se tiene que conseguir con el corazón. Cada persona debe pasar por las experiencias que le hacen posible desarrollarse, cada persona debe proseguir a su propio paso, por su propio camino. Aunque podemos ayudar, el sabio es el maestro, y el *I Ching* la linterna a lo largo todo el viaje.

Esta línea también quiere decir que si, bajo la presión del momento, decimos algo sin que sea nuestra intención, no tendrá efecto verdadero y nos podremos olvidar de nuestro error, pero es necesario revitalizar nuestra actitud y recobrar nuestra independencia emocional.

32

Hêng
La duración

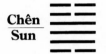

Chên: La conmoción, el trueno
Sun: Lo suave, el viento

Continúa como antes, sin vacilar o cambiar de dirección.

A cierto nivel este hexagrama significa *soportar*, a otro nivel significa *permanecer igual*. Aquí se describe el principio del *I Ching* de que la vida es un "seguir adelante". El desviarnos de nuestro camino evoca el consejo del *I Ching* para un "retorno" al yo verdadero y al camino correcto. Al "seguir adelante" mantenemos una actitud neutral; nos desligamos de "mirar hacia atrás", "mirar al lado", o "mirar al futuro"; ponemos atención sólo a lo que se nos pone delante de nosotros para hacer algo, y nos interesamos sólo en lo que es esencial y correcto.

Recibimos este hexagrama cuando nos preguntamos qué estado mental debemos tener. Las condiciones han cambiado y nos preguntamos si debemos ser más abiertos o más reservados. ¿Debemos estar más contentos y relajados o debemos ser más cautelosos? El hexagrama nos aconseja que sigamos como si nada hubiera cambiado.

Muchas veces esperamos a que el cambio sea para mejor, otras tememos que pueda ser para peor. Al esperanzarnos o al soñar, nuestro ego insinúa que hagamos algo para mejorar, o parar, o adaptarnos a lo que está sucediendo.

Si hemos visto que la situación ha mejorado, debemos ver la mejoría sólo como uno de los muchos pasos que debemos tomar en la dirección debida. Evitamos esperanzarnos o volvernos entusiastas; permanecemos como antes. Si nos parece que la situación ha empeorado, nos recordamos que los retrocesos son inevitables. La situación se volverá irreversible sólo si la definimos como "mala". Si nos relacionamos apropiadamente, cada caída será menor que la anterior, y la dirección general será hacia el progreso.

Debemos recordar que las mejorías nos invitan a desenvolvernos de forma egoísta. Empezamos a ver la situación como beneficiosa para nosotros y así perdemos nuestra independencia interior. Esto, a su vez, incita a otros a manipularnos. Sólo hay un rumbo: seguir hacia adelante sin dejarnos impresionar por las señales de cambio. No debemos cambiar nuestra forma de relacionarnos, sino continuar adelante. La victoria final será tan genuina que no habrá dudas que nos hagan cuestionarnos.

Las imágenes del trueno y el viento, como elementos que siempre se acompañan, simbolizan relaciones que perduran durante los desafíos y los cambios. El ejemplo que se da es el del matrimonio como institución social que ha perdurado a través de los tiempos. El hexagrama también se ocupa de las actitudes que son esenciales para que perdure el matrimonio y la clase de relaciones humanas que proveen una base sólida para la sociedad.

A través del *I Ching* se pone énfasis en que una sociedad fuerte, ordenada y pacífica tiene como base una familia fuerte, ordenada y pacífica. La fortaleza y la seguridad de la familia, a su vez, hunde sus raíces en una relación entre marido y mujer fuerte y correcta. En *La familia*, hexagrama 37, se dice que si el marido cumple su deber y la mujer el suyo, y si las relaciones entre hermanos es correcta, la familia logra seguridad y tiene una buena influencia sobre la sociedad.

El hexagrama señala que el corazón de la familia es la esposa perseverante. Como tanto una mujer como un hombre pueden recibir este hexagrama, debemos considerar a ésta como simbolizando lo masculino o lo femenino en la relación o situación dada, en la cual debemos perseverar. Para tener un efecto beneficioso y para nutrir a todos de forma correcta, una persona así debe contentarse con trabajar en un segundo plano; de esta forma actuamos para mantener en orden la situación.

La duración se refiere a nuestro desarrollo individual instándonos a mantener nuestros principios durante los momentos de desafío: "El hombre superior permanece firme y no modifica su rumbo". La máxima constancia es ejemplificada por el santo, quien permanece para siempre en su rumbo, permitiendo que el mundo se forme cabalmente.

La firmeza requiere que preveamos que la maldad externa no nos afecte el espíritu, y que el triunfo no nos vuelva arrogantes; lo cual significa que nos mantengamos modestos y desapegados, escuchando nuestro sentido de la verdad, lo esencial y lo correcto. La perseverancia en la actitud correcta nos lleva a la firmeza y a la unidad de carácter necesarias para transformar el mal y para ganar el consentimiento de los demás para seguir el bien.

Es propicio tener adónde ir. Lo cual se refiere a nuestro camino. Si mantenemos nuestro camino en mente —la senda inferior como opuesta a la senda elevada— no nos desviaremos fácilmente de él. La senda inferior simboliza servir el bien a través de la perseverancia, la paciencia, y la moderación, y trabajar con el instrumento invisible de la verdad interior. La senda elevada es la de la agresividad, el abuso del poder y la persecución del interés personal por el cual nos relajamos en las indulgencias y el abandono.

Primera línea: *Pretender obtener algo duradero precipitadamente trae una desgracia persistente.* Esta línea muchas veces tiene que ver con esperar mucho, demasiado pronto. Si esperamos resultados mensurables de los cuales podemos depender al momento, entonces nuestro ego está al mando; cuando no obtenemos estos resultados, abandonamos la perseverancia. Es como si el ego, que ha sido desplazado pero no derrotado, estuviese al lado convocando las dudas, diciendo: "Te lo había dicho", para poder recobrar el mando. Al escucharlo perdemos nuestra independencia interior. Para mantenernos en el camino no debemos dejar que nuestra mirada interior contemple el objetivo, sino que debemos ser conscientes de las necesidades del momento.

Segunda línea: *El remordimiento se desvanece.* Una vez que nos apartamos de nuestros errores, puede ser que estemos contendiendo, luchando, deseando abandonarlo todo o relajarnos en la comodidad y disfrutar. Puede ser que nuestro ego esté jugando el *juego del montón.* En la búsqueda de la comodidad y la autoafirmación, el ego infantil trata de minar nuestra perseverancia y distraernos de nuestro camino. Nuestro error ha sido escuchar sus quejas. Si pudiésemos ver sus errores a tiempo para prevenirlos, no habría arrepentimiento, pero eso sería esperar demasiado de nosotros mismos. Es suficiente con tener la fortaleza necesaria para apartarnos de nuestros errores y volver a la aceptación y la calma.

La referencia a nuestra fortaleza interna como mayor que la de la situación externa quiere decir que ahora que somos conscientes de las decepciones de nuestro ego, el poder de la verdad interior prevalecerá para enderezar los asuntos.

Tercera línea: *Al que no confiere constancia a su carácter le llega la desgracia.* Si miramos al lado, a nuestros compañeros, para medir el progreso, no podremos caminar rectos en nuestro camino. Es imposible guiar a aquel a quien seguimos. El mirar al lado despierta esperanzas y temores que desestabilizan nuestro carácter; se provocan experiencias penosas y lo que más tememos parece hacerse realidad. En la filosofía china se dice que el daño sólo entra cuando el miedo hace una brecha.

Formas menos obvias de mirar a un lado incluyen contar con nuestra suerte, nuestro dinero, o midiendo nuestro progreso. Si vamos a conferirle constancia a nuestro carácter debemos mirar directamente hacia adelante a nuestro camino, y permanecer libres de la autosuficiencia o la autonegación que viene de medir nuestras ganancias, o de compararnos con los demás.

Cuarta línea: *No hay piezas de caza en el campo. Lo que no se busca como corresponde, no se encuentra.* Intentar alcanzar el objetivo atacando de frente sólo conduce a la humillación. Ponemos la vista en el resultado, sin considerar los medios para obtenerlo. En la jerarquía cósmica de valores, el camino es más importante que el objetivo, la forma de progresar es más importante que el resultado. Lo cual quiere decir que necesitamos poner nuestras energías en el camino, en tener coherencia de carácter, una mente inocente y un espíritu humilde. Para el futuro debemos dejar que suceda lo que tenga que suceder.

Esta línea habla de tratar de impresionar a los demás. Tales esfuerzos provienen de los temores decadentes y familiares relacionados con la importancia asumida por alguna gente. No sólo debemos ocuparnos de ver lo que tenemos que ver; lo que decimos debe ser sincero, modesto, esencial y correcto.

Esta línea puede querer decir que *no hay ninguna pieza de caza* en la línea de acción que intentamos seguir para producir resultados. Si dejamos de luchar y nos desapegamos, los acontecimientos definirán la dirección correcta en que actuar.

Quinta línea: *La perseverancia... concede buena fortuna a la mujer, desgracia al hombre.* En esta línea el hombre simboliza la tendencia de salir a explorar la vida; al hacerlo experimenta la vida y aprende. La mujer simboliza nuestro deber de conceder espacio para aprender de los demás, perseverando en mantener nuestra confianza es su potencial para el bien y en su habilidad de encontrar el camino correcto.

En Occidente se espera que aprendamos a través del intelecto. Nos esmeramos usando las amenazas y la fuerza para conseguir que nuestros hijos acepten lo que los profesores dicen sin cuestionarlo. Siguiendo el *I Ching*, el estudiante busca al sabio por su propia voluntad. Al estar expuestos a los peligros de sus errores de concepción, tienen que batallar contra sus dudas y forjar la disciplina para su propio rescate. Así, aunque nos ayude el sabio, el crecimiento y nuestra propia disciplina son nuestro propio logro.

Esta línea también está relacionada con el preguntarse si es necesario para la gente afrontar los riesgos de aprender mediante la experiencia; nos preguntamos si es correcto estar esperando mientras los demás se aplican en lo que percibimos como el peligro. La respuesta es sí. Obtendremos la maestría al asesinar al falso dragón del temor que habita dentro de nosotros. Si observamos que alguien está yendo por un camino falso, no debemos desesperarnos. La desesperación sólo indica que tenemos miedo de que no lo logre, un miedo que nos lleva a encerrarlo en nuestra duda. Si la gente nunca está expuesta al riesgo, permanece impedida de encontrarse a sí misma. Debemos abandonar la desconfianza y poner nuestros temores y preocupaciones en manos de lo desconocido. Así soportaremos lo que de otra forma nos perturbaría muchísimo.

También es importante no luchar por ayudar o por supervisar a los demás en su desarrollo. Debemos seguir nuestro propio camino estrictamente. Sólo nuestra independencia interior y nuestro buen ejemplo dan fuerzas y ayudan a los demás.

Sexta línea: *La agitación como estado permanente trae desgracia.* La agitación invade nuestra psique cuando pensamos en las equivocaciones que cometen los demás. Entonces, en lugar de perseverar en el camino de la espera firme y correcta, tomamos la elevada senda de la agresión o de la autodefensa para provocar el cambio.

Podemos pensar que necesitamos recordar que la otra persona todavía no se ha corregido a sí misma, para poder mantener una actitud firme acerca de ella; pero no es necesario, pues los acontecimientos constantes revelan la verdadera situación y no nos engañan.

De igual forma, no es necesario repasar sus errores mentalmente para poder mantenernos reservados. Al estar desapegados y dependientes del cosmos, tenemos fuerzas que salen en nuestra defensa. Estas fuerzas no pueden ayudarnos, sin embargo, si nos enredamos en la ira, el miedo o el deseo.

33
Tun
La retirada

Ch'ien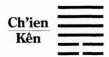
Kên

Ch'ien: Lo creativo, el cielo
Kên: El aquietamiento, la montaña

Deja de observar la situación para comprenderla.

La situación indicada en este hexagrama es aquella en la que nuestro ego, en forma de vanidad, deseo o miedo, ha sido despertado, ya sea al observar la situación o al observar el comportamiento de otro. También podemos sentirnos desconcertados por nuestra debilidad. Es importante desapegarnos y dejar de repasar la situación en nuestra mente. Esto, en los términos del *I Ching*, es retirarse.

Es importante retirarse (desligarse) antes de que nos enredemos más. Si nos retiramos a tiempo no sufriremos remordimientos porque no habremos tenido un efecto adverso sobre la situación. Ahora podemos retirarnos con poco esfuerzo, pero una vez que despertemos el deseo o el miedo, estaremos enredados. El orgullo también puede despertarse, como cuando nos vaciamos con alguien que no está listo para oír lo que tenemos que decir. Una vez ha sido despertado, los efectos negativos del orgullo herido son difíciles de disipar; el orgullo hace difícil volver al camino de la humildad y la aceptación. Si dejamos a nuestro ego dominar la situación, invariablemente continuaremos actuando aún más inapropiadamente. Enredarnos de esta forma puede producir lo contrario de lo que hubiéramos querido: humillación y remordimiento, lo cual se puede evitar si nos retiramos cuando empezamos a enredarnos.

El momento apropiado para retirarse es cuando empezamos a perder nuestro equilibrio interior y la serenidad: cuando empezamos a sentir entusiasmo, deseo o ambición; cuando los otros dejan de ser receptivos o cuando la agudeza de sus sentimientos se reduce. De la misma forma, nos retiramos cuando empezamos a ser asaltados por la duda y la negación, o cuando nuestras acciones no rinden ningún progreso. Si somos lo suficientemente humildes, seremos capaces de observar estas ocasiones y de apartarnos, sin desanimarnos porque nos damos cuenta de que los momentos en los que se puede ejercer influencia son cortos.

Debemos ser conscientes de los momentos en que, como las olas, la gente primero es receptiva y luego se aparta. No debemos vacilar para desligarnos en el momento en que titubea su receptividad. Al retirarnos nos adherimos a la simplicidad (la realización y la aceptación de ser impotentes), la sinceridad, la serenidad, y al poder de la verdad, para corregir la situación. De esta forma retenemos nuestra independencia interior y mantenemos el poder de nuestra personalidad, y podemos continuar nuestro camino sin habernos malgastado.

También es necesario desligarnos cuando nuestro ego se despierta con entusiasmo, al percibir una mejora en la situación, o al ver nuevas oportunidades de influenciar en este entusiasmo repentino, intentando interceptar el momento de progreso y aprovecharlo aún más, para poder dominar lo que de otra forma sería un momento espontaneo y de creatividad. Si somos conscientes de que nuestro ego está siempre esperando la ocasión para interponerse, podremos mantenerlo bajo control. Cuando nuestro ego intercepta el poder de esta manera, el ego de la otra persona se despierta para defenderse a sí mismo. La persona que tiene éxito al controlar su ego encuentra los momentos de creatividad que le permiten tener una influencia continua.

En todas las situaciones de retirada, debemos evitar que nuestro ego observe el problema. Dicha observación nos hace sentir que debemos "enderezar las cosas". Mientras luchemos contra la situación, ésta se mantendrá inflexible, revitalizada con nuestra propia participación. Al retirarnos, la obstrucción pierde energía; entonces, será posible tener nuevas oportunidades para influenciar. Aunque ahora los malos entendimientos prevalezcan, no debemos abandonar nuestra posición al pensar "a lo mejor yo me equivoco y ellos tienen la razón." Sería como abandonar el campo y dejarlo en manos del enemigo. Sólo necesitamos mantener un digna reserva que dificulte el avance de los egos de la gente e impida clamar victoria.

Primera línea: *Al retirarse, en la cola.* Dejamos que nuestro ego continúe examinando el problema. Puede ser que estemos considerando transigir con el mal o mantener nuestra participación a través del miedo, la ira, la impaciencia, o la ansiedad. Debemos desapegarnos y no poner más nuestra atención en el problema.

Segunda línea: *Lo sujeta firmemente con cuero de buey amarillo.* Nuestros inferiores quieren, y, fundamentalmente, tienen derecho a la justicia. Sin embargo, no puede obtenerse justicia simplemente porque la queremos, o porque nuestro ego la exija. La justicia sólo puede ser obtenida bajo la guía de lo más elevado de nuestro ser. Al ser conscientes de nuestro ego, perseverando y manteniéndonos desligados ganamos la ayuda del poder supremo.

Tercera línea: *Una retirada interrumpida destroza los nervios.* Nuestros inferiores, que están compuestos de buenos y malos elementos, continúan envueltos en el problema. Es necesario que nos retiremos de la mejor manera posible, aunque ellos discutan y discutan. Este esfuerzo de hacer lo correcto nos da fortaleza, porque los buenos elementos, como la fuerza de la voluntad, la dedicación, la devoción y la sinceridad, que aquí se les llama los sirvientes, se unen para luchar en contra los malos, ya sea la duda, la ansiedad, el miedo, el orgullo o la vanidad.

Cuarta línea: *Retirada voluntaria... vence al hombre inferior.* Al desprendernos del conflicto, evitamos la humillación y encontramos la forma correcta de defendernos contra la envidia de la gente, su ira o su odio. Al abandonar la lucha sus egos pierden el poder. Cuando peleamos con los egos de otros sólo afilamos sus armas y fortalecemos su resolución de continuar; cuando nos desligamos su resolución pierde fuerza.

Quinta línea: *Retirada amistosa.* Al percibir la necesidad de retirarse es necesario ser decidido, de otra forma, volveremos a afanarnos por luchar. Nos debemos retirar amigablemente; pero también con absoluta firmeza. La otra persona puede querer seguir envolviéndonos, pero no debemos dejarnos tentar. Ceder a la ambición o a la impaciencia ahora llegará a ser el origen de la debilidad más tarde.

En *el juego del montón* podemos acceder a los sutiles halagos de alguien que observando la cortesía formal, nos invita a explicar nuestros puntos de vista, aunque en realidad no le importa en absoluto lo que tenemos que decir. Una vez que le damos confianza, de repente nos ataca. Debemos retirarnos inmediatamente de la discusión y negarnos a participar en este juego. Aunque podemos expresar nuestros puntos de vista, sin pudor, no debemos defenderlos nunca, ni confiar en el envalentonamiento, la lógica o la inteligencia. Al participar en estos juegos nos malgastamos y comprometemos nuestra independencia interior, y, a la vez, el poder para el bien que tal independencia confiere. En todas las discusiones debemos recordar nuestra responsabilidad para con el sabio, a quien servimos. Sólo tenemos el deber de responder sinceramente a la sinceridad. Debemos evitar fomentar nuestro punto de vista. La verdad no necesita fomentarse ni tampoco defenderse; es capaz de hacerse valer por sus propios méritos y soportar todos los ataques del dragón falso.

No hay nada tan potencialmente engañoso como la cortesía formal o la seducción. Como la mayor parte del mundo se conduce de esta forma, no debemos culpar a los que tratan de envolvernos en ellas, cuando intentan ser corteses. Tampoco hemos de culparnos si ocasionalmente nos vemos atrapados en juegos sociales; éstos sólo pueden ser erradicados con el tiempo, la claridad y el desarrollo interior.

Sexta línea: *Retirada alegre.* Al desapegarnos, somos libres de seguir nuestro camino, sin permanecer atrapados por la negatividad.

34

Ta chuang
El poder de lo grande.

Chên
Ch'ien

Chên: La conmoción, el trueno
Ch'ien: Lo creativo, el cielo

Gran poder radica en la confianza en el poder del bien.

El poder de lo grande. Es propicia la perseverancia. Aquí, como en muchos otros hexagramas, hay dos significados a considerar. El primero es el del verdadero poder que nace del percibir la forma correcta de conducirnos. Comienzan a abrirse las "puertas del éxito", como se dice en la segunda línea. El segundo significado tiene que ver con el poder robado, asumido o interceptado, en el cual el ego toma el mando al sacar ventaja de situaciones favorables.

El poder es definido por los trigramas como la claridad (*ch'ien*) que asciende repentinamente como la fortaleza (*chên*). Una clara percepción de una situación nos da la fortaleza para hacerla frente. Una clara visión abre las puertas. Al percibir esta apertura, de pronto nos sentimos libres para avanzar.

Ch'ien indica la idea cósmica; *chên* indica que el movimiento es precipitado. De todas formas, *ch'ien* también significa perseverancia. Cuando percibimos la forma de conducirnos, no debemos llegar a perdernos en la obsesión de avanzar hasta que perdamos nuestra serenidad interna, porque nuestro ego está esperando tal oportunidad. El ego, obsesionado por la ambición de obtener alguna clase de gloria, no es partidario de nadie. El ego permanece esperando en la reserva, observando atentamente una oportunidad de saltar e interceptar el poder de percepción: está de más decir que muchas veces va por el camino equivocado. El ego puede interponerse sólo si llegamos a estar tan absortos en lo que hacemos que perdemos el contacto con nuestro ser interno (nuestro yo verdadero es siempre objetivo y reticente). Tener conciencia de este peligro nos protege frente la pérdida de nuestro equilibrio interior, y contra el olvido de que lo justo y lo correcto deben ir acompañados por pensamientos y acciones moderadas.

La idea de poder, combinada con la perseverancia, indica cierta reticencia. Al poseer poder (la conciencia de que lo correcto está de nuestro lado), debemos tener cuidado al usarlo, y, definitivamente, no vanagloriarnos de él. La verdadera grandeza es la habilidad de poseer poder y no usarlo.

Muchas veces no somos conscientes de que nuestros pensamientos internos son comunicados a los demás sin ninguna intención o esfuerzo de nuestra parte: así sentimos sus actitudes internas. Estas son percepciones no verbales, de las que nos enseñaron a desconfiar desde la niñez. Todos podemos recodar cómo, cuando éramos niños, reaccionábamos negativamente hacia alguien, y éramos disuadidos con halagos para negar e incluso reprimir nuestros sentimientos. Los albergábamos, de todas formas, porque eran para nosotros una verdad interior innegable. Este sentido interno de la verdad, tan suprimido, tan negado y tan contrario a lo que se supone que teníamos que pensar, es capaz de emerger con gran poder bajo las condiciones adecuadas. Si nos relacionamos de la forma que debemos relacionarnos, la verdad interior corregirá lo equivocado.

Si tenemos una percepción negativa o positiva acerca de alguien o algo, debemos llevar esta percepción a la conciencia, de inmediato. Hacerlo nos ayudará a entender completamente la verdad interior de la situación, antes de que nos posean las marcadas respuestas habituales. Si no lo hacemos y dejamos la percepción emergente en su estado semiconsciente, los viejos patrones de respuesta se mantendrán, simplemente debido a la inercia. Al elevar esta nueva percepción a la conciencia plena, preservamos su integridad y la reforzamos para que así, automáticamente, corrija la situación. No tenemos que hacer absolutamente nada.

Las líneas del hexagrama revelan muchos de los peligros inherentes cuando el poder de la percepción ha sido interceptado por el ego. Como lo afirma la primera línea, el poder más bajo del todo está dispuesto a obtener el progreso por la fuerza. Al empezar a percibir un mal, nuestro ego se interpone a sí mismo con el pensamiento: "¡Debemos hacer algo acerca de esto!" (es un viejo patrón basado en la duda). Al percibir una oportunidad de avanzar (en el momento en que se abre la puerta de la oportunidad) el ego nos intercepta con su entusiasmo eufórico: "Ahora podemos hacer algo", o a lo mejor, "se terminó el problema; podemos relajarnos y olvidarnos de todo". Al percibir que hemos obtenido una influencia, el ego dice, dándose importancia: "Mírame, yo poseo las respuestas; si tú no estás de acuerdo, haré que las cosas sucedan a mi modo", y, si no, vamos a satisfacernos con la egoísta "irritación espiritual" de tener razón.

El ego siempre interfiere con la dirección natural del poder; o va demasiado lejos o va en dirección contraria. Al hacer fuerza obstinadamente, se enreda, y una vez que está enredado adopta una postura beligerante. Sólo la línea cuarta del hexagrama describe el uso correcto del poder: "cuando tranquilamente, y con perseverancia, se empeña uno en superar las resistencias", y "El poder de una persona así no se demuestra en lo exterior; pero por su efecto podrán transportarse pesadas cargas".

Solemos recibir este hexagrama cuando, quizá sólo en nuestros pensamientos, hemos abusado del poder. El poder incluye el apremio, como cuando empujamos, o damos un codazo a alguien, o mantenemos presión sobre ellos, o los hacemos sentirse incómodos, o cuando buscamos manipularlos con halagos y con la tentación de la comodidad. El abuso del poder se presenta cuando tenemos motivos de rencor, o descartamos a alguien como imposible. El decir cosas con ira, tiene un efecto en los demás, como una bomba atómica, cuyo efecto puede persistir durante años.

Perseverar en el uso del poder quiere decir que esperamos el momento apropiado para hablar o actuar: cuando nos libramos de las presiones y los entusiasmo del ego, y cuando estamos en plena posesión de la verdad interior de la cuestión. Todo lo que decimos o hacemos procede del sentido de lo que es razonable, justo y esencial, y contamos con el poder para el bien de los demás, confiando en que su sentido de la verdad (por muy reprimido que esté) emergerá para apoyar lo correcto. Debemos estar preparados para confiar en que si somos sinceros al intentar el camino correcto, el poder de la verdad vendrá en nuestra ayuda.

Cuando se nos da la oportunidad de expresar nuestro punto de vista es importante no ir más lejos de lo que el momento permite. El hacerlo quiere decir que nuestro ego en busca de presa ha interceptado la verdad y ha mezclado medias verdades con sus propios propósitos; entonces, todo lo que decimos o hacemos toma el tono que acompaña a las medias verdades.

Un uso incorrecto del poder crea una mala reacción; esta reacción puede ser compensada si volvemos a la sinceridad y a la humildad. Nos retiramos, no con ira o desánimo; sino neutralmente. Ser capaz de continuar resueltamente cuando estamos tentados de abandonar la lucha, crea un gran poder. La firmeza en el puesto del deber supera a la fuerza del mal.

Primera línea: *Poder en los dedos de los pies. Continuar trae desgracia.* "Poder en los dedos de los pies" significa que intentamos ganar con persuasión, argumentos o fuerza. También se refiere a los pactos internos, por los cuales la gente debe cumplir lo que queremos, antes de que tengamos nada que hacer con ellos. Es egoísta mantener cualquier forma de actitud supervisora. Para corregir a la gente debemos desligarnos totalmente. Sabremos cuándo se han corregido a sí mismos los otros.

"Poder en los dedos" también significa que estamos avanzando presuntuosamente. Por ejemplo, presionamos a otros que no son receptivos con nosotros, o no nos retiramos a tiempo cuando el máximo de receptividad empieza a declinar. Si asumimos que hemos sido un poquito descuidados en estas cosas, estaremos protegidos. Es necesario, de alguna forma, ser responsable para poder sentar un buen ejemplo y considerar seriamente los riesgos a los que nos exponemos. Especular con el destino es apuntar hacia el desastre. Es como comprar acciones en el mercado de valores con la presunción de que el destino hará que rindan.

Segunda línea: *La perseverancia trae buena fortuna.* Esta línea nos aconseja perseverancia porque una vez que la resistencia cede, tenemos la tendencia a entregarnos a la euforia de la excesiva confianza en nosotros mismos. Durante estos períodos somos presumidos, esperando que la gente acredite nuestro valor interno y nuestros logros, olvidándonos de que la situación ha mejorado gracias a la modestia y la aceptación. Ahora nos sentimos suficientemente liberados como para abandonar nuestros límites y para decir a los otros que hay de malo con ellos. Para evitar tal abuso del poder debemos mantener una actitud modesta.

Tercera línea: *El hombre inferior actúa usando el poder. El hombre superior no actúa así. Continuar es peligroso. Un macho cabrío da con la cabeza contra una cerca y se le enredan los cuernos.* Esta línea se refiere a los momentos en que actuamos como enemigos de otros. Puede ser que nos hayamos retirado con una actitud hostil, para considerar el momento de actuar de una forma que los pondría en desventaja. Es un error pensar que con resistencia y con actitudes rígidas podemos forzar a emerger al gran hombre en los demás; poner una carrera de obstáculos sólo endurece lo inferior en ellos.

Cuarta línea: *La perseverancia trae buena fortuna. Desaparece el arrepentimiento. La cerca se abre; no hay enredo. El poder depende del eje de una gran carreta.* Hemos hecho algo que crea resistencia en otros. Por ejemplo, hemos puesto nuestros precios un poco más caros de lo que creemos que serán aceptados, aunque nuestros costos lo requerían. Cuando nadie compra, pensamos que es el precio. Esto no es así; de todas formas los compradores se resisten porque perciben intuitivamente nuestras dudas. Una vez que hemos hecho lo que es necesario y correcto, estas resistencias ceden.

El eje simboliza una actitud perseverante. A través de la perseverancia (manteniéndonos firmes y correctos) superamos la adversidad y el peligro.

Es importante, también, no destruir nuestro poder interior entregándonos a la duda acerca de nosotros mismos cuando hemos cometido errores. Debemos reconocerlos y corregirlos, y continuar con la vida.

Quinta línea: *Pierde al macho cabrío con facilidad. No hay arrepentimiento.* Es importante no hacer pactos con nosotros mismos. Cuando decidimos que no debemos confiar en una persona determinada, la situamos ante una carrera de obstáculos que debe superar para alcanzarnos. El persistir así, es castigarlo excesivamente. Esta línea nos asegura que podemos dejar las defensas y pactos sin incurrir en daño.

Sexta línea: *Un macho cabrío da con la cabeza contra una cerca. No puede retroceder, no puede avanzar. Si se advierte la dificultad, esto traerá buena fortuna.* El carnero se enreda cuando usamos demasiado poder. Presionar obstinadamente en busca de resultados crea más resistencia, no menos. Puede ser que hayamos actuado o hayamos pensado en hacerlo, por lo cual pondríamos a alguien en desventaja, o en una ventaja injusta. Puede que esperemos o exijamos que alguien haga algo porque debería hacerlo, aunque fuese un error para él acceder a las exigencias de nuestro ego; puede ser que estemos demasiado interesados en lo que está sucediendo. Todas estas acciones y actitudes crean obstáculos y resistencias. Podemos corregir estos errores al dejar el uso obstinado del poder.

Después de usar el poder de forma equivocada debemos estar preparados para perseverar, mientras un eclipse en nuestra relación sigue su curso. En tanto, no debemos pararnos en la encrucijada, pensando qué hacer. Debemos continuar, manteniéndonos perseverantemente desapegados. Una vez que hemos corregido nuestra actitud, debemos dejar atrás el asunto, como si nada hubiese ocurrido.

35
Chin
El progreso

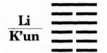

Li
K'un

Li: Lo adherente, el fuego
K'un: Lo receptivo, la tierra

Ilumina tu clara virtud; el objetivo es seguir el camino.

El Hombre Superior ilumina su clara virtud. La imagen del sol elevándose sobre la tierra indica tiempo de progreso. Tales tiempos también dejan al descubierto descuidadas costumbres o prácticas que impiden o detienen el progreso, o que amenazan lo ganado.

El recibir este hexagrama afirma que estamos progresando, aunque esto pueda eludir nuestra observación directa. Recibirlo también nos recuerda los principios básicos sobre los que se funda el progreso, para así poder usar este tiempo de progreso sabiamente. En particular, debemos evitar dormirnos en nuestros laureles y disfrutar de nuestros logros. Es la hora de "iluminar nuestra clara virtud".

El progreso no es el resultado de trabajar para conseguir un objetivo determinado como si fuera un fin en sí mismo, o la consecuencia de trabajar hacia objetivos más cómodos y personalmente deseables; por el contrario, es más el resultado de ser consciente y genuino con nuestros principios, y de servir lo que es más elevado. Cultivamos una actitud de independencia interior al centrarnos en lo que es esencial y correcto. Nos equivocamos al servir el bien cuando, al haber logrado un pequeño progreso, nos olvidamos de continuar humildemente nuestro camino, y sólo nos dedicamos a disfrutar el momento.

Recibir las líneas individuales del hexagrama nos dice que busquemos las actitudes que obstaculizan el progreso o que amenazan el progreso ya ganado. El progreso se detiene cuando abrigamos puntos de vista contrarios al sabio.

Un gobernante iluminado y un siervo obediente... Esta línea nos recuerda que el progreso es la consecuencia de servir al poder superior obedientemente, y de seguir la verdad y el bien, desinteresadamente, sin pensar en la recompensa. Esto quiere decir que debemos tener cuidado de no afanarnos en influenciar, o de usar el afecto y el respeto que hemos ganado para darnos el lujo de entregarnos al deseo. Para ayudar a otros verdaderamente, y así consolidar lo ganado, debemos mantenernos desapegados. De esta forma, nuestro trabajo está "a disposición del soberano".

Entre las más sutiles y decadentes de nuestras actitudes, está el orientarnos hacia un fin. Por ejemplo, nos concentramos en el objetivo de reunirnos con alguien, entonces nos acogemos a una idea que parece fomentar progreso de alguna forma dramática. Una vez que nos orientamos a conseguir un fin, tendemos a interferir en los asuntos para asegurarnos de que se están movimiento en la dirección y en el momento deseados. O intervenimos para prevenir que los otros procedan en una dirección que nosotros percibimos como equivocada. Una persona que se orienta hacia un determinado fin es como un tipo particular de caballo que se conoce como rata de establo. Este caballo está tan atado emocionalmente al establo, que cuando su jinete le señala cualquier otra dirección, cabalga más y más despacio, y cuando se le gira hacia el establo, casi no se le puede impedir que corra. Cuando nos orientamos hacia un fin, desconfiamos de la voluntad o de la habilidad del sabio para usar las circunstancias creadoramente. Así como aquel que navega habla de diferentes ángulos para progresar contra el viento, lo creativo usa todos los acontecimientos y direcciones para su obra.

Caemos en la costumbre de alcanzar un fin cuando dejamos que nuestro ego se mezcle en cualquier clase de medición para ver cuánto hemos progresado o fracasado. Lo cual, a su vez, atrae la duda, y el esfuerzo por el cual perdemos nuestro centro de gravedad e independencia interior que trae consigo el progreso.

El tiempo es el vehículo de lo creativo. El tiempo cura. Cuando dejamos que nuestro ego se oponga al tiempo requerido para progresar, debido a sus dudas y temores, nos encerramos en la vorágine de la fuerza oscura y perdemos el poder para el bien que acompaña a una mente abierta.

La fuerza oscura es potente y dinámica. Cuando consideramos la actitud de alguien como estancado sin remedio, "oscurecemos su luz" y lo encerramos en un patrón de resistencia negativo. De la misma forma nos bloqueamos nosotros mismos cuando dudamos que podemos hacer algo. La duda desarma nuestra habilidad de movilizar lo desconocido para que salga en nuestra ayuda, y ciega nuestra capacidad oculta.

Dejamos que se manifieste el desenlace cósmico cuando cesamos de luchar para guiar la dirección del cambio a través del conflicto y la influencia. Cuando confiamos en que el camino correcto se mostrará por sí mismo, experimentamos un cambio de circunstancias. Este cambio está descrito en la línea quinta de *Separarse*, hexagrama 23, como "un banco de peces". En el momento en que nos relacionamos correctamente, la separación termina; el banco de peces gira completo y cambia de dirección al unísono.

Primera línea: *Progresando, pero rechazado.* Hemos hecho lo correcto y necesario pero parece que no hay progreso. No debemos dejarnos llevar por la ira, sino, simplemente, continuar haciendo lo correcto de una forma calmada y alegre. De esta forma, "morderemos con decisión" los obstáculos para lograr la justicia y la igualdad en nuestras relaciones.

Segunda línea: *Progresando, pero con tristeza.* Es mejor soportar el sufrimiento y la soledad que estar en compañía de alguien, si esto significa que debemos comprometer nuestros principios, o si el tiempo no ha llegado. Sólo cuando lo esencial para la unidad humana está correctamente establecido, podemos encontrar la felicidad. Si los demás no siguen nuestro camino, debemos dejarlos ir sin intentar influenciarlos. El aceptar humildemente continuar solos trae la felicidad, porque es lo que debemos hacer.

Tercera línea: *Todos están de acuerdo. Se desvanece el arrepentimiento.* Aunque lamentamos no tener la fortaleza y la disciplina para seguir nuestro camino con toda firmeza, este arrepentimiento será dispersado. Al volver a nuestro camino, todo el que sigue el bien nos ayuda.

Cuarta línea: *Progreso como el de un hámster acaparador.* "Posesiones equivocadas" se refieren a la siguiente: cuando esperamos o exigimos cosas de la gente; cuando exigimos recompensas del sabio por nuestro buen comportamiento; cuando usamos el tiempo del progreso para acaparar poder e influencia para nosotros mismos; cuando nos abandonamos a la comodidad de la situación en lugar de hacer lo correcto; cuando justificamos nuestro capricho poniendo la responsabilidad en el *I Ching*; cuando buscamos formas de omitir nuestra responsabilidad de decidir qué debemos hacer a otros y cuando nos abandonamos a los sentimientos de la ira o la frustración. El ego está a nuestro lado en cada oportunidad, buscando gloria, comodidad y una razón para existir o una razón para abandonar el camino. Debemos de cuidarnos constantemente contra su ambición de acumular posesiones para él mismo.

Las maquinaciones mencionadas, que temen a la luz ("procedimientos dudosos"), se refieren generalmente a un comportamiento que se puede llamar el síndrome del "caballero del caballo blanco de armadura resplandeciente". En la proximidad del mal, nuestros inferiores piensan que la verdad necesita ser defendida, se transforman en un caballero de armadura resplandeciente para batallar contra el mal. La verdad, de todas formas, no necesita defensa. Tiene poder absoluto y debe prevalecer al final.

Quinta línea: *No tomes a pecho ganancia ni perdida.* Aunque parece que no hemos aprovechado una buena oportunidad para influir en la situación, no debemos darle importancia. Aunque no es obvio, se ha progresado al mantenernos desapegados y libres. Si vemos cada momento como una oportunidad para influir, nos volvemos demasiado ambiciosos y nos orientamos demasiado a un fin. Debemos dejar que los momentos pasen y mantenernos alerta; entonces todo ocurrirá como debe ser.

Sexta línea: *Progresar con los cuernos...* No podemos enseñar a una persona una lección o hacerlo consciente siendo claramente ofensivos, enajenados u hostiles; todo esto representa una actitud excesivamente energética, mencionada en la línea cuarta. La agresión está sólo justificada contra nuestro yo inferior.

Esta línea también se refiere a los efectos negativos que emanan de abrigar sentimientos de culpa e ira en lugar de desligarnos de ellos.

36
Ming I
El oscurecimiento de la luz

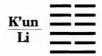

K'un
Li

K'un: Lo receptivo, la tierra
Li: Lo adherente, el fuego

Descontentos con el progreso lento, perdemos nuestra independencia interior.

La luz se ha sumergido en la tierra. Esta imagen se refiere a circunstancias adversas que hacen difícil que mantengamos nuestra voluntad de seguir el camino. Parecería que no ha habido progreso, y, por lo tanto, nuestro equilibrio y nuestra independencia interior están amenazados. Nos desesperamos porque la situación parece difícil e inamovible, temiendo que nunca encontraremos una solución.

Nuestra luz interior siempre está amenazada cuando nos ocupamos de mirar una situación desde el punto de vista de nuestro ego, de nuestro corazón infantil. Es como si tuviésemos gafas oscuras, y todo parece estar clasificado como "no ha mejorado", o "está peor". Las costumbres mentales de la gente parecen tan deficientes que no podemos imaginarnos ninguna posibilidad de que cambien. Tampoco podemos entender que por seguir nuestro camino no habrá ninguna diferencia durante el período de tiempo en el cual creemos que deben cambiar.

Con esta imagen nublada nos olvidamos de que todos los cambios son como corrientes que viajan a través de un paso subterráneo, antes de que suban a la superficie. Debemos recordar que no podemos obtener una visión clara si nos limitamos a observar lo exterior de la situación; de la misma forma, no podemos ver con claridad si no podemos acallar los clamores de nuestras voces internas. Debemos desapegarnos y dejar de observar la situación. Esto es difícil, si no nos liberamos de los sentimientos de resentimiento, hostilidad o frustración. Por el momento tenemos que aceptar la situación humildemente como está.

No debemos preocuparnos de cómo los demás ven nuestro desapego. La vanidad, en la forma de orgullo herido, actúa y moviliza a nuestros inferiores hacia la ira, el odio y la defensa propia. Nuestro ego (en forma de vanidad) está implicado siempre que tenemos la dependencia emocional de crear un progreso visible, un progreso mensurable. Su mando continuo perpetúa el ciclo interminable del "sin progreso"; mientras siga gobernando no podemos atraer el poder de lo creativo, el cual responde sólo al desapego.

Para escapar al dominio del ego necesitamos reafirmar que lo creativo (la naturaleza) actúa lenta e imperceptiblemente hasta que un día llueve, florece y la fruta madura. El desenlace del drama de la vida pone los diversos elementos en orden: entonces ocurre lo imposible. Debemos recordar que el milagro de florecer, la lluvia y la fruta, son el producto de la naturaleza.

Debemos evitar divagar o discutir, ya sea nuestro comportamiento el incorrecto o el de los demás. Concentrarnos en lo negativo tiene un mal efecto.

Primera Línea: *Oscurecimiento de la luz durante el vuelo.* Al haber hecho un gran esfuerzo por seguir el camino y disciplinar a nuestros inferiores, al ser modestos y sinceros, y puesto que continuamos pensando en el esfuerzo y el tiempo que hemos puesto, nos desalentamos al ver que no ha habido progreso visible.

Todos estos comienzos, semillas de duda, dan pie al deseo y, a su vez, al deseo de luchar; cuando no tenemos éxito sentimos amargura, y así, en forma de protección, adoptamos una actitud rígida y desesperanzada hacia todas las circunstancias que envuelven al resto de la gente, el *I Ching*, la vida misma. Todo el tiempo, el ego ha estado presente, probando y midiendo, y aceptando ser sumiso si obtiene ganancias visibles.

El remedio es dejar de "mirar sesgadamente" la situación. Esto es posible si nos adherimos a nuestra luz interior y a lo que es bueno en nosotros y en los demás. Con una disposición más objetiva podremos ver que el destino no nos ha llevado a un feo y repulsivo fin, sino a una armonía mayor y constante, entre nosotros y los demás. Podremos ver que las adversidades han traído consigo un nuevo crecimiento y un nuevo entendimiento. Seremos capaces de ver que mientras nuestro ego pueda seguir dominando, aunque sea por períodos cortos de tiempo, tenemos más trabajo por delante, antes de que nuestros problemas puedan ser resueltos y podamos alcanzar nuestros objetivos.

Segunda línea: *El oscurecimiento de la luz lo hiere en el muslo izquierdo.* Estamos tentados de abandonarlo todo porque no hemos podido superar todas las dificultades con un gran esfuerzo. De todas formas, algo dentro de nosotros nos ayuda a adherirnos al camino. Sólo tenemos que confiar en el poder supremo para que nos guíe a pasar las dificultades. No necesitamos saber las respuestas por adelantado.

Tercera línea: *Se captura al cabecilla principal.* Esto quiere decir que se reconoce la fuente del problema, ya sea dentro de nosotros o en otra persona. Éste es, normalmente, alguna costumbre mental que es difícil de romper; por esto la línea dice "no debe esperarse demasiado pronto la perseverancia". Esperar superar una actitud deficiente, de un vez por todas, nos lleva a la decepción y a la ruptura (ver *Separarse*, hexagrama 23). Es importante ser tolerantes con nosotros mismos y con los demás. Sólo la perseverancia mantenida por un período de tiempo nos ayuda a disipar el poder del ego. Cuando ve que estamos decididos, renuncia al control. Es como si nuestros fallos tuvieran una existencia independiente de nosotros; sólo pueden ser vencidos si los cazamos y tratamos con ellos repetidamente. Debemos acostumbrarnos al peligro y a la dificultad que este esfuerzo conlleva.

Cuarta línea: *Se alcanza el corazón del oscurecimiento de la luz...* Dejamos el camino equivocado cuando nos damos cuenta de que no mejorarán las cosas al seguirlo. El quid de la cuestión puede ser la impaciencia, o la indignación (orgullo y envidia) contra los inferiores de los demás.

Quinta línea: *Oscurecimiento de la luz como en el caso del príncipe Chi.* Como esta línea advierte: "Junto a una invencible perseverancia en lo interior; debemos duplicar nuestra cautela" en "nuestros tratos con el mundo", porque de seguro, como sucedió con el príncipe Chi, nuestras virtudes serán desafiadas. Si perseveramos, nuestros esfuerzos actuales terminarán en éxito. Nuestros problemas actuales serán vistos como las necesarias dificultades que preceden a los grandes cambios.

Sexta línea: *No luz, sino oscuridad.* El clímax de la oscuridad ha sido alcanzado. Parecería que todos los esfuerzos e intentos fueron vanos. Precisamente ahora, de alguna forma, la tensión del "falso dragón" ha sido forzada hasta el límite. No puede dañarnos si nos mantenemos firmes y renovamos nuestra decisión de continuar. Al no caer víctimas de la enajenación y la negatividad, el mal fracasa. Nuestra voluntad de continuar, y seguir sincera y modestamente lo bueno y lo bello es todo lo que queda, y lo hace victoriosamente.

37

Chia jên
La familia (el clan)

Sun ☴
Li ☲

Sun: Lo suave, el viento
Li: Lo adherente, el fuego

*Trabajar desde una posición entre bastidores y confiar
en el poder de la verdad.*

Este hexagrama define la correcta relación entre la gente dentro de la unidad familiar; puede referirse a la familia espiritual (uno en relación al sabio), o a la familia humana. Un viejo proverbio chino dice que si uno quiere corregir el mundo, primero debe corregir el estado; si uno quiere corregir el estado, primero tiene que corregir a la familia; si uno quiere corregir a la familia, primero tiene que corregirse a si mismo. La autocorrección es lo primero y quizás lo único importante. Al volver a nuestra correcta actitud, se tornan posibles grandes cambios en las actitudes de los demás.

Como indica la línea sexta, influimos a los demás a través de la fuerza de la verdad interior, y no con el ejercicio del poder físico o verbal. *La perseverancia de la mujer*, significa que cultivamos los componentes de la receptividad y la perseverancia de nuestra naturaleza, porque estos activan el poder de lo creativo; lo cual quiere decir que muchas veces tendremos que trabajar en una posición aparentemente insignificante (como la ve nuestro ego), en la que renunciamos al afán y a la pretensión. Mientras permanezcamos siempre firmes en nuestros valores, nos mantendremos apacibles al tratar con los demás. Otro proverbio dice: "Sé como el agua, suave, pero de fuerza irresistible". El verdadero liderazgo, desde el punto de vista del *I Ching*, no consiste en estar al frente o encima. Apoyamos desde abajo, a través de la paciencia, de la firmeza interior en lo que es correcto y la independencia interior. Siempre estamos prestos a retirarnos cuando el momento lo pide, a seguir nuestro camino solos. Esto es amar realmente.

En lugar de actuar abiertamente, dejamos que el poder de lo justo y lo correcto penetre en los demás. Al mantener una actitud neutral, dejamos que se nos llame a la acción espontáneamente, como lo pide el momento. La verdad interior, que transmitimos a otros, es la esencia de lo que es universalmente verdadero. Sólo necesitamos reconocer esta verdad para que penetre en los demás. No proyectamos nuestros pensamientos, ni ejercitamos nuestra voluntad, ni decimos o hacemos nada.

La verdad interior es la más elevada verdad que aún no percibimos. Podemos confiar en que esta verdad aparecerá por ella misma en el momento necesario y que tendrá el efecto requerido. Sólo tenemos que confiar en su existencia. Confiar quiere decir suspender la incredulidad. Hasta que la verdad interior se muestre, respetamos sólo la grandeza del alma (la humildad, la sinceridad y la constancia), de otra forma nos mantenemos pacientes y firmes al tratar con las faltas de la gente.

Primera línea: *Firme retiro dentro de la familia.* El trabajo está justo delante nuestro, y tiene relación con la forma en que nos relacionamos en nuestra actitud interior, con la gente con la que tenemos una relación directa. Nuestro deber no puede ser preocuparnos excesiva y lujosamente en asuntos remotos y abstractos, sino, limitarnos a los problemas que se nos presentan directamente para que los resolvamos nosotros.

Esto quiere decir que no debemos preocuparnos por acontecimientos ajenos a nuestra esfera inmediata; de todas formas, deberíamos fomentar una actitud correcta hacia ellos, porque al obtener una perspectiva cósmica activamos el poder de la verdad para rectificarlos. Si tenemos noticia de las injusticias, las catástrofes, el hambre o la miseria, no debemos quejarnos y castigar al cosmos, o indignarnos y culpar al cruel y al injusto; al hacerlo estimulamos las causas de la injusticia. No debemos desconfiar del poder de lo creativo para corregir situaciones decadentes, o dudar de su inclinación para acudir en ayuda del desdichado y del indefenso. Si la decadencia ha salido a la luz, quiere decir que lo creativo está actuando activamente para poner la situación ante la conciencia humana. Esto nos da la oportunidad de ejercitar una actitud creativa. La conciencia humana soporta una pesada responsabilidad sobre aquellos que hasta ahora, bajo la protección del anonimato y de la oscuridad, han consentido su indiferencia y crueldad. De todas formas, en lo que se refiere a sus transgresiones, no debemos considerarlos ajenos a la familia humana. Debemos procurar descubrir la verdad tan sincera y profundamente como si la persona fuese nuestro propio hijo que se extravió, para saber por qué el transgresor hace lo que hace. Si hemos tratado sinceramente con nuestros malos hábitos mentales, entenderemos que los otros sólo han llevado algunas de nuestras actitudes aparentemente inofensivas muchos pasos más adelante. Debemos considerar a los transgresores como el sabio nos considera a nosotros y a nuestras transgresiones. Esta actitud consiste en no perder nunca la esperanza en la habilidad de nadie para retornar a su mejor modo de ser.

Corregir a otros requiere que seamos conscientes y correctos dentro de nosotros mismos. Respondemos afirmativamente cuando los otros son correctos; nos refugiamos dentro de nosotros, cuando ellos se entregan a sus rabietas, a exigencias sin sentido o a actitudes negativas. ¿Si en una ocasión somos poco severos con el niño que garabatea los muebles, ¿podremos culparlo si lo vuelve a hacer? Si hemos malcriado a alguien sometiéndonos a sus actitudes incorrectas, sólo podemos romper su voluntad de niño al corregir nuestra falta de disciplina. No se nos permite el lujo de apoyar el ego de la gente.

Segunda línea: *Ella no debe seguir su capricho....* Seguimos nuestros caprichos cuando nos desviamos de la disciplina, al afanarnos por influir y forzar los resultados. Cada persona debe contar con el margen para encontrar su propio camino y la libertad de aprender mediante su propio esfuerzo. Esto quiere decir que debemos ponernos a un lado, en lo que parecería una posición sin importancia o inadvertida. La observancia de este deber genera resultados creativos mucho más allá de lo que puede apreciarse superficialmente, y mucho más allá del tiempo y del espacio inmediatos.

Esta línea también indica que hemos dejado de atender a nuestros pensamientos internos para concentrarnos en lo que otros deberían hacer o no; o que hemos dejado de atender a aquellos que tenemos en nuestro entorno, para, románticamente, "salvar al mundo" o "conquistar" el espacio. Esto no significa que no vayamos al espacio exterior, sino que no debemos ser tan ambiciosos como para comprometer lo que es realmente importante. Cuando olvidamos nuestra vida presente para contemplar el pasado, o para fantasear acerca de cómo controlar el futuro, "seguimos nuestros caprichos".

Tercera línea: *Cuando se acaloran los ánimos....* Se refiere a las ocasiones en que el ego de otra persona se impone por la fuerza; esto exige a mantener la reserva; no "retozamos y reímos" con él. El deber exige que nos mantengamos apartados y reservados hasta que su hombre inferior sea desplazado por una renovada modestia. En este caso es mejor ser muy severo que muy complaciente.

Algunas veces, esta línea se refiere al acaloramiento de nuestro ánimo, especialmente a nuestra impaciencia con el tiempo que toma corregir la situación, y a la irritación por lo mucho que tenemos que soportar. Si nos ocupamos de esta clase de sentimientos, el sabio se retira; además, nos sentimos abandonados.

Cuarta línea: *Ella es el tesoro de la casa. Gran fortuna.* El bienestar de las personas de nuestro entorno depende de nuestras acciones correctas. Mejoramos el bienestar general cuando nos resistimos a dejarnos llevar por consideraciones de interés propio. Esta línea nos llama a reflexionar sobre si lo que estamos haciendo, lo hacemos por las debidas razones. Examinar los motivos ocultos, nos ayuda a mantener el equilibrio. La persona concienzuda se preocupa de hacer las cosas por las debidas razones y, en consecuencia, produce gran ventura para todos.

Quinta línea: *Como un rey, él se acerca a su familia.* El rey simboliza la forma en que el sabio se relaciona con nosotros, su familia. El amor, y no el temor, es la base de esta relación y, por lo tanto, se le puede tener confianza. El amor que tiene por nosotros, por su incesantes cuidados y por su confianza en nuestro potencial superior, nos da el ejemplo de la lealtad desinteresada que debemos desarrollar hacia aquellos que están a nuestro cargo. Aun cuando a menudo debemos desapegarnos y desinteresarnos, no porque seamos indiferentes, sino porque nos importa, y porque no podemos perder la esperanza en el último residuo de lo que es bueno, en ellos o en su potencial para volver a su verdadero yo.

Sexta línea: *Su labor inspira respeto y veneración.* Sólo a través del desarrollo de nuestra naturaleza superior podemos influir a los demás correctamente y crear orden en nuestra vida. Esto quiere decir que desarrollamos un sentido firme de nuestros valores en los que no estamos dispuestos a ceder. Este sentido de valores actúa como un almacén de verdad interior; durante las dificultades nos adherimos a él para que nos provea de las soluciones y nos indique la forma correcta de proceder. Firme y resueltamente seguimos nuestro camino. Estamos contentos cuando los otros van con nosotros (hacia el bien para ellos mismos), y, libremente, dejamos a aquellos que toman direcciones diferentes. Cuando tenemos éxito, vamos hacia adelante sin vacilar, sin pensar demasiado en lo que hemos logrado. Cuando nos equivocamos, vamos hacia adelante sin vacilar, sin recriminarnos, sin una flagelación innecesaria. Así, nuestra labor inspira respeto y veneración.

38

K'uei

La oposición

Li
Tui

Li: Lo adherente, el fuego
Tui: La alegría, el lago

Malentendidos.

La oposición describe una situación en la cual la gente va en direcciones opuestas debido a malentendidos. O bien porque entendemos mal al sabio, al destino, al sentido de la vida, al orden cósmico de valores, a los otros, o bien porque no nos entienden a nosotros.

En términos del *I Ching*, la gente sigue caminos falsos y se opone a la verdad, no porque sean obstinados o malos, sino porque malinterpretan la verdad. Sienten que seguir la verdad los llevará a dificultades, así que adoptan una actitud desesperanzada en el momento de seguir la verdad. No perciben que sólo siguiendo el camino de la verdad pueden alcanzar lo que buscan.

Este malentendido tiene lugar cuando consideramos sólo los factores externos de la situación. Nos imaginamos toda clase de razones por las que algo no puede funcionar, sin darnos cuenta de que con nuestros pensamientos negativos obstaculizamos el éxito que buscamos. Simplemente al liberarnos de esta disposición de ánimo, reabrimos la puerta al éxito.

A menudo recibimos este hexagrama cuando empezamos a sospechar que todo está en contra nuestra, o que debemos encarar los desafíos de la vida sin ayuda de ninguna parte, o que no hay propósito en la vida, o que los acontecimientos hostiles no tienen ningún significado. Este hexagrama nos dice que aunque no nos demos cuenta, se nos está ayudando. No debemos caer en el aislamiento al desconfiar en el proceso de la vida. Los acontecimientos tienen sentidos que no tenemos por qué comprender completamente; nuestra vida tiene propósitos más altos que deberíamos cumplir. La adversidad es necesaria para crecer y para la realización de nuestra naturaleza suprema.

La razón primordial que entendemos mal, es que nos equivocamos al no tener en cuenta la presencia del poder supremo en todas nuestras actividades. Los acontecimientos hostiles se presentan cuando rehusamos obstinadamente considerar su realidad. El grado de indiferencia que tenemos para con el poder supremo llega hasta el punto en que se resiste a ayudarnos; nuestra obstinación llega a un extremo tal, que el poder supremo tiene que impresionarnos para que nos demos cuenta de su presencia. Cuando experimentamos la conmoción, el poder supremo está llamando a la puerta de nuestra conciencia para decirnos: "Escucha, yo también estoy aquí, y no me puedes ignorar en esta situación". Cuando nos damos cuenta de la fuerza oculta, presente en cada situación, somos socorridos en todo lo que estamos dispuestos a hacer. Los acontecimientos no tienen por qué ser hostiles. Como las aguas de un río, el cosmos fluye a lo largo de su curso; cuando remamos hacia un lado, chocamos con la ribera; cuando remamos río arriba, nos agotamos y nos rendimos; cuando vamos con el cosmos todo va bien.

A menudo recibimos este hexagrama porque desconfiamos del sabio, nuestro maestro. Pensamos que es indiferente, o que "está ahí para engañarnos" de alguna forma o que quizá es un embustero. Tan sólo estamos malentendiendo la forma en que funcionan las cosas. Nuestro ego siempre quiere ver la línea recta hacia el éxito. No obstante el camino del sabio es el camino de la naturaleza, diverso e indirecto. Todo se logra por medios secretos que resuelven los problemas en su totalidad; exactamente como el poder del sol, de la tierra, del viento y del agua, todo contribuye al proceso de crecimiento y maduración de las cosas. El camino serpentea fuera de la vista y de la medida del ego. Debemos confiar en este proceso oculto y adherirnos a él, porque es la verdad interior lo que continúa cuando todo parece imposible. Es el *tao*, del cual podemos llegar a ser conscientes, pero no llegar a conocerlo. No tiene reglas que podamos memorizar, pero cuando lo percibimos, toda la oposición desaparece; estamos en armonía con él, y somos nutridos por él.

El agua y el fuego nunca se mezclan. Lo mismo que sucede con la iluminación y la preocupación. No podemos ver con claridad, alcanzar el punto de vista cósmico, mientras estamos sujetos a miedos inquietantes. El antagonismo (malentendido) se presenta por la desconfianza, la duda, el miedo o la ansiedad. Mientras estemos cautivados por estas emociones, seremos incapaces de ver que los acontecimientos que parecen funestos muchas veces son el único medio por el cual cierto asunto puede ser rectificado y corregido. Es esencial mantener la mente abierta y eliminar la desconfianza al negarnos a escuchar los argumentos de nuestro ego.

En tiempos de oposición, las situaciones no pueden ser corregidas con un ataque frontal, con brusquedad, galanteo o persuasión. El esfuerzo sólo intensifica la desconfianza. Debemos desapegarnos realmente, seguir nuestro camino con dignidad y depender del poder de la verdad para seguir penetrando lentamente.

Por último, no debemos autocastigarnos con los malentendidos. Al ser enfrentados por nuestra ignorancia y por nuestra arrogancia, somos capaces de alcanzar la humildad y la verdadera comprensión. Los malentendidos son el preludio necesario para la comprensión. De la misma forma que el sabio nos otorga el margen para el error, tenemos que concedernos un margen a nosotros mismos y a los demás para errar. Entonces, cuando finalmente la luz se abre camino, la comprensión y la iluminación la siguen.

Primera línea: *Si pierdes tu caballo, no corras tras él.* No es necesario esforzarse o luchar; podemos ir con el curso de los acontecimientos sin peligro. Si dos personas que se supone que deben estar juntas se enemistan, sólo una necesita dejar que la otra se vaya, para que ésta vuelva por sí misma. No debemos ir más allá de la mitad del camino, al intentar hacer que algo funcione. En efecto, sólo debemos ir hasta medio camino para ir al encuentro de otros, cuando ellos, al igual que nosotros, hacen un esfuerzo por llevar a cabo lo correcto. Hasta entonces, debemos desapegarnos y continuar solos. Esto es verdad en todas las situaciones y es la correcta "actitud de espera" (ver *La espera*, hexagrama 5).

Segunda línea: *Se topa con su señor en una calle estrecha.* Esto quiere decir que la oposición y los malentendidos desaparecen momentáneamente porque disolvemos la desconfianza. Una actitud abierta lleva a penetrar aquella situación en la que entendemos un principio general, a través de la situación particular del momento.

Tercera línea: *Los pelos y la nariz de un hombre han sido cortados.* No debemos dejarnos influir por las apariencias negativas de las cosas, sino, adherirnos a nuestro camino. La verdadera felicidad está fundada en nuestra estabilidad interior. Estamos siendo sometidos a pruebas y ensayos.

Cuarta línea: *Aislado por la oposición.* No debemos considerar al destino como algo hostil. Debido a tal desconfianza y a la falta de constancia en nuestra forma de vida llegamos a aislarnos, aprobamos ideas equivocadas y no fidedignas en el sentido cósmico y por ello nos aislamos del sabio, que deja de cooperar de cerca con nosotros. Si nos damos cuenta de esto y volvemos al camino, nos veremos libres de faltas y estaremos en armonía con nosotros mismos. Al disolver la desconfianza y al tratar de hacer lo correcto, encontraremos la ayuda que necesitamos.

Quinta línea: *Muerde con los dientes atravesando el cascarón.* El "cascarón" simboliza malentender algo. Aquí, con una "mordedura tajante" atravesamos los malentendidos y así empezamos a entender correctamente. Por ejemplo, malentendemos la acción beneficiosa del sabio interpretando los acontecimientos como si el destino estuviese en contra de nosotros, o no percibimos que la otra persona es realmente sincera. Por esta desconfianza nos aislamos. Al percibir nuestro error y eliminar nuestra desconfianza, "nos abrimos camino a través del cascarón", así volvemos a ganar nuestro equilibrio e independencia interior.

Sexta línea: *No es un bandido...* A pesar de las apariencias, otra gente o el sabio no intentan hacernos daño. La vida o el destino, no están en contra de nosotros. Una situación desagradable siempre se complica con la desconfianza y los malentendidos. Cuando disolvemos nuestras defensas internas y volvemos a tener una mente abierta, listos para ver los acontecimientos como una forma de instruirnos sobre los conceptos más altos, la situación se arreglará sola. Siempre necesitamos ser conscientes de las percepciones emocionales que nos impone nuestro corazón de niño.

39
Chien
El impedimento

K'an ☵
Kên ☶

K'an: Lo abismal, el agua
Kên: El aquietamiento, la montaña

Somos víctimas de los efectos de una percepción exagerada.
Al cambiar nuestra actitud el impedimento desaparecerá.

Se nos presenta el impedimento cuando no hacemos lo correcto por sí mismo, como cuando hacemos las cosas para obtener el efecto deseado en la situación. Cuando vemos que nuestra actitud es un impedimento y la cambiamos, el impedimento desaparece.

Es propicio ver al gran hombre. La principal actitud, entre las que causan impedimentos, es la de considerar a la gente o a las situaciones como "imposibles", o considerar una situación como peligrosa, y pensar que, por lo tanto, es necesario actuar con vigor. Tales impresiones exageradas tienen lugar cuando pensamos detenidamente en los errores y en las injusticias de los demás.

Al mantener nuestra atención fija en lo que hacen otros, parecemos forzados por sus acciones a llegar a conclusiones lógicas como cuando pensamos, "si no hago algo ahora mismo se producirá un daño irreparable", o, "aunque ellos cambien no va a haber tiempo para cambiar algo", o, "es demasiado tarde para que las cosas salgan bien". Tales imágenes y pensamientos acompañan y son parte del deseo y del temor. Cuando el deseo y el temor dominan nuestro pensamiento no podemos ver con claridad. Más aun, el poder del deseo del miedo garantizan un resultado negativo.

Si queremos producir un efecto beneficioso, debemos adherirnos al potencial oprimido de gran hombre que poseen aquellos que yerran, así como mantener una opinión "justa y moderada" de su transgresiones. Al mismo tiempo que nos desapegamos de ellos y les dejamos buscar su propio camino. Manteniendo la mente abierta les damos el espacio para despertar ese potencial, a su propio paso. Perseverando durante las malas épocas, les damos el tiempo que necesitan para entender sus acciones. Reconocemos el mal de la situación y aun así lo ofrecemos al cosmos para que lo resuelva. De esta forma mantenemos una actitud neutral que refleja, como un espejo, la verdad interior de la situación. Lo hacemos a pesar de las banales quejas personales que nos piden que actuemos con fuerza, porque está en armonía con lo creativo y con las necesidades reales del momento.

Recibir este hexagrama señala que una nube que consiste en una o más emociones escondidas obstaculiza nuestra opinión, y, en consecuencia, nada funciona perfectamente. Es la clase de obstáculo del que no podemos deshacernos sin ayuda.

"Ver al gran hombre" quiere decir que necesitamos darnos cuenta de que la situación supera nuestra capacidad y que necesitamos la ayuda del sabio para encontrar y corregir los impedimentos en nuestra actitud. Con esta humildad atraeremos la ayuda del cosmos para satisfacer las necesidades de la situación.

Primera línea: *Retírate y aguarda el momento preciso para la acción.* Esto quiere decir que debemos retirar esos sentimientos de resistencia de haber tropezado con un impedimento. El impedimento tiene un buen propósito. Si obtenemos la perspectiva correcta y mantenemos la mente abierta para aprender de ello, hallaremos que a la larga será en nuestro beneficio. Luchar ciegamente tratando de avanzar se refiere al intentar imaginar cómo sucederán las cosas para tomar medidas defensivas de acción. En lugar de ello necesitamos permitir que la dificultad se aclare sola. Si somos pacientes y perseverantes, la oportunidad de adelantar se presentará por sí sola. Esto es lo que quiere decir estar motivado por la fuerza de la luz para ir hacia adelante, y por la fuerza de la oscuridad para retirarse. Aquí, retirarse es lo correcto.

Segunda línea: ... *impedimiento sobre impedimento, pero no es por su culpa.* Esta línea asegura que los impedimentos que se han presentado no han sido culpa nuestra. Toda adversidad nos da la oportunidad de ampliar y desarrollar nuestras actitudes y alcanzar el punto de vista cósmico.

Las situaciones muchas veces nos fuerzan a hacer juicios. Es correcto y necesario juzgar el asunto por lo que es: por ejemplo un error. Entonces, debemos desapegarnos. Pero si permitimos a nuestro ego que vigile señales de cambio, o si mentalmente supervisamos y medimos el progreso de los demás, o si actuamos para que hagan lo que "deberían hacer", entonces impedimos que cambien y violamos su dignidad para escoger el camino correcto por su propia voluntad. La gente puede hacer lo que "debería hacer" sólo si realmente les permitimos encontrar el camino correcto.

Necesitamos ser concientes de que al desapegarnos, no debemos pasar del extremo de rechazar a la persona al extremo de disculparla. Tales decisiones y sentimientos justifican y refuerzan a sus inferiores, permitiéndoles aplastar internamente cualquier esfuerzo de su hombre superior. Sus inferiores se dan prisa en señalar lo inútil que es intentar volver a ganar la confianza y la buena voluntad, es decir, lo que el hombre superior quisiera hacer. Además, tales decisiones crean lo que el *I Ching* llama en

El andariego, hexagrama 56, "pleitos". Los inferiores se quejan correctamente: "¿Quién eres tú para sentenciarnos como imposibles?" Cuando iniciamos estas guerras subconscientes, aquellos que consideramos adversarios empiezan a actuar de forma competitiva y hostil para hacernos pagar por nuestra arrogancia. Estas guerras muchas veces continúan durante años. A pesar de que para todo el mundo, excepto para aquellos que admiten haberlas provocado, no parece haber razón que justifique su existencia. Como nuestros pensamientos más profundos tienen poder pare crear dichos "pleitos" y "guerras" debemos controlarlos. Al desapegarnos de los demás, debemos perdonarlos verdaderamente manteniendo una opinión justa y moderada de sus transgresiones.

A veces tenemos miedo de que la situación funcione. Es importante no permitir que nuestro ego imagine un resultado desagradable. No debemos adoptar una opinión que nos induzca a abandonar nuestro objetivo. Necesitamos permitir al sabio, que sabe cómo hacer lo imposible, convertirse en el dramaturgo.

Tercera línea: *Ir conduce a impedimentos, por lo tanto, él regresa.* Esta línea, se relaciona con la primera: percibe una obstrucción en nuestra actitud que necesita ser reconocida. Se nos advierte en contra de decirles a los demás lo que tiene que hacer. La gente debe tener la libertad de volver al camino correcto por su propio entendimiento y voluntad. Cuando esperamos, exigimos o ejercemos presión para que hagan lo correcto, se vuelve imposible una respuesta libre y espontánea. Debemos desapegarnos realmente de la gente.

Cuarta línea: *Ir conduce a impedimentos, venir conduce a la unión.* Aunque nuestra causa pueda ser justa, sería un error depender de la lógica, porque nuestra lógica es el producto del conflicto interior. Podemos encontrar compañeros dignos de confianza (la ayuda del mundo interno), al detenernos, mantenernos quietos y perseverantes, hasta que la salida aparezca por sí misma. El tiempo es el vehículo: la perseverancia es la fuerza que disuelve la obstrucción. La claridad puede ser alcanzada sólo si nos apartamos del conflicto interior. Aquí "vuelve" quiere decir "deslígate".

Quinta línea: *En medio de los mayores impedimentos se acercan amigos.* El sabio viene en nuestra ayuda cuando perseveramos a través de todos los obstáculos, adhiriéndonos a lo correcto sin crear defensas. Cuando se nos ayuda a decir lo apropiado sin haberlo premeditado, la sensibilidad y la claridad se despiertan en aquellos que hasta ahora parecían incorregiblemente obstinados.

Los "amigos" son aquellos elementos intrínsecamente buenos que poseen los demás que hasta ahora han estado acallados por el miedo o la desconfianza; sin su cooperación y su confiaza, las obstrucciones no se pueden superar.

Sexta línea: *Es propicio ver al gran hombre.* El gran hombre que habita dentro de nosotros ha dado la espalda a la batalla, dejando los asuntos a nuestros inferiores. El desapego se ha vuelto indiferencia al haber asumido que no debemos ir al rescate. Pensando que no hay nada que podamos hacer, dudamos del poder de la verdad. En realidad el asunto no está fuera de nuestras manos. Debemos volver a buscar la ayuda del sabio, con quien podemos tratar el asunto decidida y completamente. Debe realizarse el esfuerzo para regresar aunque parezca extremadamente difícil. El gran hombre dentro de nosotros no sólo es capaz de rescatarse él mismo, sino que también puede rescatar a los que dependen de él.

40

Hsieh
La liberación

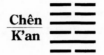

Chên
K'an

Chên: La conmoción, el trueno
K'an: Lo abismal, el agua

Acerca de ser liberado de los obstáculos.

El Hombre Superior disculpa los errores y perdona las fechorías. El movimiento de este hexagrama es ascendente, fuera del peligro. El peligro mencionado aquí implica una situación interna o externa, una situación que ha sido o que podría ser resuelta con un cambio en nuestra actitud.

El recibir este hexagrama sin líneas quiere decir que la situación está cambiando para mejor y que necesitamos "la quietud interior" para no renovar el peligro, o que necesitamos contemplar los cambios que tenemos que hacer en nuestra actitud para llevar a cabo la liberación.

Las líneas cambiantes indican problemas específicos en nuestra actitud. Por ejemplo, la primera línea nos aconseja renunciar a los sentimientos endurecidos que podamos tener, y eximir las culpas y perdonar las faltas.

Primera línea: *No hay culpa.* Al alcanzar un punto de vista correcto hemos superado el obstáculo frente a nosotros, y hemos resuelto el conflicto interior. Debemos mantener la tranquilidad interior para que el conflicto no sea renovado.

Si el problema con otra persona ha menguado, no debemos vacilar en la encrucijada preguntándonos: "¿Por qué sucede esto?". "¿Habré tomado el camino correcto?" Debemos continuar firmemente hacia adelante en nuestro camino.

Segunda línea: *Uno mata tres zorros en el campo.* Los zorros son el símbolo de las ideas que halagan a nuestra propia imagen y que astutamente nos mantienen bajo su hechizo al parecer tan lógicas, prácticas y equilibradas. Si estamos dedicados a liberarnos a nosotros mismos (ya los demás) de las falsas ideas, nuestra sinceridad hará que los halagos y la naturaleza falsa de estas ideas se haga visible, y de esa manera dejaremos de estar sujetos a su influencia oculta.

Tercera línea: *Si uno lleva una carga a sus espaldas y sin embargo viaja en carruaje...* Es arrogante ser duro y exigir a la gente. Cuando tenemos razón y estamos orgullosos de ello, perdemos nuestra modestia, y "viajamos en carruaje". Si después de haber sido ayudados por el sabio, nos sentimos con confianza como para relajarnos y tomar tales actitudes lujosas, atraemos a "los bandidos" —experiencias desagradables— que nos recordarán nuestra dependencia con el poder supremo. Al abandonar el camino de la docilidad y la aceptación perdemos la protección benevolente del poder supremo, y de esta forma estamos sujetos a los caprichos del azar.

Es importante que determinemos si hemos perdido la simpatía por aquellos menos afortunados que nosotros, o si ahora pensamos que no podemos perder el tiempo con los demás; éstas son las actitudes que están simbolizadas en la expresión "viajar en carruaje". La rigidez no es el sustituto apropiado de la firmeza. La firmeza no quiere decir que hagamos barricadas a través de pactos y de rígidos votos.

Después de que las situaciones mejoran es tiempo de trabajar, no de relajarse y disfrutar. Debemos mantenernos alerta y firmes, con independencia interior para poder continuar ejerciendo el efecto correcto.

El viajar en carruaje también se refiere a escoger un punto de vista con el que podemos vivir más fácilmente, un punto de vista que le va bien a nuestro ego.

Cuarta línea: *Libérate del dedo gordo de tu pie.* La dependencia con el dedo gordo del pie simboliza el adherirnos a la forma en que acostumbrábamos a resolver los problemas antes de que empezásemos a estudiar el *I Ching*. Por ejemplo, tomamos los asuntos en nuestras manos en un esfuerzo dirigido a lograr resultados o bloquear acontecimientos porque aún desconfiamos del ser guiados. Esta desconfianza impide la liberación. Un hábito mental similar es demostrado al aceptar el mal: "Bueno, pase lo que pase, me da igual". Si permanecemos firmes en nuestra lucha por lo que es correcto, "entonces acudirá el compañero y podrás confiar en él".

Otros hábitos mentales en los que nos apoyamos (como nos apoyamos en el dedo gordo cuando caminamos) incluyen el mirar la situación, decidir en base a su apariencia y escoger la forma en que nos relacionamos con ella. El problema no se puede definir en base a su apariencia. Siempre hay elementos ocultos que sólo podemos ver después del hecho, y otros que no podemos ver nunca. Los problemas sólo pueden resolverse si nos mantenemos desapegados y seguimos la verdad tan claramente como la vemos.

Otro aspecto del "dedo gordo" que pasamos inadvertido es que podemos estar usando el *I Ching* sólo para resolver nuestra relación con una persona en particular y aunque corrijamos la forma de relacionarnos con ella, no logramos aplicar sus principios en otras situaciones. Y así, usamos el *I Ching* para conseguir fines egoístas en lugar de corregir nuestra forma de vida. Los demás no pueden seguir tales valores parciales, y siempre se verán confundidos por nuestras hipocresías e inconsistencias.

Quinta línea: *Si el hombre superior pudiese liberarse a sí mismo...* La única forma en que los hábitos mentales arraigados pueden superarse es a través de una firme determinación de resistirlos. Es importante no escuchar sus persuasivos argumentos. Hay momentos en que parecen casi invisibles o demoníacos en su insistencia, pero su falsa fortaleza se disipa rápidamente cuando decididamente los rechazamos y rehusamos escucharlos. En una situación externa es importante tener la mente firme, desligarnos de nuestras emociones, y entonces, con pocas palabras, decir lo que tenemos que decir o hacer lo que hay que hacer. Hay que permanecer totalmente firme acerca en lo que es correcto, para que no haya discusión.

Sexta línea: *El príncipe dispara a un halcón apostado sobre un alto muro y lo mata.* Un residuo de nuestro ego impide la liberación. Sigue intentando llevar el mando implicándose en buscar el elemento que obstruye: él mismo. Esto sucede cuando queda todavía un poquito de orgullo, que nos impide humildemente requerir la ayuda del sabio. Cuando dejamos de lado este poquito de orgullo, disparamos sobre el halcón apostado en el alto muro y nos liberamos.

Esta línea también se refiere a tener un punto de vista equivocado. Si queremos unirnos a alguien, primero debemos soltarle, dejarle ser. Cuando dejamos de resistir lo que percibimos como una situación negativa o un destino hostil, el obstáculo desaparecerá.

41
Sun
La merma

Kên: El aquietamiento, la montaña
Tui: La alegría, el lago

Hay que sacrificar los sentimientos a que estamos apegados, como el deseo, el afecto, la repulsión, la negación, la enajenación o la irritación, por el bien de todos.

La merma unida a la veracidad... La merma por lo general es una llamada a sacrificar todas las formas de darse importancia, como la vanidad o el engreimiento o incluso los sentimientos de la ira y los deseos de venganza, que se presentan cuando nos sentimos forzados en una situación aparentemente imposible. Tales situaciones nublan nuestra percepción y, aunque puedan estar justificadas, el abrigar tales sentimientos impide que alcancemos un punto de vista correcto.

La merma también se refiere al momento en que reconocemos nuestra impotencia para lograr nuestros objetivos. El momento de la merma es el momento de más importancia al inicio de algo, pues éste es el punto en que nos damos cuenta de nuestra pobreza y de nuestra posición indefensa. Reconocer nuestra falta de poder significa que percibimos la impotencia de nuestro ego. Este reconocimiento desplaza a nuestro ego del mando de nuestra conciencia, si acaso, sólo momentaneamente. Durante el tiempo de la merma podemos ver que necesitamos ayuda y tenemos la humildad de pedirla. Si todavía estamos buscando otra cosa distinta a la ayuda del poder supremo, nuestro ego está tratando de reasumir el control.

La merma también se refiere al afligimiento que sentimos cuando nos damos cuenta de que nuestro ego debe renunciar al mando de nuestra personalidad. El sentimiento es similar al que sentimos cuando tenemos que dejar de usar unas muletas que creíamos indispensables para poder caminar. Más aun, nuestro ego, al percibir que debe ser mermado, reacciona con alarma y frustración. Si no es enfrentado con resistencia firme en este momento, cuando está débil, repentinamente recobra fuerza, crea defensas y empieza a luchar para resistir el destino. El mermar el ego, el liberarnos de tales sentimientos, es "expresar los verdaderos sentimientos del corazón". Al disminuir nuestro ego, transmitimos el mensaje correcto a otros, y el poder supremo es capaz de ayudarnos y protegernos.

Nuestro ego continuará al mando mientras busquemos entender, o mientras persigamos el reconocimiento de nuestro punto de vista o una forma de justificarnos. También continúa en el control si nos defendemos, hacemos pactos o nos volvemos duros de corazón por lo que pueda suceder. Al hacerlo, nos separamos, dudando de que lo creativo acuda en nuestra defensa. Aunque algunos puedan querer cambiar o relacionarse con nosotros de una mejor forma, se resisten porque sienten nuestra duda y nuestra actitud de defensa. Mientras nuestro ego pueda controlarnos, no somos de fiar. Aceptar que necesitamos ayuda, y pedirla, es ganar la ayuda del poder supremo.

Primera línea: *Irse rápidamente una vez concluida la tarea.* La forma en que el sabio se relaciona con nosotros nos muestra la forma en que debemos relacionarnos con los demás. *Irse rápidamente* significa, literalmente, irse rápidamente cuando uno ha terminado su tarea. El artista, al terminar su actuación deja el teatro sin más. No se queda esperando más tiempo del que la audiencia exige su presencia; se retira, desapegándose de lo que ha logrado. Este desinterés no le permite al ego asumir el poder; se mantiene el equilibrio de uno permitiendo que la verdad interior se imponga. En lo cual debemos confiar.

Al estar indefensos, debemos tener cuidado de no comprometer nuestra personalidad, hemos de tener cuidado y mantener nuestros pensamientos correctos y nuestra actitud desapegada y neutral. Pues nuestros medios de influir en otros están limitados a nuestro buen ejemplo y al poder de la verdad interior. El sabio no se malgasta persiguiendo nuestra aprobación; no atiende a las exigencias de la lógica o el intelecto. Aunque se retira en presencia de la arrogancia, tolera nuestros errores. Así, si una persona no es receptiva o duda acerca de nosotros, debemos reservarnos hasta que la delicadeza de los sentimientos sea suficiente para reestablecer la comunicación. Cuando el ego de una persona está al mando, nos malgastamos si confiamos en ella, o si intentamos convencerla de algo.

Esta línea puede tener que ver con nuestra relación con el sabio. Debemos preguntarnos, por lo tanto, si tenemos una verdadera delicadeza de sentimiento hacia el sabio. ¿Tomamos lo que queremos de su consejo y rechazamos lo que nos resulta desagradable? ¿Lo tratamos como a un amigo atento?

Segunda línea: *Sin mermarse a sí mismo es posible acrecentar a los demás.* Esta línea nos confirma que es correcto recibir pago por nuestros servicios. No es necesariamente algo bueno servir a alguien si al hacerlo le enseñamos a ser egocéntrico y mimado. No debemos cultivar la idea de que podemos recibir sin ser sensibles a las necesidades de aquellos que nos sirven. En el punto de vista del *I Ching* es un error servir a alguien si de esta forma atendemos a su ego o a sus expectativas irracionales, o si tal servicio compromete nuestros principios. (Ver *Ir al Encuentro*, hexagrama 44,

212

para una explicación del principio de encontrarse a medio camino.)

Esta línea también significa que aunque hayamos experimentado una disminución del yo, no debemos perder nuestra dignidad exponiendo nuestras debilidades a la atención de los demás, o practicando la confesión. Todos somos igualmente deficientes. Es falsa humildad exponer nuestras debilidades.

Para ayudar a los demás no es necesario ponerse uno mismo en posición dudosa y humillante. Para ayudarlos sólo se requiere que nos adheramos estrictamente a los límites de la modestia y la paciencia; el momento correcto para decir o hacer algo llegará por sí mismo, sin nuestra intervención. Sólo necesitamos esperar en un estado de consciente inocencia: libre de premeditación o de ideas fijas acerca de cómo es la situación y de lo que debemos hacer acerca de ella. Cuando esperamos con una idea preestructurada, tendemos una emboscada. Si estamos a la búsqueda de oportunidades para explicar, confiar o montar en cólera, nos echamos a perder, y así incurrimos en una innecesaria disminución del yo, al ser humillados.

Si somos íntegros, teniendo confianza en nosotros mismos, y tenemos cuidado de adherirnos a los límites impuestos por el principio de "ir a encontrarse a medio camino" (ver *Ir al encuentro*, hexagrama 44), se nos llamará a la acción con los acontecimientos; entonces, todo lo que digamos o hagamos será apropiado y no encontrará resistencia. A un grado bajo cero, el hielo se aferra testaduramente a las superficies, mientras que a un grado sobre cero es desplazado con facilidad. Esta es la importancia de trabajar con la situación (ver *La restricción*, hexagrama 60), y de seguir el camino de la menor resistencia (ver *El entusiasmo*, hexagrama 16).

Esta línea también puede significar que, si en nuestra actitud interna, estamos dispuestos a arriesgarnos a ser malentendidos y a asumir la desaprobación por adherirnos a nuestros principios, acrecentaremos algo en los demás. Irónicamente, nuestra deseo de ser firmes y correctos nos protege de una disminución del yo.

Tercera línea: *Cuando tres personas marchan juntas, su número disminuye a dos.* Eliminando lo equivocado en nosotros mismos abrimos la puerta para que entre lo bueno. El sabio no puede ser asociado con el mal. Es posible que nos estemos apegando a algo que no es el sabio para que nos guíe (como pueda ser una idea defectuosa) así, "tres son multitud".

También recibimos esta línea cuando nos hemos lanzado hacia adelante sin esperar a recibir la ayuda del sabio. Aquí la tercera persona es nuestro ego, que se manifiesta como el temor y como una solución estudiada de los problemas. Sólo debemos desapegarnos y esperar a que aparezca la ayuda.

Cuarta línea: *Cuando uno disminuye sus defectos, hace que el otro acuda presuroso y se alegre.* Aquí se nos aconseja revisar nuestra actitud para encontrar el error específico que obstruye el progreso.

La raíz de muchos errores es "mirar hacia atrás", "mirar de lado" o "mirar hacia adelante". Esto quiere decir que nos concentramos en lo que han hecho otros, están haciendo o pueden hacer. Este foco de atención nos hace intentar cambiar las cosas.

El estar emocionalmente enredado de esta forma perturba nuestro equilibrio.

Otra forma de enredarse emocionalmente tiene lugar cuando las cosas han estado yendo bien y empezamos a depender de que los buenos tiempos continúen; entonces no estamos preparados para cuando las cosas van a peor. De igual forma, durante las malas épocas asumimos que las situaciones negativas van a continuar indefinidamente, por lo tanto, adoptamos una opinión opresiva y desesperada. No debemos depender de que los asuntos sean estables o inestables; el cambio es la regla de la vida. Tal dependencia nos hace perder la cautela durante los buenos tiempos y confiar en soluciones estudiadísimas en los malos tiempos. Nos volvemos tan descuidados o nos preocupamos tanto con nuestros problemas que no podemos ser receptivos a las sugerencias del sabio.

Las observaciones de lo externo de la situación son incompletas. Es importante ver la "verdad interior" del asunto, que puede ser simplemente que no hay nada que hacer ahora sino desapegarse hasta que sea posible un mayor entendimiento. Una vez que hemos identificado el problema, tenemos la tendencia a fijarnos un plan de acción para "corregirlo", aunque el escenario esté incompleto. Debemos permitir que la percepción correcta nos penetre. Lo cual sólo es posible si por el momento nos resistimos al deseo de definir el problema o de forzar cualquier solución. Si perseveramos a través de lo que podría llamarse el "momento de ambigüedad", daremos al sabio la posibilidad de ayudar. Esta ayuda llegará en el momento en que la necesitemos. Mientras tanto, debemos resistir el miedo de que el sabio no vaya a ayudar, o de que el tiempo se agote, o de que de alguna forma debamos llegar a una conclusión.

Finalmente, al hacer lo correcto debemos dejar de mirar al sabio buscando una vana aprobación o desaprobación. Sabremos si hemos hecho lo mejor que podíamos haber hecho o no en un momento en particular. Debemos de desapegarnos del esfuerzo realizado y de los errores que hemos cometido.

Quinta línea: *Sin duda alguien está acrecentándolo.* Nuestro esfuerzo por seguir el camino del bien y de lo bello nos llevará al éxito y al rescate de aquellos a los que estamos ligados por lazos internos.

Sexta línea: *Cuando uno es acrecentado sin mermar a los demás, no hay culpa.* Al retirarnos y mantener la autodisciplina y la independencia interior, nuestra situación mejora y experimentamos un aumento de nuestra seguridad personal y de nuestra independencia interior. Lo cual de ninguna forma debe llegar a ser una justificación para desdeñar a los demás, rechazarlos, desearles el mal, exponerles sus faltas o ser duros o bruscos. Si nos mantenemos modestos y sinceros, ganaremos la ayuda que necesitamos para rescatarlos. La perseverancia y el trabajo mencionados se refieren a la constancia para refrenar a nuestros inferiores.

Esta línea significa que es correcto que se le pague a uno por sus servicios (ver la segunda línea), pero el pago no debe ser excesivo. También quiere decir que debemos esperar pagar una cantidad justa por los servicios de alguien.

42

|

El aumento

Sun
Chên

Sun: Lo suave, el viento
Chên: La conmoción, el trueno

Nos están ayudando, por lo tanto, debemos mantener nuestro corazón sereno (libre de deseo).

El aumento nos dice que estamos en una época de un intenso movimiento hacia el progreso. El poder supremo nos está ayudando. Esta ayuda nos coloca en posición de poder y nos da la sensación de independencia interior. Al continuar nuestro camino encontramos en cierta medida paz y confianza en nosotros mismos. El progreso es comparado fácilmente con las épocas anteriores de impedimento y merma. Ahora, de alguna forma, debemos ser más concienzudos todavía, porque el momento es similar al de *Después de la consumación*, hexagrama 63, cuando la indiferencia y un descuidado abandono invaden nuestra actitud. Se nos recuerda que el tiempo del aumento no dura, y, por lo tanto, debemos mantener una actitud estable hacia adelante y una fuerte independencia interior. Durante la época del aumento, podemos influir en otros si nuestra actitud se mantiene correcta. "Utilizamos" este tiempo cuando recobramos nuestra humildad, nos mantenemos convenientemente y "seguimos adelante".

Este hexagrama también afirma que el sacrificio por parte de "aquellos de arriba" rinde beneficio a aquellos de abajo. Cuando sentimos que nos hemos liberado de presiones internas, tendemos a ser intolerantes con otros y a medir su progreso con impaciencia. No importa lo independientes que nos sintamos, no debemos olvidarnos de rescatar a aquellos de los que somos responsables. Aunque rescatarlos signifique dejarlos continuar su propio camino; continuamos teniendo una mente abierta y sacrificamos cualquier tentación de ejecutarlos mentalmente como imposibles. Para ayudar a otros, debemos sacrificar los sentimientos de enajenación o agravio, sin importarnos cómo se comporten. Durante estas épocas, debemos recordar que no habríamos llegado muy lejos sin la ayuda, la fidelidad, y la mente abierta del sabio.

Primera línea: *Es propicio llevar a cabo grandes obras.* No se nos ha ayudado sólo para que descansemos en los laureles, para que tomemos una actitud de indiferencia o para que abandonemos nuestro camino. Si usamos nuestro poder y nuestra posición para poner a otros en desventaja, no podemos lograr nada grande, ni permanecer sin faltas. Ejercemos un gran poder cuando encontramos formas de no usarlo. Nos mantenemos humildes y sin falta cuando somos fieles a lo que es universalmente verdadero, y negociamos desde esta base. No debemos poner nuestra atención en lo que otra gente hace o deja de hacer, ni abandonarlos como imposibles debido a las apariencias; debemos mantener nuestras mentes abiertas a lo que ellos pueden llegar a ser, una vez que descubran cómo y por qué tienen que ser fieles con ellos mismos.

Esta línea también nos recuerda que se trata, en general, de una época de aumento, en el que nuestros errores no serán tan perjudiciales si los corregimos nosotros mismos.

Segunda línea: *Una constante perseverancia trae buena fortuna. El rey lo presenta ante Dios.* Si hemos adquirido un destino hostil, no es suficiente trabajar sólo para ser liberado de su opresión; este destino sólo cambiará cuando lleguemos a amar y a seguir el camino del bien por él mismo. Es decir, cuando alcancemos la armonía con lo creativo, cuando ya no seamos víctimas de la duda y del miedo, nuestra vida toma fuerza. De acuerdo con la ley cósmica, lo que hemos perdido regresa por sí mismo. Si podemos perseverar manteniendo nuestro corazón firme, el sabio (rey) discutirá nuestro caso, como si fuera ante Dios.

Tercera línea: *Uno se ve enriquecido por sucesos desafortunados.* Esta línea significa que puesto que estamos en general en una época de aumento o de autocorrección, hemos conseguido cierto progreso, a pesar de nuestros errores y de nuestras actitudes equivocadas.

Cuarta línea: *Si andas por el medio...* Personificamos el ejemplo del sabio (servimos de intermediario) al ser dedicados, responsables, sinceros y permanente desapegados. Eludimos esta responsabilidad si hacemos lo que queremos.

Quinta línea: *Si de verdad tienes un corazón bondadoso...* La verdadera bondad surge de la necesidad interior, no implica premeditación y es totalmente espontánea porque está de acuerdo con nuestra naturaleza pura. En la guerra contra la vanidad, debemos considerar si estamos actuando con inocencia o si lo hacemos para ganar el reconocimiento. A menudo, el mayor acto de bondad tiene lugar cuando renunciamos a los placeres para lograr una relación más correcta. No necesitamos preocuparnos de que nuestro punto de vista sea reconocido, pues todo el que permanece fiel a sí mismo y puro en su corazón, será reconocido.

Si insistimos en demostrar nuestros sentimientos para influir en otros o para darles el placer de verse reconocidos, cometemos un error al ver nuestros afectos como un premio. Al premiar con nuestros sentimientos, estamos bajo la influencia de la vanidad. Si expresamos nuestros sentimientos porque tememos que ellos necesiten una demostración de cuánto nos importan, estamos sirviendo a sus egos. Cuando nos dejamos llevar por el deseo o el temor, al mostrar nuestros puntos de vista o nuestros sentimientos, o al defender nuestros actos, nos estamos desperdiciando. Si somos conscientes de estar en lo correcto, en lo que se refiere a los motivos y a la firmeza en nuestros principios, lo que decimos espontáneamente será correcto.

La verdadera bondad, finalmente, consiste en hacer concienzudamente lo que es correcto sin ser vistos ni oídos por los demás. Cuando decidimos, "me gusta esa persona", nos arriesgamos al peligro de formar un partido con él, especialmente si decimos, que en efecto, de ahora en adelante dejaremos pasar los errores que pueda cometer. La verdadera lealtad, como la verdadera bondad, debe basarse en lo que es correcto en nosotros mismos; desde esa base nos relacionamos con la gente tal como van y vienen. Cuando ellos se desvían del bien, nos retiramos y mantenemos nuestra reserva y nos mantenemos fieles a su hombre superior. En esto consiste ser un verdadero amigo.

Por último, la bondad radica en ser paciente cuando se cometen errores, tanto nuestros como de los demás. Perdonar, es no requerir ningún acto de penitencia, ninguna disculpa. Sólo se nos pide ser pacientes, moderados y justos en nuestra actitud hacia ellos.

Sexta línea: *Él no produce aumento para nadie.* Esta línea nos advierte de que al usar el poder equivocadamente, perdemos la ayuda de lo creativo e incitamos al ataque de las fuerzas hostiles. Al perder la modestia, perdemos la capa y la espada. Sobre todo, perdemos los beneficios de la época del aumento si no mantenemos el corazón constante, como cuando vacilamos en nuestros valores y reconsideramos si nuestro camino será el correcto. Es necesario conservar nuestra modestia y nuestra independencia interior, para mantener nuestra dirección hacia adelante.

43

Kuei
La ruptura (la resolución)

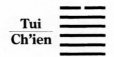

Tui
Ch'ien

Tui: La alegría, el lago
Ch'ien: Lo receptivo, el cielo

Tomar la resolución de mantenerse dentro de los límites correctos.

Ruptura se refiere a dos puntos de cambio: cuando lo *yin* fluye dentro del espacio dejado por lo *yang*, y cuando lo *yang* fluye en el espacio dejado por lo *yin*. Una forma de ruptura sigue a la otra. Al recorrer el camino correcto resueltamente, encontramos que los obstáculos ceden o "son rotos". Si pasamos del punto medio, al llegar a ser duros u orgullosos, o si dejamos de perseverar para disfrutar de una mejor situación, la ruptura se presenta como una ruptura en las relaciones.

Encontramos la primera clase de ruptura (eliminación de obstáculos) al perseverar resueltamente en la actitud correcta. Esto quiere decir que nos mantenemos emocionalmente desligados de las situaciones que nos tientan a reaccionar de una forma emocional. Así como aparecen las emociones, dispersamos su energía, reconociéndola y resistiéndola resueltamente. Dejamos de luchar, sacrificamos las aflicciones, dispersamos la ira y la frustración, resistimos el deseo, desmantelamos la excesiva confianza en nosotros mismos y sacrificamos los anhelos de tener derechos y expectativas. De esta forma privamos a nuestro ego de energía, y así no les damos a los egos de los demás nada con que competir. Con esta resuelta firmeza interior, fortalecemos la naturaleza superior de los demás y la situación cambia (ruptura). Al mantener la resolución de seguir esta disciplina, invocamos el poder de lo creativo, el cual siempre actúa ayudando a aquellos que siguen el bien.

Cuando la situación mejora, se debe tomar una nueva clase de resolución. Ahora debemos guardarnos de intervenir en los asuntos de los demás, diciéndoles lo que tienen que pensar. No debemos volver a caer en los hábitos mentales que nos condujeron a los problemas que tenemos. Cuando el triunfo llega no debemos ser duros ni orgullosos, ni tenemos que felicitarnos por estar en lo correcto. No descansamos en nuestras virtudes, ni medimos nuestro progreso. La resolución significa que continuamos humildemente hacia adelante, decididos a permanecer firmes en nuestro curso.

La resolución implica actuar tajantemente contra las pasiones y los temores que dominan nuestra mente, haciéndonos perder nuestro sentido del límite, como cuando nos olvidamos de la aceptación y la no-acción, o cuando nos dejamos llevar por la presunción. Cada día se nos ocurren toda clase de ideas. Aquellas que reconocemos como absurdas las descartamos inmediatamente; las ideas menos definidas tienden a quedarse en nuestras mentes hasta que adquieren credibilidad, simplemente porque no hemos decidido qué clase de ideas son. De esta manera son aceptadas como por descuido para a continuación penetrar en el subconsciente, donde continúan influenciando nuestro pensamiento y nuestro comportamiento. Es necesario llevar estas ideas a la superficie, para ver lo que son realmente. Cuando descubrimos que son "verdades a medias" seductoras, las podemos descartar.

Si las ideas sin valor han llegado a ser la respuesta habitual a las situaciones, debemos poner los medios para que no vuelvan a aparecer. Una vez que hemos resistido el compulsivo atractivo (o amenaza) que este hábito trae consigo, al menos en tres ocasiones, el hábito habrá sido enormemente debilitado, o totalmente superado (este es el significado de "tres veces" mencionado en *La revolución*, hexagrama 49.)

Es importante tener en cuenta que los diferentes hexagramas nos dan diferentes formas de abordar las influencias negativas. Por ejemplo, *La dispersión*, hexagrama 59, se refiere a la técnica específica de "disolver" los sentimientos de la ira y la enajenación. Al elegir abandonar estos sentimientos, los dejamos "irse flotando". Les damos libertad mentalmente, como uno haría con un pájaro enjaulado. Al emplear tales imágenes ganamos poder sobre las influencias negativas. Hasta que probamos esta técnica, no nos damos cuenta de que una cosa tan simple nos puede liberar de algo que nos ha controlado con garras de acero.

Cuando recibimos las líneas en *La liberación*, hexagrama 40, normalmente quiere decir que estamos bajo la influencia de sutiles e intransigentes emociones como la vanidad. A estas emociones se hace referencia en una línea como "tres zorros halagüeños", y en otra como "un halcón apostado sobre un alto muro." El hexagrama indica que se deben "matar" estas emociones. El acto de matar un mal motivo requiere primero que esté entre nosotros y exige la liberación de los obstáculos; entonces lo conquistamos con la resolución en contra de su influencia. Somos tan sinceros en nuestro esfuerzo que es "matado". También nos ayuda imaginarnos mentalmente matando las ideas, como si les tirásemos flechas. Este acto tiene éxito si queremos liberarnos sinceramente de este hábito mental.

Algunas veces un impulso hacia el mal está tan poco definido que sólo podemos percibirlo como una disposición de ánimo, corrompiendo nuestra actitud. La técnica para tratar con esta clase de problema es descrita en el *Ir al encuentro*, hexagrama 44. Apenas somos conscientes de que este estado de ánimo está ahí; lo observamos como uno puede observar un "pez en la pecera". Mientras no podamos deshacernos de éste de inmediato, estos medios nos permiten no perder el control en los momentos críticos.

A través de la lectura cotidiana del *I Ching* hallamos las técnicas apropiadas para hacer frente a cualquier situación. Cada técnica requiere un cierto tipo de resolución. Sólo la resolución irrumpe en el problema. Gradualmente, con la práctica, desarrollamos la habilidad de reconocer la técnica apropiada para cada situación dada.

Primera línea: *Poderoso en los dedos de los pies que avanzan. Error.* Aquí el peligro llega por excesiva confianza en nosotros mismos y por el entusiasmo eufórico. Vemos que debemos tomar la resolución de apartarnos de otros, atravesando los obstáculos con una "mordedura decisiva". Nuestro ego, sin embargo, nos dejaría pasado el punto supuesto, para apartarse con entusiasmo; o vemos que debemos dispersar la enajenación, pero pasamos de la reserva digna a ser demasiado indulgentes. Esta posición dominante del ego es percibida por la otra persona intuitivamente; por lo tanto vuelve a defenderse, defraudando nuestras intenciones.

Segunda línea: *Un grito de alarma. No temas nada.* Los acontecimientos o imágenes que se acercan nos van a empujar a actuar. No debemos dejar que la excesiva confianza en nosotros mismos nos haga salirnos de nuestros límites. Si recordamos que todavía no estamos en estado de equilibrio, podemos evitar cometer tales errores.

Tercera línea: *El hombre superior está firmemente resuelto. No hay culpa.* La ambigua situación nos empuja a actuar, a revolvernos en contra de alguien para exponer su mal comportamiento, para ajustar cuentas, o porque parece mejor volver a continuar una relación íntima. No obstante, lo adecuado es no actuar porque él no ha corregido su actitud de descuidada indiferencia. No hacemos nada, aunque nadie entienda por qué no adoptamos una actitud para concluir el asunto. "Nadie" incluye a nuestros inferiores.

Esta línea también puede referirse a creer que es imposible seguir el camino. No debemos perder la confianza en nosotros mismos. Necesitamos permanecer resueltos a continuar nuestro camino, a mantenernos concienzudos y a pedir ayuda.

Cuarta línea: *Si uno se dejara guiar como una oveja, se desvanecería el arrepentimiento.* Aquí nos encontramos frente a los peligros de ser resueltos. Cuando una resolución llega al extremo de resultar dura, o cuando al deshacernos de la enajenación nos volvemos demasiado indulgentes, nos desviamos de nuestro camino y ya no podemos escuchar interiormente. Nuestros sentimientos se endurecen cuando escuchamos a nuestro orgullo, o bien se ablandan si escuchamos al deseo. Debemos sacrificar la dureza y resistir el deseo si queremos volver a la modestia y a la simplicidad y regresar a la reserva y al equilibrio interior.

Dejarse guiar como una oveja quiere decir que dependemos de la verdad interior. No memorizamos lo que tenemos que decir, sino dejamos que lo correcto llegue por sí mismo, en el momento preciso. Esto es posible si mantenemos un vacío interior: ni escuchamos las quejas de nuestros inferiores, ni pretendemos saber todas las respuestas por adelantado.

Quinta línea: *Al tratar con la cizaña es necesaria una firme resolución. Caminando por el medio permanece libre de culpa.* La costumbre, simbolizada por la cizaña, es fuerte. Debemos permanecer resueltos en contra de perder nuestra independencia interior y nuestro equilibrio, y en contra de permitir que otros puedan provocarnos preocupación, desear o cuestionarnos. Debemos mantener nuestra serenidad. Es necesario dejar que la gente que desea errar siga su camino; mientras tanto nos mantenemos firmemente resueltos a no abandonarlos como imposibles. No debemos perder la confianza en nosotros mismos ni tampoco en nuestra habilidad para perseverar y tolerar a los demás, ni la de soportar la situación en general.

Sexta línea: *Ningún grito. Finalmente llega la desgracia.* La ruptura ha tenido lugar. Las cosas parecen mucho mejor, pero el asunto no está enteramente resuelto. Debemos tener cuidado de no perder la reserva volviéndonos demasiado indulgentes, o consintiendo en aceptar un comportamiento incorrecto. Si restablecemos relaciones con alguien, mientras los problemas todavía no están resueltos, nos desperdiciamos. Las condiciones de igualdad y de justicia deben ser firmemente establecidas, no por lo que se diga, sino por lo esencial de la forma de vida de la persona.

No necesitamos abrigar el odio o mantener malos recuerdos que nos digan que la situación todavía no está resuelta. Los recuerdos llegan por sí mismos. Debemos dejar la corrección y el castigo de los malignos inferiores al sabio, al no ser ésta nuestra esfera de acción. Mientras mantenemos algún motivo de queja, prevenimos su corrección. La fuerza que sana y corrige no puede responder si nuestro ego está presente, exigiendo resultados.

Si nos hemos estabilizado y liberado de las presiones para actuar, debemos tratar que estas presiones no resurjan hasta que las respuestas habituales sean completamente conquistadas.

44

Kou

Ir al encuentro

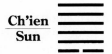

Ch'ien
Sun

Ch'ien: Lo creativo, el cielo
Su: Lo suave , el viento

No responder a la seducción, especialmente a la seducción del poder.

A un cierto nivel, "ir al encuentro" quiere decir tener una mente abierta, ser pacientes y tolerantes frente a lo que se nos aproxima. El camino del sabio del *I Ching* es el de tener una mente abierta, paciente y tolerante frente a lo que le consultamos. Pero, como menciona el hexagrama, sólo se intenta "ir hasta medio camino", o sólo ir hasta una distancia determinada. Cuando cualquier persona, situación o idea requiere que sacrifiquemos nuestra naturaleza superior o que comprometamos nuestra dignidad interior, entonces eso sería ir demasiado lejos. No se pretende que traspasemos los límites de la dignidad y el comportamiento correcto.

El comentario denota que "el hombre vulgar se encumbra únicamente porque el hombre superior lo considera inofensivo y le otorga poder". Lo cual quiere decir que permitimos las malas ideas y situaciones mediante el rechazo de las advertencias, a ráfagas, de la intuición. Es como si recorriésemos la mitad del camino para salir a su encuentro. Al abordar una situación o una idea, debemos preguntarnos si el implicarnos en ella nos hará traspasar los límites del comportamiento correcto. Definitivamente, no debemos entretenernos en ninguna idea o implicarnos en ninguna situación que contenga factores de seducción. Recibir este hexagrama muchas veces indica que fomentamos ideas que son incorrectas, seductoras o halagadoras.

Lo fácil, lo seductor o lo halagador está descrito como "una descarada muchacha que se entrega con ligereza, arrebatando de este modo para sí el dominio de la situación". Ya se trate de una persona, una situación o una idea, halagadora o reconfortante, al llegar de una forma descarada y fácil debería ser una advertencia suficiente como para mantenernos firmes en nuestras líneas directrices internas acerca de lo que es correcto y esencial.

El principio oscuro, tras haber sido eliminado, subrepticia e inesperadamente vuelve a imponerse desde dentro y desde abajo. Justo cuando habíamos conseguido desapegarnos, nuevas quejas internas renacen de forma sutil, aparentemente de forma inocente. Una vez que las escuchamos nos sentimos insatisfechos; entonces se presenta la tentadora solución como una persona, idea o como un objetivo deseable. Aunque la tentación pueda parecer suficientemente inofensiva, una vez que la consideremos seriamente, se apoderará de nosotros por completo y se interpondrá con fuerza. Todo esto sucede porque al escucharla, o al ir a encontrarse a mitad de camino, permitimos que el ego gane poder.

Una situación similar se presenta cuando percibimos que lo inferior de los demás viene a nuestro encuentro, tratando de manipularnos o desequilibrarnos. Para responder a los inferiores de los demás, primero tenemos que reconocer la tendencia de nuestros inferiores de ir al encuentro de los otros a medio camino. Observar el mal en los demás invariablemente despierta nuestro ego, que nos incita a hacer pagar insulto con insulto y golpe con golpe (con toda seguridad piensa que porque ha tenido que aceptar disciplina, los demás también tienen que ser castigados y limitados). Una vez que permitimos que nuestro ego sea brusco e intolerante, desarrolla un poder diabólico. Para disminuir ese poder necesitamos volver a ser humildes. Lo cual puede requerir que recordemos cómo se nos ayudó a superar algunas de nuestras debilidades. Es posible que necesitemos traer a la memoria el poder que nuestros temores y falsas ideas han tenido sobre nosotros y nuestra dificultad para liberarnos de ellos, porque estos son los mismos temores y falsas ideas que despiertan el mal que observamos en los demás.

Todas las líneas mutantes del hexagrama tienen que ver con mantener nuestro ego desarmado en presencia de los egos de los demás o de sus indisciplinados inferiores. Cuando los demás son falsos, no debemos echarnos a perder con respuestas de ira y fustración por las cuales perdemos nuestra independencia interior. Ni debemos tratar de resolver nuestros problemas mediante el conflicto y la lucha, o por medio del galanteo o la seducción. En todo caso, debemos permitir que se muestre el camino por el cual los problemas se pueden resolver de forma natural. Esto llega a ser posible cuando concedemos espacio a los demás y cuando mantenemos nuestra independencia interior y nuestra dignidad.

Para controlar nuestro ego y nuestros inferiores, es esencial que no los alimentemos escuchando sus quejas. Otorgamos poder a los malos pensamientos cuando los consideramos seriamente. Para dejar de escucharlos, una vez que ya lo hemos hecho, son necesarias la persistencia y la firmeza. Es más fácil detenerlos al principio; cuanto más los contemplamos, tanto más nos convencen de su punto de vista. Cuando el mal se muestra en los demás, debemos vigilar y hacer refrenar nuestra reacción de inmediato, así no somos condescendientes con lo que hacen, ni reaccionamos de forma belicosa: entregamos el asunto al cosmos y nos adherimos a un punto de vista moderado y justo para cada cosa que suceda.

Para controlar a nuestros inferiores es necesario reconocer nuestro estado emocional. ¿Estamos impacientes, enfadados o fustrados? ¿Deseamos algo? ¿Estamos pensando lo que otros hicieron de malo, o estamos pensando el considerarlos como imposibles? Estas voces del ego hacen peligrar la perseverancia; si no las controlamos, pronto destruirán la independencia interna que tiene el verdadero poder de vencer el mal.

Para controlar los inferiores de los demás, los toleramos para que continúe existiendo la oportunidad de un buen influjo. Al mismo tiempo, no atendemos ni prestamos atención a sus exigencias; ni explicamos ni defendemos nuestra posición. Hacer confidencias acerca de nuestra forma de vida a alguien que no es receptivo es desperdiciarnos.

También tenemos en cuenta que no podemos vencer al mal. Sólo podemos aminorarlo con la modestia (siendo concienzudamente correctos), reservados y con el poder de la verdad interior. Debemos reconocer el mal y no debemos permitir que nos atraiga a su vórtice. Tenemos éxito en esta batalla cuando, a pesar de todo, mantenemos o recobramos nuestra compasión por aquellos que se equivocan. Recordamos que yerran porque malentienden la verdad de la vida, lo cual los liberaría de la fuerza oscura.

Cuando logramos mantener la disciplina durante tales desafíos, encontramos a lo creativo a medio camino, y de esta forma obtenemos la ayuda que necesitamos para completar nuestra tarea.

Primera línea: *Hay que detenerlo con un freno de bronce. También un cerdo flaco tiene propensión a embravecerse y hacer estragos.* Nuestro ego empieza con una voz lastimera, débil, autocompasiva; una vez que lo escuchamos, de súbito, gana poder vociferando, desvariando y exigiendo acción. Es más fácil controlarlo al principio. "El freno de bronce" se refiere a la severidad al poner en acción la fuerza de voluntad necesaria para controlarlo. El poder del ego acrecienta ciertas emociones como el miedo, la vanidad, el deseo, el entusiasmo, la enajenación, la ira, la impaciencia, la agitación, la insatisfación, la ansiedad, la duda, y la indignación justificada. Estas emociones actúan en detrimento de nuestros buenos sirvientes: el poder de la voluntad, la dedicación al bien y nuestra inclinación hacia la moderación y la justicia.

Las emociones negativas se muestran primero como un vago estado de ánimo o una mínima turbulencia en el lago luminoso. Sólo cuando empiezan a ponerse de manifiesto podemos ganar poder sobre ellos, por eso se nos aconseja controlar su avance constantemente. (En la primera línea de *Lo adherente*, hexagrama 30, se nos aconseja tratar con los primeros pensamientos que tenemos al despertar, porque son los pensamientos que controlan el resto del día.)

Segunda línea: *Un pez en la pecera... lo mantenemos bajo suave vigilancia.* Algunas veces parece que no podemos librarnos de un impulso malo, de la agitación o el deseo. En lugar de resistirlo violentamente, lo que quiere decir que nuestro ego está tratando de controlarse él mismo, debemos perseverar en una suave pero firme resistencia ante cualquier impulso de hacer cualquier cosa. Gradualmente, esta resistencia nos da fuerza. Hasta entonces, debemos tener cuidado de no permitir que el impulso maligno se muestre en nuestras acciones. Al concentrar nuestra atención en mirar hacia adentro, dejamos de mirar hacia afuera, a aquello que perturba nuestra independencia interior.

Esta línea también se refiere a nuestra tendencia a ser bruscos hacia los inferiores de los demás. Los sentimientos de desdén se originan en nuestro ego; satisfacerlos ocasiona problemas.

Tercera Línea: *Resulta difícil el caminar.* Estamos tentados de contender con otros para ganar puntos, o para hacernos sentir o que se nos entienda. Todo ello incrementa el conflicto interior existente. Afortunadamente no abandonaremos nuestro camino por tal ambición, el deseo o cualquier otra emoción que se origine en nuestro ego. Hacer cualquier cosa para impresionar a los demás, ya sea por el deseo o la ira, se origina en el apego y se perpetúa en el vórtice que se origina cuando nos desperdiciamos.

Cuarta Línea: *No hay pez en la pecera.* La tendencia a ser brusco al responder a los inferiores de los demás proviene de nuestros inferiores. Al aprender del *I Ching*, nuestros inferiores, que han tenido que disciplinarse, ahora se vuelven intolerantes con los inferiores indisciplinados de los demás. La severidad no es un criado apropiado para el bien. Aunque no haya falta en encontrar repugnante al mal, debemos corregir el estado de ánimo descontento, la envidia o un sentimiento superior y permitir que continúe fermentando el bien. Si, al tomar esta actitud, hemos alienado a la gente, debemos sobrellevar su animadversión con entereza.

Quinta línea: *Un melón cubierto con hojas de sauce.* No debemos intentar convencer a la gente de lo que es correcto. Por el contrario, debemos tener confianza en ser un buen ejemplo; lo cual por sí solo tiene el poder de convencer a la gente de lo que es el bien.

Cuanto más dependamos de la lógica, el intelecto y las fórmulas para triunfar o para influir en los demás, más dudas y conflictos despertaremos. Confiar en la lógica indica que dudamos de que la verdad se revelará por sí misma o de que la gente podrá verla a su manera y a su debido tiempo. Si nos desapegamos y seguimos nuestro camino, decaerá el poder eclipsante de los argumentos y de la duda iniciada a través de la persuasión.

Sexta línea: *Va al encuentro con los cuernos.* Cuando lo inferior en los demás nos aborda para desafiarnos, es necesario retirarnos y mantenernos desapegados de su desconfianza y hostilidad. Puede parecer brusco e irracional desde su punto de vista, pero es lo que debemos hacer. Podemos sobrellevar su animadversión con entereza.

Esta línea también se refiere a las ocasiones en que nuestros inferiores claman por explicaciones lógicas y respuestas razonables. Tal actitud intelectual frente a la vida interior, frente al *I Ching* o frente a nuestro camino, no funciona. Debemos sobrellevar la animadversión de nuestros inferiores.

45

Ts'ui

La reunión (concentrar)

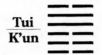

Tui
K'un

Tui: La alegría, el lago
K'un: Lo receptivo, la tierra

No debemos entregarnos a dudar de nosotros mismos,
ni de nuestros principios.

El dictamen en este hexagrama nos advierte de que nos preparemos para aquella discordia en la que la gente se congrega en grupos, y "renovemos nuestras armas para afrontar lo imprevisto". Su mensaje no es el de reunir a la gente en grupos, sino el de desarollar la firmeza de carácter necesaria para los tiempos en que ocupamos la posición de liderazgo.

Al seguir el camino del sabio, siempre somos lideres de algún grupo. Nuestra responsabilidad no es la de hacer de madre o de padre de aquel grupo, o supervisar el comportamiento de los demás o su proceso de aprendizaje; sino simplemente seguir lo elevado y bueno que hay en nosotros mismos. Lo cual se comunica a los demás a través del poder de la verdad interior y del buen ejemplo.

Aunque los grupos cuenten con líderes ya designados, el verdadero conductor (subconsciente) de cualquier grupo es la persona que conecta con los demás por medio de la firmeza de su entendimiento interno de la verdad. Tal persona puede ser joven o vieja, hombre o mujer. Por medio del aprendizaje del camino del sabio y recibiendo su ayuda, desarrollamos la responsabilidad de conducir a otros. Esto requiere que acumulemos (reunamos o amontonemos) conocimiento de los principios cósmicos que gobiernan la vida; también requiere la firmeza de carácter para mantenerlos, y la habilidad para esperar sin vacilar, orientados en la dirección esencial. Al reunir estas cualidades de carácter acumulamos el poder que automáticamente las acompaña.

Con frecuencia recibimos este hexagrama como recordándonos que las grandes cosas no pueden llevarse a cabo hasta que hayamos adquirido la necesaria estabilidad interior, sin la perturbación de las situaciones ambiguas. Los acontecimientos externos ya no nos sacuden al punto que nos hacen perder la dirección, llevándonos a vacilar acerca de nuestro entendimiento de la verdad interior, creando una pausa en nuestro camino hacia adelante, o haciéndonos dudar del poder de la verdad para resolver nuestros problemas.

También podemos recibir este hexagrama cuando nos sentimos decepcionados porque todavía no hemos logrado un progreso visible en la situación. Debemos ser conscientes de que antes de que ocurran cambios obvios, es preciso que tengan lugar cambios invisibles en la psique de las personas. Todo llega a su debido tiempo. El camino del sabio consiste en lograr el progreso sólo con pequeños pasos que no pueden ser medidos u observados por nuestro ego. Mientras tanto debemos mantener la voluntad dirigida hacia adelante. Esto es, tener una actitud de "espera correcta" (ver *La espera*, hexagrama 5), y esta actitud cumple con el consejo de la primera línea, "de ser sinceros hasta el fin".

En situaciones de reunión debemos hacer que funcione nuestro conocimiento acumulado de la verdad interior, lo cual sucede cuando nos mantenemos firmemente resueltos frente a los desafíos y las dificultades. Controlamos nuestro alimento inferior cuando estamos resueltos a hacer frente a las ideas que debilitan nuestra voluntad y nos hacen vacilar, haciéndonos perder el equilibrio interno y dudar de nuestro sentido de lo correcto. La vacilación de nuestro equilibrio interno y la duda al adherirnos a nuestros principios hace que aquellos que nos siguen con sus ojos internos vacilen.

Teniendo una actitud correcta y comportándonos de acuerdo a ésta, obtenemos la ayuda que necesitamos del poder supremo para llevar a cabo nuestra obra. Pedir ayuda del poder supremo para completar nuestra obra; pedirla, recibirla y recordarla es esencial. Ninguna gran obra puede llevarse a cabo sin ella.

Después de cada fase de progreso, por pequeña que sea, debemos renovar nuestra disciplina interna, de otra forma, un sentido de poder creciente acabará convirtiéndose en un exceso de autoconfianza y descuido. También debemos volver a la reticencia y a la simplicidad. La simplicidad es el atributo que posibilita que la visión y el entendimiento del líder lleguen a manifestarse como los logros de la gente.

Cada fase de progreso lleva no sólo al éxito, sino a un mundo mejor y a una más elevada espiritualidad en todos los seres. Nuestro desarrollo interior más insignificante es de la mayor importancia para acabar con el sufrimiento en el mundo y para mejorar la condición humana, porque el estado de cosas existente en el mundo es un reflejo del esfuerzo acumulado de los seres humanos por seguir el bien dentro de ellos mismos.

Primera línea: *Si eres veraz, pero no hasta el fin...* Nuestros objetivos deben ser los más elevados. Debemos ser absolutamente firmes sobre lo que es justo y correcto y no debemos vacilar. La falta de firmeza hace que vacilen los que se reúnen a nuestro alrededor. De igual forma, si miramos hacia atrás para ver si los demás están siguiéndonos, es que mantenemos secreta duda respecto a que el seguir la verdad y lo bueno logrará su rescate. La gente nos seguirá sólo si estamos libres de dudas e indecisiones acerca de lo que es bueno y verdadero, y si continuamos nuestro camino con independencia de lo que hagan los demás.

Al seguir nuestro camino es inevitable que seamos desafiados por los egos de la gente. Nuestra independencia interior atrae a la gente y revitaliza su potencial espiritual, pero también amenaza sus egos, haciendo que se sientan intranquilos acerca de los caminos equivocados que han estado siguiendo. También sienten envidia porque perciben el poder de la independencia interior y les gustaría poseer tal poder. Sus egos buscan la fórmula o "el secreto", porque creen que nuestra independencia interior es alguna clase de truco que puede ser emulado fácilmente.

También se preguntan si se nos puede hacer perder el equilibrio con facilidad y si pueden hacernos dudar acerca de lo que sabemos, porque si sus egos pueden probar a sus yos reales que somos falsos, sus egos continuarán firmemente en el control. Así nos ponen a prueba, ya sea con halagos o con seducción, o presentándose ellos mismos como un problema que tenemos que resolver, o siendo agresivos. Muchas veces, durante estas pruebas, somos arrojados contra algo que no entendemos. El primer impulso que presentan nuestros inferiores es el vacilar, dudando de todo lo que hemos aprendido. Al escuchar las dudas así expuestas, nuestro ego retoma el control, volviendo a las viejas costumbres de disputar, forzar soluciones o cambios. Podemos evitarlo si reconocemos que nos están sometiendo a prueba, y si dejamos de dudar acerca de lo que hemos aprendido. También nos fiamos de lo que conocemos como verdadero y dejamos que nos muestre el camino para salir de las dificultades.

Darnos cuenta de que nos van a poner a prueba puede ayudarnos a mantenernos resueltos y firmes. Aceptamos retrocesos aparentes y nos cuidamos de no dejar que la resolución degenere en brusquedad o intolerancia. Si bien soportamos a los inferiores de la gente, de ninguna manera participamos en los juegos que ponen en marcha con el propósito de desequilibrarnos. Si se han impuesto como problema, simplememte ignoramos el problema. No estamos obligados a participar en sus juegos ni a resolver el problema.

Segunda línea: *Dejarse llevar trae buena fortuna.* Esto quiere decir que no debemos adoptar actitudes artificiales que creemos que mantendrán las cosas en equilibrio o que conseguirán que las cosas avancen más rápidamente. Ni siquiera tenemos que intentar mantener las cosas en equilibrio, o temer al desequilibrio existente. Sólo tenemos que mantenernos abiertos y libres y permitir que las cosas sucedan como tiene que ser. No resistimos la atracción, ni le atribuimos más importancia de la que tiene. Nos mantenemos simples e inocentes, y así conservamos nuestro equilibrio interior.

Mientras las relaciones se están subsanando no debemos permitir que el orgullo, la autocompasión u otras emociones del pasado nos hagan planear la forma en que las cosas tendrían que funcionar. No urdimos cómo unirnos, ni erigimos obstáculos arbitrarios que exijan a los demás que hagan esto o que estén de acuerdo con aquello otro. Permitimos que lo creativo subsane la situación. Mientras tanto, nos mantenemos firmes en nuestros principios, independientes y autosuficientes, poniendo cuidado en no aceptar nada falso y de no participar en ninguna clase de seducción.

Tercera línea: *Pequeña humillación*. Esta línea nos indica que a cierta persona le gustaría reunirse con nosotros o con el sabio y seguir el camino del bien. De alguna forma, porque se siente aislado y humillado, la situación parece ser insostenible. Por lo tanto, de momento, es mejor que proceda con su desarrollo fuera del grupo. A pesar de estar separado de aquellos a los cuales pertenece, progresará satisfactoriamente si crea una alianza firme con su naturaleza superior y sigue el camino del sabio.

Aunque deba encontrar su propio camino solo, no podemos considerarlo una tediosa molestia por sus errores de principiante; debemos mantener una mente abierta y paciente.

Cuando alguien busca la unidad de lo bueno debe aceptar la humildad de empezar desde una posición mermada. La verdadera humildad es el principio del cambio que perdura. Como un extranjero en país extraño, por así decirlo, es necesario que busque una alianza con el sabio, el profesor invisible que enseña a través de los sueños, la meditación, el sentido de la verdad de uno mismo y el *I Ching*. El sabio, accesible por estos medios, es el centro de toda comunidad. Si el principiante se sometiese sinceramente a la guía del sabio (confiando en lo desconocido y sin pretender que ya sabe el camino), el subyugamiento de su ego garantizará su progreso. No es suficiente "suspirar" o simplemente querer ser parte de la unidad de lo bueno o querer progresar. Podemos obtener la bondad y el progreso sólo sometiéndonos a las enseñanzas del sabio, y trabajando sinceramente en la autocorrección.

Cuarta línea: *Gran fortuna*. Porque deseamos poner a un lado los suspiros de la tercera línea, y trabajar sin egoísmo por el bien, nuestro trabajo tiene éxito, atrayendo la unidad humana.

Esto es verdad aunque muchas veces debamos proceder solos, siguiendo nuestros pensamientos y nuestras acciones malentendidas sin que haya una oportunidad de poder influir. Porque somos realmente desinteresados y perseveramos en la búsqueda del bienestar general, y nos mostramos imperturbables ante la forma en que nos miran los demás, nuestro trabajo llega a ser "coronado por el éxito", con todos los obstáculos eliminados.

Quinta línea: *Si hay algunos que todavía no están trabajando sinceramente...* El único medio de tratar con la gente que secretamente desconfía de nosotros es mantener nuestra independencia interior. Esto no quiere decir que debamos evitar nuestra responsabilidad por amor a la comodidad, rechazando la situación o actuando para cambiarla. Sólo necesitamos la voluntad de seguir solos, sin intentos artificiales o forzados de persuadir a los demás de nuestro punto de vista. Es natural que sospechen de nuestra influencia; una posición de influencia e independencia interior siempre despierta la envidia. La envidia manifestada como desconfianza sólo puede ser eliminada volviéndonos más concienzudos. Con el tiempo, y a la vista de nuestra consistencia de carácter, esta resistencia desaparecerá.

Algunas veces esta línea se refiere a nuestra desconfianza para con el sabio; todavía "no nos adherimos sinceramente".

Sexta línea: *Lamentos y suspiros...* Esta línea y la anterior algunas veces se refieren a nuestra relación con el sabio. En la línea anterior puede ser que estemos adhiriéndonos al *I Ching* o al camino porque creemos que así vamos a obtener las ganancias que buscamos, y no porque veamos el camino correcto. La agitación, así como la indecisión en los tiempos de adversidad, implican que nuestra confianza es incompleta. No estamos firmes en nuestro centro. Si lo reconocemos y "buscamos ayuda", es posible conseguir una alianza con el sabio.

Si esta línea se refiere a otra persona, debemos mantener una mente abierta cuando se acerca a nosotros.

Nos "lamentamos y suspiramos" por lo largo que parece alcanzar un progreso perdurable. Nuestro corazón infantil tiene algo de resistencia acerca del camino del sabio. Los deseos y los lamentos derrotan a la independencia interior que asegura el progreso. Es importante pedir ayuda para obtener un entendimiento más elevado que nos permita liberarnos de estas emociones.

46
Shêng
El ascenso (el empuje hacia arriba)

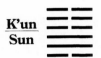

K'un
Sun

K'un: Lo receptivo, la tierra
Sun: Lo suave, el viento

Al seguir sinceramente el camino del sabio obtenemos la ayuda del cosmos.

Este hexagrama está relacionado con el crecimiento directo e inmediato, sugerido por la imagen de empujar hacia arriba. Cuando crecemos, también crecen todos aquellos que tienen conexión con nosotros "por las raíces" (ver *La paz*, hexagrama 11). Poniendo un sincero esfuerzo para actuar con resolución contra nuestras dudas, adhiriéndonos al potencial del gran hombre que hay en los demás y manteniéndonos tolerantes y alerta, logramos mantener nuestra inocencia y penetramos hacia lo alto con determinación. Desmantelamos nuestras barreras, nuestras defensas, y nuestros planes y ambiciones. Mantenemos cuidadosamente nuestra independencia en cada situación desafiante. Cedemos modestamente a la guía de nuestro maestro, el sabio. Al fortalecernos por la humildad y la consciencia, atraemos los beneficiosos poderes del cosmos.

Primera línea: *Ascenso que recibe confianza.* Nos mantenemos espiritualmente en forma al mantenernos conscientes de los sentimientos profundos, libres de nuestro ego. Tal humildad y sinceridad invoca la ayuda del poder supremo.

Segunda línea: *Si uno es sincero, es propicio ofrecer un pequeño sacrificio. No hay culpa.* El elemento fuerte aquí mencionado es la ambición de lograr nuestro objetivo. Estamos deseando cambiar de inmediato ciertas costumbres arraigadas o ciertas tendencias. Esta ambición interfiere con nuestra necesidad de ser pacientes y perseverantes. Tenemos un objetivo en mente en lugar de pensar en los pasos necesarios. Se nos lleva el pensamiento por delante al anticipar cómo serán las cosas si actuamos o dejamos de actuar, cuando es mejor no buscar un propósito. A pesar de estos defectos progresamos, porque somos fundamentalmente sinceros en nuestra actitud. La deficiencia no causa un gran daño. "Un pequeño sacrificio" quiere decir que sacrificar la ambición perfeccionaría nuestra humildad.

La ambición también está presente cuando deseamos ser reconocidos. No debemos llamar la atención hacia nuestro buen comportamiento con la esperanza de obligar a los demás a hacer lo correcto. Tampoco debemos buscar ser vistos como buenos. No podemos motivar los cambios con tales medios. Sólo podemos confiar en el poder de la verdad para generar los cambios. No necesitamos luchar en absoluto.

Tercera línea: *Uno asciende penetrando en una ciudad vacía.* La ciudad vacía significa que empujamos sin obstáculos. No se promete mala ni buena fortuna, porque no estamos libres de las presiones del ego. No debemos desalentarnos, pues un mayor desarrollo personal corregirá este defecto.

Cuarta línea: *El rey le ofrece el monte Ch'i.* Somos sinceros y concienzudos en nuestros esfuerzos por corregirnos, por lo tanto, obtenemos la ayuda del poder supremo.

Esta línea también confirma que nuestro trabajo sobre nosotros mismos ha estabilizado nuestra existencia espiritual.

Quinta línea: *Uno asciende paso a paso.* Cada paso de progreso es una entidad separada, con su propio principio, su argumento y su final. Cada paso es pequeño. El momento de influencia se abre y se cierra. Cuando se abre estamos libres para avanzar; cuando se cierra debemos desapegarnos. Hemos de tener cuidado y no presionar a fin de progresar más allá de las posibilidades de cada momento. Cuando intentamos prolongar o maximizar el momento empezamos a luchar. Debemos retirarnos para recobrar fuerzas. Debemos darnos cuenta de que cada paso en el progreso es minúsculo e inapreciable. No debemos esperar cambios visibles como medida del éxito. Habremos tenido éxito si permanecemos firmes durante los desafíos.

Retirarse no significa que el esfuerzo cese; volver a la humildad puede crear otra oportunidad para poder influir. Por eso debemos ser conscientes con relación al momento de retirarnos.

Siempre que intentemos apresurar a otra persona en su desarrollo es que nuestro ego está implicado. La gente debe disponer del tiempo y el espacio para digerir el conocimiento a su propio paso.

Nos saltamos los pasos cuando, por medio de la reserva, llevamos a otra persona hacia una relación correcta y entonces abandonamos la reserva para disfrutar del momento. Sólo cuando la otra persona ha completado los muchos pasos necesarios en el desarrollo personal para garantizar la continuación del progreso, podemos reanudar una relación estrecha con ella. No es suficiente que su progreso sea una respuesta a nuestra firmeza interna (ver *el poder domesticador de lo pequeño*, hexagrama 9); su progreso debe ser el resultado de haber elegido el bien al percibir que es el único camino a seguir. Hasta entonces debemos mantener la reserva.

Sexta línea: *Ascender a ciegas*. Cada oportunidad de relacionarnos con los demás de forma creativa se presenta sólo durante breves períodos de humildad y receptividad mutua. Si nos mantenemos sintonizados con nuestra voz interna, sabremos cuándo se inician estos momentos. Si nos mantenemos alerta, también sabremos cuándo declina la receptividad. Precisamente entonces debemos desligarnos y renovar nuestra modestia antes de que la impaciencia, el desaliento, la indignación justificada o la enajenación aparezcan en escena. En efecto, el comprometernos nosotros mismos lleva casi invariablemente a la desilusión, nos hiere el orgullo y nos conduce a la enajenación.

Una vez que nos implicamos dejamos de escuchar nuestra voz interna. La ambición toma el poder y empuja hacia adelante, echándose a perder. Mientras tanto, la ambición despierta la desconfianza en los demás y nos hace perder la oportunidad de ejercer una buena influencia. Al echarnos a perder, nos enfadamos, sentimos el orgullo herido y damos paso a la enajenación. Así es como se "escinde" nuestra personalidad.

Tenemos que darnos cuenta de que una vez que logramos progresar, resulta difícil mantener la firmeza. Vamos de la cautela a la autoconfianza entusiasta. La autoconfianza enseguida se transforma en arrogante presunción. Debemos contentarnos, por lo tanto, con pequeñas ganancias. De otra forma, actuaremos cuando deberíamos esperar y hablaremos cuando deberíamos guardar silencio.

47

K'un

La opresión (el agotamiento)

Tui
———
K'an

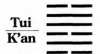

Tui: La alegría, el lago
K'an: Lo abismal, el agua

No creemos que alguien pueda cambiar o que cambie nunca.
Creemos que es demasiado tarde para rectificar la situación o para influir sobre ella.

Recibimos este hexagrama cuando nuestro espíritu se siente oprimido por ciertas creencias falsas: cuando creemos que el poder supremo no existe; cuando dudamos de su excelencia porque las cosas han ido mal; cuando sospechamos que no nos ayudará o que no puede ayudarnos, o que la ayuda llegará demasiado tarde; cuando sospechamos que el destino está conspirando contra nosotros o que la situación es demasiado complicada y que no tenemos los medios para enfrentarla.

El poder supremo (el sabio, el cosmos), es la fuente de todo alimento espiritual. A este alimento o energía esencial, se le llama *chi*. El *chi* fluye primero a nuestra naturaleza superior a través del cuerpo. Cuando somos genuinos con nosotros mismos, el *chi* fluye sin resistencia, sin obstáculos. Cuando no lo somos, la energía *chi* no fluye debidamente. Lo sabemos porque mantener una creencia falsa genera el conflicto interior y la depresión. Si la discontinuidad en el fluir de este alimento, de esta energía, persiste, experimentamos lo que este hexagrama denomina "la opresión", que afecta tanto al yo esencial como al cuerpo.

Las interrupciones en el fluir del *chi* se presentan cuando abrigamos ideas que son extrañas a la suprema verdad. Este hexagrama nos aconseja sobre las maneras y medios para liberarnos de la opresión de las falsas ideas.

Es bien sabido que una conmoción emocional tal como la pérdida de uno de nuestros padres es seguida por una enfermedad mayor. Nuestra tendencia es reaccionar a la conmoción preguntándonos acerca de nuestro propósito en la vida y dudando de nuestra relación con el poder supremo. Esta actividad nos lleva a la duda y a la desesperación, en consecuencia, a una pérdida de la voluntad de vivir. De forma similar, durante un cierto período de años podemos adoptar ideas falsas que oprimen nuestra salud de forma crónica hasta que llegamos a enfermar. Para recobrar la salud necesitamos sacar estas ideas a la superficie y liberarnos de sus efectos depresivos.

Todas las ilusiones son peligrosas para nuestra personalidad. La principal entre las ideas negativas es la de ver el poder supremo de forma negativa, o perder la esperanza en poder potenciar al gran hombre que hay en los demás.

Cuando dudamos que las cosas puedan funcionar, realmente dudamos del poder creador del cosmos. Tal duda obstruye la aceptación de la forma en que las cosas están sucediendo y el poder correctivo que posee tal aceptación. No nos permite darnos cuenta que al seguir nuestro camino provocamos un impacto, aunque éste no sea evidente.

Necesitamos darnos cuenta de que no podemos juzgar las cosas por su apariencia, porque el cosmos trabaja en zig-zag, de manera sutil. Logra los cambios permaneciendo fuera de la vista y más allá del alcance de la interferencia de nuestras expectativas y nuestras manipulaciones egoístas. Es capaz de beneficiar a todo y a todos, simplemente invocando su acción correctiva. Sólo necesitamos ser pacientes y no bloquear el proceso creador con la duda. (Estar a la espera de los resultados, por ejemplo, es una forma de dudar). Debemos percatarnos de que aunque sólo por nosotros mismos no tenemos los medios necesarios, la ayuda del poder supremo no está fuera de nuestro alcance.

Invocar la ayuda del poder supremo requiere adquirir una actitud correcta. No es necesario adoptar un punto de vista o hacer algo específico; sólo necesitamos dejar de hacer aquello que bloquea nuestra relación natural con el poder supremo. Necesitamos liberarnos de la negación, de la desconfianza, y dispersar todos los indicios de la duda. No sustituimos el creer por la incredulidad, o remplazamos la duda con la fe. Simplemente nos desembarazamos de la incredulidad para tener una mente más amplia. Cultivamos una "suspensión voluntaria de la incredulidad". El resultado es una mente neutral y amplia que, al haber invocado los poderes titánicos y creadores del cosmos, es capaz de "mover montañas", mientras que al acogernos a la duda, incluso a una tan pequeña como una semilla de mostaza, es posible que suspendamos el progreso.

Primera línea: *Uno se extravía en un valle tenebroso.* Mientras estemos influidos por la duda o la esperanza,seremos incapaces de ver la solución del problema. Debemos resistir firmemente a la esperanza, la duda y la desesperanza, y reestablecer una mente abierta. La salida aparecerá por sí misma en el momento oportuno.

Segunda línea: *Uno se siente oprimido mientras come y bebe. Es propicio ofrendar un sacrificio.* Una obstrucción en nuestra actitud nos impide progresar. Debemos sacrificar los sentimientos impacientes y las exigencias internas de que haya un progreso visible como resultado de nuestros esfuerzos. Si dudamos de alcanzar nuestro objetivo, de que los asuntos puedan cambiar, o de que sea posible una relación correcta con los demás, la fuerza oscura estará operando y la fuerza de la luz permanecerá oculta. Al sacrificar las opiniones negativas que nos consuelan, nos liberamos de la opresión que obstaculiza la unidad con el sabio.

"...Oprimido mientras "come y bebe", también se refiere al estar oprimido aunque nada nos haga falta. Una depresión puede sobrevenir si todavía no sabemos el propósito de nuestra vida, o si hemos decidido que simplemente no hay propósito; la depresión se presenta cuando percibimos que no hay progreso. Aunque tenemos la ayuda a nuestro alcance, no la apreciamos; aunque haya progreso, lo ignoramos. Algunas veces tememos que haya algún progreso porque nos hemos ido acostumbrando a la situación.

Tercera línea: *Oprimido por una roca.* Confiamos en el esfuerzo en lugar de confiar en el no-esfuerzo, y así interferimos en las fuerzas beneficiosas que removerían las obstrucciones. Puede ser que no consigamos esta ayuda mientras sigamos dudando del camino.

La roca oprime porque es inerte. Cuando decidimos que algo o alguien es imposible, los ejecutamos en nuestras mentes; es opresivo verlos muertos. "Se apoya en espinas y cardos" significa sentir las punzadas de la falsedad, especialmente la falsedad de la duda, ya sea que esté relacionada con nosotros mismos, con los demás, con el sabio, con nuestro camino o con la situación. Cuando no confiamos en el potencial para el bien que tienen los demás, no podemos verlos. Cuando los hemos declarado muertos al dejar de importarnos, no están nunca más para nosotros. Todo lo que queda es un sentimiento depresivo.

Una roca también simboliza una forma de ver la situación peor de lo que es en realidad.

La afirmación de que somos oprimidos por cosas que "no deberían oprimirnos", hace referencia a deprimirnos porque sabemos que necesitamos corregir un hábito mental pernicioso, o desapegarnos de una persona que no es receptiva con nosotros.

Cuarta línea: *Oprimido en un carruaje de oro.* Un carruaje de oro puede simbolizar alguna de estas posibilidades: dar rienda suelta a las ideas negativas, como si autocastigásemos al ego que busca minar nuestra voluntad para seguir adelante; adoptar una idea negativa de forma fija, acerca de lo que está sucediendo; imaginándonos un mal final para una cierta secuencia de acontecimientos; pensando lo peor acerca de alguien para así ser duros en su contra. Las ideas fijas son cercos que ponemos en contra de lo desconocido. Son opresivas por naturaleza y mantenerlas resulta agotador.

Perdemos nuestro camino cuando tenemos dudas acerca de lograr algo, cuando nos dejamos desanimar por la opresión de los inferiores de otra gente, o cuando titubeamos porque pensamos que no tenemos la resistencia necesaria para perseverar hasta el final. Abandonarse a esta clase de alimentación perjuicial es asociarse con "personas poderosas y ricas" en forma de ideas. Podemos superar este peligro si renovamos la aceptación de nuestro camino y nuestra decisión de resistir a la duda dentro de nosotros. Es importante pedir la ayuda del sabio.

239

Quinta línea: *Le cortan la nariz y los pies.* Para recibir ayuda debemos volver a la aceptación y a la dependencia de lo desconocido y rechazamos la resistencia interna y silenciamos las quejas de los inferiores consentidos. De esta forma la modestia supera las obstrucciones.

Sexta línea: *Oprimido por lianas.* Las lianas simbolizan la forma en que los sentimientos más mínimos negativos crecen sin ser notados, hasta que usurpan nuestra actitud y vencen nuestra resolución. Entonces empezamos a dudar de que podamos tener éxito. Lo inferior siempre nos da la impresión de que estamos indefensos para hacerle frente, pero si somos decididos nos daremos cuenta de que sólo es una ilusión. La resolución rompe ese hechizo de indefensión que lanza el ego sobre nosotros.

Si dudamos de que una persona pueda superar su yo inferior, nuestra incredulidad sólo hará más difícil su camino. Estas son las lianas que sofocan la verdad.

Las lianas también se refiere al no darnos cuenta de que se nos está ayudando y de que ha habido progreso. Caer en la cuenta de ello es superar las lianas de la duda y su efectos negativos.

48

Ching

El Pozo

K'an	☵
Sun	☴

K'an: Lo abismal, el agua
Sun: Lo suave, el viento

*No te encierres en una perspectiva convencional sobre cómo
funcionan las cosas.*

El pozo representa al *I Ching* como una fuente de verdad universal y de nutrición, y como un camino de ganar el acceso a la verdad universal a través de nuestra naturaleza más profunda. Aún después de miles de años, el *I Ching* es un buen pozo, haciendo la verdad accesible a todos los que la extraen de él.

El que seamos capaces de entender su consejo o no, depende de nuestro estado mental. Si queremos confirmar ideas equivocadas, "disparamos a los peces" en lugar de beber el agua pura del pozo. Si preguntamos algo frívolo, "bebemos del fango del pozo". A menudo, nuestros esfuerzos o son tibios, o no son sinceros, o están infectados por la duda; entonces se dice que la cuerda no llega hasta abajo. Cuando desconfiamos del consejo del *I Ching* se dice que el jarro, nuestra vasija para la nutrición, está roto y deja que se pierda el agua. Si ignoramos su consejo, no "bebemos el agua", y así no obtenemos su beneficio. Algunas veces recibimos este hexagrama cuando no estamos realmente interesados en seguir el consejo del *I Ching*; cuando nuestra actitud hacia él es indiferente o insensible.

El pozo también simboliza nuestro desarrollo y nuestra educación en las verdades fundamentales de la vida. El *I Ching* nos guía en el mundo oculto que discurre paralelo y refleja nuestra vida externa. Este mundo puede ser visto en meditación y a veces en sueños. Recibir este hexagrama significa que debemos desarrollarnos haciendo un mayor esfuerzo para comprender los fundamentos del comportamiento humano. Sobre todo, no debemos encerrarnos en una idea convencional sobre cómo funcionan las cosas.

Una persona cuyo "pozo ha sido revestido", no ha llegado a la comprensión suficiente de los fundamentos necesarios para relacionarse con otros de forma constructiva; en consecuencia, de momento, "no puede hacer nada por los demás".

El buen carácter es aquí comparado con un pozo limpio, bien construido y fiable, que proporciona una abundante cantidad de agua clara. La imagen de un pozo viejo que ha sido limpiado, sugiere que cualquier persona, independientemente del grado de decadencia al que haya sucumbido, puede nutrir a los demás de forma provechosa y, por lo tanto, darle sentido a su vida, con tal de que se desarrolle a sí mismo para seguir el bien de forma duradera.

Así como el agua extraída de un pozo es limpia y pura, también debemos adherirnos a lo que es verdadero y puro en nuestra naturaleza y cultivar las virtudes propias del agua: la sinceridad, la simplicidad y la serenidad. En este sentido, se nos aconseja adherirnos a lo esencial y dejar lo trivial para evitar embrollarnos en asuntos que no nos conciernen.

Recibir este hexagrama muchas veces indica que una duda escondida impide nuestro aprendizaje del *I Ching*. Aunque el *I Ching* provee de un medio para conectar con la verdad universal, debemos preguntarnos qué es lo que esperamos que diga. Para beneficiarnos de su consejo, necesitamos estar libres de motivos egoístas, personales y de ideas preconcebidas. Debemos buscar en nuestros pensamientos más profundos los sentimientos de autoindulgencia y altivez, que nos harían pasar por alto un desarrollo personal verdadero o arruinar el trabajo ya logrado. Podemos pensar que el camino del *I Ching* es "igual" a los demás caminos espirituales. Al pensar que ya sabemos, somos incapaces de entender lo que realmente nos está diciendo. A través de estos pensamientos, nuestro ego, en forma de orgullo, nos mantiene distantes para aprender.

Otro mensaje implícito en El pozo es que la naturaleza humana fundamental es como el pozo clásico. Aunque la cultura, la política y la tradición cambie a través de las épocas, la naturaleza humana, como el pozo, se mantiene inmutable; siempre podemos contar con que responderá al poder de la verdad interior. Aún más: extraer agua de un pozo sugiere la forma correcta de extraer la bondad de la naturaleza humana innata.

Obviamente, el "pozo" de cada persona estará en una condición distinta, dependiendo de lo que haga con sus oportunidades para el desarrollo personal. A pesar de estas diferencias, si vemos sólo cosas inferiores (peces), no podremos conectar con su potencial para el bien. Si lo externo nos desanima (lodo), seremos incapaces de alcanzar la humanidad que se encuentra en lo profundo de su ser. Siempre hay algo bueno que extraer si nos mantenemos pacientes y con la mente abierta. Esto no quiere decir que aceptemos asociarnos con otros en condiciones incorrectas, sino que una actitud creativa ayuda a los demás a liberarse del dominio de su hombre inferior.

Primera línea: *El limo del pozo no se bebe.* El limo simboliza involucrarse en trivialidades, con lo superficial, tal como irritarse por la forma en que una persona se viste o se presenta a sí misma. Contemplar estas nimiedades de otra persona o sus cualidades negativas, es desperdiciarse uno mismo.

De igual forma, no debemos contemplar la difícil situación que hemos tenido que soportar. Ha pasado, debemos desapegarnos y seguir nuestro camino. Habitar en los elementos negativas significa "beber el limo del pozo".

Segunda línea: *Junto al agujero del pozo, uno dispara a los peces. El cántaro está roto y pierde.* El cántaro se refiere a nuestra vasija interior para la nutrición y a la cantidad de bien que se puede obtener en una situación determinada. Si dudamos de poder alcanzar nuestro objetivo siguiendo el camino el cántaro se romperá y aunque extraigamos un buen alimento del pozo, éste será inútil y se perderá. La duda nace porque somos irresolutos y descuidados. Al abandonar nuestro camino, se pierde el potencial para lo bueno que habríamos logrado.

Los peces simbolizan las ideas inferiores. La presencia del deseo y del orgullo nos previenen para que juzguemos los errores de los demás con moderación. Nos damos cuenta de que los demás son potencialmente buenos, pero nos concentramos en sus malas cualidades (los peces).

Venir al pozo a disparar a los peces, también quiere decir venir al pozo en busca de respuestas equivocadas, o que hacemos preguntas equivocadas (consultar *El conflicto*, hexagrama 6, para una explicación sobre las preguntas de conflicto interior.) En lugar de ver la esencia del asunto, ponemos atención en la periferia.

Esta línea también se refiere a las veces en que vamos al pozo con mala cara, esperando que nos dé una respuesta incomprensible o desagradable, y sólo aceptamos las respuestas que queremos escuchar. La verdad no es decepcionante: cuando la percibimos, va acompañada de alivio y júbilo.

Tercera línea: *El pozo ha sido limpiado, pero nadie bebe de él.* A pesar de entender las cosas correctamente, nos aferramos a defensas tradicionales. El rey, el yo interior, no tiene la claridad mental suficiente para confiar en lo desconocido y para perseverar, dejándose guiar dócil y receptivamente. La sabiduría del *I Ching* es fidedigna. Nadie beberá el agua de nuestro pozo si no la bebemos nosotros.

Cuarta línea: *El pozo es revestido.* Esta línea se refiere a uno mismo, a otro, o a una situación. Esto quiere decir que no ha llegado el momento de lograr nuestro objetivos. Es más importante que ocupemos nuestro tiempo en el desarrollo personal. Si esta línea se refiere a otra persona, esto indica que realmente podemos confiar en lo que vamos a lograr, pues "el pozo es revestido" a través de su esfuerzo en él mismo y de su relación con el poder supremo.

Quinta línea: *En el pozo hay una fuente clara y fresca.* No es suficiente extraer el agua del pozo, para que sea de utilidad debemos beberla. Si dudamos del *I Ching* y su camino, éste no podrá funcionar con nosotros. Sólo podemos hacer nuestro el conocimiento al aceptar el riesgo de depender de él y al ponerlo a prueba a través de la experiencia. Es importante, por lo tanto, que no nos perdamos temiendo al futuro o anticipando situaciones negativas. Debemos mantener nuestras mentes inocentes y libres, dejándonos guiar por lo desconocido.

Sexta línea: *Extraen del pozo sin impedimento. Se puede confiar en él.* Los impedimentos para el entendimiento han sido salvados. A través de la comprensión de la verdad del asunto y de corregirnos a nosotros mismos somos capaces de soportar los errores de los demás. Al saber que sus errores son como los nuestros —ocasionados por miedos escondidos y conceptos equivocados— somos capaces de sentir compasión.

49

Ko

La revolución (Metamorfosis)

Tui: La alegria, el lago
Li: Lo adherente, el fuego

Los cambios son ahora posibles.

En tu día se te creerá. Cuando nuestra independencia interior es tal que los acontecimientos no nos inquietan, por muy adversos o beneficiosos que sean, adquirimos la confianza de los demás necesaria para lograr todo lo que queremos hacer. Cuando podemos mantener nuestro equilibrio durante un incremento de tensión o a lo largo de un empeoramiento de la situación, debido a un desafío, se manifiesta una "revolución" en nuestra situación, y "encontramos fe".

Aunque recibir este hexagrama puede significar que ha tenido lugar una revolución en nuestra actitud, también puede significar que es hora de hacer que ésta cambie. No se puede seguir progresando mientras esto no se lleve a cabo. Es como si hubiéramos estado practicando todos los movimientos para aprender a nadar y hubiese llegado la hora de levantar los pies del fondo. Cada paso difícil en el camino del progreso nos exige esforzarnos hasta el límite de nuestra capacidad. A cada paso hacia adelante se le llama revolución. La palabra revolución se usa porque todos los cambios se presentan en una atmósfera de confusión, desafío y riesgo. La voluntad de confiar en lo desconocido requiere coraje. La recompensa consiste en que nos liberamos de uno o más miedos que impiden que recobremos la completa armonía de la personalidad.

Al principio, el desarrollo de nuestra personalidad se podría comparar a las partes de un motor que espera ser montado. Eliminar los miedos y las dudas equivale a limpiar el óxido y otras impurezas que impiden la unión de las partes. Este trabajo es tedioso y difícil, por lo que la hora de la revolución nunca llega prematuramente; sólo llega cuando estamos preparados para abandonar una duda o un miedo en particular.

Recibir este hexagrama quiere decir que, aunque nuestra preparación para la revolución tiene lugar en el plano inconsciente, la revolución misma requiere dar un paso consciente. Por ejemplo, conscientemente abandonamos una costumbre que tiene su origen en el miedo; escogemos suspender la incredulidad en el poder de lo desconocido; o eliminamos un temor, sacrificamos el orgullo o disipamos una duda que nos está invadiendo. Al abandonar todas las defensas acostumbradas contra lo desconocido, confiamos en que su fuerza nos arrastre más allá de las dificultades en cuestión. En lugar de forzar una respuesta, tomamos el riesgo de afrontar el problema manteniendo una actitud correcta.

Recibir este hexagrama quiere decir, también, que como consecuencia de nuestro desarrollo, ha tenido lugar una revolución en nuestra relación con los demás. Con la tolerancia, el retiro y la adhesión a nuestro camino, damos acceso al proceso de revolución y crecimiento para ellos. Ellos darán el "próximo paso" para mejorar, si continuamos nuestro camino. Dejémonos ser guiados, asegurémonos de que nuestros motivos sean correctos y necesarios, en armonía con nuestros pensamientos más íntimos, para que se manifieste lo que es universalmente justo. La victoria está asegurada por el poder de la verdad interior. Sólo necesitamos esperar.

Primera línea: *Uno es envuelto en la piel de una vaca amarilla.* Esto quiere decir que uno se envuelve en una actitud de inocencia y docilidad mientras espera que el influjo debido se manifieste. Si se ha recibido sólo esta línea, el hexagrama cambia a *El influjo*, hexagrama 31, sugiriendo que debemos mantener la mente abierta y libre.

Algunas veces, esta línea simplemente significa que debemos esperar pacientemente y mantener la mente abierta hasta que alcancemos el entendimiento, o hasta que tengan lugar los cambios apropiados. Mientras tanto, no habrá daños como consecuencia de no haber preparado una forma de abordar el problema, ni como consecuencia de que otros malentiendan nuestra perseverancia en la no-acción

Segunda línea: *Cuando llega nuestro día podemos revolucionar.* Cuando nuestra firmeza de carácter no pueda ser perturbada (cuando ya no perdamos más nuestra firmeza, nuestra independencia interior y nuestro desapego), podremos obtener la confianza de los otros. "Prepararse para las nuevas condiciones que inevitablemente llegarán" significa que debemos estar alerta y no relajar nuestras exigencias de lo que es correcto y esencial, una vez que las dificultades del momento hayan pasado.

La independencia interior proviene de la obtención de una atención equilibrada; como el equilibrista en la cuerda floja, ni vigilamos rígidamente agitados y temerosos, ni presumimos con un entusiasmo desmedido una vez que tenemos éxito.

Tercera línea: *Cuando se haya discutido la revolución tres veces, uno debe comprometerse.* "Tres veces" significa conseguir el efecto después de un largo período de perseverancia. Esto también se refiere a comprender lo que debemos hacer para continuar.

Los cambios son difíciles de ejecutar. Si esperamos que se hagan grandes cambios inmediatamente, nos precipitaremos demasiado; si no ponemos la energía necesaria para perseverar, porque pensamos que la tarea será demasiado larga o porque parece demasiado difícil, seremos demasiado conservadores. Necesitamos la fuerza para perseverar a través de los minúsculos pasos del desarrollo que llevan al cambio perdurable. La fortaleza proviene de ver claramente que debemos hacer un esfuerzo para esperar los cambios, con una actitud de desapego y modestia.

Cuarta línea: *Se desvanece el arrepentimiento*. Cuando la revolución está fundada en la autoridad de una actitud interior correcta, no puede haber arrepentimiento. Si fuésemos a cambiar a otros deberíamos ser justos y firmes en nuestros valores, desapegados e independientes en nosotros mismos, siempre listos a retirarnos y a seguir nuestro camino cuando los otros no se muestren receptivos o correctos con nosotros. Sólo cuando los demás vean claramente que deben cambiar, la revolución resistirá.

Esta línea también nos advierte de que nos aseguremos de pedir lo que es universalmente correcto, porque las demandas caprichosas de nuestros inferiores sólo tienen un efecto negativo, e impiden que tengan lugar los cambios reales para bien.

Quinta línea: *El gran hombre cambia como un tigre*. La revolución tiene lugar porque hemos abordado el problema de forma apropiada (ver la segunda línea). Los demás (o nosotros mismos) empiezan a comprender y, por lo tanto, cambian. La comprensión les da la fortaleza para sobreponerse al poder inferior y, en consecuencia, el cambio es dramático y repentino.

Sexta línea: *El inferior metamorfosea el rostro*. Los inferiores cambian sólo temporalmente. La costumbre es fuerte, y la claridad, de corta vida. Los cambios permanentes sólo se consiguen a través de experiencias repetidas que nos fuerzan a crecer, y a través de esfuerzos repetidos para disciplinar a nuestros inferiores. Los grandes pasos llevan a la rebelión y a la reincidencia. La paciencia y la perseverancia son necesarias.

Es importante no aferrarse al progreso adquirido. La victoria que acaba de conseguirse, es sólo un montículo de la montaña que hay que escalar.

Debemos recordar que cada paso hacia el progreso, cada revolución, nos libera de una nube particular que nos oscurecía, y que hasta ahora nos había tenido prisioneros.

Mientras tanto, necesitamos recordar que cada paso mayor hacia la revolución requiere la ayuda del poder supremo. Debemos buscar su ayuda a través de la perseverancia (no abandonando nuestra meta) y a través de la voluntad de continuar corrigiéndonos.

50
Ting
el Caldero

$$\frac{Li}{Sun}$$ ☰☰

Li: Lo adherente, el fuego
Sun: Lo suave, el viento

Aceptar el propio destino y ser guiado.

Este hexagrama está relacionado con *El pozo*, hexagrama 48, en el que el agua simboliza el esfuerzo. En ese hexagrama el agua nutre a la madera, que simboliza el carácter. Esto sugiere que a través del esfuerzo desarrollamos el carácter. En este hexagrama, la madera, simboliza el carácter ya desarrollado, que alimenta al fuego. Esto quiere decir que a través del desarrollo de lo bueno dentro de nosotros, brillamos como ejemplo, alumbrando el camino para los demás.

Fundamentalmente, es el sacrificio lo que "enciende" la madera. Es a través del sacrificio del interés personal como ofrecemos el alimento a Dios. *El caldero* es el recipiente para ofrecer tal sacrificio. Nuestros pensamientos íntimos, en cualquier momento dado, son las ofrendas depositadas en el caldero. Cuando ofrecemos buenos pensamientos, ofrecemos un buen alimento al poder supremo; pero cuando nuestros pensamientos profundos están corrompidos, "la comida del príncipe se derrama", como se afirma en la cuarta línea. Es importante, por lo tanto, que cuidemos la pureza de nuestros pensamientos y nuestra actitud perseverante y modesta.

Este hexagrama pide el sacrificio del "valor terrenal" más elevado: la sensación de que estamos al mando, y de que tenemos la habilidad y el derecho de guiarnos nosotros mismos. La realidad es que no estamos al mando. Al envejecer, o al estar atrapados en un destino adverso, nos damos cuenta de ello. La idea de tal poder es sólo una ilusión creada por el ego. Sacrificar esta ilusión es también sacrificar el ego. Al abandonar esta pretensión, pasamos a ser guiados (y protegidos) por el poder supremo. No se requiere nada más, pues el sacrificio del ego, de forma automática, le da el poder a lo creativo (el poder supremo) para actuar beneficiosamente en nuestras vidas.

El ego (nuestra autoimagen) muchas veces se manifiesta enmascarado de forma que no advertimos su presencia. A menudo, no entendemos qué es lo que tiene que ser sacrificado. Por ejemplo, podríamos necesitar sacrificar el ego como punto de vista emocional satisfactorio. Nuestro punto de vista personal, emocional, nos aisla del poder supremo, porque cuando nos adherimos a él, pensamos: Ésta es la idea que me hace humano, y por lo tanto me "aferro a ella". Al apegarnos a nuestros errores y a nuestros prejuicios humanos, mantenemos un residuo de rebeldía basado en la desconfianza sobre la voluntad de Dios. Al sacrificar la resistencia interior, alcanzamos una aceptación real y llegamos a la humildad.

Tenemos que sacrificar la tendencia a "sentirnos bien", cuando las cosas van bien, o a "sentirnos mal", cuando las cosas cambian para mal. Por el contrario, deberíamos continuar nuestro curso serenamente hacia adelante, independientemente de los sucesos, dejando pasar las cosas. Si tenemos éxito, pues bien, de lo contrario, continuamos hacia adelante, intentando la autocorrección, siguiendo nuestro camino y manteniendo una inocencia consciente y nuestra independencia interior.

Cuando recibimos este hexagrama sin líneas, o como segundo hexagrama, esto quiere decir que debemos renunciar a pensamientos inapropiados, o nos confirma que hemos establecido una conexión con el poder supremo a través de la realización de un verdadero sacrificio de nuestro ego.

Primera Línea: *Un caldero con las patas hacia arriba.* Esta línea nos aconseja limpiarnos interiormente de lo inferior que llevamos en nosotros, como el orgullo, y mantener la mente abierta acerca de la gente, aun cuando sus peores inferiores los dominen. Tenemos la tendencia a hacer una archivo mental de las transgresiones de la gente, para mantenernos en guardia contra ellos. Sin embargo estas ideas negativas se convierten en una barrera que impide que se corrijan ellos mismos, y en una fuente de conflicto interior para nosotros. Es contrario a nuestra naturaleza el mantener un vivo recuerdo acerca de las maldades ajenas que son "material paralizador".

Otro material paralizante es buscar "ser alguien": sólo deberíamos hacer algo que valga la pena.

También es material paralizante querer que la gente sea parcial a nuestro favor, tolerando malos hábitos y errores o descuidos.

Segunda línea: *Mis compañeros sienten envidia.* Mientras que el valor interno, la estabilidad y la independencia interior son elementos que hacen que la gente nos siga con la vista interior, y que les ayudan a realizar cambios en su vida, estas mismas cualidades incitan a la envidia y a la rebeldía de los inferiores. Hasta que el hombre inferior sea desplazado firmemente, al surgir el hombre superior, continuará poniéndonos a prueba, y permanecerá desafiándonos. Lo hará, en un intento de probar a los inferiores que nuestra virtud es débil o falsa, y que, por lo tanto, no vale la pena seguirla. Si el ego llega a conseguir algún éxito en este esfuerzo, el conflicto interior y la incomodidad de continuar de la misma forma serán abandonadas por carecer de importancia, de modo que no sucederá ningún cambio para mejorar. Por tales razones, necesitamos mantenernos firmes en nuestra forma de vida.

La envidiosa manera que tienen otros de probarnos conduce al peligro si nos dejamos llevar al terreno de la defensa personal, o si dejamos que se despierte nuestro orgullo. Debemos evitar ser apartados de lo que es esencial, y nunca debemos participar en un intercambio de calumnias. Durante estos episodios debemos tener mucho cuidado de mantener nuestra inocencia.

La envidia se manifiesta como la ira irracional. En tales casos debemos tratarla como si fuésemos un torero, enfrentando a un toro. Al toro se le deja consumir su ira sin hacerle daño, contra la muleta roja, haciéndole creer que nos ha cogido. Permanecemos cuidadosamente desapegados. Cuando se nos confronta con la ira irracional, no debemos contestar racionalmente, debido a que no entenderán una respuesta razonable con más claridad que una sin sentido. Es preferible, en estos casos, dar una respuesta sin sentido.

Otra forma de envidia se demuestra en la adhesión servil. Para esa gente parecemos poseer la imagen que a ellos les gustaría presentar a otros. Nos estudian en busca de nuestra "fórmula del éxito", con la esperanza de poder imitarla, y de obtener los mismos resultados. Desconfían de nuestra independencia, sospechando que es un acto que puede ser fácilmente emulado. También buscan formas de probar que al desenmascararnos debemos ser idénticos a su hombre inferior. La respuesta correcta es permanecer desapegados. De ninguna forma debemos dejar que nos enreden con halagos, o que nos involucren en los juegos que organizan. Es mejor que nos malentiendan y que nos dejen seguir nuestro camino a que adoptemos una imagen que ellos parecen necesitar, o dejar que nos utílizen.

Si nuestro ego interfiere en sus asuntos, sus egos saltarán a la defensiva. La situación se parece a cuando desafiamos a una serpiente en su escondite. Si somos más diestros que la serpiente, podremos evitar riesgos, pero la serpiente es venenosa y sabe defenderse; es mejor no entrar en su territorio.

Tercera línea: *El asa del caldero está alterada.* Nuestra utilidad se ve impedida porque todavía tenemos que alcanzar una espiritualidad verdadera. Todavía nos apegamos a la duda y nos enredamos en el conflicto interior. Tendríamos que dejar de mirar lo que nos causa conflicto interior y duda. Tenemos que soltar y sacrificar el interés personal.

La modestia (el asa del caldero) es la base de todas las demás virtudes. El sentido de la injusticia, que surge al encararnos con el mal, no debe convertirse en un poder en sí mismo, como el orgullo, o como cuando creemos que estamos en lo correcto. Una actitud determinante no se debe transformar en rigidez o falta de compasión. A pesar de todo tenemos que apoyarnos en las verdades más grandes que sostienen una idea justa y moderada de la humanidad. La obstinación y el orgullo hacen que nuestras virtudes sean inútiles. Este sentido de justicia es más amplio cuando se combina con la humildad, que le da un poder sublime al sabio. Es necesario sacrificar el derecho de estar en lo correcto y tener que defenderse, si queremos alcanzar la espiritualidad real. Si dependemos del carácter fidedigno del sabio, no necesitaremos otra defensa.

Cuarta línea: *Al caldero se le rompen las patas*. Recibimos esta línea cuando estamos presuntuosamente arrebujados en nosotros mismos, distraidos y fuera del alcance de nuestra voz interior. Hemos tenido una oportunidad para influir, pero estamos tan ocupados en pasárnoslo bien, o con el sentimiento de ser molestados, que no la hemos percibido y hemos pasado a ciegas. Al hacerlo, hemos dado un mal ejemplo de nuestra forma de vida y hemos arruinado los asuntos del sabio al que servimos. La verdadera modestia consiste en mantenerse cuidadoso y alerta, permaneciendo en contacto con nuestro yo interior para que así lo que hagamos sea moderado y puro. No nos olvidamos de nuestro camino ni lo abandonamos por negligencia.

Quinta línea: *El caldero tiene asas amarillas, argollas áureas.* A pesar de las presiones del momento, debemos sacrificar el orgullo y la actitud defensiva, permanecer modestos y accesibles. Mediante la abnegación nutrimos correctamente a otros, servimos a aquello que es más elevado que nosotros, y adquirimos la ayuda para enderezar la difícil situación. La abnegación significa mantenernos estrictamente correctos, sin entregarnos al descuido, ni tratar injustamente a otros cuando se equivocan ni retirarnos en el instante en el que se muestra el mal.

Sexta línea: *El caldero tiene argollas de jade.* Damos consejo, al igual que el sabio hace con nosotros, con el ejemplo. Esto quiere decir que mantengamos nuestra voluntad de perseverar tranquilamente, a pesar de todos los obstáculos. A pesar de todos los insultos, daños e injusticias, nos mantenemos en nuestro camino, permaneciendo pacíficos y puros. El sabio es tan firme como el jade, pero conserva su suave brillo en forma de amabilidad. Éste es un verdadero ejemplo a seguir.

51

Chên

El suscitar (la conmoción, el trueno)

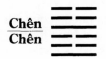

Chên
Chên

Chên: La conmoción, el trueno

A pesar del retumbar de la conmoción, debemos mantener
una actitud neutral y desapegada.

La conmoción significa el estar pensando o el estar sujeto a acontecimientos que nos perturban. Recibir este hexagrama hace referencia a la forma en que reaccionamos frente a estos acontecimientos. La conmoción puede tener lugar cuando una persona pierde su trabajo, le retiran el permiso de conducir, tiene un accidente de coche, o le toca la lotería. Ocurre cuando se nos muestra la perspectiva de cambios a largo plazo en nuestra vida, tales como el divorcio, la muerte de alguien cercano a nosotros, o tenemos de pronto la percepción de hacernos viejos. Nos damos cuenta de que estos cambios nos han impuesto nuevos límites que nos privan de algo o nos penalizan. Sentirse empujado por los acontecimientos hacia un conjunto de circunstancias nuevas es lo que este hexagrama llama el destino.

El mensaje principal de esta hexagrama es: "¡La conmoción es buena!" Recibir este hexagrama nos recuerda que si mantenemos la mente abierta, los acontecimientos que nos perturban pueden ser constructivos y positivos. En lugar de reaccionar ciegamente frente a la conmoción, debemos tomar una actitud de aceptación, aun dando la bienvenida al desafío impuesto por la nueva situación. En todas las circunstancias en las cuales nuestra actitud recibe una sacudida (aun en un grado pequeño), se nos aconseja mantener nuestro equilibrio interior.

El propósito de la conmoción es forzarnos a caer en la cuenta de que debemos encontrar una forma más apropiada de tratar con las circunstancias. Debemos encontrar la respuesta que armoniza con el bien de todos. Encontrar esta respuesta muchas veces requiere que nos sometamos a un desarrollo espiritual. Si descuidamos esto que es esencial y continuamos reaccionando como de costumbre, nos exponemos a una conmoción reiterada.

La conmoción tiene el beneficioso efecto de desacreditar (por lo menos temporalmente) la estructura de la lógica por la cual nos explicamos la vida y sus fenómenos. Aunque el apegarnos a esta estructura de certezas nos hace sentir más seguros, por otro lado es la barrera primordial que impide que veamos las cosas desde una nueva perspectiva. La conmoción y la adversidad son muchas veces las únicas circunstancias que nos hacen reexaminar las ideas de esta estructura.

La auto-imagen/ego adquiere su poder y su idea de la realidad de esta estructura; al tener esta estructura momentáneamente desacreditada, privamos al ego de la base para su existencia. Durante este corto período de tiempo nuestro yo verdadero (el hombre superior) aprende que se puede conducir sin apoyarse en las defensas y en las estratagemas del ego. Al darse cuenta de este hecho, el verdadero yo gana fuerzas. De todas formas, el ego, y las viejas ideas con las que se asocia, han perdido credibilidad sólo momentáneamente. Poco a poco, se vuelven a insinuar para volver a tomar el mando de la personalidad por la fuerza de la costumbre. El proceso de conmoción debe repetirse hasta que las viejas ideas finalmente pierdan credibilidad. En este proceso el verdadero yo gana suficiente fuerza para mantener al ego separado y controlado.

Otro propósito de la conmoción es hacer que nos demos cuenta de que somos vagabundos y extranjeros en el universo, que hay una estructura con la que debemos relacionarnos, que estamos sujetos a leyes cósmicas más elevadas, y que debemos encontrar el sentido de nuestra vida en relación a esta existencia. La conmoción hace que nos preguntemos cuáles son estas leyes y cómo es que no las hemos tenido en consideración. También debemos preguntarnos si nuestro entendimiento del poder supremo y nuestro esquema de lo desconocido corresponden a la verdad más elevada. Debemos dejar de apoyarnos en los puntos de vista de la mayoría y buscar la verdad dentro de nosotros mismos.

Cuando el estudiante novato del *I Ching* recibe este hexagrama, se ve normalmente sujeto a una conmoción. Esto sucede debido a nuestra incredulidad y a nuestra duda sobre una realidad más elevada de la realidad definida por los cinco sentidos. Estas dudas pueden ser expresadas como un rígido sistema de creencias o como una testaruda incredulidad. Sólo las conmociones más estruendosas pueden superar esta rigidez. Cuanto más receptivos seamos, y nuestras dudas y nuestras vacilaciones concernientes a lo desconocido pierdan poder, el grado de conmoción necesario para hacernos pensar disminuirá, hasta que recibir este hexagrama tan sólo llegue a tener un efecto saludable. Entonces, el recibirlo nos recordará que estamos en peligro de volver a caer en los patrones de la duda y nos permitirá corregir la situación con rapidez.

La conmoción se presenta mayormente en el contexto de los acontecimientos desagradables. No obstante, en ocasiones, nos advierte que no perdamos el equilibrio al liberarnos repentinamente de tensiones. En los buenos tiempos tenemos la tendencia a volver a entregarnos a las actitudes de exceso. Dependiendo de que las cosas continúen saliendo bien, empezamos a ser descuidados, asumiendo que el sabio cubrirá nuestros errores. Aunque podemos "aferrarnos" a lo correcto, como uno se aferra a un salvavidas, y de esta forma propiciamos la buena suerte para nosotros, si esta adhesión cambia a un "depender de", en el sentido de esperar que las cosas vayan bien, nuestra suerte cambiará para peor.

A veces la conmoción llega en la forma de desafío por parte de aquellos que secretamente desconfían de nosotros. Nos desafían porque todavía no estamos firmes en nuestro camino y ellos sienten nuestra vulnerabilidad. Hasta que lleguemos a tener valores firmes y nos dejemos guiar, estaremos sujetos a esta clase de desafíos. Hemos de aprender a reconocer los desafíos y sus causas. Una vez que dejemos de vacilar o dejemos de dudar de nuestro sentido de la verdad, cesará todo desafío.

Podemos observar un patrón de respuesta que tiene lugar cuando estamos infectados con la duda: cuando la duda entra en nosotros, nos apoyamos en la falsa valentía, entonces nos afanamos por resolver el problema luchando contra él. Habiendo reaccionado mal, nuestros inferiores equivocadamente piensan que hemos comprometido la situación; de todas formas, la verdad no puede ser comprometida, sólo malentendida. Al eliminar la duda de la verdad eliminamos el problema y establecemos el equilibrio. Simplemente tenemos que reafirmar que la verdad interior —que hemos aprendido a través de nuestras experiencias con el *I Ching*– es de fiar. Tiene el poder de brillar sin esfuerzo. Podemos adherirnos con completa seguridad a la verdad interior, como lo haríamos a una balsa salvavidas.

El sentido de la conmoción, en general, es hacernos reconocer nuestras limitaciones naturales; hasta que no lo hagamos, la situación mantiene una cualidad viciosa. El martillo cósmico da golpes a nuestra conciencia hasta que nos despertamos a las realidades interiores. Es como si la obstinada situación externa existiese para forzarnos a desarrollarnos. Cuando la conciencia es tal que vemos la mano del poder supremo en todas las situaciones, y su propósito es constructivo, la conmoción reiterada finaliza. Dejándonos guiar, encontramos el camino más fácil y seguro alrededor de la dificultad. El camino del *I Ching* es el camino fácil. *I* quiere decir fácil.

El máximo desarrollo del carácter es expresado así: cuando el trueno aterra a "cien millas a la redonda", uno permanece interiormente tan sereno que no se interrumpe el rito del sacrificio.

Primera línea: *Llega la conmoción: ¡Oh! ¡oh!... ¡Ja! ¡ja! Buena fortuna.* Lo que parece la mala suerte del destino lo llegaremos a ver como la única forma en que hubiéramos podido crecer, y la única forma de que lo bueno por llegar pueda suceder.

Segunda línea: *Cien mil veces pierdes tus tesoros...* El pensar en las pérdidas, errores o acontecimientos desagradables, perturba nuestra tranquilidad. Al reflexionar sobre cosas negativas, estamos tentados a resistir el destino. Debemos evitar estas imágenes y los peligros que ellas traen. Recobraremos lo que hemos perdido a su debido tiempo, al relacionarnos correctamente. Debemos redefinir la situación, no como mala, sino exactamente como es necesario para nuestro proceso de aprendizaje.

Tercera línea: *Si la conmoción lo incita a uno a actuar.* La conmoción al afrontar el destino parece insoportablemente dura y causa un trauma emocional. Es como si de pronto, irrevocablemente, se nos pusiese en un apuro en el que no hay opciones. Este negativismo, de alguna forma, significa que estamos bajo el efecto de la conmoción. Si podemos abandonar todas las opiniones negativas, veremos que hay formas correctas de solucionar el problema. Debemos mantener la mente abierta para dejar que las opciones se vuelvan visibles. Esto requiere que nos mantengamos tranquilos interiormente: rehusamos firmemente escuchar las quejas de nuestros inferiores o las imágenes negativas que nos presentan insistentemente.

Cuarta línea: *La conmoción se empantana.* La conmoción nos hace pensar que todo está perdido, que no hay solución al problema. Ya no le vemos sentido a nuestro progreso y no tenemos la receptividad necesaria para ver la perspectiva correcta. Todo esfuerzo parece estar perdido. Esta reacción simplemente es el efecto de la conmoción, o de la forma en que nuestro ego infantil ve la situación, pero como no puede ver sin distorsión, reacciona de una forma exagerada. Mientras gobierne nuestras ideas se mantendrán fijas en la tradición aun no liberada por el entendimiento, que vendrá más adelante. Controlamos nuestro ego permaneciendo tranquilos (ver *El aquietamiento*, hexagrama 52. El hablar considerando la situación como mala tiende a mantenerla de esta forma porque estamos encerrados en un punto de vista negativo. Tenemos que darnos cuenta de que cada situación es exactamente como tiene que ser, ya sea para ayudarnos, o para ayudar a otro a desarrollarse. Necesitamos aceptar la situación desagradable como una señal de que es hora de que aprendamos algo nuevo, o por lo menos tener una nueva perspectiva acerca de la conmoción. Necesitamos abandonar el corazón infantil y la forma en que éste percibe las cosas y recobrar la mente desestructurada.

Quinta línea: *La conmoción va y viene...* pero no se pierde nada. Suceden muchas cosas que dan la impresión de no estar relacionadas y de carecer de sentido. Debemos mantenernos desapegados y hacer lo correcto. Lo que necesitamos saber será revelado. Esto es para bien.

Sexta línea: *Retirarse de los efectos de la conmoción.* No debemos dejar que los acontecimientos desagradables nos hagan despreciar al sabio, al destino, a Dios, o la gente que fue injusta con nosotros. La conmoción trae consigo el fin de lo viejo y un comienzo de lo nuevo. Mientras estos cambios están sucediendo, debemos apartarnos de los efectos negativos de la conmoción que nos hacen mirar lo que sucedió. Es importante seguir hacia adelante.

Si nos preguntamos cómo tratar los buenos o a los malos acontecimientos, la respuesta es: "no te aferres al problema ni te enredes en sus detalles". Para que vuelva la claridad y para poder entender la conmoción es necesario dejar de mirar el problema.

52
Kên
El aquietamiento, la montaña
(mantenerse quieto)

Kên,
Kên,

Kên: El aquietamiento, la montaña

Mantenemos los pensamientos internos en calma,
renunciamos al corazón infantil.

Recibimos este hexagrama cuando nuestros pensamientos están enredados con nuestras emociones, o cuando la situación es tal que podemos llegar a implicarnos emocionalmente. Cuando nuestras emociones están envueltas es imposible obtener la claridad de mente; por lo tanto, se nos aconseja "aquietarnos".

"El aquietamiento" (mantenerse quieto) quiere decir aquietar el "pensamiento del corazón". En el *I Ching*, cuando se despiertan nuestras emociones, se dice que el corazón está pensando. El corazón infantil piensa en términos de lo que quiere o necesita, y de lo que le disgusta o desea evitar. También piensa en la defensa de las posiciones que haya adoptado; así es también el pensamiento egoísta de la vanidad y el orgullo. Constantemente mide la dirección y ritmo de los acontecimientos para ver lo lejos que ha llegado en sus objetivos. El objetivo de mantenerse quieto es el de calmar esta frenética y reconcentrada actividad mental.

Si pudiésemos desapegarnos tiempo suficiente como para ver estos pensamientos objetivamente, nos percataríamos de que surgen de los temores del yo corporal y de que algunos son conscientes y otros inconscientes. El *I Ching* reconoce estos pensamientos como las voces de los inferiores. Mientras dominen nuestro espacio mental, es imposible alcanzar la neutralidad y la aceptación que nos conduzca a una perspectiva correcta y razonable.

Hay muchas formas de aquietar a los inferiores. Les podemos explicar la necesidad de mantenerse quietos para que la claridad sea posible. Podemos decirles que no se confundan por la apariencia de las cosas, que el cambio es la regla de la vida. Podemos asegurarles que si pueden disciplinarse, atraeremos la ayuda del poder supremo para hacer posible lo imposible. Podemos explicarles la necesidad de su obediencia, como en *El ejército*, hexagrama 7, y podemos decirles que debemos adherirnos a lo desconocido para que nos muestre el camino, como en *Lo adherente*, hexagrama 30. Al animarlos de tal forma, es posible que obtengamos su cooperación y que conquistemos su perseverancia. A este método de restringir a los inferiores se le llama "restricción dulce" en *La restricción*, hexagrama 60.

Para alcanzar estos resultados, es posible que sea necesario sentarse tranquilamente en estado de meditación. Muchas veces recibir este hexagrama es una llamada a meditar, por lo menos, para ponernos en contacto con las preocupaciones y los temores de los inferiores. Los inferiores necesitan que se les asegure que si confían en lo desconocido, y dejan que lo creativo trabaje a través del vehículo del tiempo, todo saldrá bien. A veces este trabajo requiere que reconozcamos nuestras pretensiones y nuestro orgullo, unos culpables que necesitan ser eliminados a través de la firme perseverancia.

Una vez que hemos alcanzado el estado de aceptación y docilidad, obtenemos la paz descrita por la imagen de *La alegría*, hexagrama 58, como el "lago luminoso": la superficie lisa del lago simboliza la alegría de la paz interna. En el momento que una emoción surge, una onda se crea en su superficie.

Mantenerse quieto también se refiera a la forma de meditar del *I Ching*, que supone ponerse en estado de vacío interno, acallando sistemáticamente las quejas de las voces de nuestros inferiores. El aquietamiento requiere sentarse en una postura relajada pero alerta, para que los nervios de la espina dorsal se tranquilicen. La columna no sólo es la única ruta por la cual el cerebro transmite los mensajes al yo corporal; también es el canal por el cual el yo corporal transmite sus quejas al cerebro.

Al sentarnos en una posición sin soportes no nos apoyamos en nada; permanecemos despiertos mientras nuestro cuerpo se relaja. Cuando nuestra presión sanguínea y las energías se calman, los inferiores se aquietan como si durmieran. En este momento tiene lugar la separación del ego: la voz pretenciosa, defensiva y presumida de nuestra auto-imagen/ego se separa de nuestra conciencia y así podemos oír sus pensamientos separados de nosotros. Su voz algunas veces es sutil y tentadora, otras, sutil y machacona, o exigente y furiosa. La separación del ego nos da la oportunidad de oírlo y entender sus pretensiones. Una vez que lo entendemos, podemos liberarnos de su dominio. Una vez que lo hemos oído en meditación, podemos reconocer sus insinuaciones durante nuestras actividades diarias. Reconocerlo nos ayuda a resistir sus exigencias.

Una vez que el ego se ha separado también podemos ver y oír a los inferiores. Al escuchar sus preocupaciones y quejas notaremos que son como niños; al igual que ellos, se concentran en lo que quieren, se preguntan y se preocupan. Las células del cuerpo, o la organización de las células, tienen formas verbales y no verbales de decirnos que tienen hambre, que están cansadas o que sienten miedo. Durante nuestra actividad consciente normal pensaríamos que estos pensamientos forman parte integral de nuestra estructura; sin embargo, durante la meditación los escuchamos como separados de nuestro yo central. Al entrar en contacto con ellos durante la meditación, nos damos cuenta de que han estado bajo el control del ego; también nos damos cuenta de que somos capaces de alistarlos para trabajar hacia la meta del yo superior. De esta forma nuestro yo superior, el hombre superior, obtiene la habilidad de dirigir a los inferiores. Una vez que todo esto pasa, la personalidad retoma su orden natural.

Al escuchar las necesidades de los inferiores y poner sus temores en paz, parece que les diéramos seguridad, pacificándolos y haciendo descansar a nuestro corazón. En estado de verdadera tranquilidad descansamos en algo así como un espacio de neutralidad y aceptación total. No vemos ni escuchamos nada. Algunas veces es posible oír una voz nueva o ver seres inéditos. La voz nueva es serena, discreta: es la firme voz del sabio. Escuchamos y observamos como si se tratase de una película cuya proyección se inicia. Tambien es posible que veamos imágenes que demuestran las lecciones de la verdad universal. Aunque podemos participar en lo que sucede, no lo controlamos.

Durante la meditación es cuando hacemos los sacrificios a los que se nos llama en distintos hexagramas como *La contemplación*, hexagrama 20. El sacrificio quiere decir que entregamos al poder supremo las dudas del conflicto interno y emociones como ira justificable, el sentimiento de tener derechos, la indignación producida por las injusticias, la impaciencia con el mal y nuestra tendencia a concentrar nuestra atención en asuntos insignificantes, lo que ocasiona la pregunta: "¿Por qué son las cosas así?" Sacrificamos estos sentimientos y percepciones porque obstruyen el progreso e inhiben el bienestar general. Tales sacrificios agrandan el ser espiritual.

Para el estudiante serio del *I Ching*, la práctica diaria de la meditación es esencial. A través de la meditación practicamos la limpieza interior que nos devuelve la pureza y la inocencia; libres de pensamientos que generan agitación y sordera interna, volvemos al estado alerta y a la atención interna que nos posibilita relacionarnos con los demás de una forma creativa. Liberarnos de las preocupaciones preponderantes de los inferiores tiene el efecto de limpiar nuestra casa interna. Así como nuestra casa interna se ensucia viviendo en ella, nuestro espacio mental llega a atestarse con preocupaciones ajenas e innecesarias, que pueden consistir en sistemas de creencias, preocupaciones, fantasías e ideas que hacen que la paz interior y la armonía resulten imposibles de adquirir. La limpieza interna implica que dejamos irse, que soltamos al mundo, sus preocupaciones y todos los sistema de creencias. Nos despojamos de la ira pasada, de la hostilidad y de todas las injusticias que la gente ha cometido contra nosotros; descartamos todas las filosofías de negación y los pequeños placeres y disgustos. Al limpiar nuestro *ting* (ver *El caldero*, hexagrama 50), nos liberamos del enorme peso que acarrea semejante tormento mental.

Si al intentar meditar buscamos obtener la paz interna sin haber conseguido la limpieza interna, la claridad y la comunicación con el sabio no serán posibles. Evitar este paso es "forzar la meditación", como nos advierte la línea tercera. Practicar la limpieza interna es la autorenovación diaria que posibilita al hombre superior mantener el máximo de su poder (ver *El poder domesticador de lo grande*, hexagrama 26).

A través de la meditación el sabio nos deja entrever nuestro ego como un sistema organizado de defensa, que al abdicar del mando de nuestra personalidad, ha dejado que nuestros inferiores construyan una defensa frente a lo desconocido. Podemos ver, uno a la vez, los temores que dan vida y poder al ego: vemos nuestros miedos en disfraces diabólicos que les permiten aterrorizarnos. El desenmascarar tales miedos en la meditación es como coger al mago de Oz en el acto de manipular sus máquinas aterrorizadoras por detrás de la cortina; nunca más podrán ejercer poder sobre nosotros.

Puesto que esta clase de meditación parece indispensable para el estudio serio del *I Ching*, no es sorprendente que Confucio dijese: "El estudio sin meditación es un trabajo perdido; la meditación sin estudio es arriesgada".

Primera línea: *Mantener quietos los dedos de los pies. Ningún defecto. Es propicia una perseverancia constante.* El querer que suceda algo no hará que suceda. Hasta que las condiciones se corrijan, debemos encontrar la paz en la aceptación y mantenernos firmes y desapegados. La "perseverancia constante" quiere decir que corregir los asuntos llevará un tiempo; mientras tanto, no debemos apartarnos de lo que conocemos como verdadero.

Segunda línea: *Mantener quietas las pantorrillas.* Es importante no hacer nada ahora porque estamos bajo la presión del ego que nos empuja a actuar. Si dudamos de que el camino correcto vaya a funcionar, o si se nos pilla deseando algo, perdemos nuestra independencia interior. Mientras la duda o el deseo nos impregnen, toda acción tendrá una motivación equivocada.

No puede rescatar a quien sigue. Si nuestro ojo interno está fijo en lo que hacen otros, seguimos su camino y no el nuestro. Sólo lo podemos rescatar si seguimos nuestro camino. Cuando vean que sólo están haciendo lo equivocado, sin tener a nadie para que los salve más que ellos mismos, entonces dejarán de hacerlo.

Esta línea indica que debemos rechazar nuestro yo emocional. Algunas veces es difícil ver que el deseo tiene sus raíces en el miedo o la duda. Deseamos sólo lo que no estamos seguros de conseguir. Quizá queremos la resolución equilibrada de una situación, o la vuelta de quien nos hemos separado. Quizá queremos escapar de una circunstancia adversa que tememos que continúe indefinidamente. Debemos recordar que la adversidad sólo dura un tiempo; mientras tanto, puede utilizarse como el fuego que clarifica y derrite la grasa que son nuestras impurezas de carácter. La duda de la verdad eterna tiende a encerrarnos en patrones negativos. Si podemos abandonar el miedo, la duda y la desconfianza, progresaremos.

Tercera línea: *Mantener quietas las caderas.* Cuando luchamos por confiar o por permanecer tranquilos, forzamos nuestro estado mental. La forma de comportarse es no intentar el "ser algo", sino trabajar para liberarnos de los elementos que nos hacen parecer más o menos de lo que somos realmente. Por lo general, estos elementos son el orgullo o los pensamientos negativos. Por ejemplo, no necesitamos que nos guste la gente, pero es importante que lleguemos a dispersar los sentimientos hostiles para tener una opinión moderada y justa de los demás. En esto consiste el encontrar el "camino del medio", y llegar a una aceptación de la vida denominada "aquietamiento magnánimo."

Una quietud forzada también delata que abrigamos preocupaciones y ansiedades. Debemos desprendernos de todos los asuntos que nos presionan. Tal resignación trae buena suerte, mientras que el alargar los asuntos la ahuyenta, porque la fuerza oscura sigue operando.

Si después de hacer un gran esfuerzo no podemos encontrar el elemento negativo que debe ser dispersado, es necesario desapegarnos y mantener la mente humilde y abierta. Entonces, el elemento negativo llegará a hacerse visible. Luchar demasiado, aun tratando de hacer lo correcto, produce la desintegración (ver *Separarse*, hexagrama 23).

Algunas veces pensamos que para deshacernos de la duda debemos "creer", este es otro intento de forzar nuestra tranquilidad. Es imposible reemplazar la duda con la creencia, porque entonces no nos hemos enfrentado a la duda; sólo la hemos encubierto. Como la duda sigue presente, permanecemos continuamente forzados a justificar y defender el sistema de creencias que la mantiene a raya. También aceptamos las creencias porque nos halagan de alguna forma y nos hacen sentir mejor. A veces intentamos halagar a lo desconocido creando un sistema de creencias que pensamos que le agradará por medio de la fantasía primitiva de que tributándole homenaje se aplacará. En la práctica, esto es similar a los sacrificios de animales que emplean las religiones primitivas para aplacar los dioses furiosos o embusteros. En efecto, con esta idea el poder supremo nos deja solos, con nuestros propios recursos. El camino del *I Ching* consiste en abandonar la duda y no reemplazarla con nada. Aceptamos humildemente lo desconocido y no le ofrecemos resistencia. La confianza necesaria sólo es la ausencia de desconfianza.

Cuarta línea: *Mantener quieto el tronco.* La presencia del miedo, la duda o el deseo causan agitación. El deseo es una forma de miedo que nos lleva a creer que no vamos a alcanzar nuestro objetivo. Casi nunca deseamos lo que estamos seguros de tener, y a menudo deseamos lo que pensamos que no podemos tener. Así, el deseo contiene a la duda y a la envidia. Al abandonar estos sentimientos negativos, damos descanso al corazón y llegamos a un nivel más alto de tranquilidad.

Quinta línea: *Mantener quietas las mandíbulas.* Cuando no hemos alcanzado la tranquilidad interior con nuestras palabras y acciones, es seguro que reflejaremos la presencia de los temores, las dudas, los deseos, la impaciencia o cualquier otra fuerza turbulenta. Por ejemplo, cuando nos concentramos en los fracasos de otros, ellos sienten nuestra actitud supervisora y ponen más resistencia para no hacer lo correcto. El aumento de resistencia nos desequilibra más aún y nos resulta más difícil perseverar. Por estos y otros malos efectos producidos por hablar o actuar cuando no tenemos tranquilidad, debemos hacer un esfuerzo especial siendo reservados al hablar.

Sexta línea: *Mantenerse quieto de forma magnánima.* El aquietamiento magnánimo tiene lugar a pesar de los ataques de los inferiores que se detienen a preguntar "por qué" les damos la espalda y nos mantenemos tranquilos. Tal perseverancia lleva al desapego y a la paz de la mente.

53

Chien
El desarrollo (progreso paulatino)

Sun: Lo suave, el viento
Kên: El aquietamiento, la montaña

Permite que el tiempo y el espacio sean los vehículos del progreso.
El tiempo no es esencial, el tiempo es la esencia.

El desarrollo nos habla de progresar en las situaciones difíciles que comprende nuestro destino. El progreso paulatino es el medio por el cual una trayectoria desfavorable, de sucesos causados por nuestras actitudes incorrectas, puede ser cambiada o invertida; es el medio por el cual todos, los pequeños y los grandes problemas de la vida, pueden ser resueltos.

El progreso y el cambio son necesariamente lentos, porque el desarrollo es un proceso orgánico. Los procesos orgánicos requieren perseverancia y fidelidad porque concluyen sólo al trabajar en coordinación con las fuerzas naturales.

La imagen de la oca, que se mantiene fiel a su pareja a lo largo de toda su vida, simboliza la perseverancia y la fidelidad. La vida de la oca llega a la perfección cuando alcanza las "altas nubes". La imagen nos aconseja que a pesar de los desafíos, debemos ser fieles a nuestros principios, y fieles a nuestro deber de rescatar a aquellos que están dentro de nuestra esfera de responsabilidad.

Las líneas enumeran los cambios, los peligros y los malentendidos que amenazan nuestra voluntad para mantenernos leales a nuestro camino. El mayor de ellos es el desafío que presenta el tiempo: se nos pide que esperemos, y la espera parece interminable. Este desafío sólo puede superarse con constancia. La situación no es muy distinta a la experimentada por Colón durante su primer viaje al cruzar el océano; mantuvo su visión cuando todo el mundo dudaba de él. Su punto estable de referencia era la Estrella Polar. Al recordar y adherirse al conocimiento de que la Estrella Polar siempre está en su lugar, se mantuvo seguro de su visión y fue capaz de realizar lo que entonces era considerado imposible.

De los muchos atributos de carácter que se discuten a través del *I Ching*, la constancia es vista y considerada como vencedora frente a todos los asaltos de las fuerzas negativas. El eje de la rueda, al ser un punto estacionario alrededor del cual giran los radios, se da como ejemplo de algo que es capaz de mover cargas pesadas. De la misma forma que las estrellas permanecen en su posición en las constelaciones, el sabio, a través de la constancia, obtiene el más alto poder. Constancia quiere decir que no nos dejamos mover de nuestro centro de equilibrio, ya sea por nuestro ego o por nuestros inferiores. Lo cual significa que no reaccionamos por lo que otros hagan o dejen de hacer. Podemos continuar la tarea de corregir nuestra esfera, porque vemos que si todos trabajan corrigiendo su propia esfera, habrá orden y justicia en la vida, y el sufrimiento será aliviado; por lo tanto, no buscamos liberarnos de esta tarea.

El esfuerzo para mantener la consistencia de carácter es un lento proceso orgánico; desarrollar raíces fuertes afirma el carácter en formación de la persona, como si se tratara de un árbol. Su talla y su discreta dignidad dan ejemplo a todos aquellos que se encuentran a su alrededor, y que están desarrollándose a sí mismos. Al principio, el brote de la semilla empuja hacia arriba con esfuerzo y adaptabilidad. Durante este tiempo es vulnerable frente a los peligros, pero cuando el árbol está maduro, entonces se encuentra adaptado y equilibrado, en armonía con él mismo y con el medio ambiente.

Al recibir este hexagrama se nos recuerda que hay que aceptar el tiempo requerido para completar nuestra tarea y liberarnos de cualquier resistencia que haya penetrado en nuestra actitud. Recibimos este hexagrama repetidamente si somos impacientes, como una señal para que analicemos por qué tenemos prisa, y para liberarnos de las presiones del ego que originan nuestra impaciencia. Ser impacientes indica que todavía no nos hemos adaptado al destino. Desconfiamos del lugar al que éste nos lleva, creyendo que caeremos en un pozo de dificultad y desesperanza, y que no habrá otro remedio que tomar el control y hacer las cosas a nuestro modo. Nuestro ego (corazón de niño) prefiere hacer cualquier cosa en lugar de nada. La paciencia y la aceptación están en armonía con el destino.

Primera línea: *La oca se acerca paulatinamente a la orilla del mar.* Durante los comienzos de nuestro desarrollo personal somos presa fácil de la duda y el miedo. La duda nos hace aferrarnos a soluciones, o a fórmulas de éxito que parecen prometer un progreso rápido. No debemos resistir el paso lento del progreso mirando tales medios. Es sabiduría desligarse y esperar con una actitud de neutralidad y aceptación.

Segunda línea: *Comer y beber en paz y concordia.* Se refiere a las treguas en medio de los peligros del progresar. Mientras el peligro tiende a volvernos cuidadosos para mantenernos correctos, liberarnos del peligro nos hace olvidar ser cuidadosos. Recibir esta línea implica que debemos permanecer en alerta, manteniendo nuestra actitud interior correcta. Al pensar en otros deberíamos evitar el desear, el preocuparse, el preguntarse, es decir: los pensamientos que acarrean las dudas y la desesperación, los cuales alteran nuestra serenidad. El *I Ching* considera que entretenerse con tales pensamientos es una "mala nutrición".

Compartir nuestra felicidad con otros quiere decir no olvidarnos de nuestra responsabilidad de rescatarlos después de haber obtenido una mínima seguridad para nosotros. Durante las épocas de paz tenemos la tentación de abandonar a aquellos que son problemáticos.

Tercera línea: *La oca avanza poco a poco hacia el altiplano.* Esta línea nos advierte de que no nos precipitemos en la lucha. Al vernos en una situación inapropiada, tenemos la tendencia a juzgarla como hostil; entonces nos sentimos presionados para responder. No debemos intervenir, sino dejar que los asuntos sigan su curso. Si nos mantenemos quietos interiormente (desapegados) y dejamos que el tiempo desarrolle las cosas, la salida aparecerá por sí misma. Todo acontecimiento "malo" no es necesariamente malo. Todo lo que sucede durante nuestro desarrollo es necesario para revelar nuestras actitudes erróneas a fin de que puedan ser corregidas. El tiempo y el destino son amigos. No necesitamos llegar a ponernos ansiosos cuando las cosas están pasando por un momento difícil. Sólo cuando nos resistimos, o cuando nos afanamos en ir contra la corriente, sufrimos daño.

Cuarta línea: *La oca avanza poco a poco hacia el árbol. Tal vez consiga una rama chata No hay culpa.* La rama chata simboliza el ceder a lo que está sucediendo, en lugar de resistir al destino. La oca descansa en lo que está a su disposición, aunque sea difícil e inapropiado. Al no resistirnos, encontraremos gradualmente nuestro camino una vez pasada la dificultad. El peligro llega cuando nos sentimos impacientes, ambiciosos, deseosos o temerosos, o cuando sentimos una injusticia, o miramos las dificultades y nos desesperamos.

Quinta línea: *La oca avanza poco a poco hacia la cumbre.* En el proceso de desarrollo personal son inevitables los períodos de aislamiento. La gente malinterpreta cuando no actuamos o no reaccionamos y no podemos explicarnos. Debemos esperar durante estos períodos con paciencia y perseverancia.

Esta línea también afirma que aunque por ahora seamos mal entendidos y aunque haya muy poco progreso aparente, continuar en el camino del bien y la verdad conducirá al éxito.

Sexta línea: *La oca avanza poco a poco hacia la altura de las nubes.* Cuando nos adherimos a la estricta formación requerida por el deber, ejercitamos el poder de lo creativo para corregir la situación. Cuando nos adherimos a nuestro camino, a pesar de la adversidad, y nos mantenemos sinceros en nuestra actitud, alcanzamos las altas nubes.

Esta línea también quiere decir que cuando vemos a la gente que nos hizo algún mal en el pasado, debemos seguir una disciplina estricta para mantener nuestra independencia interior. No pensemos demasiado en lo que sucedió, ni erijamos defensas; mantengamos cuidado y reserva. De esta forma evitaremos presunciones peligrosas y nos mantendremos libres para responder a cualquier cambio real que haya ocurrido.

54

Kuei mei
La doncella casadera (La desposada)

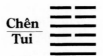

Chên
Tui

Chên: La conmoción, el trueno
Tui: La alegría, el lago

El deseo otorga poder al mal.

La imagen de la "doncella casadera", una mujer que se casa debido al deseo, simboliza a alguien que ya sea por elección o por las circunstancias, se encuentra en una posición de muy poca influencia. La persona con la que tiene que tratar le tiene muy poca consideración y parece no tomarla en cuenta o no prestarle atención. No parece haber una forma adecuada de tratar la situación: él está tentado de abandonarla.

Cada vez que nos enfrentamos a un problema como éste, aparecen tres opciones: dejar que las cosas se arreglen por sí mismas, forzar el progreso, o abandonar el problema completamente.

Si dejamos que las cosas se arreglen por sí solas, aprenderemos a influir a través del poder de la verdad interior. Fortalecemos nuestra personalidad al mantener nuestra independencia interior y nuestro amor propio durante los períodos de presión generados por la adversidad.

Si forzamos los asuntos, abandonamos el camino del sabio y comprometemos nuestro amor propio. Nuestra victoria será vacía y temporal, porque sólo lograremos la conformidad y no el cambio de los sentimientos y el deseo de adhesión, que es lo realmente buscamos.

Aunque no siempre resulta totalmente equivocado abandonar el problema, dejar que el I *Ching* nos guíe nos brinda la oportunidad de ganar una nueva y rica visión sobre las relaciones humanas y sobre el camino del sabio.

El consejo que nos da en este hexagrama está contenido principalmente en las líneas que nos señalan los problemas que surgen del deseo.

El deseo nos hace perder nuestra independencia interior. Los demás entienden esto a un nivel interno, y tienden a explotarlo, como cuando uno le enseña a un niño un caramelo para hacerlo comportarse como uno quiere. Si, de todas formas, mantenemos nuestra independencia interior influimos en los demás sin perder nuestro amor propio, porque la gente intuitivamente reconoce y respeta a aquellos que tienen independencia interior (por ejemplo, los que tienen firmes principios interiores, y no la necesidad de ser reconocidos).

Las primeras semillas del deseo despiertan cuando dudamos si tenemos alguna influencia en la situación, o cuando empezamos a temer que las cosas, por ellas mismas, no vayan a resultar correctamente. Empezamos a luchar por ser entendidos o a forzar los acontecimientos para proceder directamente a alcanzar nuestro objetivo.

El deseo también opera cuando queremos que se nos considere de cierta manera, o cuando queremos ser comprendidos. Nuestra intención está tan concentrada en influir, que no nos fijamos en si ese afán de querer influir está relacionando con nosotros de forma correcta. La ambición nos hace perder no sólo nuestra integridad, sino también nuestro poder de observación.

En efecto, muchas situaciones sociales y también laborales están diseñadas para desequilibrados. Hay un sutil *juego del montón* que hace que los que sienten envidia de nosotros y de nuestra independencia interior nos desafíen. Ellos pueden encontrar una forma de forzarnos a cumplir con sus exigencias irracionales, esperanzados en jugar a que nos enfademos y así cuestionar nuestros principios; cuando la duda se plantea, buscamos formas de mejorar la situación y así entramos en el juego del montón. La primera técnica de control es hacernos dudar de nosotros mismos. Si empezamos a seguir "su juego", ya sea combatiendo la situación o aceptando su forma de manipulación, sólo multiplicamos el mal. Esto no tiene porque pasar si aprendemos a relacionarnos correctamente en las situaciones que amenazan con desequilibrarnos a través de los deseos, o que de otra forma nos hacen dudar de nosotros mismos. La actitud correcta es mantenerse neutral y perseverante.

Además de ir en contra de nuestra dignidad interior, el deseo nos lleva a calcular irracionalmente lo que hemos logrado, de modo que nos exponemos al fracaso. Por ejemplo, el deseo puede llevarnos a riesgos basados en fantasías como la de comprar de acciones, jugar a la lotería, o desear prosperar.

Querer demasiado de otros siempre nos lleva a tener excesivas expectativas, haciendo que se rebelen. Estos fracasos despiertan nuestro orgullo, complicando aún más las cosas. Incluso el ser ambicioso al desarrollarnos, nos lleva a la desilusión. Es como si nuestro ego, al ver que estamos decididos a corregirnos nosotros mismos, se uniese al esfuerzo. Su característica es el creer que un "máximo esfuerzo de equipo" vencerá (viéndose como el caballero montado en caballo blanco resplandeciente con armadura); con cada sacrificio que hace vigila si ha obtenido ganancias. Su participación es siempre condicional, vacilante y en busca de la gloria. Nada de valor duradero puede ser obtenido por nuestro ego.

Las empresas traen desventura. Nada que fuese propicio. El matrimonio discutido en esta hexagrama es el de la concubina. En *El influjo*, hexagrama 31, el afecto que despierta es el que sentimos por el espíritu de bondad, sinceridad y humildad. *En La familia*, hexagrama 37, la disciplina y el recato son especificados como el papel del padre, mientras que el papel de la madre es el nutrir a la familia correctamente. En *La duración*, hexagrama 32, el fin es crear una base adecuada para las relaciones, y que así perduren; esto es posible cuando la gente tiene firmeza en su forma de vivir, y cuando poseen una lealtad individual a la verdad. En *El desarrollo*, hexagrama 53, el matrimonio encuentra su expresión plena a través de un continuo desarrollo orgánico: el lento proceso de maduración y resistencia de una sola relación durante su paso a través de los desafíos y cambio.

"El matrimonio de la concubina", mientras esté basado en la atracción, será problemático a consecuencia del deseo. Esta situación implica (al desviar la atención a la dinámica negativa creada por el deseo) que debemos dejar que las relaciones se desarrollen hasta alcanzar una madurez suficiente antes de comprometernos, porque si ellas han de durar y ser armoniosas, deben estar fundadas en valores que sean correctos y perdurables. Proceder sin haber establecido una base correcta es colocarse en la posición de una concubina. "Procedemos" cuando damos nuestra confianza, nos entregamos libremente, comprometemos nuestra confianza y lealtad a otro, o simplemente deseamos hacerlo.

Los principios mencionados arriba se demuestran en las líneas: en la primera, la muchacha llega a ser una concubina porque no esperó los pasos adecuados; se apresuró en la relación. Ella se entrega fácil y ligeramente, buscando la felicidad como algo en sí mismo, sin consideración a lo fundamental que lo crea; como consecuencia, tiene que resignarse a tener sólo la influencia sobre su marido que su bondad le asegura. La línea tercera muestra a una mujer que tanto desea los placeres del matrimonio que acepta la posición de concubina, y así compromete su amor propio. En la línea cuarta ella prefiere esperar, pasado el tiempo acostumbrado, para obtener un matrimonio propio. Encuentra la felicidad porque se resiste a estar controlada por el deseo y se adhiere a lo correcto, aunque tardíamente.

Si atraemos a los demás hacia nosotros por motivos correctos, no tendremos que sufrir. Sólo cuando seamos estrictos manteniendo nuestros valores y nuestra independencia interior, los demás tendrán el cuidado de relacionarse correctamente con nosotros. Al evaluar nuestras relaciones con los demás es esencial preguntarse: "¿Son ellos sinceros y sensibles con nosotros, o permanecen a la defensiva y cerrados?" También tenemos que preguntarnos si, de la misma manera, nosotros somos sinceros, o si los encarcelamos en la duda, o si ponemos vallas que ellos tienen que sobrepasar para mitigar nuestro orgullo.

Este hexagrama indica el procedimiento correcto, ya sea que estemos buscando trabajo, una pareja, o empezando una relación de negocios, o comprando o vendiendo algo. La persona que controla sus deseos y pone las consideraciones fundamentales del comportamiento justo y correcto sobre todo lo demás, tendrá unas relaciones libres de los problemas y las molestias que plagan las relaciones fáciles.

El hexagrama también indica el comportamiento correcto a seguir una vez que nos encontramos en una posición secundaria. La imagen que se nos presenta es la de ser una persona amiga de otra poderosa. Aunque no tenemos poder real, podemos influir con tacto y gentileza. Sobretodo, debemos soportar caballerosamente a aquellos que no siguen nuestros valores.

Primera línea: *La doncella casadera como concubina.* Estamos en una posición de poca influencia, y carecemos del poder directo para cambiar la situación desfavorable. Estamos impedidos (cojos), cuando estamos afectados emocionalmente al no poder afrontar las dificultades de la situación. Aunque tenemos poca influencia, no debemos competir con quien tiene más, sino que hay que aceptar que la gentileza es la única forma constructiva de relacionarse por el momento.

Como segundas esposas, no debemos competir o suplantar a la primera esposa. Si por tener el orgullo herido, definimos la forma en que ellos tienen que cambiar, pondremos una presión negativa en la situación, mientras que si sólo exigimos lo que es esencial y correcto, nos desapegamos y confiamos en lo desconocido, la ayuda vendrá.

La situación es como estar relacionado con alguien que tiene una adicción. No debemos tratar con la adicción directamente o competir con ella directamente para poder influir, sino concentrarnos en mantener nuestra actitud correcta.

Segunda línea: *Un tuerto que puede ver.* Aunque no hay nada en la superficie que nos muestre la grandeza, y aunque no hay cualidades de carácter sobre las cuales podamos confiar, si con nuestro ojo interno podemos fielmente mantener la imagen de lo que la otra persona puede ser, y podemos ver su capacidad para rescatar aquellas cualidades dentro de sí misma, las cuales la harán confiar y ser leal, entonces tendremos un efecto creativo. Esto es lo que significa ser "un tuerto que puede ver".

El hombre superior puede ser la imagen, cuando es humilde. Nos adherimos a esta imagen al recordar que es capaz de ser humilde, aunque todo lo que es visible exteriormente sea lo contrario. Por lo demás abandonamos a los inferiores que lo controlan y perseveramos en la soledad.

El *I Ching* menciona el amor sólo en *La familia*, hexagrama 37, en relación al padre, quien "no actúa infundiendo temor... pues su trato es gobernado por el amor". El amor así definido significa que es preciso adherirnos fielmente a lo correcto, aunque en este caso sea a costa de permanecer solo y malentendido. Sacrificar nuestro interés propio y la importancia de uno mismo presta el apoyo al gran hombre que hay en nosotros.

El ser fieles también se refiere a adherirse a la verdad interior del asunto, independientemente de las apariencias externas de las cosas.

Tercera línea: *La doncella casadera como esclava.* Si seguimos el deseo o la comodidad, queriendo algo que no vale la pena aún y se acepta la unión a costa de un principio, ¿a quién podemos echarle la culpa por perder nuestro amor propio? No podemos acortar el verdadero camino para obtener la felicidad antes de que sea la hora. El destino dota a quien espera, y lucha en contra del que arrebata.

El problema es que al ser esclavos de nuestro ego (auto-imagen), éste exige ser reconocido o visto de cierta forma, e insiste en ocupar el centro de influencia. Mientras deseemos volver "a las cosas como eran", a la comodidad de las placenteras relaciones, en las cuales, a través de acuerdos no establecidos, halagábamos al ego de alguien a cambio de que halagaran el nuestro, el ego continuará gobernando, y así seguiremos ciegos ante la desastrosa pérdida de amor propio que ello conlleva.

Si nos hemos comprometido, debemos aceptar nuestros errores y continuar. Complicamos el problema si cedemos al orgullo y a la humillación al adoptar una actitud inflexible o de venganza. Rescatarnos a nosotros mismos no quiere decir que releguemos al olvido a los demás porque hayamos perdido la esperanza en ellos.

Cuarta línea: *La doncella casadera prorroga el plazo*. Evitamos desperdiciarnos y así mantenemos nuestra paz interior y el respeto propio al esperar más tiempo de lo que parecería apropiado para que se aclare una situación difícil. Un día la situación se aclarará; mientras tanto, no deberíamos querer lo que no está listo, como no desearíamos comer manzanas verdes. Cuando estamos tentados de querer algo tenemos que preguntarnos por qué queremos algo que no vale la pena poseer. Debemos reconocer al niño engreído que llevamos dentro, quien comprometería nuestro amor propio para obtener una imitación barata de la alegría, aun cuando tenga como precio oculto el sufrimiento.

Quinta línea: *Los vestidos bordados de la princesa no fueron tan espléndidos como los de la criada*. Aunque la princesa se casa por debajo de su posición social, acepta la situación con gracia. Cada uno de nosotros está en el mismo camino espiritual, algunos más adelante, otros más atrás. Al ocupar una posición de ventaja debemos estar libres de la vanidad y la arrogancia (no debemos intentar decir las cosas de un modo tan "brillante" como la criada). Al ocupar una posición secundaria debemos estar libres de envidia. Si somos mal entendidos, no debemos esforzarnos por conseguir que la gente sepa nuestros pensamientos profundos; debemos, simplemente, adaptarnos a la situación desfavorable con gracia. Si el camino a seguir no está claro, debemos hurgar en nuestras mentes y corazones en busca de la vanidad, el engreimiento, el orgullo, los aires de superioridad o la obstinación que pueden bloquear el camino o influenciar en nuestra forma de reaccionar ante una situación dada.

Otro sentido de esta línea es que no escogemos a nuestra pareja definitiva, ni la hora en que concluirá la enajenación; tampoco somos capaces de escoger las combinaciones ganadoras o de resolver nuestros problemas fundamentales; el sabio, aquí referido como el emperador, lo hace: toma la iniciativa. Sólo necesitamos no desperdiciarnos; la hora llegará mucho más pronto si somos pacientes.

Sexta línea: *Nada que sea propicio*. Hacia afuera hacemos lo correcto, pero dentro aún deseamos la comodidad, la venganza, o aborrecemos tener que esperar el plazo dado. Nos resistimos a aceptar la forma en que el cosmos funciona.

No podemos volver a la vieja costumbre de la autoindulgencia, ni soñar nostálgicamente con el pasado. El éxito empezará cuando estemos listos para abandonar el deseo o dejar de considerarlo como base para las relaciones de una vez por todas. Este es el sentido del verdadero sacrificio requerido en esta línea.

Independientemente de hasta qué punto hayamos corregido nuestro yo infantil, si seguimos teniendo como meta volver a "comodidades perdidas", es como si cumpliésemos con todas las formas de corrección, pero no corrigiésemos lo fundamental del asunto. Debemos renunciar al corazón infantil y a sus deseos.

Rescatar quiere decir que ganemos o perdamos lo que nuestro corazón infantil quiera, nos las arreglamos para adherirnos al potencial del otro para ser humilde y de una mentalidad más elevada. Esto es lo que el sabio hace por nosotros. El verdadero amor concede espacio después de una paciente espera; el verdadero amor pertenece al que persevera sin recompensa ni consideración por sí mismo; al que no tiene nada que ver con las demostraciones de afecto, las declaraciones de amor o los afanes de posesión. El amor sin egoísmo invisiblemente deja ser al otro y lo empuja hacia el bien dentro de sí mismo. La única recompensa de este amor está relacionada con uno mismo: al mantenerlo, estamos en paz.

Un sacrificio real tiene lugar cuando, en el punto máximo de las dificultades, nos mantenemos decididos a continuar el trabajo de purificarnos. Sin esta resolución y sin humildad "nada es propicio".

55
Fêng
Abundancia (la plenitud)

Chên
Li

Chên: La conmoción, el trueno
Li: Lo adherente, el fuego

Hay un eclipse; adhiriéndonos al poder de la verdad, pasará.

Trueno y relámpago simbolizan un período corto de tiempo en el cual podemos tener influencia sobre otros. Cuando esta influencia mengua, debemos retirarnos de inmediato y no interesarnos más por la situación.

Tiempos de plenitud se refiere a los tiempos en que la gente es receptiva con nosotros. Se dice que el sabio nunca está triste porque sabe que adherirse al poder de la verdad es superar todas las tendencias sombrías. Sabe también que el progreso lento es perdurable y, por lo tanto, puede contener su ambición. Sabiendo que todo aprendizaje tiene que estar comprometido con la experiencia, es capaz de soltar en el momento en que mengua la receptividad, y así darles a los demás la oportunidad que necesitan para corregirse ellos mismos. El sabio confía en que el poder de la verdad se confirmará por sí mismo. Al estar libre de duda, también está "libre de pesar e inquietud", por lo que se produce un tiempo de plenitud.

Se activa el poder de la verdad por medio de una actitud de aceptación, modestia e independencia. Podemos mantener esta actitud sin reservas, porque produce los beneficiosos cambios que esperamos.

Las líneas individuales de este hexagrama ilustran los principios de la plenitud y enfatizan la naturaleza efímera y cíclica de los momentos de receptividad en nuestra comunicación con los demás (incluyendo nuestra relación con el sabio). La primera línea revela un período corto de acogedora receptividad y ausencia de desconfianza, un período de plenitud. La segunda línea denota que la receptividad ha sido minada por la desconfianza, y por ello se sospecha de todo lo que decimos; el poder de la luz es eclipsado. La tercera línea indica que el eclipse ha llegado a ser total, pero que podemos contrarrestarlo si nos acogemos intrínsecamente al poder de la verdad. La cuarta línea nos dice que el eclipse está pasando; la receptividad ha vuelto porque nos hemos conducido apropiadamente, pero tenemos que permanecer alerta contra el entusiasmo egoísta y la arrogante confianza en nosotros mismos. Tales actitudes conducirían a la oscuridad. La quinta línea indica que manteniendo una mente abierta recibimos la ayuda que necesitamos para rectificar la situación. De nuevo, podemos influenciar de cara al bien. La línea superior nos advierte que si usamos esta nueva situación de influencia para ganar poder personal y reconocimiento, la situación volverá al estancamiento y perderemos lo que hemos ganado.

Primera línea: *Cuando un hombre se encuentra junto al soberano que le está predestinado, podrá pasar junto a él diez días.* "Diez días" simboliza el período completo de influencia, aun cuando el período real pueda ser de quince minutos. Durante el período de influencia los demás son receptivos con nosostros, y entonces estamos en armonía con la verdad interior de la situación. Podemos proseguir mientras mantengamos la cautela y la conexión con nuestra voz interior. Si la receptividad de las otras personas mengua, nos desligaremos. No debemos prolongar el tiempo que nos concedieron, ni excedernos en el territorio que nos concedieron. Si persistimos más allá de los límites, no sólo invalidamos lo bueno que hayamos adquirido, sino que nos desperdiciamos y sufrimos una pérdida de amor propio. Es importante mantener nuestra personalidad.

Es importante reconocer la naturaleza cíclica y momentánea de la influencia. La gente nos concede oportunidades condicionadas y limitadas. Más allá del tiempo que nos reparten, un tiempo que podemos conocer si nos mantenemos alerta a sus estados de ánimos, nuestra influencia sufre un eclipse repentino. Sin una reacción de paciente aceptación y sin neutralidad emocional, sólo aumentará el poder y la resistencia contra nosotros. Si, de todas formas, perseveramos durante los períodos de oscuridad, acogiéndonos al poder de la verdad, renovaremos nuestra influencia, y el eclipse pasará pronto. Aunque esto no ocurrirá si sólo pensamos en utilizar la voluntad o el poder de la verdad para fines personales. La influencia para el bien se origina sólo en un continuo deseo de servir al bien.

Recibir esta línea también puede indicar una oportunidad potencial para tener una influencia, pero tenemos que mantenernos conscientes de las aperturas y los cierres.

Segunda línea: *La cortina es de tal plenitud que las estrellas polares pueden verse al mediodía.* Esta línea muchas veces está relacionada con aquellos momentos en los que nuestra influencia para el bien está bloqueada. Cualquiera que sea la razón que haya originado esta circunstancia, la respuesta está en adherirnos al poder de la verdad. Tal actitud atrae la ayuda de lo creativo para disolver el poder de lo inferior.

Esta línea también se refiere a nuestra actitud frente a un eclipse que nos aisla de la influencia del sabio. Por ejemplo, cuando desconfiamos de sus consejos, o cuando sospechamos que el destino es hostil o que el cosmos actúa de forma diabólica. En respuesta a tales ideas, el sabio se retira hasta que tengamos un cambio de sentimientos.

Tercera línea: *Él se rompe el brazo derecho. No hay culpa.* La influencia siempre es momentánea, ya sea que nos veamos influenciados por el sabio, o que nosotros mismos influenciemos a otros. Los malentendidos forzosamente tendrán lugar cuando se incite al orgullo y a todo el sistema de ego-autodefensa que lo acompaña. Repentinamente, el eclipse es total, entonces estamos en una situación similar a aquella en la que a la persona que quiere ayudar se le rompe un brazo. Durante tales períodos no tenemos la culpa si no somos capaces de ayudar a otros, ni es culpa del sabio que no pueda auxiliarnos cuando presentamos resistencia. Durante estos períodos es mejor dejarlo todo y esperar. Esta actitud hará que pase el eclipse.

Cuarta línea: *Se encuentra con su soberano quien está animado por los mismos sentimientos.* Al haber actuado correctamente frente al problema, la resistencia y la obstrucción empiezan a ceder. Cuando las tensiones ceden, nuestro aniñado yo emerge para buscar recompensas o para deleitarse con la mejora de la situación, o simplemente para sentir la satisfacción de imponerse. Este yo puede hacerse cargo de la situación si perdemos la reserva y la cautela. Es importante, por lo tanto, no disfrutar de las buenas noticias con exageración. Los acontecimientos afortunados prueban nuestra firmeza y nuestra independencia interior, de la misma manera que lo hacen los acontecimientos desafortunados.

Quinta línea: *Llegan las líneas.* En la coyuntura crítica, lo que tenemos que hacer o decir llega por sí mismo. Como se dice en *La Gracia*, hexagrama 22: "Un caballo blanco llega como sobre alas." Cuando tenemos armonía interior, lo que decimos armoniza con lo creativo, y logramos la aprobación de los demás.

Sexta línea: *Su casa se halla en estado de plenitud.* Después de recibir ayuda, si buscamos con egoísmo regodearnos de la situación, o dominar, perdemos todos los beneficios. Para progresar tenemos que liberarnos del egoísmo.

¿Qué clase de refugio interior les concedemos a aquellos que deseamos rescatar? ¿Concedemos el espacio suficiente o consideramos que los otros no merecen vivir en una casa bonita y amplia? ¿Podemos incluirlos entre nuestros amigos y nuestra familia? Si la respuesta es negativa, ¿qué papel juega la vanidad en el problema? Si queremos que respondan a una relación de caprichosas exigencias, o pretendemos que atraviesen un laberinto de obstáculos lleno de orgullo, entonces nuestra "casa está en plenitud". Si la vanidad juega aunque sólo sea un papel menor, no podemos rescatar a los otros. No podemos aceptar consideraciones que nos halaguen; sólo debemos exigir a los demás aquello que es justo, esencial y correcto.

También pretendemos ser los amos cuando obstinadamente queremos disolver el orgullo y la enajenación. Al abandonar como imposibles a los demás, los "ejecutamos". Al escuchar la llamada de nuestro hombre inferior, que busca su propio interés, eludimos nuestra responsabilidad cósmica y nos apartamos de nuestro camino.

56

Lü

El andariego

Li: Lo adherente, el fuego
Kên: El aquietamiento

Nos sentimos incómodos de confiar en lo desconocido.

En el universo interno somos siempre andariegos y extraños. Aunque podemos observar y catalogar las causas de los acontecimientos en el mundo externo, aquello que gobierna sus idas y venidas —el gran *tao*—es incognocible. Aunque hayamos trabajado duro por servir al bien, no podemos asumir que nuestra posición sea segura, o que podremos obtener la independencia del poder supremo. Nunca tenemos derechos ni privilegios; por lo tanto, debemos tener el mayor cuidado de mantenernos modestos y libres de pretensiones.

Recibimos este hexagrama cuando buscamos cualquier cosa en un afán de encontrar la seguridad, en lugar de entregarnos al poder supremo. Si buscamos al sabio por ayuda y guía, el camino correcto aparecerá por sí mismo, y recibiremos toda la ayuda y el apoyo que necesitamos. Si buscamos el apoyo en los demás, podemos o no recibir lo que necesitamos, pues el sabio da un paso hacia atrás y no sigue participando en nuestro destino. La independencia interior de la persona desarrollada espiritualmente no es, como puede parecer, el resultado de haberse graduado en autosuficiencia, sino el resultado de una confirmada y firme conciencia de su dependencia con el poder supremo, que le muestra el camino en el devenir de los acontecimientos.

Todo lo que hacemos en el mundo externo está sujeto al criterio absoluto de igualdad y de justicia del mundo interno, donde favoritismo y partidismo no existen. Cuando tomamos parte en tales prácticas, perdemos nuestra morada y nuestros amigos en el mundo interno, y nos encontramos sujetos a castigos cósmicos. A este castigo se hace referencia en las líneas tercera y sexta: "...se le quema la posada y el nido del pájaro se quema". Todo lo que hacemos, cada pensamiento que tenemos, cada falso consuelo que concedemos, cada vez que presumimos, es observado, oído y sentido en el mundo interno. Aunque una actitud pueda escapar de ser percibida en el mundo externo, no se escapa de serlo en el mundo interno. No podemos escapar del peso que creamos por medio de nuestras acciones descuidadas y egoístas. Una gran parte del trabajo de desarrollo personal consiste en levantar este peso, recobrar nuestra pérdida de valor propio y reestablecer nuestra credibilidad cósmica. Andariegos y extraños, se nos exige que nos probemos antes de devolvernos esta credibilidad.

Cada vez que nos acercamos o nos desviamos de la armonía con la justicia universal y la verdad en nuestros pensamientos íntimos, creamos nuestro destino; atraemos la ayuda de lo creativo o nos cerramos a ella. Cuando estamos en armonía, lo creativo nos apoya y nos ayuda. Cuando estamos desarmonizados, estamos fuera de esta relación, y entonces lo que nos sucede depende del azar.

La manera de actuar de lo creativo procede de la justicia y la verdad universal. La luz siempre existe; sólo necesitamos estar preparados para verla, y recibir así sus beneficios. Cuando no estamos abiertos, permanecemos en la oscuridad, abandonados a nuestros propios recursos y sujetos a los caprichos del azar. Si caemos en un mal destino, no es que el cosmos nos castigue; es más bien que perdemos su protección al ser demasiado osados, enfocando la vida con demasiada arrogancia. Debido a la cualidad impersonal de la justicia, Lao Tzu dijo: "El sabio considera a todos los hombres como perros callejeros". Lo cual quiere decir que al sabio no le interesan nuestros insignificantes apegos a lo que somos, o de dónde vengamos; sólo está interesado en lo que es grande y bueno.

Cuando una persona empieza a servir a lo bueno y a la verdad, se encuentra acompañada de la fuerza espiritual nutridora: donde sea que esté no está solo. Esta fuerza es sentida como una presencia y como un amigo, llenando los espacios vacios e iluminando el camino interno. Si damos su presencia por sentada, la perdemos. También la perdemos cuando entregamos a los demás nuestra responsabilidad de dirigir nuestras vidas y nuestros asuntos. Perdemos la presencia amistosa cuando empezamos a usar nuestra inpendencia para ser duros con los demás, y cuando dejamos de disfrutar el momento a costa de la rectitud. Después de cometer estos errores, gradualmente, tomamos conciencia de que la luz se ha ido y de que estamos solos. Nuestro amor propio y nuestra independencia, que son fruto de la relación con el poder supremo, disminuye. Nunca estamos tan seguros en nuestra morada interna que podamos olvidar su dependencia.

El hexagrama también trata de los castigos cósmicos y las prisiones. Al haber caído en un mal destino o en una mala situación momentánea, no podemos recobrar la protección y la ayuda del sabio con facilidad. El aislamiento del poder supremo es la forma en la que éste nos castiga. Pero como el hexagrama nos indica: "Las prisiones sólo han de ser domicilio temporal, no morada permanente". Un destino hostil perdurará hasta que emprendamos el trabajo de corregirnos. El sabio usa la adversidad para enseñarnos de manera fructífera. Trabajando para salir de la adversidad podemos llegar a creer que los límites con los que tenemos que trabajar son excesivos, lo cual, por supuesto, es la percepción de nuestro ego, que ve todo castigo como excesivo, y encuentra toda limitación intolerable. El grado de castigo o el tiempo que dura es la medida necesaria para superar el poder de la resistencia. El destino es como un niño que pelea con otro niño caído en el suelo y le dice: "¿Te das por vencido?", y otra vez, mientras le dobla el brazo con más fuerza: "¿De verdad te das por vencido?" Nuestro ego inequívocamente tiene que darse por vencido.

No todo aislamiento del poder supremo es un castigo; algunas veces sirve como prueba de nuestra virtud, como medio para animarnos a confiar en nosotros mismos al seguir el camino. Sin embargo, cuando recibimos este hexagrama, generalmente el significado es el de castigo.

El hombre superior impone las penas con claridad de mente y cuidado, y no prolonga los pleitos. Estas palabras tienen que ver con castigar a los demás, y nos advierten de no castigarlos en exceso, prolongando así los pleitos. También nos advierte en contra de poner a la gente en una prisión permanente, al decidir que son incorregibles.

Un pleito es un conflicto continuo entre la gente, las familias, las naciones, etc. Uno plantea una demanda y el otro presenta la apelación; uno practica una emboscada y el otro busca desquitarse; uno acusa e insulta, el otro contesta con una acusación o insulto mayor. Tales pleitos son difíciles de concluir; una vez que la desconfianza llega a establecerse, son difíciles de erradicar. Una parte siempre sospecha de que la otra pueda empezar una nueva acción hostil. Cada uno espera en secreto que los viejos problemas se comporten como las piezas de caza acosadas, como se les llama en *La Mordedura decidida*, hexagrama 21. El mensaje dice con claridad que debemos reconocer que existe un pleito, o que debemos evitar causarlo o prolongarlo.

Creamos pleitos cuando nuestro ego busca castigar el ego de los demás, y cuando sentimos el placer de vengarnos al ver que a alguien le correspondería su merecido. Los pleitos tienen lugar cuando abandonamos a los demás como incorregibles, o los rechazamos por no tener valor debido a su clase, a su raza o en función de otras consideraciones ridículas. Si vamos a evitar enemistades con sus reprimendas y odios sin fin, no podemos perder nuestra modestia ante el poder supremo que lo creó todo.

Los pleitos de menor naturaleza tienen lugar cuando consideramos a la gente como "un problema". Aunque agoten nuestra paciencia y nuestra buena voluntad, aumentamos su oposición si los fijamos mentalmente de forma negativa. Para terminar tales pleitos debemos abandonar estas fijaciones mentales y volver a adquirir una mente abierta. Entonces, la oposición disminuirá gradualmente.

Primera línea: *El andariego se ocupa de trivialidades.* No debemos deshonrarnos permitiéndonos cotilleos, o pensar frívolamente de las personas.

"Trivialidades" se refiere a aquellos asuntos en los que podemos tener poco o ningún impacto. Nuestra tarea consiste siempre en presentarnos adecuadamente ante la gente que tenemos alrededor nuestro.

Trivialidades también se refiere a interesarnos en lo que no es esencial, como las consideraciones físicas: si la persona es o no físicamente atractiva, o si tiene modales correctos o se presenta bien en comparación a otros. Tales nimiedades muchas veces son sólo excusas presentadas por nuestro ego como una forma de vanidad para complacer los sentimientos de alienación.

Ocuparnos de trivialidades también se puede referir al haber entregado ligeramente nuestras verdaderas responsabilidades a los demás, para estar libres de cara a asuntos menos importantes.

Segunda línea: *Consigue la constancia de un joven sirviente.* Si no nos concentramos en el lado malo de una persona, podemos ganar la alianza de su lado bueno. A través de nuestros pensamientos íntimos somos capaces, por decirlo de alguna forma, de viajar a través del campo de los espíritus de la gente. Tenemos la habilidad, si lo deseamos, de conectar con lo que es bueno en ellos, y de este modo ayudarles a liberarse del dominio de sus egos y sus temores.

Esta línea también quiere decir que si no nos concentramos en recoger alguna recompensa personal de cada estadio de progreso, no despertaremos la envidia y la desconfianza que amenaza nuestro trabajo. Al ser estrictos con nosotros mismos y con otros, ganamos su adherencia a lo que es bueno. Siendo escrupulosos ganamos la ayuda del mundo interno para completar nuestra tarea.

Tercera línea: *Al andariego se le quema la posada.* La agresividad en ciertas circunstancias, por ejemplo, cuando amenazamos o intimidamos a los inferiores de otra gente, no tiene éxito. Tampoco lo tiene una actitud fría, arrogante o distante. Si desdeñamos nuestra obligación con el mundo interno, abandonando la situación, actuamos de forma tiránica con el sabio, y así perdemos su ayuda y su protección. Nuestro mundo interno como "lugar de descanso" se refiere a las ocasiones en que nos sentimos libres e independientes. Este lugar de descanso "se quema" si llenos de confianza en nosotros mismos abandonamos nuestra tarea de rescatar a aquellos de los que somos responsables. Una aceptación medio sincera o casi negativa de esta tarea indica que nuestro ego se ha entrometido para hacernos perder la voluntad. Podemos superar este ataque del poder del mal si nos damos cuenta de que no ser sinceros proviene de malentender las maneras maravillosas en que funcionan las cosas cuando permitimos que así sea.

Esta línea también se refiere a las ocasiones en que buscamos las respuestas del sabio a cuestiones de conflicto interior. Puesto que estas respuestas provienen de un impulso emocional para librarse de las dudas, más que de la conquista de la verdad, ninguna respuesta racional es capaz de satisfacernos. Para progresar, debemos terminar con el conflicto interior que nos hace desconfiar de lo creativo. Debemos dejar de preguntar con argumentos racionales, hay que soltar, y regresar al camino de la humildad y la aceptación.

Cuarta línea: *Mi corazón no está contento.* Aunque ocultamos nuestros deseos, sus presiones siguen operando y tenemos que defendernos de sus malos efectos.

El deseo nos invade cuando no estamos seguros de que a través de "seguir" llegaremos a nuestro objetivo. (Ver *Seguir*, hexagrama 17.) Cuando desconfiamos del rumbo de los acontecimientos, tenemos la tendencia a interferir en su trabajo, o a adoptar una actitud indiferente, como si lo que decimos no tuviera importancia. El sabio no puede ayudarnos bajo tales condiciones. Como somos extranjeros en tierra extraña, debemos poner particular atención en el contenido de nuestra actitud interna.

Quinta línea: *Dispara sobre un faisán*. Un faisán es una forma de egoísmo, una sentencia agradable a la que estamos particularmente apegados, una imagen atractiva de uno mismo. Al enfrentar cada nuevo problema debemos liberarnos de nuestras pretensiones: disparar sobre nuestra propia imagen para alcanzar la humildad y dejar las costumbres o ideas decadentes. Tenemos que desechar especialmente cualquier pretensión de tener derechos y privilegios, o cualquier idea que nos haga perder la reticencia y la humildad. Tales desviaciones detienen el progreso.

Sexta línea: *El nido del pájaro se quema*. El andariego simboliza el recorrido de nuestro camino a través del mundo interno. El "nido" se refiere al grado de protección que hemos alcanzado siguiendo el bien y siendo fiel a nuestra tarea de rescatar a aquellos a los que estamos ligados por lazos internos. Si llegásemos a ser descuidados, desdeñando esta obligación o cediendo el paso a la invasión de los deseos, perderíamos su protección. Si sacrificamos nuestro sentido interno de la verdad por el deseo o por una actitud descuidada o exuberante, perderemos la influencia que hemos adquirido y el progreso logrado con nuestro duro trabajo. Así, nuestro "nido", nuestra morada o mundo interno "se quemaría".

57

Sun

Lo suave (Lo penetrante, el viento)

Sun
Sun

Sun: Lo suave, el viento

Sólo los pensamientos íntimos consistentemente firmes, pero suaves, penetran en los demás con buen efecto.

Lo suave y penetrante se refiere a la forma en que los pensamientos del sabio nos penetran, y a la forma en que nuestros pensamientos penetran en los demás. Describe un influjo sobre los demás que es inconsciente y automático. Este influjo se presenta al mantener incesantemente una actitud interior correcta, por la cual permanecemos equilibrados, desapegados, inocentes e independientes a través de todos los acontecimientos cambiantes.

Sun, el trigrama de la segunda hija, representa el viento, el cual penetra por las grietas de los edificios, y representa también la madera, cuyas raíces penetran en la tierra. A través de su incesante pero suave energía el viento y las raíces penetran los objetos más inflexibles. Así las raíces penetran las grietas de los cantos rodados y los parten, el influjo del sabio nos penetra inconscientemente hasta que un día, de pronto, se nos ilumina la mente y lo entendemos con una claridad sorprendente. Esta es la forma de "paso a paso" por la cual los misterios espirituales nos penetran mientras progresamos a lo largo del camino.

El recibir este hexagrama indica que la verdad que percibimos nos ha penetrado a lo largo de un período de tiempo y que hemos de mantener nuestra dependencia en la verdad consistentemente si ésta ha de penetrar a los demás con un efecto dinámico. El afán de mejorar la situación por medio de discusiones o persuasión puede traer consigo alguna ganancia momentánea, pero tal esfuerzo viola el espacio espiritual de los demás. Los resultados que perduran, que son adquiridos por medio de la comprensión interior e iluminación, dependen de la consistencia de nuestro carácter. Cuando vacilamos al seguir nuestro camino, generamos indecisión y duda en aquellos que nos siguen con los ojos internos.

Recibir este hexagrama muchas veces quiere decir que ciertos elementos en nuestra actitud impiden que los influjos benéficos penetren en los demás. Para procurar una influencia correcta necesitamos penetrar en la raíz del problema. Con una sincera introspección, y pidiendo ayuda, el mensaje del sabio nos penetra y nosotros entendemos.

Debido a que este hexagrama trata de la autocorrección, muchas veces lo recibimos al mismo tiempo que *El trabajo en lo echado a perder*, hexagrama 18. La autocorreción requerida muchas veces es dejar de afanarse por influenciar. Nuestra duda inhibe la habilidad de los demás para encontrar su camino e impide que el poder supremo interfiera en la situación. Para dar poder a la verdad y activar la fuerza creativa, debemos mantenernos firmes en lo que creemos correcto, y dejar el asunto al cosmos. Entonces nos desapegamos de él y dejamos que suceda lo que tiene que suceder.

Cuando penetramos en la raíz del problema debemos preguntarnos por qué recurrimos a la astucia o por qué nos defendemos; por qué volvemos a las viejas costumbres de preocuparnos y de intentar que las cosas sucedan de una determinada forma. Al examinar la situación nos damos cuenta de que algo o alguien amenazaba nuestra independencia interior. Al percibir nuestra vulnerabilidad, ellos, inconscientemente nos envuelven en el *juego del montón*. Cuando nos damos cuenta de que nos han enredado de esta forma, podemos volver a la independencia interior y al desapego que resuelve el problema.

Algunas veces al percibir que los acontecimientos están marchando hacia la conclusión apropiada, nos entusiasmamos dándole prisa a las cosas. Lo hacemos a causa del miedo y el deseo, que crean la presión para intervenir. Debemos mantener al miedo y al deseo en raya. Debemos mantenernos desligados, contentos de observar los acontecimientos sin apresurarlos ni resistirlos, recordando que una vez que entregamos el asunto al sabio, él tiene medios que sobrepasan nuestro entendimiento.

También debemos dejar de reaccionar a las conmociones. Debemos ceder como el bambú, sin llegar a torcernos o quebrarnos debido a la rígida resistencia a la situación. Por medio de la no-resistencia dejamos pasar el viento y volvemos a la posición vertical. Debemos preguntarnos por qué seguimos reaccionando después de que ha pasado la conmoción. ¿Nos gusta apegarnos a las posibilidades negativas? ¿Encontramos consuelo desconfiando del cosmos? ¿Estamos cansados de perseverar y de ser probados, impacientes por disfrutar las recompensas de nuestra disciplina? ¿Quién está exigiendo la recompensa? ¿Quién busca la comodidad al final del trayecto? ¿Quién odia nuestra impotente dependencia de lo desconocido? La raíz del problema puede ser el miedo de que aquellos en los que deseamos influir no encuentren el camino de la verdad. No queremos darles el tiempo y el espacio porque eso quiere decir que tenemos que esperar. Nuestro ego también puede insinuar que al final nuestros esfuerzos llegarán a nada y que no conseguiremos la felicidad prometida, porque la historia o la literatura, o la experiencia, han probado una y otra vez que las historias "de amor verdadero nunca fueron sobre ruedas", o que "la vida no es nada sino sufrimiento", o que es una paradoja, un sueño que no existe en absoluto, o alguna idea que nos mantiene en nuestro negativo estado de ánimo. Algunas veces escuchamos estas ideas durante un ataque de resentimiento y egoísmo, olvidándonos de la miríada de milagros que hemos experimentado en relación al poder de la verdad. Así como una modesta aceptación de nuestra impotencia nos lleva a la independencia interior que influye correctamente en los demás, una resistencia negativa al destino, por la cual cerramos nuestras mentes en relación a los demás, tiene un efecto destructivo sobre nuestra situación. Necesitamos recordar que cuando insistimos en lo que es correcto durante los momentos de desafío, y esperamos por los demás mientras pasan la experiencia de aprender, dándoles el espacio que necesitan para encontrarse ellos mismos, las rocas del mal y la dureza atrincherados se resquebrajarán por el poder penetrante de la verdad. También tenemos que asegurar a nuestros ansiosos inferiores que al final todo saldrá mejor de lo que hubiéramos esperado.

Primera línea: *Es propicia la perseverancia de un guerrero.* Esto significa que debemos ser resueltos contra lo inferior que nos invade: usualmente se trata de la desconfianza. La desconfianza nos hace levantar barreras de defensa contra lo que otro hará o dejará de hacer. Debemos evitar cualquier asalto frontal dirigido a resolver nuestros problemas, o cualquier defensa de uno mismo. Cuando los demás nos tratan agresivamente, debemos mantenernos desapegados, retirándonos de cualquier impulso de participar en el conflicto.

Segunda línea: *Penetración bajo la cama. Se emplea un gran número de sacerdotes y magos.* Esto quiere decir que debemos buscar en nuestro corazón y en nuestra mente a aquellos enemigos ocultos como la autocompasión, el orgullo, una idea estructurada de lo que tendría que suceder, o cualquier queja que pueda causar resistencia en los demás; la presencia de sentimientos endurecidos, arrogantes, suaves, inmoderados, autocompasivos o las quejas que obstruyen el progreso y ponen en peligro la perseverancia. *Sacerdotes y magos* se refiere a la casi mágica ayuda que llega cuando buscamos sinceramente encontrar y liberarnos de aquellos elementos. Algunas veces necesitamos pedir la ayuda del sabio.

Tercera línea: *Penetración reiterada. Humillación.* Al descubrir el elemento perjudicial se nos aconseja ser resueltos contra él. El elemento perjudicial puede ser un conflicto interior. Por ejemplo, puede ser que hayamos establecido una disputa interna acerca de por qué funcionan las cosas de la forma que lo hacen, por qué se nos pone en dificultades, o si la vida es real o una mala broma del hostil cosmos. Debido al conflicto recaemos en el negativismo. Permitimos que nuestro ego tome el poder por medio del halago de que la única realidad somos nosotros mismos, y por lo tanto depende de nosotros que sucedan las cosas. Al luchar con los acontecimientos, intentamos volcarlos; al final, de alguna forma, sólo nos desperdiciamos.

En el momento en que tocamos conscientemente el problema interno, puede ser que nos neguemos a reconocer lo significativo que es porque nos parece un defecto diminuto. De todas formas, no debemos subestimar su importancia porque éste nos mantiene desequilibrados, en estado de conflicto interno, y perjudica nuestro buen trabajo.

Cuarta línea: *Durante la cacería se obtienen tres clases de venado.* Al encontrar el mal y ser resueltos contra él, resolvemos todos los problemas que enfrentamos por el momento. Es parte de la economía de la enseñanza del sabio, por la cual nos muestra cómo un miedo puede producir problemas aparentemente no relacionados, aquí descritos como tres clases de venado.

Quinta línea: *No hay principio, pero sí un fin.* Antes de que lo nuevo pueda empezar lo viejo debe llegar a un fin. Para que las relaciones mejoren, primero debemos liberarnos de lo decadente y destructivo a lo cual se aferran. Después de percibir estos factores, podemos dejarlos ir, pero debemos estar alerta contra su regreso. Tal regreso es probable simplemente porque las actitudes están bien establecidas. Debemos mantenernos alerta a su resurgimiento hasta que realmente nos deshagamos de ellas. Un nuevo principio se presenta cuando hemos terminado una determinada mala costumbre mental.

Sexta línea: *Penetración bajo la cama.* Algunas veces una diligente búsqueda del enemigo escondido no revela nada específico. Al recibir esta línea debemos dejar de buscar, porque al buscar sinceramente, hemos corregido nuestra actitud del defecto de ser demasiado confiados.

Debemos ser conscientes de que no es lo mismo ser descuidadamente confiado que poseer una neutral independencia interior. El ser confiado empuja de vuelta a los hábitos, como cuando desechamos la ayuda del sabio tranquilamente o intervenimos en los asuntos como si el efecto del tiempo y el poder del bien no existiesen. El ser confiado es pasar de la confianza en lo desconocido (como una voluntaria suspensión de la incredulidad) a creer en el poder de la auto-imagen/ego disfrazada como nuestro yo. Por esta razón debemos volver a la humildad, siendo conscientes de que "bajo la cama" se refiere al lugar donde escondemos los viejos hábitos mentales.

58
Tui
La alegría (el lago)

Tui
Tui

Tui: La alegría, el lago

Al desear, vacilamos.

Este hexagrama se refiere a la diferencia entre la verdadera libertad existente en el desapego y la aparente libertad de la descuidada indiferencia, la vanidad y la arrogante confianza en uno mismo.

La imagen de la plácida y llana superficie del lago simboliza la verdadera alegría que surge de fuente sublime. Incluso la más pequeña arruga de la frente, como las ondas en el lago, indica la presencia de la emoción, la cual, si permitimos que continúe, creará la confusión en la cual la verdadera alegría desaparece.

El momento crucial que nos aleja de la serenidad y la indepencia interior es el momento de vacilación: cuando empezamos a escuchar las seductoras fantasias creadas por nuestro ego. Estas imágenes nos hacen desear, preguntarnos y preocuparnos, y así perder el mando de nuestro yo superior.

El primer momento de vacilación es muchas veces sólo un estado de ánimo vagamente descontento. Luego, escuchamos los quejidos de nuestro inferiores diciendo cosas como: "!Nada funciona!" La vacilación está progresando sin ser controlada hacia el próximo paso de descontento en el cual el mando del ego es restablecido. Bajo su mando no somos ya sensibles a nuestra voz interna. Luego empezamos a ser indiferentes a nuestro camino, pues nos dirigimos hacia una incredulidad activa. La incredulidad, a su vez, invoca rutas alternativas de acción para que así empecemos a buscar el placer, el confort, y el autobombo. Al hacerlo se pone en marcha un conflicto interno que da paso a la duda, que sentimos como un agujero royendo el pecho, o el abdomen.

El síntoma principal de alguien que se siente sin esperanza es luchar por forzar la felicidad o el éxito. Como eso sólo conduce a la desilusión, él intenta hacer la vista gorda como si no existiese; si deja de preocuparse falla y busca el placer con una indiferencia artificial. La indiferencia artificial llega a ser indiferencia vengativa cuando con ello buscamos castigar a aquellos que culpamos por la desilusión.

Ni la verdadera alegría ni el verdadero placer pueden encontrarse buscando la alegría, el placer o el éxito como algo en sí mismo. El hexagrama nos aconseja poner atención a las ocasiones en que somos seducidos por la idea de que el afán por conseguir estas cosas nos dará la felicidad. También nos aconseja no adoptar actitudes artificiales simplemente porque funcionaron antes. Todas las propuestas o actitudes artificiales tienen como base pequeñas pero poderosas dudas que propone nuestro ego: dudas que le posibilitan mantenerse al mando. El *I Ching* siempre nos aconseja mantener una mente abierta, neutral y desestructurada en nuestra actitud.

La base para la verdadera alegría es la independencia interior, una estabilidad creada a través de aceptar la vida como es, y a través de aceptar cada nuevo momento sin ninguna resistencia interna. La aceptación es adquirida imponiendo diciplina sobre las quejas de nuestros inferiores, y animándolos a ser pacientes. Nos mantenemos desestructurados, deseando ser guiados. Si damos espacio a la duda, discutimos con el destino, o pensamos siempre en evadir su disciplina, perdemos nuestro equilibrio interno y la dirección del yo verdadero. Si permitimos a nuestro ego anhelar el camino fácil y cómodo, entonces empezará a buscar las formas de acortar los pasos necesarios que nos conducen a nuestros objetivos. Esta toma de posesión del ego crea conflicto interior: la tranquilidad del lago luminoso es perturbada. En todas estas actividades el ego insinuá secretamente dudas en nuestro oído interno. Al mantenernos al tanto de que él está detrás de estas actividades, lo privamos de su poder. Cuando vemos que estamos vacilando o deseando, debemos volver a la aceptación. Al liberarnos del deseo volvemos a la armonía con el cosmos.

Dos personas obtienen la verdadera alegría sólo cuando ambos son sinceros en intentar mantener la corrección dentro de sí mismos. Su independencia busca la verdad dentro de sí y sirve como una fuente inexaustible, sirviendo de apoyo el uno al otro y nutriendo a todos a su alrededor.

Primera línea: *La alegría contenta.* La serenidad contenta significa el alcanzar la armonia interna mediante el estar libre de deseo. Aunque nuestro entorno ahora parece difícil, obstinado, y decadente, si vaciamos de nuestro corazón el deseo y sacrificamos el desear, obtendremos el vacío que nos da la claridad necesaria para proceder correctamente. No sintiéndonos empujados más por la apariencia de las cosas podemos tener un buen efecto sobre aquellos a nuestro alrededor.

También nos tenemos que dar cuenta que una cosa es requerir que los demás sean correctos con nosotros y otra el quererlo. El querer implica la duda. Si se nos trata injustamente, no debemos renunciar a nuestros requerimientos de que se nos trate correctamente, sino que nos mantenemos desapegados, con la mente abierta y libres de desear. Con esta actitud podemos obtener el consentimiento de los demás para hacer lo correcto. El tiempo y el poder del cosmos llegarán a nuestra ayuda para rectificar el asunto.

A veces recibimos esta línea en el momento en que empezamos a dudar del impacto creador al seguir la verdad y lo bueno. El recibir esta línea nos asegura que sí tenemos un impacto, aunque éste no sea aparente.

Segunda línea: *La verdadera alegría.* Estamos tentados de adoptar ideas fijas acerca de nosotros o de nuestra situación, como consuelo y como justificación para ceder a las presiones de la situación. Tales imágenes pueden ser positivas del tipo: "Yo soy especial, no tengo que aguantar el mal comportamiento de la gente", o negativas como: "La vida tiene que ser una mala experiencia", o: "necesito que alguien me ayude". Nos apoyamos sobre tales imágenes en un intento por evadir aceptar lo desconocido, la dependencia en el cosmos. Todas las imagenes de autodefensa proceden del ego o de la parte de bebé que tenemos y debe ser firmemente resistida.

La verdadera alegría puede significar también que consideramos una solución equivocada para nuestros problemas. Por ejemplo, podemos estar considerando unirnos con otro cuando ello sería a expensas de un principio. El remedio es rehusar a seguir considerando la idea.

Otra tentación es adoptar actitudes especiales que nosotros creemos que acelerarán las cosas, o que pensamos que nos ayudaron en otras ocasiones para resolver problemas similares. Debemos mantenernos desestructurados y no apoyarnos en ninguna clase de estrategia para progresar. Nuestro ego está trabajando, sugiriendo estas ideas.

Tercera línea: *La alegría que llega.* Es importante no malgastar el tiempo lamentando nuestros errores, sino aceptar la situación y continuar. De otra forma, empezaremos a querer un progreso visible o desear que las cosas sean más seguras, menos ambiguas y más relajadas y cómodas. Tales emociones despiertan la autocompasión, recriminaciones innecesarias, dudas y la desesperación. El querer o exigir algo de esta manera siempre desencadena sucesivas oleadas de este tipo de emociones, cada vez más intensas. El miedo, la agitación, el deseo, el orgullo, los celos o la ira son sentimientos igualmente intensos que rápidamente toman poder y provocan un movimiento que no es gobernado por nosotros mismos. De esta manera el querer (alegría que llega) nos hace perder nuestra dirección.

La alegría que llega también se refiere a las veces que damos importancia al ser reconocidos, en contraste a estar contentos con ser reconocidos o no. Es importante no dejarse atraer por el mundo y sus señuelos. Debemos mantenernos libres de envidia, dependencia en otros, deseo de posición y del señuelo de ser reconocidos y entendidos. Es importante no valorar las cosas que no son intrínsecamente de valor. La verdadera alegría surge de guardar la santidad de nuestro ser interno y mantener nuestra libertad interna.

Cuarta línea: *La alegría ponderada.* Sopesamos si sacrificar algunos de nuestros valores para conseguir la unidad con los demás. Por ejemplo, consideramos el tolerar cierta cantidad de indiferencia y tratamiento injusto, o empezamos a considerar nuevas complicaciones porque dudamos que nuestra situación llegue a resolverse nunca, o estamos tentados a hacer algo que puede comprometer nuestra dignidad interna porque pensamos que mejorará la situación o apresurará el progreso.

Esta línea afirma implícitamente que la búsqueda del placer inevitablemente trae sufrimiento. Aunque se refiere principalmente a la búsqueda del placer físico, también implica el disfrutar de la presunción con un despliegue de valentía aparente, poder, corrección, amabilidad, talento, inteligencia, destreza, agudeza o independencia. La altivez (que se vuelve a despertar con la sugerencias presentadas por el ego) es contraria a nuestra naturaleza interna y crea conflicto. Presumimos cuando los acostumbrados miedos de no ser igual a los demás han sido despertados nuevamente por nuestro ego; estos miedos nos hacen compararnos con los demás y envidiarlos. Tales comparaciones son siempre dañinas.

Tampoco debemos permitirnos el lujo de abrigar pensamientos como: "Yo sería feliz sólo con que esto fuese así".

Quinta línea: *Ser sincero con lo corrosivo es peligroso.* Esto quiere decir que somos sinceros al escuchar nuestras propias vanidosas fantasías y seducciones que nos tientan para que vayamos tras el provecho personal. Por ejemplo, pensamos en hacer algo para que mejore la situación o meter prisa a las cosas. O escuchamos a los sentimientos de autocompasión, desesperanza, duda, impaciencia, o miedo o pensamientos acerca de nuestros derechos y las exigencias creadas por tales derechos. Podemos querer ser reconocidos por una razón u otra, o podemos pensar que nos hemos ganado la independencia y no necesitamos ya más la ayuda del sabio.

Otra idea seductora es pensar en hacer algo porque imaginamos una consecuencia tentadora. La seducción es siempre un motivo equivocado.

A veces somos sinceros al escuchar lo que queremos escuchar, o somos demasiado sinceros con alguien que es insensible. Debemos dejar a esta persona continuar su camino sola.

Sexta línea: *La alegría seductora.* A causa de la aparente intransigencia de la situación estamos tentados de hacer algo. Si no tomamos una resolución, las fantasías seductoras presentadas por el ego nos harán desviarnos de nuestro camino. Algunas de estas seducciones aparecen como sentimientos de altivez, autocompasión, impaciencia, ira, o enajenación. Otras ocurren como sentimientos de negación, agitación, o deseo. Si estos sentimientos no son firmemente resistidos, ellos destruirán nuestra voluntad de perseverar.

De todos los males, la vanidad manifestada como altivez es la más seductora y por lo tanto la más peligrosa. El ego, como la vanidad, constantemente vigila para ver cómo nos ven los demas. Incluso durante el desarrollo personal el ego importuna cuando intenta llamar la atención sobre lo bien que servimos al bien.

59

Huan

La dispersión (la disolución)

Sun
K'an

Sun: Lo suave, el viento
K'an: Lo abismal, el agua

> *Disuelve todos los sentimientos rígidos.*

La dispersión se refiere a la disolución de los sentimientos y los pensamientos que nos llevan a tomar un punto de vista rígido, tales como: "Nunca volveré a hacer esto", o: "Nunca volveré a comprar esto". Tales pensamientos llevan a que condenemos a la gente como imposible y como incapaces de cambiar.

Tenemos este tipo de pensamientos cuando nos abrimos a otros, sólo para encontrar que no son tan receptivos como habíamos anticipado. Es importante dispersar o disolver la duda, los sentimientos lastimados o la ira, para volver a una actitud destructurada, inocente e independiente. Una vez que nuestra independencia interior ha sido restablecida, los demás se relacionarán con nosotros más sinceramente.

La dispersión, como imagen, describe una técnica para librarnos de las garras de las emociones. Esta técnica supone deshacerse de los sentimientos, dejándolos llevar por el viento (*sun*), o ser lavados por el agua (*k'an*), el agua activa y persistente que está asociada con el esfuerzo. A través del esfuerzo de la voluntad acumulamos la fortaleza necesaria para abandonar todos los sentimientos y los pensamientos negativos.

Sun también está asociado con la suavidad, como en las brisas delicadas. Dispersamos el egoísmo a través de la suavidad, y no con la brusquedad. Somos suaves con nosotros mismos, a pesar de nuestros errores, y somos suaves con quienes sufren las presiones del orgullo, el enajenamiento y los sentimientos de inferioridad (cuanto más culpable se siente la gente, más rígido y sensible se vuelve su sentido del orgullo). La suave perseverancia disuelve la dureza y la rígidez defensiva que crean estas presiones.

También tenemos que dispersar los sentimientos de desesperanza que nos llevan a romper nuestros lazos con los demás. Es importante dispersar lo inferior, ya sea la duda, el miedo de continuar nuestro camino, la ira, la tentación de llegar a la indiferencia, o aquellos conflictos interiores que nos dicen: "¿Por qué tienen que ser las cosas así?" Esto incluye todas las reacciones emocionales y frustraciones relacionadas con nuestras propias deficiencias o las de los demás.

Esta línea también se refiere a las ideas fijas acerca de tener que hacer algo. Cuando nos sentimos bajo presión quiere decir que estamos emocionalmente involucrados. Necesitamos dar un paso atrás, desapegarnos y dejar que una nueva percepción se abra camino.

Al darnos cuenta de que hemos cometido tales errores, en lugar de caer en la desesperación, debemos adherirnos firmemente a lo correcto y esperar. Con esta actitud, el daño se corregirá y la tensión se aliviará sin dejar efectos posteriores.

La dispersión también se refiere a dispersar nuestro apego a ciertos puntos de discusión y a nuestra resistencia infantil a cómo funcionan las cosas. Sólo resistimos porque malentendemos, o entendemos parcialmente. Al abandonar nuestra resistencia, hacemos posible que emerja un entendimiento completo; hasta entonces, nos ayuda el confiar en que el sabio sabe cómo hacer que las cosas funcionen, tanto lo imposible como lo improbable. Una vez que aceptamos esta posibilidad, el sabio es libre de presentar lo "imposible" y lo "improbable". La aceptación también hace posible que emerja una mayor percepción del problema.

Primera línea: *Él ayuda con la fuerza de un caballo.* Esta línea nos aconseja dispersar y disolver los sentimientos de enajenación. También nos recuerda que la razón de la enajenación son los malentendidos. No debemos dejar pasar por alto la posibilidad de que podemos estar malentendiendo al sabio o al destino, como cuando pensamos que el destino es hostil, o cuando pensamos que la gente es imposible. En el proceso de desarrollo personal debemos pasar por dificultades que más tarde veremos que son absolutamente necesarias para el crecimiento.

Segunda línea: *Durante la disolución él se dirige rápidamente hacia aquello que le da apoyo.* Cuando la gente hace cosas aparentemente imperdonables, debemos intentar descubrir, sin estorbar, cómo han llegado a ese punto de vista. Si nuestra opinión final es el rencor, nuestro entendimiento sigue siendo inadecuado. Aquello que nos da apoyo es una apreciación mesurada y justa de los hombres, mezclada con la benevolencia. Necesitamos recordar que la gente se aferra a ideas falsas como muletas, creyendo que no pueden proseguir sin ellas. Debemos ser pacientes y tolerantes con tales personas.

Una de estas grandes falsas ideas es la desesperanza: que una situación mala no puede tener solución, o que la unión humana es imposible. La desesperanza es tan extraña a nuestra naturaleza que de súbito nos esperanzamos en que un último esfuerzo va a funcionar; queremos persuadir a los otros de nuestro punto de vista; si esto falla volvemos a una fingida indiferencia. Si esto no produce efecto alguno, intentamos forzar una solución; si esto también falla, nos ocupamos de buscar placer y diversiones. Cada vez nos desperdiciamos más hasta que la pérdida de nosotros mismos llega a ser peligrosa.

Cada fase de desesperanza se apoya en otra. En cada estado dañamos aún más nuestra autoestima, y aumentamos el poder del ego. Para compensar, construimos defensas con los sentimientos de revancha y con el empecinamiento del orgullo. Cuanto más nos hayamos humillado nosotros mismos, nuestro herido orgullo puede volverse más hacia el odio y hacia la violencia, ya sea de forma represiva contra nosotros mismos, o contra aquellos que creemos que nos han humillado. De esta forma creamos muros defensivos, acordamos pactos, y nos aislamos de las relaciones que tienen sentido con los demás.

Debemos recordar que el principio de este vórtice de energía oscura tiene sus raíces en un juicio negativo sobre la gente, la principal táctica de nuestro ego. Dudar o decidir negativamente acerca de la gente va en contra de la naturaleza. La extensión de este vórtice continuo, depende de nuestra fortaleza y de la persistencia de nuestro ego.

Una persona humilde o moderada no considerará imposible una situación difícil, ni se tomará un cambio que empeore la situación como un insulto a su orgullo, sabrá aceptar cuándo ha cometido un error, no se pondrá en el lugar de Dios para decidir el futuro, sino que aceptará el presente. Dejará a los demás seguir su camino sin abandonarlos como imposibles.

Cuando reconocemos que una persona se ha estancado y no puede progresar en su desarrollo personal, no debemos abandonarla, sino dejarla que vea las cosas por sí misma. Mientras tanto, continuaremos con nuestra vida.

Tercera línea: *Él disuelve su yo.* Esta línea nos aconseja renunciar a los sentimientos acumulados que comprometen nuestra percepción de nosotros mismos. Estos sentimientos son mayormente defensivos. Es como si siempre estuviésemos en guardia; nos subimos a un montículo mirando hacia abajo a los otros, presumiendo de que somos los únicos que sabemos lo que es correcto. Al defendernos, podemos haber condenado como imposibles a aquellos que se supone que debemos rescatar. Necesitamos disolver estas barreras y los sentimientos negativos que las soportan, tales como la mala voluntad, el resentimiento y la enajenación.

También necesitamos disolver todas las ideas sobre cómo queremos que sucedan las cosas, y permitir al sabio hacer la obra a su manera. Tenemos que darnos cuenta de que los demás pueden conseguir la ayuda del sabio, y de que son capaces de encontrar su propia verdad dentro de ellos mismos, sin nuestra intervención. Solamente cuando hayamos renunciado el ego construido, conseguiremos "ir al encuentro" de otros.

Cuarta línea: *Él disuelve el vínculo con su grupo.* No tenemos que seguir lo que hace nuestro grupo (lo que es costumbre, o lo que nuestros amigos o nuestra familia piensan que debemos hacer), sino lo que es correcto.

Apegarse a "nuestro grupo" también se refiere a las ocasiones en las que sacrificamos lo bueno a largo plazo, para obtener ganancias a corto plazo.

A veces "grupo" se refiere a un grupo abstracto de caballeros de relucientes armaduras, en sus caballos blancos, con los cuales nos identificamos. Nuestro grupo bueno, invariablemente, se opone al grupo malo. Debemos evitar clasificar a la gente como "ellos" opuesto a "nosotros", puesto que estos grupos no existen realmente. El rescate de uno inevitablemente origina el rescate de otro. Evitar reaccionar ante la maldad de otros, los retrae de hacer el mal. Ser limpios y claros con nosotros mismos, es crear limpieza y claridad en otros.

Otro significado de esta línea tiene que ver con reducir nuestras exigencias para incluir a aquellas personas de nuestro entorno que no se están comportando como debieran. En este caso debemos disolver nuestros lazos con el grupo al reafirmar nuestros propios valores.

Quinta Línea: *Fuertes gritos tan disolventes como sudor.* Los malentendidos son eliminados cuando nos damos cuenta de lo fácil que es alcanzar nuestros objetivos, a través de la dispersión: dejando disiparse los pensamientos negativos. Uno de tales pensamientos consiste en decidir que estamos en una "mala situación".

Es una gran idea, liberadora, darse cuenta de que no es nuestra responsabilidad corregir o "salvar" a los demás, tomando a nuestro cargo las situaciones, manipulando a la gente, o haciendo esfuerzos desmedidos. En lugar de lo cual debemos retirarnos, desligarnos, y dejar el asunto al sabio y al destino, para corregirlos. Cuando vemos esto con claridad, sentimos la liberación de una carga enorme que nunca debimos asumir.

Un hombre gobernante se refiere a una idea tan obviamente verdadera que cualquiera puede seguirla. Darnos cuenta de que al corregir nuestras ideas, podemos corregir y cambiar nuestras vidas es una gran idea, liberadora.

Sexta línea: *Él disuelve su sangre.* Lo cual quiere decir que nos resistimos a pensar, o a traer a colación, temas que abren heridas o que provocan ira. Es importante no remover el fango o la sangre de los malos pensamientos. Si tenemos pensamientos que despiertan los sentimientos de enajenación o duda acerca de una situación, no podemos tratarla correctamente. Si damos pie a dichos pensamientos ponemos en riesgo a la perseverancia. Al dispersar estos pensamientos, los mantenemos apartados y nos liberamos de la duda y de la enajenación que los alimenta.

También debemos dejar de recordar que alguien es incapaz de cambiar o que seamos incapaces de provocar cambios. Toda la gente es capaz de responder a lo que hay de elevado y bueno dentro de sí mismos, y podemos ayudarlos a lograr estos cambios. Podemos entender cómo es posible conseguirlo si pensamos en cómo vuela una bandada de palomas. Tal bandada parece girar y dar vueltas coordinadamente, siendo difícil determinar qué paloma es la que guía el grupo. Considerando que cada paloma aletea simultáneamente, y que todas aumentan la velocidad, caen en picado o remontan vuelo al mismo tiempo, parecería que la líder transmite su voluntad a las otras simplemente cuando siente algo. Al ser sensibles, las demás la siguen. El *I Ching* nos enseña que los seres humanos, interiormente, se relacionan de la misma forma. Cuanto más en armonía está nuestra actitud con el Cosmos, más conseguiremos que nuestra voluntad y nuestra percepción subconscientes penetren en los demás, provocando cambios. Por esta razón se dice en *La ruptura* (*La resolución*), hexagrama 43, que sólo hace falta una persona perseverante para producir cambios en el mundo.

60

Chieh

La restricción

K'an	☵
Tui	☱

K'an: Lo abismal, el agua
Tui: La alegría, el lago

Aceptar los límites.

Este hexagrama tiene relación con nuestros propios límites, los cuales comprenden el comportamiento correcto. Puesto que hemos absorbido algunas ideas de nuestra cultura que el *I Ching* considera decadentes, este hexagrama recuerda que los límites son esenciales para alcanzar nuestras metas. Con mucha frecuencia, lo que consideramos límites morales correctos es considerado por el *I Ching* como decadente.

La restricción nos dice cómo aceptar que nuestro destino es aprender a reaccionar correctamente ante los desafíos y las adversidades. Aceptar quiere decir que eliminamos en nuestro interior todo lo que se resiste a pasar por el necesario proceso de aprendizaje. Podemos estar dispuestos espiritualmente, pero la lógica se resiste; podemos tener el consentimiento de la lógica, pero el cuerpo se rebela. Necesitamos obtener el consentimiento de todas las partes de nosotros mismos: un consentimiento que no es condicional ni partidista. Mientras exista un atisbo de resistencia, tenemos que imponernos una disciplina, aun cuando esa parte que se resiste pueda ponderarla de "amarga".

Los límites que observamos tienen relación con el hecho de que somos andariegos en un país extranjero; no debemos proceder de forma presuntuosa, como quisiéramos, o con arrogancia. Los cambios se pueden lograr sólo a través de la comprensión de la naturaleza del problema, alcanzando la ayuda del sabio, y dependiendo del poder de penetración de la verdad interior. Esta forma de conseguir un cambio al principio puede dar la impresión de débil y restrictiva, pero después, cuando vemos que la verdad sale fortalecida y que los cambios cuentan con la la aprobación universal, nos percatamos de cómo la restricción da sentido a la vida y poder para el bien.

En primer lugar es necesario llegar a un entendimiento sobre cuál es la verdad interior de cada situación. Entonces confiamos en ella para señalar el vehículo de cambio. Este vehículo a menudo se mantiene desconocido para nosotros, hasta el instante en que podemos usarlo. En algunos casos, el problema puede ser completamente resuelto; otros problemas muy antiguos sólo pueden resolverse a través de pequeñas mejorías conseguidas en un largo período de tiempo.

Al interpretar las líneas de este hexagrama debemos recordar que cada línea tiene que ver con las limitaciones. "Salir del portón" significa que ya sea avanzando o retirandose, tenemos que tener en cuenta los límites correctos.

Finalmente, para que los medios de acción del *I Ching* produzcan resultados a través de la fuerza del carácter, han de obtenerse mediante una práctica prolongada de la restricción propia. Tal práctica requiere que seamos pacientes y amables con nosotros mismos. No debemos intentar un desarrollo personal demasiado grande, ni demasiado pronto, o concentrarnos en la meta con ambición. De la misma forma, debemos evitar ser demasiado ascéticos, flagelarnos por nuestros errores, o hacer votos o pactos. Tal visión de ascetismo proviene de una fuente equivocada. Parece que una vez que nos damos cuenta de que la restricción y el desarrollo personal son necesarios, el ego trata de forzar el camino hacia adelante de un solo golpe; este esfuerzo conlleva la adopción de fetiches, prácticas poco comunes, comportamiento obsesivo, o cualquier otro procedimiento que equivocadamente imaginamos que nos va a ahorrar pasos. La presencia del ego presagia la derrota, porque no podemos conseguir nuestras metas con sus medios. Sólo un esfuerzo gradual, suave, modesto y perseverante, nos permite progresar sin estimular el poder del ego.

A lo largo del trabajo consistente en aplicar la restricción sobre nosotros mismos, estamos poniendo trabas a los inferiores del cuerpo, que están acostumbrados a salirse con la suya. Podemos limitarlos, más fácilmente, si les explicamos que necesitamos su cooperación; podemos conseguir su cooperación con mayor facilidad si les explicamos que estamos aprendiendo nuevas formas de tratar los problemas, formas que son más efectivas y seguras que aquellas a las que están acostumbrados. Este procedimiento es como decirle a un niño de doce años, frenético por comer, que no deje que el estómago gobierne la cabeza: el efecto puede ser sorprendente. Nuestros inferiores necesitan ver que nuestro ego es una pequeña mancha de miedo que proyecta una sombra enorme. ¿Vamos a dejar que una mancha nos gobierne?

Primera línea: *No salir por la puerta o por el patio no acumula culpa*. Esto quiere decir, no salir de los límites definidos en *El andariego*, hexagrama 56, o los límites impuestos naturalmente a quien es un extranjero en un país lejano. Desprovistos de los viejos sistemas de protección, ahora debemos confiar en nuestra dignidad interior como defensa. De acuerdo con esto, debemos ser cuidadosos, reservados y serviciales con los otros, y permanecer alerta a fin de no perder contacto con nuestro ser interno. Evitamos entrometernos en los asuntos de otros, o ser distantes y arrogantes.

Al recibir esta línea se nos aconseja que limitemos nuestras acciones a decir lo que estamos preparados para hacer o para no hacer en nuestra vida; no deberíamos decirles a los demás qué hacer,o dejar de hacer, respecto a sus propios asuntos. Podemos defendernos contra los ataques, pero debemos ser extremadamente prudentes al iniciar cualquier ataque. Si no nos olvidamos de que somos andariegos y extranjeros, la ayuda y la protección vendrá del cosmos, y podremos proponer a otros hacer lo correcto; si esta ayuda todavía no ha llegado, sólo podemos pasar el tiempo manteniéndonos correctos y evitando ser presionados por el miedo y el deseo. Al tratar con otros, necesitamos mantenernos conscientes, para poder avanzar cuando la gente está receptiva con nosotros, y retirarnos cuando no lo está. También nos retiramos cuando ya no somos objetivos y desprendidos.

Con frecuencia recibimos esta línea como preparación para situaciones que se van a presentar. Debemos enumerar nuestras limitaciones, y revisar la disciplina que necesitamos ejercitar sobre nuestros inferiores. Entonces, en caliente, seremos capaces de matenernos libres y espontáneos, impulsados a la acción sólo por "influjos reales" (la referencia a influjos reales significa que si realmente sentimos el desapego en relación a nuestras propias ideas de lo que debemos hacer o decir, llegaremos a ser neutrales en nuestra actitud, y capaces de ver, justo en el momento necesario, la naturaleza real del problema, pudiendo reaccionar apropiadamente).

Segunda Línea: *No salir por la puerta o por el patio trae desgracia.* Nuestra costumbre es tomar las cosas bajo control para forzar una conclusión; por lo tanto, la acción indicada aquí es una retirada constructiva —paso a paso— desapegándonos del ego de la otra persona. Vacilar ansiosamente durante la retirada es desastroso.

Tercera línea: *El que no conoce restricción tendrá motivo para lamentarse. No hay culpa.* Entre las extravagancias y los placeres indicados, están los de la ostentación y la falta de moderación, como cuando hacemos el papel del sabio y el de un fiel seguidor de la verdad, el que lo sabe todo. Otra ostentación es aquella en la que damos rienda suelta a las rabietas y a las reprimendas. Creerse importante y cometer excesos nos hace olvidar nuestro papel y dejar pasar oportunidades. La ambición por ganar méritos, o por conseguir algo en cada momento, nos vuelve sordos. De todas formas, ver y corregir nuestras faltas elimina todos los motivos de error.

Cuarta Línea: *Restricción satisfecha. Éxito.* Si el tiempo es el factor que limita, deberíamos trabajar con el tiempo, en lugar de forzar el éxito. En lugar de luchar vanamente contra la gente que ocasiona problemas, deberíamos mantenernos conscientes de las oportunidades que subyacen a los obstáculos, y no dejarnos llevar más allá en los momentos adecuados. En esto consiste trabajar con la situación y observar el principio del agua que fluye hacia abajo de la montaña, como el camino de menor resistencia.

Quinta Línea: *Dulce restricción aporta buena fortuna.* La justicia requiere que, si vamos a limitar a otros, primero debemos dar el ejemplo de limitarnos nosotros mismos, manteniendo nuestro desapego.

299

Una dulce restricción puede ser una forma de conseguir la cooperación de nuestros inferiores al explicarles de una manera amigable, como haríamos con un niño, que necesitamos que mantengan la disciplina y el desapego, y que conseguirán el éxito que persiguen si no intervienen en los acontecimientos y no se dejan arrastrar por la duda. Necesitan que les recordemos que el verdadero poder para el bien va acompañado de la consecución de la independencia interior, y que, mientras permanezcan mezclados con la duda y el miedo no podrán alcanzarla. Si entregan el asunto al cosmos, será posible llegar a la independencia interior. Estar libre del miedo y la duda atrae la ayuda del cosmos, por la cual todas las cosas son posibles.

Sexta línea: *Restricción amarga.* En ocasiones debemos limitar severamente a nuestros inferiores para poder salvar la situación. Recibir esta línea significa que no debemos decirles a los demás lo que tienen que hacer, ni tomar parte en los conflictos o tratar de cambiar la situación a través de medios artificiales, con un esfuerzo excesivo o mediante la agresividad, sin considerar lo importante que parezca nuestra intervención. Restringirnos a tales condiciones puede parecer muy amargo, pero cuando alcanzamos el objetivo, todos los pretextos para el remordimiento se desvanecen, así como los deseos de renuncia a uno mismo.

Esta línea también menciona que no nos mezclemos en límites "muy amargos". Lo cual se refiere a ciertas obligaciones que hemos contraído, que no son correctas. Por ejemplo, no estamos obligados por el destino, o por otros, a participar en actividades moralmente inapropiadas. Se nos puede exigir el dominio sobre nosotros mismos mientras algunos sucesos inapropiados tienen lugar a nuestro alrededor, pero siempre somos libres de no participar en ellos. Si aquellos que están implicados en las malas acciones son receptivos a las razones por las que no participamos o no aprobamos el asunto, lo podemos explicar, pero debemos tener cuidado de observar nuestros sentimientos para así evitar ser llevados al conflicto por la soberbia, o por los exámenes de los otros para ver si pueden arrastrarnos a defender nuestro punto de vista.

También se advierte en esta línea que no debemos intentar aplicarnos unos límites amargos a nosotros mismos, para así lograr enormes pasos de progreso. Incluso los pequeños pasos de mejora requieren toda la limitación y el sacrificio que somos capaces de soportar; por lo tanto, debemos ser amables y comprensivos con nuestros inferiores, mientras sufrimos la restricción y el cambio. Sirve de ayuda expresar nuestra compasión por las pesadas cargas que necesariamente hemos de poner sobre ellos.

61

Chung fu
La verdad interior

Sun: Lo suave, el viento
Tui: La alegría, el lago

Tú sabes cuál es el problema.

Cerdos y peces. Buena fortuna. La verdad interior se refiere a lo que interiormente conocemos como cierto. A menudo, este hexagrama parece decir: "Tú sabes cuál es el problema y conoces la verdad del asunto". Otras veces el hexagrama parece tratar con el mal de otros, a través del poder de la verdad. La imagen "cerdos y peces" se refiere al aspecto tenaz del ego. La acumulación de poder en el interior, debido a nuestra adhesión a lo recto, tiene que ser muy grande para penetrar en los otros.

Dos tipos de verdad interior se discuten: una, la que emana desde nuestros pensamientos interiores hacia afuera (correctos o incorrectos), teniendo un efecto para el bien o para el mal; y otra, la que está relacionada con el aspecto cósmico de la situación... la verdad interior como lo esencial, con su poder para subsanarlo todo ("se manifiestan los efectos visibles de lo invisible").

Antes de que la verdad interior de nuestros pensamientos pueda tener poder para el bien, tenemos que percibir la verdad cósmica o la verdad interior del asunto en cuestión. Para alcanzar esta verdad, primero tenemos que ser receptivos, suspendiendo todo juicio previo. Manteniendo la mente abierta acerca de la gente. Esto quiere decir que no los "ejecutamos", clasificándolos de una forma negativa, o no concediéndoles esperanza, o asumiendo que son deshonestos, desagradecidos, o lo que sea. También nos liberamos de la idea de que algo no va a funcionar. Aceptamos que lo improbable y lo imposible puede suceder y sucede. Entonces le entregamos el asunto al cosmos. La verdad interior del asunto se manifiesta en el momento justo.

Adherirnos a este proceso (lo que en cierta forma es proceder ciegamente) da poder a la verdad. Cuanto más descansamos, contentos de ser guiados ciegamente, dejando al poder de la verdad actuar como le parezca, más grande es éste.

La dependencia con el cosmos para ser guiado, da como resultado una total independencia interior. El poder de la verdad y la independencia interior están interrelacionados y son interdependientes. El poder de la verdad se mantiene mientras no vacilemos, pero si perdemos nuestra independencia interior, el poder de la verdad interior se bloquea.

El poder de la verdad interior se va acumulando mientras vamos ganando un mayor entendimiento de las leyes cósmicas. Por ejemplo, aprendemos pronto, a través de nuestros estudios del *I Ching*, que es incorrecto tratar de conseguir resultados a través del conflicto, y que la ira, aunque muchas veces justificada, se opone a la solución correcta, y que hay una ley cósmica en contra de la venganza. Adquirimos este conocimiento gradualmente, bajo la tutela del sabio, y a través del lento trabajo, paso a paso, de la autocorrección. Esto es algo que podemos tomar como guía en toda clase de situaciones, porque está relacionado con los fundamentos de cómo proceder, de la misma forma que la técnica en el canto, al tocar piano, o al jugar al tenis, ayuda a las personas a hacerlo bien.

Cuando nos adherimos a este cúmulo de verdad interior, nuestra firmeza imparte un gran poder a lo que conocemos, y de esta forma puede ser sentida y entendida a miles de millas. Penetra incluso en "los cerdos y los peces". Si de alguna forma nuestro ego introduce la duda, el poder desaparece rápidamente.

La verdad interior también se refiere a la verdad suprema que todavía no conocemos. Podemos confiar en este tipo de verdad manteniéndonos receptivos, porque al mantenernos receptivos somos capaces de resolver cualquier situación que se presente, aunque no podamos entender lo que sucede. Si necesitamos saberlo, esta verdad se manifestará en el momento justo.

La verdad interior no puede ser usada para propósitos personales; esto no es algo que podamos dominar mentalmente, memorizar, o seguir de manera servil. Primero tenemos que entenderlo de manera intuitiva, después confirmarlo experimentalmente. De esta forma, nuestra percepción llegará a ser "conocimiento del corazón". No podemos entenderlo hasta que empezamos a armonizarnos con nuestro más profundo ser interior, y con las sensaciones y vibraciones que emanan de las cosas. Una vez que nos armonizamos con la verdad interior, podemos pasar a depender de ella, como de una fuente infinita, y confiar en ésta por completo para que nos indique el camino a través de todas las dificultades.

La verdad interior también se puede alcanzar a través de la meditación, cuando llegamos a ser receptivos y abiertos, y cuando hemos dispersado todos los prejuicios y las explicaciones preconcebidas. Si vacilamos al mantener nuestra mente abierta, la puerta de la verdad y la luz permanecerá cerrada: la preocupación y el deseo mantendrán cerrada la puerta. Cuando la verdad interior de la situación emerge, su claridad es tal que todos tienen que aceptarla.

Primera línea: *Si hay segundas intenciones, es inquietante.* Esta línea implica que existe el peligro de que formemos una relación secreta, o que tengamos segundas intenciones. Esto quiere decir que, en lo más profundo de nuestro corazón, construimos una barrera entre nosotros y el sabio. Esto sucede cuando nos aliamos con nuestro ego y nos dejamos guiar por él, o cuando eludimos nuestra responsabilidad de hacer el bien diciendo: "Seguiré el camino del bien sólo hasta cierto punto, y sólo por este determinado tiempo; entonces, si no consigo lo que merezco, lo abandonaré". En tales situaciones formamos una alianza con nuestro ego. Esto también sucede cuando la formalizamos con otros, o cuando hacemos cosas que intuitivamente sabemos que están equivocadas.

Recibir esta línea nos indica que tenemos que buscar en nuestros pensamientos más recónditos cualquier forma de barrera, alianza, pacto, promesas secretas, que nos aislan de la unidad con la verdad, o con el sabio, y lo sacrifican en nuestro altar interno.

Nuestra primera responsabilidad debiera ser servir a la verdad, y, en este servicio, mantener para siempre nuestra independencia. Este es un compromiso para casarse con uno mismo, porque sólo entonces podemos casarnos, o extender nuestra lealtad a otro. Si al unirnos a otro (o a una idea, o a un plan), esta primera lealtad es derrocada, perdemos nuestro equilibrio interior, nuestro amor propio y nuestra conexión con el sabio, que nos ayuda.

La unidad con otro es tripartita: siempre incluye el invisible poder supremo, o el sabio. Si ponemos a otro, o algo, por encima del poder supremo en nuestra jerarquía de compromisos, excluimos, en consecuencia, al poder supremo; al hacerlo, menospreciamos la base para la unión duradera.

Otra forma de relación secreta tiene lugar cuando evitamos ser verdaderamente dependientes del cosmos, al dejar un poquito de margen para el deseo, o insistimos en pretender ser mejores que otros, o tener el derecho de avanzar a su costa, al señalar sus errores y nuestro mejor juicio. Cuando tienen lugar tales pensamientos, a pesar de lo que hemos aprendido acerca del mundo interior y de lo creativo, significa que abrigamos dudas a un nivel más profundo. Estas dudas aseguran el fracaso; el poder negativo no permanece inmóvil, es una fuerza activamente destructora.

Otros ejemplos de actitudes secretas de reserva: nos encontramos con alguien bajo una apariencia inocente, pero realmente planeamos resolver, como en una emboscada secreta, un asunto controvertido; cultivamos la amistad para poder conseguir algún beneficio; asumimos una opinión sombría de alguien para no sentirnos desilusionados si acaso esta persona no llega a dar la talla, como esperamos o deseamos, olvidándonos de la igualdad cósmica de todos los seres; asumimos derechos y privilegios como de padres a hijos, de profesores a alumnos, o nos arrogamos cualquier otro título de ascenso o de propiedad sobre otra persona de "condición más baja". El comportamiento que excede el medio viola la ley cósmica. Cualquiera que esté en posición de poder sobre otros, debe tener más cuidado de ser correcto, y no menos. Al recibir esta línea deberíamos examinar nuestras actitudes ostentosas y decadentes. En la inocencia consciente y en la humilde dependencia del cosmos, radica el poder de la verdad interior.

Segunda línea: *Una grulla que llama en la sombra.* Esta imagen nos muestra que la firmeza o la debilidad en nuestros valores, y la dependencia o independencia emocional son comunicados a otros a un nivel interno. Nuestra actitud interior es lo que la gente siente o conoce de nosotros, de la misma forma que los políticos astutos saben lo que el electorado aceptará o rechazará. Si nos olvidamos de nuestra primera lealtad a la verdad, los demás sabrán que estamos divorciados de nuestra fuente de vigor, y nos pondrán a prueba. No vale la pena pretender que somos fuertes cuando no lo somos.

El desarrollo personal es la única forma de alcanzar el poder de la verdad interior. Cuando nuestros valores están firmes en su lugar, y cuando nos alimentamos de pensamientos correctos, no se puede evitar una buena influencia.

Tercera línea: *Ahora solloza, Ahora canta.* Esta línea subraya la importancia de mantener nuestro centro de gravedad (independencia interior). El poder de la verdad interior depende de ello; lo cual significa que debemos estar libres de preocupaciones y deseos.

La independencia interior significa exactamente eso: no dependemos emocionalmente de nadie. Nos volvemos dependientes de otros cuando les decimos: "Y ahora me entrego a ti, y, por lo tanto, mi felicidad y mi amor propio dependen de ti y de cómo me consideres. Yo te pertenezco". Ésta es, por supuesto, la labor de la auto-imagen/ego, que quiere perpetuar nuestra imagen, que no puede existir a no ser que se vea reflejada en los ojos de otros. El ego está dispuesto a hacer cualquier clase de concesión con la esperanza de verse afirmado. Si hemos dejado que nos suceda algo así, tenemos que recobrar lo que hemos entregado. No tenemos el derecho de darnos a nadie, y aunque esto podría halagar a la otra persona, sólo podrá despreciarnos por ello, pues no aceptará tal responsabilidad. Una vez que se canse de este halago, o se convenza de nuestra servidumbre, nos abandonará. La única relación correcta que podemos tener con otra persona es aquella en la que ambos, de forma independiente, seguimos el camino del bien y la verdad.

Incluso si no hemos llegado tan lejos como para entregarnos por completo, debemos evitar "apoyarnos emocionalmente en otros". Lo que sucede cuando "miramos de soslayo". Esto significa que decidimos el sentido de nuestras vidas o medimos nuestro progreso, por el efecto que tenemos en otros, y por lo que otros hacen y piensan. Es imposible observar la necesaria atención para seguir nuestro camino si nuestra visión interior está puesta en ellos. La única forma de llegar a ser autosuficientes y fuertes interiormente, cualidades inseparablemente ligadas al poder de la verdad, es seguir nuestro camino independientemente de los demás e incluso aun de la secuencia de los acontecimientos.

Perdemos nuestra independencia interior cuando la gente es incorrecta al relacionarse con nosotros, y, para llevarnos bien con ellos, simplemente "perdonamos y olvidamos". No debemos alimentar sus egos al dar la impresión de que no importa lo que hagan, todo estará bien. Con esta actitud sólo es cuestión de tiempo para que se vuelvan unos tiranos con nosotros. Por otro lado, debemos reconocer la situación en lo que es y mantenernos cuidadosamente desapegados de ella. Es decir, juzgarla, sin dejar que nuestra actitud se vuelva una crítica subjetiva; en estas condiciones, necesitamos la ayuda del poder supremo. Ser conscientes de esto nos permite guardar el equilibrio "en la cuerda floja", por así decirlo, que a fin de cuentas es lo que se requiere.

Cuarta línea: *La luna casi llena.* El poder de la verdad interior es el resultado de nuestra dependencia del sabio, del destino y del tiempo, para arreglar las cosas. Esta dependencia es el centro y el alma de nuestra autonomía y de nuestra fortaleza, y es lo que incita el poder de lo creativo. Una vez que se ha generado este poder y las cosas empiezan a mejorar, no podemos olvidarnos de su origen, alabándonos nosotros mismos, creyendo que "nosotros lo hicimos". Cuando, sin modestia, nos olvidamos de que la dependencia con el sabio es la fuente de nuestro poder, éste empieza a menguar, exactamente como la luz de la luna, que depende de la luz del sol, empieza a menguar al llegar a su plenitud. Cuando medimos nuestro progreso en el espejo de nuestra propia aprobación, es cuando el ego se ha entrometido para reclamar el éxito. Si no rechazamos los halagos del ego, formamos una facción con él que excluye al sabio. Nunca debemos presumir de que poseemos el poder de la verdad interior; pues éste siempre proviene de relacionarnos correctamente con el poder supremo como su fuente.

Quinta línea: *El posee la verdad, la cual une.* El poder de la verdad interior, que proviene de adherirnos fijamente a nuestros principios, y de mantener nuestra independencia, desarrolla una fuerza inexorable, subyugando a lo inferior en los otros.

Existe algo así como la verdad (aquí "el sabio" y la verdad son intercambiables). Todos sabemos lo que es verdad en lo más profundo de la conciencia, aunque dudemos de ello a un nivel consciente. Cuando nos adherimos a ese tronco interno de la verdad, tenemos el poder de unificar a la gente, aunque a otros les parezca que nuestras acciones pueden desviarnos de la unión. Sin embargo, cuando nuestro ego nos guía con nuestras preocupaciones y deseos, con su impaciente deseo de dirigir y llevar las cosas a conclusión, ya no seguimos la verdad, y perdemos el poder de ayudar.

La gente que es moralmente correcta y estricta con ella misma, automáticamente consigue el respeto de los demás, pero si después los demás los buscan por su reputación o por su virtud, su influencia disminuye. Cuando la persona pierde toda vanidad, el poder de su personalidad es restablecido. Con la desconfianza y la sospecha, su influencia nuevamente se disipa. De esta forma une el poder de la verdad.

Sexta línea: *Cacareo que penetra el cielo.* Si bien podemos ayudar a la gente que es receptiva, hay limitaciones para lo que podemos lograr tan sólo con explicaciones verbales. La gente debe percibir la verdad dentro de sí misma. Como el progreso es el resultado de muchos escalones pequeños, uno encima del otro, no debemos apremiar el desarrollo de otros, o saltarnos pasos diciendo cosas para las cuales no estamos preparados adecuadamente. La gente sólo puede atender a lo que están preparados para percibir. Cualquier idea que no esté lista para ser aceptada, no puede ser aceptada. Una persona puede adquirir gran claridad como consecuencia de un estímulo mental, pero tal claridad no dura mucho. Las reformas que persisten tiene lugar cuando una persona se compromete a aprender, y a enfrentar su conocimiento al examen de la experiencia. A través de este compromiso, y de la perseverancia, se reeducará gradualmente, y se reorientarán las actitudes y los hábitos de su mente. Mientras tanto, sólo podemos hacerle una introducción, un resumen, y señalarle el camino.

Esta línea nos aconseja tomar nuestras palabras seriamente: ser concienzudos y sinceros al hablar. No debemos pensar que lo que decimos, incluso vanamente, no importa. Si no somos modestos, nuestras palabras pueden herir.

62

Hsiao kuo
La preponderancia de lo pequeño

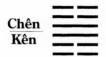

Chên
Kên

Chên: La conmoción, el trueno
Kên: El aquitamiento, la montaña

Pensar en actuar debido a la desconfianza en el destino.

Este hexagrama trata de nuestras actitudes rígidas o las de otras personas. La preponderancia de factores fuertes como la envidia, el miedo, el deseo, el afán de venganza o la obstinación nos presionan y, por lo tanto, queremos actuar. Desde la perspectiva de nuestro ego, la no-acción parece ineficaz y antinatural; de todas formas, recibir este hexagrama indica que la acción es requerida.

Debemos resistir las presiones que nos hacen desconfiar del poder creativo de lo desconocido. Debemos estar alerta para no apegarnos a las "soluciones" simplemente por esta presión, y debemos evitar buscar soluciones globales.

La respuesta que necesitamos la encontraremos ahora si nos dejamos guiar por la pequeña puerta de lo improbable, que se abrirá en el preciso momento en que la necesitemos. Puede ser de ayuda recordar que siempre hay una solución escondida para el problema dado. Mientras tanto, nos mantenemos receptivos y desestructurados, calmados en la ambigüedad. Esto es posible sólo si dejamos humildemente de mirar el problema.

No es necesario aventurarse a confiar en lo desconocido, pero es esencial disolver nuestra desconfianza acerca de ello. El miedo nos hace exagerar la importancia del éxito. Sabemos que la situación es importante, y por lo tanto desconfiamos de nosotros mismos y del destino, que llevará las cosas a la mejora. Debemos resistir el miedo antes de que se vuelva deseo y ambición de hacer algo.

Primera línea: *El pájaro, por volar, cae en la desgracia.* Aprender a volar quiere decir estar libre de presión para actuar. Volar antes de saber volar quiere decir actuar antes de que sea lo correcto hacerlo. Seguimos un plan o estrategia porque desconfiamos de lo creativo para mostrarnos el camino mientras lo seguimos. Debemos seguir el curso de los acontecimientos, respondiendo espontáneamente a cada situación como se presenta, sin definir su sentido o su importancia. Debemos mantenernos indefinidos y abiertos, adhiriéndonos a la ayuda de lo creativo, aunque tengamos que mantenernos en una posición emocionalmente incómoda. La resistencia obstaculiza la ayuda cuando más la necesitamos.

Segunda línea: *Él no llega hasta su príncipe. No hay culpa.* El no "llegar hasta su príncipe" significa que todavía no hemos recibido una clara o completa idea de cómo proceder; también quiere decir que la situación no se ha desarrollado hasta el punto en que el éxito es posible. No debemos perder la esperanza. Debemos mantener la mente abierta y desestructurada, dejando que el camino aparezca solo. Hasta entonces es una expresión de modestia dejar de mirar ansiosa o decepcionadamente la situación. Sólo es necesario hacer lo mejor que podemos y aceptar el resultado sea cual fuere.

Tercera línea: *Si uno no es extremadamente cuidadoso... desgracia.* Cuando decidimos a favor o en contra de alguien, nos precipitamos para resolver la ambigüedad del momento. Tal confianza en uno mismo repercutirá en detrimento nuestro. Abandonamos el camino al escoger seguir nuestro ego impaciente e infantil, en lugar de dejar actuar a lo creativo.

En la proximidad del mal, nuestros inferiores intentan cristalizarse en un caballero de brillante armadura para lanzarse a la batalla contra él. Esta estrategia, no importa lo bien intencionada que sea, siempre falla, porque vamos demasiado lejos. En lugar de reconocer el mal por lo que es y pedir ayuda al poder supremo, en lugar de mantenernos desapegados y dejando que el mal muera por sí mismo, peleamos con uñas y dientes. El caballero es nuestro vanagloriado ego entrometiéndose en la situación. Como resultado sólo conseguimos mucho daño.

Cuarta Línea: *No actúes. Persevera constantemente.* Porque hemos sido perseverantes y no hemos alcanzado nuestros fines, empezamos a sentir que el destino nos es hostil, o dudamos de la naturaleza benéfica del cosmos, o desconfiamos del consejo del sabio. Al soportar las dificultades, algo de dureza ha penetrado en nuestro carácter. Necesitamos someternos modestamente al destino. Somos como una mula sobrecargada, lista a corcovear al borde del abismo. La mula desconfía de la guía del amo, pero al rebelarse pone en peligro su vida. Las cosas parecen intolerables, pero si soportamos la situación, todo saldrá bien. No debemos actuar sólo para librarnos del peso. Aquí, "no actúes" significa no darse por vencido.

Quinta línea: *Densas nubes...* El desconfiar de nuestro camino es desconfiar del sabio que nos guía. No podemos abrirnos camino solos en el mundo oculto, necesitamos la ayuda del sabio. La cual puede ser obtenida únicamente con una modesta aceptación de nuestro destino.

Aunque hubiésemos nacido para poner el mundo en orden, sólo podremos conseguirlo mediante pequeños pasos de autocorrección; la autocorrección de uno mismo no puede alcanzarse sin la ayuda del sabio, que sólo puede obtenerse con humildad.

Sexta línea: *El pájaro volador se aleja de él. Desgracia.* Si debido al miedo y a la duda, damos la espalda al sabio y a nuestro camino con inquietud, activaremos energías hostiles. Tal obstinación lleva a la desventura. Como dijo aquella madre cuya intuición la puso en guardia de viajar en el *Titanic*: "Para sus propietarios decir que era insumergible, era volar en la cara de Dios". Adoptar una actitud de "no importa" es abandonar la cautela y la modestia.

63
Chi Chi
Después de la consumación

K'an
Li

K'an: Lo abismal, el agua
Li: Lo adherente, el fuego

Sobre reconsiderar, y otros pensamientos que nos desestabilizan.

Al principio, buena fortuna; al final, confusión. Hemos sido firmes al seguir nuestro camino, pero ahora que la situación ha mejorado, nos ponemos a reconsiderar: "¿No habrá una forma más fácil de proseguir en la vida? ¿No hemos sido demasiado duros al apartarnos, o demasiado tolerantes al tomar el camino de la no-acción?" Tales preguntas son la primera semilla de la decadencia después de un período de paciente perseverancia; durante este cuestionamiento el ego recobra el mando. Tenemos que identificarlo y resistir su resurgimiento.

Si nos preguntamos si hemos sido demasiado duros, entonces tenemos que comprender que no tenemos el derecho de ayudar a la gente para evitarles el duro proceso del aprendizaje. Tales dudas implican que hemos asumido una actitud de magnificencia, en la cual nos ponemos en lugar de Dios para decidir el destino de los demás. Debemos evitar considerar si hemos sido demasiado duros o demasiado tolerantes, o si debemos hacer algo, ya sea relajarnos y volver a la vieja costumbre de una cómoda dependencia o comportarnos de una forma hostil para poder reestablecer la distancia apropiada. No tenemos por qué adoptar actitudes determinadas porque en cierta ocasión nos dio la impresión de que éstas influían sobre los cambios de los demás, tampoco tenemos que temer que la gente nos malinterprete. Sólo necesitamos actuar sinceramente en cada instante, cuando el momento llega, y dejar el asunto al destino.

Una dependencia cómoda quiere decir que relajamos nuestra dependencia interior y nos abandonamos a pensamientos aparentemente insignificantes, aun cuando sabemos que están al borde de lo incorrecto. Por ejemplo, nos damos el lujo de consentir acerca de una "pequeña intervención", una "pequeña curiosidad", un "pequeño enredo" o una "pequeña nostalgia". Abandonarnos también incluye el dejarnos llevar por la comodidad. Dejamos de estar alerta y nos olvidamos de mantener el equilibrio correcto con los demás. O queremos sentirnos bien con alguien, antes de que haya corregido su comportamiento; o nos sentimos cómodos en la enajenación y en la indiferencia. Tal relajamiento de la disciplina interior se presenta "después de la consumación", cuando nos sentimos libres de presión, y la confianza en uno mismo vuelve. Con este relajamiento dejamos que se inicien las vacilaciones, permitiendo que lo que en apariencia son pequeños deseos, resurjan con gran fuerza. Debido a estas tendencias, después de la consumación, es el momento de mantener la disciplina y estar alerta, para interceptar estas semillas de las preguntas y el deseo, y por lo tanto, evitar sus consecuencias. Si no resistimos estos pensamiento que nos hacen perder el equilibrio, cometeremos errores. Una y otra vez, el *I Ching* pone énfasis en que la paz sólo se puede mantener si, cuando nos sentimos seguros, recordamos la posibilidad del peligro. Tenemos que ser firmes con los demás tanto cuando se comportan bien como cuando no.

Después de la consumación también nos olvidamos de que fue con la ayuda invisible del sabio que conseguimos pasar el período difícil. Empezamos a creer que todo fue un mal sueño, sin causas particulares y con remedios fortuitos. Hasta llegamos a pensar que creamos las mejoras por nosotros mismos y así, perdiendo la modestia, perdemos nuestra protección y nuestra habilidad para progresar contra el mal.

Después de la consumación es un período de tiempo en el cual podemos experimentar incertidumbre. La incertidumbre, a su vez, puede sacar a la superficie las dudas que nos quedan acerca de nosotros mismos. Al recibir este hexagrama se nos dice que la incertidumbre es el problema. Debemos abandonar la incertidumbre, no por una certidumbre, sino simplemente por una vuelta a la neutralidad. Es importante evitar cualquier clase de pensamiento que perturbe nuestra integridad interior y nuestra independencia.

Primera línea: *Mete la cola en el agua. No hay culpa.* Con la intensidad de la presión, no logramos aceptar la situación. El ego se reafirma enérgicamente y acusa al poder supremo de ser demasiado duro, insensible y quizás un embustero. Al ser impacientes tiramos hacia adelante asumiendo que las cosas están bien cuando no lo están, y que los malos tiempos han pasado. Dándolo por sentado intentamos mejorar la situación, a pesar de que no funcione.

El desarrollo debe proceder lentamente, paso a paso, y mientras tanto, debemos mantener nuestra reserva y nuestra independencia interior, sin darnos por vencidos ni forzar las cosas hacia adelante. No debemos comprometernos con alguien, movidos por presunciones, a una relación o a confiar nuestros pensamientos íntimos antes de haber fijado los fundamentos de igualdad y justicia.

Él frena las ruedas significa que hemos ido en la dirección correcta, pero de pronto nos detenemos a reconsiderar si hemos sido demasiado estrictos. Tal vacilación causa problemas, pero no hay culpa realmente, puesto que no hemos abandonado el camino.

La imagen del zorro atravesando el hielo que se descongela tiene que ver con nuestra actitud sobre las tensiones que afrontamos. Las grietas en el hielo son "llagas", que es mejor dejarlas solas. Cuando casi hemos atravesado el peligro, perdemos la cautela, lo que ciertamente nos causará problemas (haciendo que el zorro meta la cola en el agua). Sentir una prematura confianza en nosotros mismos puede hacernos caer en una vieja y preestructurada actitud, y así, destruir nuestro progreso. No hay culpa en reconocer y corregir nuestros errores.

Segunda línea: *La mujer pierde la cortina de su carruaje. No corras tras ella, al séptimo día la obtendrás.* Asumiendo que las cosas están mejor de lo que están, dejándonos halagar o dejándonos caer en la dependencia sobre cómo nos considera alguien, nos hemos dejado caer en un charco de lodo. Lo único que podemos hacer es aceptar la situación con modestia y continuar trabajando en el rescate. No vale la pena lamentarse por la situación y querer abandonar, como si quejándonos y chillando se fuese a atraer la atención del sabio, quien entonces, milagrosamente, provocará el progreso que buscamos. Tal progreso sólo se puede lograr si continuamos trabajando paciente y honestamente. La aceptación y la conciencia necesaria para comenzar desde una posición inferior, es la devoción que se menciona en la línea quinta. La cual contrasta con la *magnificencia*, que se muestra cuando no podemos aceptar las caídas que encontramos en nuestra travesía. Al aceptar nuestras caídas conseguimos la ayuda para resolver nuestros problemas.

Esta línea también se refiere a las ocaciones en que nuestra incorrecta actitud ha sido percibida por los demás, y de esta forma hemos perdido nuestra influencia sobre ellos. No necesitamos afanarnos en reconquistar un buen nombre; de todas formas, corrigiéndonos, volverá nuestra influencia y nuestro error se olvidará.

Tercera línea: *No deben emplearse gentes inferiores.* Si nos volvemos laxos después de habernos corregido y de haber fijado límites alrededor del niño mimado que llevamos dentro, este niño mimado empezará a reafirmarse y a probar sus límites. Cuando esto sucede debemos recobrar nuestra independencia emocional y nuestra firmeza. Este esfuerzo es arduo, pero solamente cuando abandonamos el elemento inferior, ya sea en los demás o nosotros, éste pierde fuerza y se doblega. Si revitalizamos nuestra actitud, el error se corregirá solo. Lo mismo sucede si empezamos a reconsiderar las dudas que acabamos de vencer. No podemos darnos el lujo de apaciguar el elemento inferior subyugado.

"La ambición de expandirse" se refiere al deseo de sacar partido de nuestras ganancias para adquirir algo lujoso y personal.

Cuarta línea: *Las prendas más finas se convierten en harapos. Sé cauteloso todo el día.* La laxitud, como el querer disfrutar del deseo, permitiendo que vuelva la ambición, o detenerse a disfrutar del progreso creado cuando tendríamos que mantenernos estrictos y reservados, con seguridad arruinará lo que hemos logrado.

Por otro lado, también es peligroso pensar que hemos exagerado el rigor, pues así empezamos a tener compasión por el aislamiento de la otra persona. No tenemos que pensar con nostalgia en los buenos tiempos que pasamos, permitiendo que la seducción nos vuelva más débiles.

Esta línea también nos advierte que la persona que asumimos que es correcta, no es de confianza todavía, y, por lo tanto, que debemos mantenernos con reserva y cautela.

Si nos detenemos a medio cruzar las grandes aguas para lamentarnos de la situación, nos sentiremos abrumados. Es esencial pasar el peligro yendo hacia adelante, aceptando la situación tal como es. De igual forma, no debemos cavilar sobre las injusticias pasadas, o sobre las deudas de gratitud que tienen con nosotros y que no han sido saldadas. Tenemos que continuar en la vida y dejar la resolución de los problemas al destino.

Quinta línea: *El vecino del este sacrifica un buey*. Cuando nos detenemos a pensar que hemos sido muy duros y que ahora podremos disfrutar de una relación más cómoda, usurpamos el papel de Dios. Es magnificiencia egoísta pasar por alto el comportamiento incorrecto de una persona y favorecerlo, cuando tendríamos que exigir lo mejor de ella, por medio del rigor y la discreción. No tenemos derecho de tratar con condescendencia el ego de nadie.

También es magnificencia no poder aceptar nuestras caídas, o el tiempo requerido para cambiar las condiciones adversas. La aceptación espiritual es incondicional.

Sexta línea: *Mete la cabeza en el agua. Peligro.* "Miramos hacia atrás" cuando asumimos que la lucha ha terminado y que podemos relajarnos y disfrutar de la situación. Ahora que hemos logrado algún progreso, debemos caminar de puntillas alrededor de la persona o todo se arruinará. No debemos perder nuestra dignidad e independencia interior de esta forma (ver *Acercarse*, hexagrama 19, tercera línea). Tenemos que ser firmes y seguir hacia adelante o todo nuestro trabajo será anulado.

También miramos hacia atrás cuando no sabemos si hemos hecho lo correcto. Es importante seguir adelante; si somos sinceros en nuestra actitud, aunque hagamos algo equivocado, no será perjudicial porque algo sucederá para corregir el error. Es importante no detenernos en la encrucijada, cuestionándonos acerca de dicho asunto.

64

Wei chi
Antes de la consumación

$$\frac{\text{Li}}{\text{K'an}}$$

Li: Lo adherente, el fuego
K'an: Lo abismal, el agua

Necesitamos obtener la correcta perspectiva del problema.

Atravesar las grandes aguas significa tener que pasar un tiempo que será peligroso para nuestra perseverancia. Cuando las situaciones amenazan nuestro equilibrio emocional, debemos ser como un viejo zorro al cruzar una delicada capa de hielo. Este hexagrama nos dice que los asuntos están en una nueva fase de regeneración y crecimiento. Hemos de tener en cuenta que en las épocas de regeneración las presiones de nuestra independencia interior y de nuestra necesidad de equilibrio se vuelven intensas y, por lo tanto, debemos ser cautelosos, circunspectos y perseverantes. Por ejemplo, podemos descubrir a nuestros propios pensamientos yendo camino de otras personas, porque sus pensamientos están fijos en nosotros, ya que cuando hemos establecido nuestra independencia interior, automáticamente atraemos a aquéllos con los que tenemos vínculos interiores. Es particularmente importante, por lo tanto, guardar del deseo a nuestro corazón, protegerlo de la vacilación o la preocupación, actividades que nos llevan a perder nuestra independencia interior.

En este hexagrama, el fuego, la claridad, está encima del agua, el esfuerzo y, por lo tanto, fuera de la relación. La claridad debe ser la base del esfuerzo, como en *Después de la consumación,* hexagrama 63, donde el fuego está debajo del agua y puede hacerla hervir, liberando energía. Debemos enfrentar este simbolismo de manera adecuada al asunto que tenemos delante, antes de que podamos encontrar la claridad, pues la claridad debe preceder al esfuerzo.

Recibir este hexagrama nos indica que no he hemos alcanzado una verdadera tranquilidad interior; por lo tanto, somos empujados a actuar. Hemos llegado a una conclusión sin haber obtenido la perspectiva correcta, en una situación peligrosa.

Debemos encontrar el punto de vista correcto, que no esté teñido por ninguna emoción.

La claridad nos da la fortaleza necesaria para superar los peligros que amenazan nuestra perseverancia, y es el "carruaje para llevar" a cabo la transición mencionada en la segunda línea. Para poder alcanzar la claridad es necesario conseguir una verdadera tranquilidad interna; sólo entonces podremos llegar a oír con nuestra voz interior; sólo entonces se presentará el punto de vista correcto.

Quizá lo único que necesitamos es darnos cuenta de que lo requerido es que nos mantengamos firmes en nuestro camino, pues esto, por sí mismo, nos ayuda a evitar el peligro. Lo cual quiere decir que continuaremos hacia adelante sin mirar atrás. No nos permitimos vernos envueltos en las presiones del momento. Mantenernos en nuestro camino significa que mantenemos nuestra independencia interior: la voluntad de continuar solos cuando la situación lo justifica. Aceptamos nuestro destino y sacrificamos a nuestro ego (los clamores y las quejas del corazón infantil) sin reprochar nada a nadie.

Las grietas en el hielo se refiere a los asuntos delicados de una contienda. Estos asuntos deben ser tratados indirectamente; sacarlos a la luz es "pisar sobre las grietas". Sacarlos a la luz viola el principio de ser cautos. Es como si la otra persona estuviese siempre esperando que lo hagamos. La mejor forma de tratar con áreas problemáticas es adherirse al poder de la verdad interior.

Primera línea: *Mete la cola en el agua. Humillante.* Un esfuerzo prematuro para obtener un progreso tangible se presenta cuando no hemos tenido el cuidado de alcanzar la claridad. La claridad consiste en llegar a comprender la inutilidad de afanarse por algo y comprender que adhiriéndonos firmemente a la inocencia consciente y a la aceptación, de buen corazón, activamos el poder de la verdad interior para resolver la situación, o para sobrepasar los puntos de peligro ("atravesar las grandes aguas").

Segunda línea: *Él frena las ruedas.* Una espera inerte quiere decir que nos damos el lujo de abandonarnos a las fantasías, vanidades, memorias nostálgicas y diversiones que nos hacen perder el contacto con nuestra voz interna. Tales actividades debilitan nuestra voluntad y nos hacen alejarnos de nuestro camino y olvidarnos de nuestro objetivo global de rescatar a los demás. Sólo la firmeza de propósito es capaz de superar el estancamiento. Lo que necesitamos es una firmeza en estado de alerta. Al empezar a poner energía en nuestro trabajo no debemos atacar el objetivo, sino prestar atención y mantener nuestra inocencia, nuestra constancia, y sintonizar con nuestra voz interior.

Tercera línea: *El ataque trae desgracia.* Nuestra voluntad de permanecer firmes y solos, y mantenernos quietos está minada. Preferiríamos dejarnos caer en una actitud descuidada y fácil, o dejar el asunto, abandonando la perseverancia. La perseverancia es particularmente importante ahora. Debemos ser firmes y avanzar atravesando los obstáculos, por medio de la perseverancia en la no-acción. Debemos superar toda tentación de tomar los asuntos en nuestras manos, o de asumir partido en la situación. Debemos dejarnos guiar.

Cuarta línea: *Conmoción para castigar a la tierra diabólica.* La lucha mencionada es la de mantener nuestro equilibrio interior y desapego, ya que sólo eso "disciplina la tierra diabólica". Lo cual significa que nos resistimos a disfrutar llevando el mando, imponiendo nuestra personalidad, o dando rienda suelta a nuestros deseos. Esto también significa que seguimos hacia adelante sin titubear en relación a nuestros valores. No reconsideramos si estamos en el camino correcto, ni nos preguntamos si hemos sido demasiado estrictos al exigir lo correcto. Manteniéndonos firmes en nuestro camino, disciplinamos a aquéllos que debemos rescatar.

Quinta línea: *La luz del hombre superior es verdadera.* Continuamos perseverando a pesar del conflicto interior y la tentación de abandonar el camino. Tal aceptación y firmeza proporcionan un nuevo entendimiento y la ayuda del sabio.

Sexta línea: *Si uno se moja la cabeza, en verdad la perderá.* Con cada cambio para mejor, no importa lo pequeño que éste sea, tenemos la tentación de pensar que hemos alcanzado el objetivo y que ahora podemos relajarnos. Nuestro ego, mantenido a distancia, ha estado esperando la oportunidad que da el descuido interior para volver a enredarnos con sus exigencias y su deseos. Exigencias y deseos que se traducen en el intento de tomar el poder. Debemos mantener una estricta disciplina, sin querer nada ni luchar por nada. Esta clase de modestia nos asegura un progreso continuo.

Esta línea también nos habla de beber sustancias alcohólicas cuando más necesitamos estar conscientes y alerta. También sugiere que el alcohol y otras drogas inhiben nuestra habilidad de percibir las lecciones del sabio.

La sexta línea también se refiere a una embriaguez espiritual, por la cual no tenemos claridad acerca de lo que está bien o mal. Abandonamos lo que conocemos como verdad interior en favor de una opinión más liberal, sofisticada, o adoptamos una actitud de amor incondicional hacia todos, justamente cuando la corrección exigiría que seamos estrictos y reservados. En estas circunstancias estamos "bajo la influencia" de una idea equívoca.

Glosario

El sabio es él, ella o ello que habla a través del *I Ching*. Es sinónimo del cielo, lo desconocido, lo creativo, lo receptivo, el poder supremo, el gran *tao*, el gran hombre, el príncipe, el gobernador, el rey, el maestro, lo que viene para ayudar, los ayudantes, etcétera.

El destino es la trayectoria de acontecimientos causada, hasta cierto grado, por nuestra actitud. A través de la interrelación de estos dos fenómenos, el sabio y el destino, las cosas llegan a su consumación. Esto significa: el destino nos empuja a buscar el significado de nuestra vida. Lo sincero y la intensidad de nuestra búsqueda incluye un "grito al cielo" para que nos ayude; esta sinceridad profunda nos pone (generalmente a través de una aparente casualidad) en contacto con el sabio, el maestro que enseña a través de medios tales como el *I Ching*.

El hombre superior es nuestro verdadero yo interior: escucha, mira y decide. Es lo que somos antes de ser condicionados a ser "algo distinto".

El hombre inferior es nuestra auto-imagen/ego.

El ego es nuestra auto-imagen. Al nacer no tenemos una auto-imagen, somos lo que somos. A través del condicionamiento, sin embargo, aprendemos a dudar del valor de nuestro yo verdadero; empezamos a crear una imagen (o imágenes) de nosotros mismos que parece protegernos y apoyarnos en el mundo. Este yo nuevo es el ego, u hombre inferior, que toma el mando de nuestra conciencia, hablando como "yo". Una vez creado este compuesto del yo, adopta vida propia y se rodea con una barricada defensiva y de orgullo. Es como si nos enfundásemos en un traje particular porque nos gusta cómo nos queda, y entonces nos encontrásemos con que se mueve por sí mismo, fuera de control. Debido a que se manifiesta como un sistema de orgullo, se resiste a ser desplazado.

Los inferiores son impulsos corporales y emocionales que muchas veces se manifiestan como voces internas, del tipo: "tengo hambre", o: "estoy cansado". Éstas pueden estar dirigidas por nuestro hombre superior o por nuestro hombre inferior. Cuando están dirigidas por el hombre inferior, están en oposición a nuestro verdadero yo.

El tao individual es lo que conforma nuestra naturaleza interna y la dirección natural de nuestro yo superior.

El gran tao es la razón subyacente y esencial de la cual procede la vida; sólo se le puede conocer parcialmente.

El mundo oculto o interno es que todo lo que existe ahora en el "mundo real", existe primero en imagen o mundo interno. Todo lo que se está formando preexiste como una imagen cósmica. Los dos, parecerían estar apareados, siendo uno la sombra del otro: el "mundo real" es la sombra del mundo de imágenes. Nuestra existencia en el mundo interno discurre paralela a nuestra existencia en el mundo externo. Aunque nuestro subconsciente habita en el mundo interno, su progreso *ahí* depende de nuestra vida consciente *aquí*. Para evitar los escollos, ahí se nos presenta por medio del *I Ching* como una linterna, y el sabio como guía para encontrar nuestro camino. Según nos vaya ahí depende de si en este mundo somos genuinos a nuestro *tao* individual.

Ayudantes. El apoyo y la ayuda que recibimos del mundo oculto, es también la ayuda que recibimos cuando atraemos la naturaleza superior de los demás.

Confianza. Una voluntaria suspensión de la incredulidad.

El mal. No ser genuinos con nuestra naturaleza superior.

El aquietamiento (mantenerse quieto). Un método de meditación para adquirir serenidad y claridad. Este método nos lleva a desapegarnos del ego. Mantenerse quieto es también un proceso activo en el que nos mantenemos conscientes de la inquietud y agitación del ego al intentar que actuemos según sus ideas. Esta conciencia mantiene al ego incapacitado, y deja que se desarrolle una percepción verdadera de la situación.

Éxito, logro. Nos adherimos al camino a pesar de los desafíos, por lo tanto, progresando.

Atravesar las grandes aguas. Perseverar ante la duda y la dificultad.

Empujar hacia adelante o intentar avanzar. No poder desapegarse, o resistirse a la presión inquieta del ego, permitiendo así que dominen la ambición, el orgullo y la irritación. Incluso no resistir a pensamientos empujados por el ego es empujar hacia adelante.

Obstinación. Tercamente nos adherirnos a nuestros impulsos inferiores.

La disolución. Permitir que los impulsos inferiores se disuelvan o floten hasta desaparecer. Por medio de imágenes mentales, tales como la disolución, podemos disminuir el poder de los tercos e insistentes impulsos que nos empujan a hacer lo equivocado.

La penetración. El comienzo gradual de una percepción que nos libera.

El principio oscuro. El miedo, la duda, la vanidad empujada por la auto-imagen/ego (hombre inferior).

El principio luminoso. La iluminación, el entendimiento, una perspectiva liberadora, lo que está en armonía con el yo verdadero y por lo tanto con el *tao*.

La arrogancia. El sentirse importante, altivo, la confianza falsa en uno mismo; el excesivo entusiasmo, el descuido, el asumir que tenemos derechos; la intrusión en el espacio de los demás; la indiferencia ante lo desconocido, el decidir qué es lo desconocido.

Recurrir a las armas. Actuar en contra del hombre inferior dentro de nosotros y en contra en nuestros obstinados inferiores, nuestro orgullo, o nuestros viejos patrones de respuesta.

El sacrificio. Despojarnos voluntariamente de los impulsos inferiores como la ira, por el bien de todos.

Poder en las mejillas. Decirle a la gente lo que hace mal.

La inocencia consciente. En contraste con la inocencia de la juventud, aquélla de la inexperiencia, ésta es un regreso consciente a la pureza de la mente, practicando la limpieza interna y la auto-conciencia, nos despojamos del propósito consciente, y de ideas y sentimientos negativos acumulados. Nuestro "trabajo" consiste en mantenernos en guardia para que nuestro ego no se interponga, y mantenernos libres de sus deseos y exigencias, sus esperanzas y deseos, sus creencias y dudas, sus pactos, sus votos, las viejas áreas de resentimiento, sus maquinaciones, afanes y otras reacciones acostumbradas.

Mirar adelante, de soslayo, y atrás. Dejar que el ego nos fije la atención sobre esperar o temer (mirar adelante), comparaciones envidiosas (mirar de soslayo), y arrepentimientos (mirar atrás) todo lo cual destruye nuestro equilibrio interno y nos priva de nuestra claridad.

Seguir adelante, o continuar hacia adelante. Esto significa que al reconocer nuestros éxitos o nuestros fracasos, nuestras elecciones prudentes y nuestras equivocaciones, no nos apegamos a ellos. Disfrutamos de lo que es el momento, o reconocemos nuestros errores y los corregimos, pero no permanecemos en ellos. Los soltamos y seguimos adelante, a fín de mantener nuestro equilibrio interno.

Mantenerse consciente. Mantener un determinado estado de conciencia; nos mantenemos conscientes de nuestro estado mental interno, si entramos en estados de ánimos negativos, o nos enredamos en el entusiasmo propuesto por nuestro ego; también significa mantenernos conscientes para no perder nuestra humildad adoptando una falsa confianza en el yo; también es mantenernos conscientes de cuando los otros están abiertos y cuando no lo están.

Reticencia. La costumbre de vacilar por un momento antes de actuar, para estar seguros que no hemos perdido la conexión con nuestro yo verdadero, o que hemos perdido nuestra modestia y consciencia para seguir el camino.

Mantener la reserva. Mantenemos la reserva mientras los demás no están abiertos; mantener la reserva es retirarse y desapegarse hasta que la otra persona nos trate con sensatez y cuidado. Esto no implica ser cerrado o vengativo, o mantenerse reservado para siempre; se suspende la comunicación libre e íntima hasta que cambie la situación.

Indulgencia o lujo. Esto se refiere a no poder retirarse cuando otra persona está cerrada o se muestra insensata con nosotros. Si seguimos tratando de llevarnos bien o cambiar la situación a través del esfuerzo, nos abandonamos y dañamos nuestra dignidad. También se refiere al descuido, cuando damos rienda suelta a los deseos a costa del principio.

No-acción. Este principio se refiere a evitar la acción equivocada, pero no a evitar actuar. Es seguir el principio de trabajar a través del poder de la verdad interna. Esto significa que "avanzamos" cuando la otra persona está abierta y receptiva, y que nos retiramos cuando ya no lo está. "Avanzar" significa relacionarse de buen corazón y con la mente abierta, lo que se llama "recto, cuadrado, grande" en el hexagrama 2. Esta es la hora de decir lo que se necesita decir de una manera clara e impersonal. Retirarse significa desapegarse y disolver los sentimientos de uno permaneciendo neutral hasta que los tiempos cambien para mejor.

Encuentro a medio camino. Encontrarse con otra persona abiertamente hasta la medida en que ella está abierta a nosotros. Desempeñar la parte que nos corresponde en la relación, pero sin perder la dignidad al hacer más que el otro, es mantenernos en un determinado equilibrio en la relación del uno con el otro.

Acerca de *dejarse guiar*

A lo largo del *I Ching* se menciona el *seguimiento*, el *dejarse guiar* y el *adherirse*. También hay algunas advertencias acerca del abuso de poder y sobre *actuar por nosotros mismos*. La impresión que obtenemos de estos consejos es que el *I Ching* nos presenta una actitud pasiva ante la vida; sin embargo, no es verdad.

Cuando nos enfrentamos a una situación en la que el *I Ching* invita a retirarse, mantenernos firmes y no actuar, se refiere a un plazo de tiempo variable. Debemos detenernos por el momento, retirarnos temporalmente, mantenernos firmes y no actuar, hasta que llegue la hora oportuna para seguir con nuestro avance. No es un consejo permanente para abandonarlo todo y permanecer estáticos.

¿Cuándo llega la hora de avanzar? Cuando nos desapegamos emocionalmente, cuando percibimos la verdad interior de la situación con claridad, y cuando alcanzamos la firmeza e independencia en nuestra actitud interior para seguir lo que es correcto. Entonces somos capaces de aprovechar las oportunidades que se presentan en el momento y avanzar apropiadamente.

Si somos capaces de mantener una actitud modesta y sincera al actuar, lograremos el máximo progreso. De todas formas, debemos ser capaces de retirarnos en el momento en que la abertura empieza a llegar a su término. Si no nos retiramos a tiempo, nuestra buena actuación disminuirá .

El actuar con independencia interior no es lo mismo que actuar con un estusiasmo egoísta; el ego nos deslumbraría con soluciones globales. Es muy cómodo presentarse insinuando que uno es el héroe, con ingeniosos remedios herméticos, y es muy fácil pretender ser desprendido. Por esta razón el *I Ching* sugiere actuar con lo que aconseja "cautela vacilante". La cautela mantiene el ego a distancia.

Si avanzamos sin haber conseguido alcanzar una relación correcta, caemos víctimas de la arrogancia.

Para poder dejarnos guiar debemos mantener una mente abierta y alerta. Aunque desarrollemos un conocimiento firme de los principios del *I Ching*, debemos evitar posturas inflexibles. Una situación puede estar llena de ambigüedad y, sin abandonar nuestros principios, esperaremos durante el período de ambigüedad hasta que llegue la respuesta correcta.

Cuando todavía no hemos entendido una lección, debemos dejarnos guiar sin resistencia durante el desarrollo de la situación. Nos detenemos preguntando qué es lo que necesitamos para relacionarnos correctamente en cada momento; muchas veces sólo necesitamos esperar en un estado mental neutral, pero alerta, como un actor entre bastidores: esperando la señal, escucha dentro de sí, siente lo que está sucediendo, y cuando llega el momento, ejecuta su papel.

Cuando leemos el *I Ching* es esencial que nuestro entendimiento se eleve por encima del nivel que únicamente sigue ciegamente las palabras. Lo cual requiere la ayuda del sabio, y exige seriedad al contemplar lo que dice el *I Ching*.

La meditación con el *I Ching*

Aprendí a meditar con las sugerencias dadas por el *I Ching* en mis diarias consultas. Debido a que la mayor parte del entendimiento que he ganado sobre el *I Ching* ha sido a través de esta forma de meditación, he incluído esta sección para aquellos que quieran saber más acerca de la meditación con el *I Ching*.

La clase de meditación que he aprendido difiere de otras meditaciones conocidas, en que lleva a experiencias de meditación. Éstas consisten en imágenes y voces que producen un entendimiento profundo. Por ejemplo, en una escena me vi vigilando a alguien que insistía en nadar con los tiburones; me di cuenta de que se sentía seguro porque yo estaba vigilando. La meditación me dijo que el único remedio era abandonar la escena, que el personaje se rescataría por sí mismo cuando notase que no había nadie para salvarlo. De esto comprendí que cuando tenemos conexiones internas con alguien, concentrándonos en lo que hace, a su vez consigue que no se sienta responsable de sí mismo. Esto lo hace sentirse invencible, puesto que no importa lo que haga, siempre acudiremos en su rescate.

Mis experiencias con la meditación variaron enormemente. Algunas veces, cuando tenía los ojos cerrados, apenas empezaban como un punto insignificante en mi campo visual. Cuando ponía mi atención en él, se convertía en imágenes de cuerpo entero. Algunas veces entré en una escena ya existente. Otras veces, las imágenes cruzaban mi campo visual a tal velocidad que si no hubiera estado atenta las hubiera perdido; pero el escribir sobre ellas me tomaba dos o tres páginas para poder describir todo lo que había percibido. A veces, las imágenes tenían una cualidad de naturaleza muerta por lo que pude observar cada detalle minuciosamente. Algunas meditaciones consistían sólo en sonidos, seguidos de una breve explicación de su significado. A veces la meditación consistía en una serie de escenas aparentemente no relacionadas que motivaron la pregunta: ¿qué podrá significar esto? Después de unos momentos de espera continuaría con una explicación verbal o una comprensión mental. En algunas meditaciones me vi reaccionando a algo de una forma emocional peculiar, mientras observaba desapasionadamente. Muchas veces me sentaba y no sucedía nada. Unas veces, esperaba mucho tiempo y sentía de pronto que era la hora de levantarme y continuar con mi vida diaria. De vez en cuando las experiencias con la meditación empezaban nada más sentarme y cerrar los ojos. Nunca pude saber con anticipación la forma que tomarían.

Hubieron ciertas características comunes en todas mis meditaciones. Por ejemplo, siempre tuve el presentimiento de que alguien estaba presentando la escena, llamando la atención de lo que era pertinente. Los mensajes también iluminaban los hexagramas y las líneas que había sacado recientemente: siempre contestaron una importante pregunta interior. Invariablemente llegaron cuando necesitaba saber algo. Muchas veces, aunque no siempre, llegaron cuando quise saber algo.

Por último, se me aclararon las actitudes que son necesarias para adquirir el estado de meditación. Éstas son las mismas actitudes mencionadas en *La necedad Juvenil*, hexagrama 4, como necesarias para establecer la relación entre el estudiante y el sabio del *I Ching*:

— Una voluntaria suspensión de la incredulidad
— Un esfuerzo sincero
— Perseverancia

Cuando empecé a meditar sólo tenía una vaga idea sobre la meditación. Me acuerdo que mi profesora de canto me dijo una vez que había trabajado demasiado, y que su hija le había enseñado la técnica de la meditación trascendental. A partir de lo cual, "podía hacerse cargo de lo que se presentase".

Me imaginé que para meditar tenía que sentarme como un yogui, y que era necesario respirar profundamente. También decidí hacer un poco de ejercicio ligero para estar más relajada. Todo esto, me di cuenta después, eran cuestiones importantes para meditar, porque para lograr una profunda tranquilidad interior es necesaria la cooperación entre el cuerpo y la mente.

Mis primeras dudas sobre la meditación se debían a la autohipnosis. No quería hipnotizarme inadvertidamente. Años antes, hipnoticé a una compañera de colegio y no pude despertarla. Por suerte despertó cuando volví a seguir las huellas del trayecto mental por el que la había llevado, diciéndole por adelantado que cuando llegáramos a cierto lugar ella despertaría. Más tarde no podía repetir mantras, mirar fijamente a las luces o hacer algo que sugiriese la hipnosis. La técnica de meditación que aprendí no tiene nada que ver con la hipnosis. Es similar a la concentración que se necesita para leer un libro. Miramos al mundo interno y nos dejamos absorber por lo que vemos ahí, pero podemos volver al mundo externo cuando queramos. Es mejor meditar en un sitio tranquilo, porque nuestra atención puede quedar perturbada por cualquiera que entre en la habitación.

Aunque inicié mis esfuerzos meditativos por la noche, me daba cuenta de que al despertarme a la mañana siguiente mi mente rápidamente era inundada por las preocupaciones de la noche anterior. Entonces recibí la primera línea de *Lo adherente*, hexagrama 30, que menciona que la mejor hora del día para meditar es inmediatamente después de despertar, cuando los impulsos inferiores están en forma de "semilla". Entonces somos capaces de interceptarlos antes de que hayan cogido fuerza para gobernar la mente. Fue el comienzo de una meditación mucho más efectiva.

Antes de empezar a meditar es bueno hacer unos pocos ejercicios para aflojar la espalda. Los ejercicios ayudan a contrarrestar los efectos de la tensión en el cuerpo. La rigidez muchas veces es la forma en que el cuerpo expresa el miedo.

También ayuda el sentarse en una posición erecta, pero relajada. Una versión simple de la usada en yoga es suficiente. Las experiencias de meditación raramente tienen lugar cuando nos sentamos en otras posiciones. El estar demasiado relajado parece inhibir la meditación.

El aquietamiento advierte que la primera tarea para meditar es alcanzar la quietud del corazón. Al igual que notamos que el latido del corazón se acelera en situaciones de tensión y la agitación, también puede adoptar un rítmo más lento al practicar una respiración más profunda. Sólo necesitamos aspirar y expeler el aire lentamente unas seis veces al principio de sentarnos a meditar.

Para limitar el pensar del corazón se nos dice en la segunda línea de *El aquietamiento*: "El hombre superior no va en sus pensamientos mas allá de su situación". Aunque esto nos haga pensar que tenemos que reprimir el pensamiento, la tercera línea afirma que la quietud debe "desarrollarse a partir de un estado de recogimiento interior"; nos advierte sobre el "pretender obtener quietud... con la ayuda de una rigidez artificial". Se supone que, dicho brevemente, debemos habérnoslas con los pensamientos que ocupan nuestra atención.

La primera técnica para tratar con nuestros pensamientos es dejarlos pasar, soltarlos. Debemos imaginar visualmente que se van.

A veces tenemos la idea de que si mantenemos los ojos fijos en la situación podemos, de alguna forma, mantenerla bajo control. Por esta razón tenemos miedo de soltarla. Este pensamiento es el trabajo del ego. Vigilar la situación de ninguna forma nos otorga su control. El reconocer este hecho nos ayuda a librarnos del miedo y a soltar las preocupaciones.

Cuando nos acabamos de sentar a meditar, nuestras mentes pueden divagar. Al pensar del corazón conciernen tres cosas: el preocuparse, el querer y el preguntarse. Es el pensar de los inferiores del cuerpo como de un niño. Este cuestionarse es útil pues nos lleva a ver inquietudes ocultas, preocupaciones y miedos que necesitan ser reconocidos y resueltos. La sinceridad de propósito nos permite mirarlos sin dejarnos atrapar por ellos.

Adoptar la actitud de un cazador nos sería de gran ayuda. Cuando empieza a entrar en un bosque, todo el tumulto de la vida animal llega a detenerse; todo se "congela" para evitar ser visto. Lo mismo sucede con nuestros inferiores, y particularmente el hombre inferior (nuestra auto-imagen/ego). Si, como el cazador, nos contentamos con entrar en el ambiente interior, sentarnos y esperar con una actitud de neutralidad, la actividad que hemos interrumpido continuará, y podremos observarla.

De esta forma descubriremos a los inferiores, y a la vez los calmaremos. Descubrimos que son células del cuerpo o sistemas de células que parecen tener una inteligencia limitada. Esta inteligencia sale a la superficie en nuestra mente con los pensamientos como: "Estoy cansado" o "tengo hambre", o como otras necesidades o deseos. Como los niños, responden voluntariamente a las sugerencias, como cuando los dentistas o los médicos nos advierten: "Esto va a doler pero sólo un momento". Si sólo les diésemos un poco de preparación por adelantado, cooperarían voluntariamente. Los cambios rápidos, para los cuales tienen poca preparación, los hacen helarse de miedo. Así, cuando un pequeño músculo de la espalda se resiente, las células de alrededor se hielan, como si tuviesen miedo de ser las próximas en resentirse.

Cuando intentamos meditar por primera vez, los inferiores parecen ocupar todo nuestro espacio mental con sus necesidades, deseos y quejas. Muchas veces, durante nuestras vidas de adultos, los reprimimos, tratando al cuerpo como a un extraño. Hacemos una variedad de cosas que los presionan al máximo, como pasar demasiadas horas sin dormir, no comer nada nutritivo, trabajar o beber demasiado. Cuando los escuchamos por primera vez en meditación, debemos escuchar lo que nos dicen, disculparnos por haber abusado de ellos, consolar a aquellos que están enfermos o cansados, y pedirles su cooperación. Entonces les explicamos que necesitamos que nos dejen solos, temporalmente, en nuestro espacio interno, para poder hacer lo mejor para ellos. Con la amabilidad adquirimos su cooperación.

La siguiente etapa de la meditación implica aquietar los nervios de la espina dorsal. Lo cual hace que el ego desaparezca, y así obtenemos una claridad de parecer que nos permite alcanzar la armonía con el universo. No siempre tenemos que estar llevando a cabo algún tipo de actividad; de acuerdo con el *El aquietamiento*, hay momentos para la actividad y momentos para la quietud. Para conseguir la quietud debemos permitir que la actividad —la estática interna de la inquietud— disminuya. Una vez que esto ha sucedido, nos desapegamos de lo que le concierne al cuerpo, y entonces adquirimos un punto de vista que está en armonía con todas las energías del cosmos.

Lo adherente, hexagrama 30, afirma que una actitud de docilidad, dependencia y aceptación nos lleva a la claridad. La docilidad implica que nos dejemos guiar; ¿quién sino el poder supremo puede guiarnos a través del mundo de la meditación? Para esto necesitamos ayuda, y para beneficiarnos de esta ayuda hemos de librarnos de la resistencia interna contra cualquier cosa que se presente en la meditación. Mantenemos una voluntaria suspensión de la incredulidad. No podemos entrar en la meditación si mantenemos una actitud sospechosa o de temor. La meditación es un poco como el nadar; al final tenemos que levantar los pies del suelo.

La idea de dependencia está contenida en la imagen del fuego adhiriéndose a la madera. El fuego significa luz y claridad; depende de algo para quemar. La dependencia con algo más alto que nosotros nos lleva a la claridad. De forma simple, la llave del éxito consiste en pedir ayuda al poder supremo para entender lo que necesitamos saber.

La idea de la aceptación tiene que ver con la humildad hacia aquello que es más elevado que nosotros. La resistencia a nuestro destino, o a la forma en que funcionan las cosas, obstruye la meditación, porque la resistencia pone barreras entre nosotros y el poder supremo. La aceptación no sólo se refiere al presente; también aceptamos el pasado. Sirve de gran ayuda si nos damos cuenta de que es a través de las adversidades como nos esforzamos por el desarrollo personal. Los problemas de la vida diaria se deben ver como un rompecabezas cósmico, lo que en zen se llama *koans*. Su solución nos lleva a entender las verdades elevadas de la vida, y a adquirir la armonía con el cosmos. También sirve de ayuda si reconocemos que la vida está formada por ciclos de cambio. Ni los buenos tiempos ni los malos tiempos duran para siempre. Simplemente al corregir nuestra actitud, tenemos la habilidad para cambiar la trayectoria y los patrones que operan en nuestra vida. En efecto, el estancamiento referido en *El estancamiento*, hexagrama 12, es el resultado de haber adoptado actitudes que nos ponen en desarmonía con nosotros mismos y con el cosmos. El progreso se reiniciará cuando las entendamos y las corrijamos.

La imagen del *lago brillante* es la imagen de la perfecta armonía interna (ver *La alegría*, hexagrama 58). Todas las formas de inquietud —querer, preguntarse, preocuparse— perturban al lago creando rizos y ondas. Ver nuestro yo interior como un lago, y sentir cuando las emociones empiezan a perturbar su espejada superficie puede servir de ayuda.

Meditar también es como ir a un pozo y extraer agua. Si decidimos meditar dudando de que algo saldrá de ello, es como si fuésemos a un pozo con un cántaro roto. Escuchar solo lo que queremos oír o sospechar que sólo habrá malas noticias, es como si extrajésemos lodo del pozo. Mucha gente le tiene miedo a la meditación, porque tienen el miedo de la superstición de que se van a volver locos, o que van a ser capturados por un mal espíritu que habita en algún lugar secreto de la mente. Nuestra actitud sobre la meditación debe estar limpia de tales defectos. Al consultar el *I Ching* abordamos al sabio sin pensar en su nombre o en su rostro, y así lo "encontramos a medio camino". Al meditar nos dirigimos al poder supremo. Para encontrarlo a medio camino debemos librarnos de todas las ideas preconcebidas acerca de qué o quién es. De esta forma abrimos verdaderamente nuestra mente y suspendemos nuestra incredulidad.

Uno no debe entrar en la meditación en compañía del ego. Debemos dejarlo atrás. Como se afirma en *La disminución*, hexagrama 41, cuando tres personas marchan juntas, uno de ellos tiene que irse. Algunos escritores dijeron que en todo lo *yang* hay un poquito de *yin*, y que en todo lo *yin* hay un poquito de *yang,* dando lugar a la imagen del símbolo *yin/yang* que tiene un pequeño círculo de lo opuesto en cada lado. Mi experiencia en la meditación ha sido lo contrario: la fuerza de la luz no entrará, no puede entrar mientras un poquito de oscuridad exista. Para alcanzar nuestra cima espiritual y para que se nos permita ver el mundo interno, los inferiores deben abandonar nuestro espacio interno (de ahí la línea de *El aquietamiento*: "Él va a su cámara y no ve a sus ministros".)

El aquietamiento sugiere una técnica para vencer al ego con la imagen de aquietar los nervios de la espina dorsal. Cuando estos nervios bajan el ritmo hasta detenerse, el ego "desaparece". Este ego es la autoimagen; consiste en todas las ideas que hemos adoptado acerca de nosotros mismos, y que sostienen nuestro sentido del bienestar. Estos soportes dictan la imagen propia que proyectamos al mundo y determinan la ropa, el peinado o la ocupación que consideramos apropiada.

Con razón, nuestro ego se resiste a la meditación. Se da cuenta de que cuando lo percibimos como separado de nosotros, empieza a perder control de la personalidad. Intentará cualquier tipo de argumentos para desanimarnos.

La línea de *El aquietamiento*, "Aquietamiento de su espalda, de modo que ya no siente su cuerpo", sugiere otra técnica para dispersar el ego. Al ser el ego incapaz de soportar una actitud decidida y perseverante, insistiendo en el aquietamiento disminuimos su poder. Si ha tenido la costumbre de intimidar al yo, de alguna forma, el ego se queda despierto más tiempo e intenta una variedad de técnicas para intimidar y desalentar. Tenemos que darnos cuenta que el poder del ego está basado en la ilusión que da ser todopoderoso. La resolución por nuestra parte destruye esta ilusión.

Una vez hemos contenido y excluido el ego, nos encontramos en un espacio vacío. Lograrlo puede requerir meditar diariamente durante un par de semanas. A lo largo de este período habremos trabajado a través de una gran inquietud residual. La inquietud residual es como el polvo recogido de la galaxia. Es como si hubiésemos habitado en nuestra casa interna durante muchos años, sin haberla limpiado ni ordenado nunca. Nuestra primera tarea es limpiar esta suciedad interna. Mantener nuestra casa interna limpia es una de las tareas continuas de la meditación.

Conseguir un espacio limpio es nuestra primera piedra de progreso reconocible. Por algún tiempo debemos contentarnos, sin tener ninguna gran experiencia. Aunque podemos sentir que no hemos logrado nada, estamos progresando y tienen lugar los preliminares necesarios. El camino del *I Ching*, y el camino del sabio, es que nos acostumbremos a trabajar sin saber si estamos progresando. Aunque nuestro objetivo es alcanzar el estado interno de la meditación, profundo y tranquilo, no se nos permite estar orientados únicamente hacia el objetivo, concentrados obsesivamente. Tenemos que contentarnos con intentarlo sin pensar en una recompensa.

Por medio de las frustraciones al aprender a meditar, aprendemos muchas lecciones importantes del desarrollo personal: aprendemos a trabajar por el bien, simplemente porque es bueno; aprendemos el significado de la modestia; aprendemos que no se nos permite negociar con el poder supremo como diciendo: "Lo estoy intentando, por lo tanto tienes que hacer tu parte". Aprendemos a perseverar: a continuar a pesar de las presiones y las resistencias presentadas por el ego para desviarnos de nuestro propósito. Al percibir las tácticas presentadas por el ego para mantener el poder, disminuimos su poder, y añadimos cualidades de talla al verdadero yo: fuerza y dirección.

A veces, antes de lograr una quietud profunda, experimentamos pena por haber soltado los soportes de la identidad. Experimentamos que no somos nadie. Nos encontramos llorando y no estamos tristes. Simplemente permitimos a nuestros cuerpos llorar al abandonar los sentimientos de apego a los viejos soportes. Ahora parecen estar desnudos e indefensos ante el poderoso cosmos. Entonces todo pasa y sentimos alivio. Estamos en armonía con el cosmos: se nos quita de encima un gran peso. No hay nada entre nosotros y el infinito amor que emite el cosmos; emergemos de la oscuridad a la luz.

Las experiencias de la meditación están llenas de penetración; son instructivas y liberadoras. Nos damos cuenta de que el espacio vacío es un preludio de experiencias de gran aprendizaje.

En este punto, nuestro ojo interno se abre para nosotros. No podemos hacerlo solos. Todo sucede porque hemos perseverado y hemos llegado a encontrar lo creativo a medio camino.

Aunque interceptemos nuestros miedos y frustraciones durante las meditaciones de la mañana, tienden a volver más tarde durante el día, por la fuerza de la costumbre. Para contrarrestarlas sólo tenemos que seguir la "regla de los tres minutos". El ego vuelve en una sucesión de olas: la primera da la ilusión de ser irresistible, pero sólo es una ilusión; si mantenemos nuestra decisión, la ola pasa. La segunda ola viene poco después, pero con sólo la mitad de la fuerza de la primera; la tercera es apenas una onda en comparación con la anterior. Este proceso tiene lugar en un período de tres minutos (la persona que se mantiene firme contra sus miedos durante tres minutos, vence su poder).

Meditando cada día, a la vez que consultamos el *I Ching*, gradualmente, encogemos la talla y la fortaleza del ego. Poco a poco reaccionamos menos y menos impulsivamente a las vicisitudes de la vida, y a los acontecimientos que nos conmocionan; nos volvemos más firmes en nuestra forma de vida.

Aunque las imágenes vistas en la meditación muchas veces son fuertes y aparentemente inolvidables, tienen una similitud con los sueños, que rápidamente desaparecen de nuestra conciencia. La claridad es, invariablemente, de corta vida. La atracción del mundo externo es excesivamente fuerte. Es aconsejable, por lo tanto, apuntar las experiencias sucedidas en la meditación. Esto nos ayuda a reflexionar sobre los mensajes y permitir que su impresión llegue a ser parte de nuestra vida consciente.

Muchas veces tenemos experiencias de meditación sin darnos cuenta. Los sueños de una calidad particular son sueños de meditación, y sus mensajes se aclaran después de un poquito de reflexión: así se presenta una ráfaga de inspiración cuando estamos buscando soluciones a los problemas. Puede ser que nos demos cuenta de que estábamos en un estado mental particular (normalmente algo mundano y sin relación con el asunto), cuando sucedieron. En mi opinión, cada una de estas situaciones es un ofrenda del poder supremo. La forma más cierta de continuar recibiendo estas ofrendas es continuar reconociendo la fuente. Cuando permitimos que nuestro ego se apropie de la gloria de haberlo hecho, nos cerramos a la corriente constante de luz del cosmos, y dejamos el sol reluciente para volver a las sombras.

Sobre interpretar el *I Ching*

Cuando empecé a interpretar el *I Ching* no tenía una idea específica de cómo hacerlo. En algunas ocasiones lo consultaba muchas veces en un solo día; en otras, ninguna. Gradualmente llegué a la conclusión de que consultarlo muchas veces al día sólo me confundía. El *I Ching* rehusaba saltar de una materia a otra; se quedaba en una pregunta hasta que la había entendido completamente, lo que muchas veces llevaba una semana. La mayoría del tiempo respondía a la pregunta más importante que anidaba en lo más profundo de mi mente; casi nunca respondía preguntas motivadas por la simple curiosidad. Abordaba asuntos de necesidad inmediata. Si yo iba a enfrentarme a una situación difícil, me avisaba a tiempo. Una vez que la situación había pasado, me daba el complemento de lo que había sucedido. Por eso dejé de hacer preguntas directas.

Desde el momento en que empecé a estudiarlo, las circunstancias de mi vida parecieron presentar las preguntas que yo necesitaba responder, en una secuencia con sentido. Así, pude ser capaz de remover imágenes propias, miedos y dudas.

Gradualmente, tomé la costumbre de tirar seis hexagramas consecutivos. Lo cual me parece una "conversación completa". Cada persona, de todas formas, debe desarrollar la secuencia que le parezca más conveniente. Hay momentos en que la gente puede estar limitada en su habilidad para recibir alimento espiritual. Un hexagrama ocasional puede ser todo lo que son capaces de absorber. Los chinos dicen que el *I Ching* no es para todo el mundo. Yo diría que no es para todo el mundo al mismo tiempo, pero lo es ciertamente para cualquiera que tenga una mente abierta y que sea receptivo a él.

Muchas veces la respuesta del *I Ching* parece ambigua. Por ejemplo, podemos recibir seis líneas mutantes, algunas de las cuales resultan contradictorias entre sí. Cuando esto sucede, lo veo como una variedad de posibilidades. Por ejemplo, si recibiésemos todas las líneas mutantes de *El poder Domesticador de lo grande*, hexagrama 26, lo tomaría como que se va a presentar una situación en la que intervendrán mis inferiores (el deseo o la ira, quizás), por lo tanto, no debo actuar; si tengo que actuar por fuerza, debo ser reticente, tratando de mantenerme emocionalmente desligada. Recibir la sexta línea parece indicar que todo el peligro ha pasado, y lo tomaría como que si controlo mis emociones, la presión de la adversidad pasará pronto y habré obtenido el efecto correcto, simplemente manteniéndome firme dentro de mí. Esta línea me confirma que puedo superar la situación si me adhiero cuidadosamente a mis límites.

También puede haber confusión cuando el hexagrama original parece ser lo opuesto al hexagrama en que se transforma. Por ejemplo, podemos recibir *Separarse*, hexagrama 23, como hexagrama original y *La liberación*, hexagrama 40, como hexagrama mutante. Esta combinación quiere decir que aunque nuestra personalidad se ha desviado debido al miedo, renunciar a éste hará que la situación toque a su fin.

Recibir esta combinación puede ser para que reflexionemos, para mostrarnos lo que ya ha ocurrido. También puede advertirnos de que algo que está por suceder nos hará desviarnos del camino.

A veces estos peligros sólo se presentan en el plano mental, sin por ello atraer una situación visible. El separarse puede presentarse al permitir que la ambición, la envidia, el miedo o el deseo habiten en nuestros pensamientos.

Recibir un hexagrama sin líneas mutantes puede ser confuso. En tales casos pienso que debemos reflexionar en el hexagrama en su totalidad.

Recibir el mismo hexagrama dos o tres veces seguidas usualmente significa, "considerarlo otra vez: no hemos entendido el mensaje". Puede ser que tengamos que considerar y reconsiderar el hexagrama, teniendo todas las líneas en cuenta. Al investigar activamente lo que el sabio está intentando decirnos, creamos las condiciones para descifrar el mensaje.

¿Con qué frecuencia debemos consultar el *I Ching*? La tradición dice que con una pregunta basta y que preguntar más es imponerse. Sin embargo, no es lo que he experimentado. Afortunadamente, yo no sabía nada acerca de estas tradiciones y, aunque al principio lo usé y abusé en demasía, el *I Ching* se mostró tolerante. Muchas veces recibí desaires, pero estos también me ayudaron. Cuando insistí en hacer las cosas a mi manera, ignorando su consejo, pagué por ello, pero al pagar aprendí.

Alguien me preguntó si no me preocupaba ser demasiado dependiente del *I Ching*. Al consultarlo me respondió: "Si tuvieses un buen amigo que conociese los secretos del reino y que podría ayudarte en tu trabajo, ¿no crees que sería una pena no usarlo?" Nunca más me preocupé de ser dependiente de él.

Con mi grupo de *I Ching* aprendí que algunas personas tiene sólo una limitada habilidad para recibir la nutrición del *I Ching*. La pregunta surgió entre yo y una compañera de meditación, acerca de un estudiante del *I Ching* que era dependiente de la marihuana y que asistía a nuestro grupo. Yo sentía que mientras él se encontraba físicamente presente, mentalmente se hallaba en otro lugar. Se lo mencioné a mi amiga. No mucho después ella me dijo que había visto a esta persona en una meditación, y la había encontrado con un vendaje alrededor de la cabeza, como si fuese víctima de una quemadura; había sólo una pequeña abertura de donde salía una canita. Ella podía ver que él apenas era capaz de absorber pequeñas cantidades de alimento; sin embargo, incluso pequeñas cantidades de alimento pueden significar una gran diferencia. Cuando años después vi nuevamente a esta persona, había dejado completamente las drogas y había comenzado una nueva fase de desarrollo personal.

A veces nuestras consultas no son claras, pero debemos aceptar las ocasiones en que eso sucede. Aunque el significado no sea claro ahora, el mensaje penetrará gradualmente en nuestra mente consciente.

Las respuestas del *I Ching* pueden referirse a un pasado reciente, al presente o al futuro próximo. Muchas veces nos hacen reflexionar sobre las lecciones del pasado reciente. Rara vez tienen que ver con un futuro lejano. Sólo pocas veces, como en la línea quinta de *Comunidad entre los hombres*, hexagrama 13, nos asegura que en algún momento, en el futuro, alcanzaremos nuestro objetivo. La mayoría de las líneas se refieren al ahora y a si nuestro estado mental nos hará progresar, nos llevará al estancamiento o a la regresión.

El *I Ching* sólo nos da algunas piezas del rompecabezas. Sólo nuestro ego quiere darse el lujo de saber por adelantado, o sentirse seguro y tener respuestas globales. El objetivo es "fluir", estar satisfechos de no saber. No se supone que tengamos que vivir la vida como si fuese un manuscrito ya redactado.

Cómo consultar el *I Ching*

1º Se tiran 3 monedas iguales simultáneamente, al azar.

2º Se le asigna el valor de 3 a la cara de cada moneda y de 2 al lado de la cruz. Se suma el valor de las monedas. Tres caras, por, ejemplo, será 9.

3º Se repite este procedimiento 6 veces, colocando los resultados de abajo hacia arriba. Frente a los números impares se traza una línea continua; frente a los números pares, una línea partida. La figura resultante es una hexagrama.

6ª	línea	(2 cruces, 1 cara)	7	————
5ª	línea	(3 caras)	9	————
4ª	línea	(3 cruces)	6	—— ——
3ª	línea	(3 cruces)	6	—— ——
2ª	línea	(2 caras, 1 cruz)	8	—— ——
1ª	línea	(3 caras)	9	————

4º A las tres líneas de abajo del hexagrama se les llama "trigrama inferior", y a las tres de arriba, "trigrama superior". Usando la guía que aparece al final del libro, se buscan los dos trigramas, y la intersección de las dos columnas determina el hexagrama resultante: el número 42 en nuestro ejemplo; entonces se procede a la consulta en el libro.

5º Se lee el contenido del hexagrama correspondiente hasta la sección que empieza con el subtítulo "primera línea". Se llama "líneas mutantes", a aquellas líneas en las que todas las monedas han salido en la misma posición, es decir, si el resultado ha sido seis o nueve. Cuando al tirar las monedas han salido algunas líneas mutantes, éstas deben ser leídas. En el ejemplo, habría que leer la primera línea, la tercera línea, la cuarta línea y la quinta línea.

6º Luego se construye un nuevo hexagrama en el cual uno cambia las líneas mutantes por sus opuestas, de tal modo que las líneas partidas formadas por cada número seis se sustituyen por una línea continua, y las líneas continuas formadas por cada número nueve son sustituidas a su vez por líneas partidas. Las líneas formadas por los números ocho y siete permanecen iguales. Una vez formado el nuevo hexagrama, se lee sólo hasta donde empiezan las líneas mutantes. El propósito de este nuevo hexagrama es arrojar más luz sobre el significado del primer hexagrama recibido. En el ejemplo, el nuevo hexagrama complementario sería el 56.

Clave para identificar los Hexagramas

TRIGRAMAS ARRIBA ▶ ABAJO ▼	Ch'ien	Chen	K'an	Ken	K'un	Sun	Li	Tui
Ch'ien	1	34	5	26	11	9	14	43
Chen	25	51	3	27	24	42	21	17
K'an	6	40	29	4	7	59	64	47
Ken	33	62	39	52	15	53	56	31
K'un	12	16	8	23	2	20	35	45
Sun	44	32	48	18	46	57	50	28
Li	13	55	63	22	36	37	30	49
Tui	10	54	60	41	19	61	38	58